Klaus Neumeister

And our Hearts in New Orleans

Die Geschichte des
HOT-JAZZ in HAMBURG
ab 1950

Bucheinband: Diether Kressel, SATCHMO, 1982, Öl auf Leinwand auf Holztafel aufgezogen, 66 x 29 cm

Köller Verlag

Die Deutsche Bibliothek - CIP-Einheitsaufnahme

Neumeister, Klaus:
And our hearts in New Orleans : die Geschichte des Hot Jazz in Hamburg ab 1950 / Klaus Neumeister. - Schacht-Audorf : Köller 1998
  ISBN 3-928143-37-9

© Köller Verlag, 1. Auflage
Redaktion und Dokumentation: Claus-Christian Rohde und Klaus Neumeister
Gesamtherstellung: Hans Steffens Offsetdruck, Hamburg

Köller Verlag, 24790 Schacht-Audorf, Dresdner Straße 7
Telefon 04331-91451 • Fax 04331-912231 • email köller.verlag @ t-online

HOT JAZZ ist die Bezeichnung zur Charakterisierung des Jazz in den 20er und zu Beginn der 30er Jahre, auch synonym für Jazz verwendet. „Heiß" war der Jazz im Gegensatz zur damals üblichen Tanz- und Unterhaltungsmusik (Sweet Music) durch seinen Rhythmus des Multi-Beat. In den 30er Jahren löste die Bezeichnung „Swing", ebenfalls als Synonym, den Hot-Begriff ab, ohne ihn ganz zu verdrängen.
    Reclams Jazzführer

… wenn ich aber mein Blasrohr nehme und einen zügigen Shimmy spiele, so mag der Shimmy gut sein oder schlecht, er wird doch den Leuten Freude machen, er fährt ihnen in die Beine und ins Blut. Darauf allein kommt es an! Sehen Sie einmal in einem Ballsaal die Gesichter an in dem Augenblick, wo nach einer längeren Pause die Musik wieder losgeht – wie da die Augen blitzen, die Beine zucken, die Gesichter zu lachen anfangen! Das ist es, wofür man musiziert.
    Hermann Hesse

… Ich möchte die Menschen glücklich machen mit meiner Trompete! Sie ist meine Geliebte, und sie liebt mich … Ich bin glücklich, wenn ich meine Trompete spielen kann, und fühle mich stark. Es ist das Leben selbst, das ich ausdrücken möchte, das Leben und die einfachen schönen Dinge des Lebens … Für mich ist die Musik so notwendig wie die Luft, die ich einatme. Wenn ich singe oder meine Trompete spiele, so ist es für mich nicht anders, als wenn ich eine Rede hielte, die Zeitung läse oder eine Liebeserklärung machte.
    Louis Armstrong

Grußwort

Mit der vorliegenden Dokumentation „And our Hearts in New Orleans – Hot Jazz in Hamburg ab 1950" hat Klaus Neumeister eine Lücke in der Überlieferung der Hamburger Jazzgeschichte geschlossen. In den letzten Jahren sind zwar einige Publikationen erschienen, die die Geschichte der „Swing-Jugend" in den 30er Jahren und während des Nazi-Regimes erzählen. Sie sind gespickt mit Anekdoten über Swing-Partys im Alsterpavillon und über die Tricks der Bandleader, die geliebten, aber verbotenen amerikanischen Swing-Titel zu Gehör zu bringen, und diese Bücher haben das Interesse einer breiten, nicht nur aus Zeitzeugen bestehenden Öffentlichkeit gewonnen.

Aber die Geschichte des Hot Jazz in Hamburg blieb bislang überwiegend den Insidern, den ehemaligen und teilweise auch heute noch aktiven Mitgliedern dieser Szene vorbehalten. Klaus Neumeister schildert diese Geschichte als ein lebendiges Puzzle aus Biographien einzelner Künstler, aus Band-Erinnerungen und Dokumenten. Dabei entsteht ein so anschauliches Bild des Hot Jazz in Hamburg, daß auch jüngere Generationen einen Eindruck dieser musikalischen Ära gewinnen.

„Swinging Hamburg", dieser Begriff ist aber nicht nur Geschichte. Auch heute gibt es in Hamburg neben den Bands, die eher traditionelle Stilrichtungen pflegen, eine junge Generation von Jazzerinnen und Jazzern, die das Kulturleben unserer Stadt wesentlich bereichern. Auch für viele von ihnen gilt das Motto der Jazz-Dokumentation von Klaus Neumeister: „And our Hearts in New Orleans".

Sicherlich werden sich manche Leserinnen oder Leser bei der Lektüre dabei ertappen, wie der Fuß plötzlich im Skiffle-Rhythmus wippt oder scheinbar längst vergessene Refrainzeilen aus dem Gedächtnis aufsteigen. Allen Leserinnen und Lesern wünsche ich bei der Lektüre dieser Dokumentation viel Freude!

Dr. Christina Weiss
- Kultursenatorin, Aug. 97 -

VORWORT

Im Herzen von Dixieland, also in den Südstaaten der USA, genauer gesagt: In Nouvelle Orleans, Louisiana, das damals bereits gut amerikanisch New Orleans hieß, entwickelte sich um die Jahrhundertwende eine Musik, die – zunächst namenlos, dann als Ragtime, Fake oder Low Down Music gehandelt – später unter der Bezeichnung Jazz die ganze Welt erobern sollte: Beschwörung und Zauber, eindringliche Botschaft und der einzige kulturelle Beitrag der Vereinigten Staaten von Nordamerika.

Die Band des farbigen Entertainers, Ladykillers und Kornettisten *Buddy Bolden* stürmte – der Überlieferung nach – als erste den Himmel von Dixieland, brachte neue und rauhe Noten in das bis dahin geordnete Spiel, machte die Musik zum Abenteuer und veranlaßte die Zuhörer scharenweise, von Apoll zu Dionysos überzulaufen. Wie verhext strömten die Menschen von weit her zusammen, wie von Sirenengesängen angezogen, wenn *Buddy Bolden* im Lincoln Park, in den Kaschemmen des Distrikts, des Bordellviertels, das seit 1898 zum Leidwesen des Ratsherren Sidney Story „Storyville" genannt wurde, zum Tanz aufspielte. Und obwohl *Buddy Bolden* – sowie seine Erben (unter ihnen Berühmtheiten wie *Joseph King Oliver*, *Freddie Keppard*, *Louis Armstrong* und *Henry Red Allen*) längst von uns gegangen sind, das berühmt-berüchtigte „Storyville" mit seiner Prachtstraße, der Basinstreet, längst abgerissen worden ist, wo der Wind Staub und Fetzen schmutzigen Papiers über den öden Platz treibt, auf dem früher das größte Nobeletablissement der käuflichen Liebe, die mit ihren vielen spätviktorianischen Scheußlichkeiten an ein Disney'sches Spukschloß erinnernde Mahogany Hall von Lulu White gestanden hat, ein Ort, an dem die roten Laternen der Lust nie erloschen, wird die Musik, die sich hier vor nunmehr über 90 Jahren entwickelt hat, in den unterschiedlichsten Variationen immer noch überall auf der Welt gespielt, in Buenos Aires wie in London, in Hamburg wie in Sidney.

Immer wieder vorangetrieben, mit frischen Impulsen und überraschenden Akzenten versehen, neu sich entwickelnd, mit kernigen Formulierungen entstand eine unglaubliche Vielzahl und Vielfalt musikalischer Erscheinungsformen, gab es nie Stillstand, kam es nie zu bemoosten Versteinerungen, blieb der Hot Jazz bis auf den heutigen Tag ständig in Bewegung – ein perpetuum mobile – lebendige Aussage lebendiger Menschen, Bekenntnis und Ausdruck einer unerschöpflichen Kraft, eines immerwährenden Zaubers.

Aber die Heimat dieser Musik war und ist immer Dixieland mit dem Zentrum New Orleans. Und wenn der englische Trompeter und Sänger *Ken Colyer* in seinem wunderschönen Blues *Goin' Home* singt: »When my Home is, where my Heart is, then my Home's in New Orleans«, dann spricht er stellvertretend für Tausende von Musikern und Fans, die irgendwann einmal in ihrem Leben ihr Herz an den Jazz verloren haben, deren Endstation Sehnsucht in New Orleans liegt.

Diese Menschen, sofern sie bei uns in Hamburg leben und wirken (lebten und wirkten), und die – nehmt alles nur in allem - vielleicht mehr für das Ansehen unserer Heimatstadt getan haben, als sämtliche Politiker zusammen, sollen in diesem Buch zu Wort kommen. Menschen, die sich mit einem Dasein in der Komparserie, im Schatten der Kulissen bescheiden müssen, da alle großen, abendfüllenden Rollen auf der Bühne des Jazz längst vergeben sind, deren Begeisterung, deren bedingungslosen Einsatz, deren nie erlahmenden Bemühungen es aber zu danken ist, daß diese Musik bis auf den heutigen Tag bei uns lebendig geblieben ist und Hamburg mit Recht als „Freie und Jazzerstadt", „New Orleans an der Elbe", als „Swinging City" bezeichnet wird.

Abbi Hübner

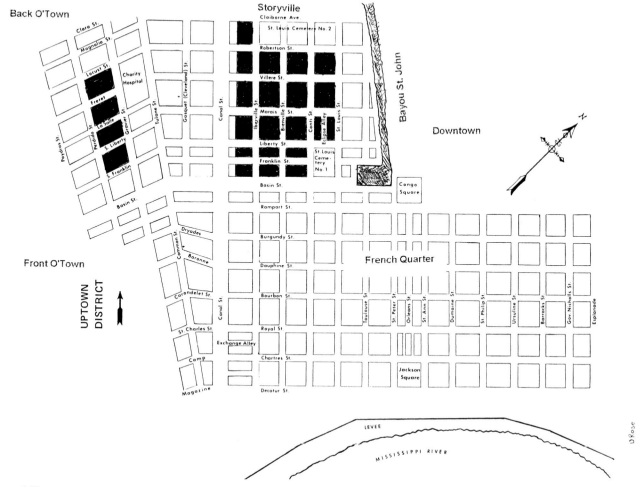

Erklärung:

Der links (westlich) der Canal Street, also flußaufwärts gelegene Teil von New Orleans hieß Uptown, der rechts (östlich), also flußabwärts gelegene: Downtown. Der zum Fluß hin gelegene, südliche Teil hieß Front O'Town, der nördliche: Back O'Town.

Storyville, das Bordellviertel der Weißen, lag also in Downtown, zwischen den beiden Friedhöfen St. Louis 1 und 2, der Distrikt, das Bordellviertel der Farbigen, lag in Uptown, zwischen Franklin- und Locuststreet einerseits, sowie Perdido- und Gravierstreet andererseits.

Auf der alten Zeichnung ist auch noch das Basin zu sehen, ein kleines Hafenbecken, das als Ausläufer des Bayou St. John Anschluß an den Lake Ponchatrain hatte und der Basinstreet den Namen gegeben hat. Die Stadtväter von New Orleans hatten ursprünglich sogar vor, den Lake Ponchatrain durch einen großen Kanal mit dem Mississippi zu verbinden. Heute erinnert nur die Canal Street an diesen gescheiterten Plan und den Verlauf, den der Kanal hätte nehmen sollen. Das French Quarter ist die Altstadt, der älteste Bezirk von New Orleans.

Willst du nicht mit mir kommen? Den Mississippi hinab. Mit dem Dampfer werden wir zum Land der Träume fahren. Dampf den Fluß hinunter, runter nach New Orleans.
Basin Street Blues, 1. Strophe

ZU DIESEM BUCH

Die Idee zu diesem Buch kam mir 1994, nachdem ich wieder einmal in meinen Büchern über den Jazz der 30er und 40er Jahre in Hamburg gelesen hatte. Viel gibt es zwar nicht, aber das, was vorhanden ist, zeigt recht anschaulich in Erzählungen und Bildern, wie es damals war (siehe Anhang). Wenn man davon ausgeht, daß schon Ende der 20er Jahre die ersten Jazzbands, oder besser swingorientierte Tanzkapellen in Hamburg gastierten, sind die ersten 20 Jahre recht gut dokumentiert. Über die Zeit ab 1950 wurde relativ wenig geschrieben. **Peter Wehrspann** (tb), damals **ST. JOHN'S JAZZBAND**, erinnert sich an die ersten Jahre: »Es war die Zeit, in der es in unzähligen Kellern, Schuppen, „Röhren" und Klassenzimmern unserer Stadt anfing zu blasen, zu trommeln und zu zupfen, kurz: zu jazzen. Es war die Zeit, in der ganz unbewußt und ungeplant der Grundstein gelegt wurde für eine in Deutschland und, wie ich meine, in ganz Europa einmalige Jazz-Szenerie.«

Ich selbst gehöre dieser Szene seit 1958 an. In diesen 40 Jahren der Zugehörigkeit habe ich viele Eindrücke sammeln können, habe ich viel gesehen und erlebt. Und wie mir ist es allen, die mit dabei waren, ergangen. Wie oft haben wir bei unseren Begegnungen, nach unseren Auftritten oder in den Pausen, bei unzähligen Bieren zusammengesessen und gegenseitig Anekdoten über Musiker oder unsere kleinen und großen Erlebnisse ausgetauscht! Sehr häufig hieß es dann: »Warum schreibt das eigentlich keiner auf?«

Nun ist fast ein halbes Jahrhundert darüber vergangen, und nur wenige haben etwas aufgeschrieben. Ein paar Bandgeschichten, auf Schallplattenhüllen verewigt, ein paar sehr schön geschriebene Aufsätze des bekannten Musikkritikers **Werner Burkhardt**, in den 70er Jahren hier und da eine Shortstory in der Presse – das war es eigentlich. Als mir dieses bewußt wurde, erinnerte ich mich an den oben zitierten Satz und dachte mir: »Einer muß den Anfang machen, einer sollte den Versuch wagen, diese Jahre ein wenig aufzuarbeiten.«

Mir wurde schnell klar, auf welches Abenteuer ich mich da einlassen würde und daß es auch nur ein Versuch sein konnte. Trotz des Zuspruchs von allen Seiten, mancherlei Schulterklopfen, späterer Durchhalte-Parolen und der unzähligen Angebote der Hilfe und Unterstützung aus allen Kreisen war mir klar, daß ich kein Schriftsteller bin. Aber alle waren von der Idee begeistert, machten mir Mut, und ich begann meine Recherchen. Hinzu kam, daß mir **Hans Steffens** (b), SWING LTD., den ich nicht nur als Musiker, sondern auch als Menschen sehr schätze, mir in seiner Begeisterung ganz spontan anbot, das Buch mit eigenem finanziellen Risiko zu drucken. Über Druck und Vertrieb hatte ich mir zu diesem Zeitpunkt natürlich noch keine Gedanken gemacht.

Ganz besonderen Dank schulde ich aber **Abbi Hübner**, hat er mir doch gleich zu Beginn Hilfe und Zusammenarbeit angeboten. Natürlich war damit die Erlaubnis verbunden, all seine bisherigen Texte zu verwenden. In einigen dieser Geschichten, habe ich so etwas wie „Seelenverwandtschaft" empfunden. Ich meine, hier kann jemand seine Gefühle nicht nur hervorragend mit der Trompete, sondern auch als Schriftsteller mitteilen. Seine Storys sind immer voller Leben und Humor. Sie sind ein wertvoller und unverzichtbarer Beitrag in diesem Buch. Hat er doch selbst schon einmal daran gedacht – von vielen Musikerkollegen ermuntert – etwas über die Hamburger Jazz-Szene zu schreiben. In einigen seiner Rundfunksendungen war schon etwas zu diesem Thema von ihm zu hören. Wie ich ihn aber zu kennen glaube, recherchiert er schon wieder für ein neues Buch mit einem ganz anderen Thema. Ich freue mich jedenfalls schon jetzt darauf, hat mir doch sein Buch über *Louis Armstrong* sehr gut gefallen (siehe Anhang).

Zurück zu diesem Buch: Schnell stellte sich heraus, daß es keine allumfassende Hamburger Jazzgeschichte beschreiben würde. Zu vieles ist im Dunkel der ersten Jahre verlorengegangen. So mußte ich meine ursprüngliche Absicht, nur erzählte Geschichten von Musikern und Menschen zu sammeln, die einen großen Anteil an dieser musikalischen Entwicklung der „Freien- und Jazzerstadt" Hamburg haben, teilweise aufgeben. Geschichten von Menschen, die mit ihrem persönlichen und musikalischen Engagement in all den Jahren das kulturelle Leben dieser Stadt entscheidend mitgestaltet und geprägt haben. Einige sind zu Vorbildern geworden und haben entsprechend Einfluß genommen. Viele haben die Botschaft dieser Musik weit über die Grenzen Hamburgs hinausgetragen und mit dafür gesorgt, daß man zeitweilig vom „New Orleans des europäischen Kontinents" sprach.

Diese ursprüngliche Idee ließ sich also so nicht realisieren. Einmal war es ein Musiker, der in seiner Bescheidenheit und Zurückhaltung meinte, daß es sich nicht lohne, etwas über sein Leben zu berichten. Ein anderer war der Meinung, er hätte nicht das Talent, so etwas aufzuschreiben. Wiederum hatten andere einfach nicht die Zeit. Ich ließ aber in meinen Bemühungen nicht nach, und so sind dann doch einige interessante Geschichten zusammengekommen. Manchmal sehr unterhaltend und humorvoll, manchmal sehr sachlich, aber immer informativ und wertvoll. Wichtig war für mich, daß zwischen den Zeilen etwas von dem zu spüren ist, was uns alle bewegt hat: die große Leidenschaft für diese Musik, der nun schon viele von uns 30 bis 40 Jahre treu ergeben sind. Jahrzehnte voller Liebe und Hingabe, einmal Lust, dann wieder Frust, Freude und Schmerz, aber immer die Gewißheit im Herzen, daß es eine Musik gibt, die etwas ausdrücken kann, die Menschlichkeit vermittelt und Tiefgang hat.

Nun ist es also ein Buch geworden, in dem sich Biographien, Erzählungen und Bandgeschichten in loser Folge abwechseln. Alle konnten nicht zu Wort kommen, dafür sind es zu viele. Es sollte ein Buch werden, das die fast 50jährige Jazz-Geschichte einer Stadt noch einmal Revue passieren läßt. Hier und da an etwas Vergessenes erinnert und eine bescheidene Würdigung all derer, die daran beteiligt waren und noch sind.

Ich war bemüht, keine Beurteilungen von Bands und Musikern vorzunehmen. Ganz bewußt habe ich es vermieden, mich kritisch mit dem Jazz in Hamburg auseinanderzusetzen. Dieses Feld überlasse ich denen, die sich dazu berufen fühlen und mehr davon verstehen. Manchmal aber war meine eigene Begeisterung stärker als der gute Vorsatz. Man möge mir dieses nachsehen.

Und noch ein paar Worte zu meinen Recherchen: Einige Musiker konnten sich nicht mehr an die Vornamen oder an die richtige Schreibweise der Nachnamen ihrer damaligen Kollegen erinnern. Auch zu einigen Ereignissen gab es häufig unterschiedliche oder keine Zeitangaben. Die in diesem Zusammenhang entstandenen Fehler bitte ich ebenfalls zu entschuldigen.

Einige Musiker-Freunde sind leider viel zu früh verstorben. Unter ihnen **Shelly Lüders**, **Peter Keuschen**, **Claus Nockemann**, **Walther Curth**, **Arnold Schön**, **Caspar Methe**, **Iller Schulz**, um nur einige zu nennen. Die meisten haben wir auf ihrem letzten Weg begleitet und am Grab die Musik gespielt, die ihnen im Leben so viel bedeutet hat. Da einige Daten nicht mehr genau festgehalten werden konnten, habe ich im laufenden Text nicht darauf hingewiesen.

Und schließlich ist auch viel Kritik an mich herangetragen worden: Ich möge mich über die Unzulänglichkeiten äußern, mit denen eine Jazzband bei ihren Auftritten umzugehen hat. Angefangen bei defekten oder nicht gestimmten Klavieren, fehlenden oder schlechten Tonanlagen, mangelnder Beleuchtung, unzureichender Betreuung usw. Dieses Buch kann nicht der richtige Rahmen sein, dieses einzuklagen. Ich meine, derartige Probleme sind ohnehin so alt wie der Jazz selbst. Konzentrieren wir uns lieber darauf, den Hot Jazz der 20er Jahre für die Freunde dieser Musik bis in das Jahr 2000 und weiter zu tragen! Hoffen wir alle gemeinsam, daß es uns auch künftig gelingt, die Begeisterung für diese Musik auf dem Siedepunkt zu halten.

Hinweise: Die Namen der **Hamburger Musiker** sind fett gesetzt, **HAMBURGER BANDS** in Großbuchstaben und fett, HAMBURGER LOKALITÄTEN in Großbuchstaben und *auswärtige Bands* und *Musiker* sowie *Musiktitel* sind Kursiv. ‚Spitznamen' stehen in einfachen Anführungszeichen. Die Namen aller im Buch erwähnten Hamburger Musiker stehen in alphabetischer Reihenfolge im Anhang.

Diether Kressel

DINAH WASHINGTON, 1984, Zeichnung und Goache, 79 × 57 cm

In jedem Bild
*von **Diether Kressel***
steckt eine Geschichte;
sie noch einmal zu erzählen:
Welch ein Reiz!
Siegfried Lenz

DIETHER KRESSEL

LOB DER VERGÄNGLICHKEIT

Als ich das erste Mal die Bilder von **Diether Kressel** sah, war ich sehr beeindruckt. Besonders sein Bilder-Zyklus zum Thema „Jazz" hatte es mir angetan. Bei längerem Betrachten dieser Bilder ertappte ich mich dabei, wie ich anfing, meine jeweils eigene Geschichte zu entwickeln. Ganz spontan war auch die entsprechende Musik dazu in meinem Kopf. Für mich war es eine neue Erfahrung. Sehr häufig versetzt mich der Umgang mit dem Jazz und den vielen Geschichten, die dazu gehören, in eine gewisse Erregung. Zum ersten Mal verspürte ich eine große Ruhe.

Diether Kressel, 1925 in Düsseldorf geboren, studierte von 1945 bis 1948 an der Landeskunstschule Hamburg und arbeitet hier seitdem als freier Maler. Schon früh kam er mit dem Jazz in Berührung. Diese Musik hat bis heute einen großen Raum in seinem Leben eingenommen. In den 40er Jahren gehörte er dann auch zur „Swing-Jugend". Die Vorliebe für diese Musik ist bis heute geblieben. Beim Malen seiner Bilder hört er häufig Jazz.

In zwei hervorragenden, reich bebilderten Ausstellungs-Katalogen, 1988 und 1996 im Verlag der Galerie Brockstedt, Hamburg und dem Landesmuseum Schleswig-Holstein erschienen, ist die bisherige Arbeit dieses Künstlers in Wort und Bild sehr eindrucksvoll gewürdigt worden. So schreibt Siegfried Lenz über die Arbeiten von **Diether Kressel** in seinem Aufsatz „Zuneigung zum Gegenstand" unter anderem über die Jazz-Bilder:

»… Als erklärter Liebhaber des Klassischen Jazz – so stell ich's mir vor – empfand **Diether Kressel** sich geradezu unter einem Huldigungszwang, der ihn veranlaßte, der Musik zurückzugeben, was er ihr verdankte. Und so verlieh er ihr Dauer – nicht, indem er die Band in Aktion darstellte, sondern indem er sein Lob der einzelnen Instrumente in Form von Stilleben ausdrückte: Klarinette, Horn, Saxophon, Piano, The Drums werden in der Einzelheit gewürdigt, belegen vor lädierten Tapeten und auf wackeligen Tischen das große Erlebnis. In diesen Arbeiten beweist sich der Maler einmal mehr als Poet.«

In einem anderen Aufsatz „Diether Kressels Lob der Vergänglichkeit" schreibt Heinz Spielmann über diese Bilder:

»… Die Wirkung von Unmittelbarkeit und Augenblickstreue bedarf der realistischen, ja, der naturalistischen Wiedergabe. **Kressel** kann so zeichnen, daß man glauben könnte, eine Photographie vor sich zu haben. Er zeichnet auf diese Weise aber nur das Detail, meist das Bild im Bild – sei es die Photographie, das Spiegelbild, das Bild an der Wand. Einzelne Objekte auf den Zeichnungen nehmen sich wie kollagierte Papiere aus, so naturgetreu sind sie wiedergegeben. Andere Partien auf den Blättern sind locker, mit ausgeprägtem Strich, im freien Handduktus angelegt. Meisterwerke dieses gleichzeitigen Gebrauchs unterschiedlicher Zeichnungs-Modalitäten sind die Blätter, die **Kressel** dem Jazz und den Jazz-Musikern widmete. Obwohl sie einige aus früheren Arbeiten bekannte Requisiten vorstellen, den dreibeinigen Tisch, die Kommode, die Fenster – erscheinen sie neu und frisch, denn sie zeigen uns eine zuvor nicht enthüllte Neigung des Zeichners, seine Liebe zu Blues und Ragtime, zur Band der *Dixie Ramblers* und zu *Dinah Washington*, also zu jenen Musikern des Jazz, die wir nicht aus perfekten CD-Aufnahmen, sondern von alten Schellack-Pressungen her kennen. **Kressel** lobt mit seinen Jazz-Zeichnungen abermals die Vergänglichkeit, das von der Zeit Gekennzeichnete. Es gibt kaum eine schönere Folge von Stilleben mit Jazz-Instrumenten als **Kressels** Blätter, kaum eine, in der die Melancholie des Blues oder die eisengeschwängerte Atmosphäre von „Charlies Schießbude" so unliterarisch und ohne falsche Anleihen bei der Musik gegenwärtig wären.

Was **Kressel** zu sagen hat, ist aus den Blättern abzulesen. Sein Kommentar in eigener Sache könnte kaum knapper sein. Er lautet: »Die Technik der Zeichnungen ist meist gemischt. Immer Bleistift, dazu meist Farbstifte, oft Aquarell oder Gouache. Einige Zeichnungen sind nur mit Bleistift gemacht.« Soweit Heinz Spielmann.

Als ich **Diether Kressel** 1996 fragte, ob ich seine Bilder in diesem Buch veröffentlichen dürfte, bekam ich eine – wie ich meine – begeisterte Zusage. Damit sind diese Bilder ein wichtiger Bestandteil dieses Buches geworden. Und hierfür möchte ich mich an dieser Stelle ganz herzlich bedanken.

Ich glaube an die Botschaft des Jazz, die Botschaft von Brüderlichkeit und Verständnis. Er ist ein Symbol für Demokratie und freien Ausdruck.
Eric Vogel, Ingenieur und Jazzmusiker aus Brünn. 15 Jahre nach seinem Entrinnen aus der Hölle von Auschwitz.

Bergedorf ist kein Zuchthaus, kein Sing-Sing,
es ist die Festung für „Hot" und „Swing"!
Text eines Liedes, das an Hamburger Schulen entstand. In Bergedorf war eine Jugendstrafanstalt, in der manch begeisterter Jazz-Fan „umerzogen" wurde.

SWING TANZEN VERBOTEN

Wenn man ein Buch über die Hamburger Jazzgeschichte schreibt, dürfen ein paar Zeilen über das finsterste Kapitel deutscher Jazzgeschichte nicht fehlen: über eine Zeit, in der die Musik, die wir so lieben, als undeutsch und entartet gebrandmarkt wurde, als das Tanzen nach dieser Musik verboten war und die Nazis allen Rundfunksendern untersagten, „Niggerjazz" zu spielen.

Als ich 1958 begann, diese Musik zu spielen, war es gerade erst 16 Jahre her, daß der „Reichsführer SS", Heinrich Himmler, an den Leiter des Reichssicherheitshauptamtes, Reinhard Heydrich, über die Hamburger Swing-Jugend schrieb:

»Meines Erachtens muß jetzt aber das ganze Übel radikal ausgerottet werden. Ich bin dagegen, daß wir nur halbe Maßnahmen treffen. Alle Rädelsführer, und zwar die Rädelsführer männlicher und weiblicher Art, unter den Lehrern diejenigen, die feindlich eingestellt sind und die Swingjugend unterstützen, sind in ein Konzentrationslager einzuweisen. Dort muß die Jugend zunächst einmal Prügel bekommen und dann in schärfster Form exerziert und zur Arbeit angehalten werden. Irgendein Arbeitslager oder Jugendlager halte ich bei diesen Burschen und diesen nichtsnutzigen Mädchen für verfehlt. Die Mädchen sind zur Arbeit im Weben und im Sommer zur Landarbeit anzuhalten.

Der Aufenthalt im Konzentrationslager für diese Jugend muß ein längerer, zwei bis drei Jahre sein. Es muß klar sein, daß sie nie wieder studieren dürfen. Bei den Eltern ist nachzuforschen, wie weit sie das unterstützt haben. Haben sie es unterstützt, sind sie ebenfalls in ein KZ zu verbringen, und das Vermögen ist einzuziehen. Nur wenn wir brutal durchgreifen, werden wir ein gefährliches Umsichgreifen dieser anglophilen Tendenz vermeiden können.«

Und es wurde sehr hart durchgegriffen. Hamburg war nach Berlin die zweite Hochburg des Jazz. Demzufolge hatte diese Musik einen sehr hohen Stellenwert bei den „Swing-Heinis", wie die Hamburger Jazz-Fans damals genannt wurden. Neben ihrer großen Begeisterung für diese Musik unterschieden sie sich von den anderen durch ihre betont zivile Kleidung, längere Haare und eine angelsächsische Lässigkeit.

Verbotsschild der Reichskulturkammer

Wehe aber, jemand wurde dabei erwischt, daß er sich dieser „jüdisch-niggerischen Urwaldmusik" zu sehr hingab, oder der ewigen Marschmusik überdrüssig, heimlich die verbotenen Auslandssender hörte. Es war nicht selten, daß sich diese „gleichschaltungsunwilligen" Jugendlichen mit kurzgeschorenem Haarschopf via Gestapo-Hauptquartier und Volksgerichtshof im Knast mit anschließender KZ-Verwahrung oder als Frontbewährung in einem Strafbataillon wiederfanden. Die Verwahrungsorte waren entweder das Polizeigefängnis Fuhlsbüttel, auch „Florida" genannt, oder die KZ in Fuhlsbüttel oder Bergedorf. Nach Ansicht eines Hamburger gerichtsmedizinischen Gutachters waren diese »anglo-jüdisch verpesteten« Typen »haltlose, willensschwache Psychopathen mit erheblichen Defekten auf ethisch-moralischem

Gebiet«. Ein Schulleiter bezeichnete einen sechzehnjährigen Oberrealschüler sogar als eine »erbbiologische Minderheit«. Die Gefängnisstrafen bewegten sich zwischen vier Monaten und dreieinhalb Jahren.

Wenn ich heute als aktiver Jazzmusiker darüber nachdenke, welchen Repressalien diese jazzbegeisterten jungen Menschen ausgesetzt waren, läuft es mir kalt den Rücken herunter. Es waren die gleichen jungen Menschen wie wir damals, die von einer großen Begeisterungsfähigkeit getragen, einem bestimmten Lebensgefühl nachgingen. Die mit ihrer Fröhlichkeit und Ausgelassenheit nur der organisierten Gesellschaft entfliehen wollten. Diese Musik bedeutete damals wie heute Lebenslust, verbunden mit einer Leidenschaft, die uns häufig über die Mühen und den Ärger des Alltags hinweggeholfen hat.

Titelseite der Broschüre zur Ausstellung „Entartete Musik", 1938

*Erst bricht der Lange Paul dir alle Knochen -
dann kommst du beim Fuchs auf allen Vieren angekrochen -
der macht aus dir Frikassee -
und aus deinem Schwanz Haschee -
da pfeift dir aus dem Hinterteil -
der allerletzte Furz: Swing Heil!*

Einer der vielen Sprüche, die damals unter den „Swing-Heinis" kursierten. Mit dem „Langen Paul" war ein gefürchteter Schläger der SS-Wachmannschaften im Stadthaus gemeint, und der „Fuchs" alias Kriminalrat Hans Reinhardt war ein SS-Sturmbannführer, der im Gestapo-Hauptquartier die Verhöre leitete.

COME ON LIZZY, LET'S DANCE

Gunter Lust, Jahrgang 1926, ist ein Zeuge dieser Zeit. Er ist der typische Vertreter dieser Generation – der „Swingheinis". In seinen Erzählungen kommt stets ein starkes Lebensgefühl zum Ausdruck. Seine Sprache, manchmal etwas rauh, läßt immer starke Emotionen erkennen. Mit dieser Musik, der er bis heute treu geblieben ist, hat er die schrecklichen Jahre der Nazizeit und des Krieges durchgestanden.

Er war immer auf der Suche nach guten Swing-Platten. In dieser Musik hat er seine Lebenslust gefunden und bis heute erhalten. Er schreibt: »... waren auch nicht viel anders als die heutige Jugend, wenn auch unsere Möglichkeiten sehr beschnitten waren, was Musik und Amüsement betraf. Wir machten unsere Budenzauber, was man später als Partys bezeichnete, da, wo die Eltern verreist waren, in Kellern oder in Luftschutzbunkern. Unsere Hotmühle (Koffergrammophon) war natürlich immer dabei und unsere kleinen Köfferchen mit den Schellacks. Es dominierten die Orchester von *Teddy Stauffer, Kurt Hohenberger, Heinz Wehner, Max Rumpf,* die belgischen Orchester von *Fud Candrix, Jean Omer, Stan Brenders* und *Eddi Tower.* Von den englischen Orchestern waren es *Nat Gonella, Harry Roy, Bert Ambrose* und *Billy Cotton.* Dann kamen die Amis *Benny Goodman, Artie Shaw, Louis Armstrong, Casa Loma, Dorsey Brothers, Glenn Miller* (dessen Aufnahmen später auch an Bord unseres Mienensuchbootes bei der Kriegsmarine eine große Rolle spielten), *Andrew Sisters,* die Holländer *Ernst van Hoff* und die *Ramblers.*

Dann sagte einer: »Los, leg mal eine gepflegte Scheibe auf!« und dann tanzten wir drauflos. Manchmal auch einzeln. Seppi war Drogist und später Chemiker, der braute uns aus Zucker und Essenzen so manchen Stoff, der uns kolossal anregte. Die Stimmung war großartig. Dann begann das große Greifen mit den kleinen erotischen Basteleien, aber unsere Swing-Musik war immer vorrangig und das andere sekundär. Die Stimmung und der Lärm – vor allem in den Bunkern und Kellern – stieg. Leute beschwerten sich, und die Streifen-HJ und die Greifer nahmen uns in die Acht zum nächsten Polizeiamt, meistens zum Eimsbütteler Marktplatz. Man bekam Vorladungen zum Nagelsweg 10, in wiederholten Fällen zur Stadthausbrücke. Wurden zu den unsinnigsten körperlichen Arbeiten eingeteilt. Nach Bergedorf oder in den Boberger Sanddünen. Vielfach auch zu den Windsbergen beim Altonaer Volkspark, was aber nur für die männliche Jugend in Frage kam.

Von sadistischen Schleifern der HJ wurden wir dort geschliffen und fertiggemacht, daß uns das Wasser im Arsch kochte. Darum kam ich auch verfrüht ins Wehr-Ertüchtigungs-Lager nach Soderstorf in der Lüneburger Heide.

... unser Stammlokal war der Alsterpavillon, wo ich *Arne Hülphers* und *John Kristel* mit ihren großen Orchestern sah und hörte. Ich bemerkte, daß es dort Cliquen gab, die sich so englisch benahmen und anders gekleidet waren und betont lässig durch die Gegend flanierten. Es waren Swing-Boys, mit denen Hansi, mein Cousin, mich bekanntmachte. Der Rhythmus der großen Orchester riß mich einfach hin. Die Musiker in ihren weißen Smokings mit ihren blanken Instrumenten. Wenn sie sich rhythmisch bewegten zu ihrer Musik, und wenn der eine oder andere Musiker aufstand und ein Solo von sich gab. Es war neben der flotten Musik eine Augenweide.

Zu Hause bei diesen Swing-Boys, die meistens in Othmarschen oder Klein Flottbek wohnten, konnte ich mir dann diese Musik anhören. Eine Musik, die für mich ungewöhnlich war und mich sehr anzog. Ich bekam dort auch Getränke, die ich noch nie kennengelernt hatte. Dort trank ich auch meinen ersten Whisky.

Es waren alles verwöhnte Jungens, die viel Geld hatten und sehr arrogant waren, was mich abstieß. Auch die Mädels lagen mir nicht sehr, bis auf einige Ausnahmen. Ich fühlte mich zuerst sehr wohl in diesen Kreisen, die nachher mit unserer Eimsbütteler-Swing-Clique aber schwer zusammenstießen. In einigen Lokalen gab es handgreifliche Auseinandersetzungen, aus denen wir meistens als Sieger hervorgingen. Wir Eimsbütteler waren in Auseinandersetzungen geübter, aber die Othmarscher hatten meistens bessere Schellackplatten als wir, die wir ihnen in einigen Fällen abnahmen. Manche hauten wir auch aus den Klamotten, die besser waren als unsere. Hansi beteiligte sich aber an diesen Scharmützeln nicht, weil ihm es nicht so lag. Er kannte diese Typen auch nur oberflächlich aus der Schule.

Nationalsozialistisches Propagandaplakat gegen das Abhören ausländischer Radiosender

Unsere Lokalitäten waren damals: CAFÉ VATERLAND, TROCADERO, FAUN-CASINO, CAFÉ HEINZE und das ORCHIDEEN-CAFÉ, die wir aufsuchten, um dort bekannte Orchester zu erleben. Es wird für uns Swinger unvergessen bleiben, das Gastspiel von *Fud Candrix*, einem belgischen Orchester par excellence. Wir sind froh, daß wir die verschiedenen Orchester gesehen und gehört haben. Es war für uns wie ein halber Verkehr.

Immer wieder konnten wir uns an den Schellacks dieser Orchester hochziehen. Jedes bekannte damalige Orchester hatte seinen besonderen Sound, an dem wir es erkennen konnten: Es war damals von den Orchestern eine besondere Eigenart, eine musikalische Weltreise vorzutragen, wobei von jedem Land die besondere Musik-Weise hervorgehoben wurde. Bei Nordamerika und England begann das Publikum, besonders stark zu applaudieren. Diese Spielweise wurde von der R. M. K. (Reichsmusikkammer) verboten.

Wie gesagt, bestand bei uns Jugendlichen eine besondere Vorliebe für alles Englische. Es wurden Sitten und Kleidung nachgeahmt. Selbst den Regenschirm trug man sogar bei gutem Wetter über dem Arm. In privaten Kreisen tanzte man nach englischen Schlagerplatten. Dieses machte man schon vor Kriegsbeginn in Hamburg. Wir hatten bei uns in Eimsbüttel die Clique „Die Penny-Serenaders" die mit der Othmarscher Clique sich häufig, wie schon berichtet, verschiedene kleine Kämpfe lieferte. Man traf sich in besonderen Stammlokalen in den Hinterräumen und tanzte dort nach unseren „Hotmühlen" den English Walk. Wir tanzten vornübergeneigt, so daß uns das lange Haar im Gesicht rumflatterte. War nicht gerade ein schöner Anblick, aber wir fanden es damals chic. Manche von uns machten beim Tanzen richtig akrobatische Verrenkungen. Manchmal tanzten wir auch unter uns Jungens, gingen dabei in die Knie und gaben Cobra-Zischlaute von uns. Ein Tanz, den wir noch nach dem Krieg zelebrierten.

Durch die Unterdrückung und ewigen Verbote unserer normalen Bedürfnisse entbrannte in uns ein wilder Haß gegen alles Nazistische. Man holte uns aus Kinos und Lokalitäten heraus, weil man noch nicht 18 Jahre alt war. Ich hatte meinen Münchener-DJ-Ausweis in der Tasche schmuddelig getragen, und konnte so unbemerkt und gekonnt mein Alter aufstufen. Erinnere mich da noch an eine Streife bei uns im CAFÉ MEYER, wo verschiedene von meinen Freunden mitgenommen wurden und ganz erstaunt waren, daß man mich unverschont gelassen hatte. Ich habe es ihnen später dann erklärt.

Die Broadway-Filme 1936 und 1938, sowie der Film „Gehn wir bummeln", fanden unsere Begeisterung, weil dort für unsere Zeiten unwahrscheinlich gute Szenen im Musik-Tanz geboten wurden. Ebenso der Shirley Temple-Film „Auf Welle 303". Bei diesen Filmen und anderen wurden die Kinos nach der Vorstellung besonders gefilzt. Für alle solche Vergehen erhielten wir Jugend-Arrest oder, wie gesagt, Sonderbehandlung.

Daraus ging dann die sogenannte Swing-Jugend hervor. Wir „Swingheinis" lieferten uns so manche Differenzen mit der Streifen-HJ, wobei diese in den meisten Fällen die Oberhand behielt, weil sie in der Überzahl war, oder die „Police" im Hintergrund mithalf. Sonst wurde bei großen Razzien Verstärkung von der Polizei angefordert. Wir wurden auf große Überfallwagen geladen oder getrieben. Mußten uns beim Bann Klocks Weg oder Nagelsweg melden. In verschiedenen Fällen wurde uns eine „Kahle" geschert. Man sah danach wie ein Mondgesicht aus, oder wie ein Arsch mit Ohren. Nach so einer Prozedur trug ich wochenlang eine Baskenmütze. Viele sahen es dann als Ehrensache an.

Ich kam bald darauf zur K. M. Hatte das große Glück, daß man bei uns an Bord sich zu dieser, unserer Musik sehr großzügig verhielt, weil mein Ka-Leu selber ein großer Swing-Fan war und nichts mit der braunen Politik zu tun hatte. Das war selten. Allerdings nicht in Marinekreisen.

Vor mir liegt eine alte Grammophon-Platte von 1941 mit rostbraunem Label, mit goldener Inschrift, mit vielsagendem Titel „Alles wird gut" von dem hervorragenden *Ernst van t'Hoff*.

Ich hatte diese Platte als junger Marinesoldat schon mal in Händen auf unserem Minensuchboot. Allerdings unter dem Titel *I Never Dream* mit einem holländischen Label, Gesang *Jan de Vries*. Es war der Themen-Song der *Ernst van t'Hoff Band* mit seinem Bim Bam, dem Pausenzeichen von BBC, was mir damals als junger Soldat nicht klar war. Aber diese einschmeichelnde Melodie mit ihrem Text war für mich wegweisend. »Alles wird gut«.

So mancher Schulkamerad, Jugendfreund kam nicht wieder nach Hause. Die Mehrzahl blieb.

... es wird ihnen immer zur Ehre gereichen, daß sie diesem Staat Widerstand leisteten. Ihre Waffe war ihre Musik im Kampf zwischen Herrschenden und Beherrschten.

Die Swing-Jugend hat es so nur in Hamburg gegeben.«

Im Café Heinze hing im Treppenaufgang zur Bar ein großes Teddy-Stauffer-Bild mit persönlicher Widmung. Anläßlich eines Konzertes von Ernst Seyfferth und seinen Solisten, ließ Gunter Lust mit seinem Freund Benno das Bild „mitgehen". Die Begeisterung in der Clique war so groß, daß alle eine Reproduktion bekamen. 1942 verbrannte das Original. Auch die Reproduktionen gingen in den Jahren verloren. Nur Gunter Lust hatte sein Bild während des ganzen Krieges und in der Gefangenschaft immer dabei (s. Knick). Es blieb als einziges Exemplar erhalten.

*Jazz ist eine Beleidigung
und Schande für unser Volk!*
Ansicht von Martin Mutschelmann,
ehemals Nazi-Gauleiter von Sachsen

SWINGTIME IN HAMBURG

In der folgenden Geschichte kommt ein weiterer Zeitzeuge zu Wort. Deutlich werden hier die Probleme, mit denen die Musiker umzugehen hatten. Auch diese Erzählung wird getragen von der großen Begeisterung für die Musik und hat immer noch eine gewisse Aktualität. **Hans Heinz Jessen** ist Jahrgang 1917.

»Sechs junge Leute (Schüler, Studenten, kaufm. Lehrlinge) taten sich zu einer Amateur-Band zusammen. Das CD-Monogramm auf den Notenpulten stand für *Cedric Dumont*, unseren damaligen Bandleader und heutigen Schweizer Dirigenten. Wir spielten fast ausschließlich auf Club- und Privatfesten, da wir nicht über die damals für öffentliche Auftritte erforderliche „Braune Karte" der Reichsmusikkammer verfügten; sie wurde nur an Berufsmusiker ausgegeben. Wir spielten aus Freude an der Musik und an dem herrschenden Stil der Tanzmusik, dem Swing. Und Swing wurde auf diesen Festen gewünscht, nicht Märsche oder Polka oder ähnliches.

Über die neuesten Hits waren wir durch Abhören des BBC auf dem laufenden. Nach dem Abhören wurde fleißig geübt, bis wir die Nummer „drauf" hatten. Außerdem konnten wir vorübergehend regulär Noten in England bestellen.

Wir hatten rasch ein so umfangreiches Repertoire zusammen, daß wir bald ein abendfüllendes Programm, das hieß fünf Stunden Tanzmusik „aus dem Hut" spielen konnten. Und eben immer Swing, gelegentlich einen Tango oder einen English-Waltz. Walzer war nicht gefragt.

Im Laufe der Zeit waren wir im Winterhalbjahr so stark gefragt, daß wir jeden Sonnabend und manchmal auch Sonntagnachmittags zum Tanz-Tee spielten. Und es wurde fleißig geswingt in unserer Band und auf der Tanzfläche, denn dort, wo wir spielten, hing nirgends ein Schild „Swing tanzen verboten".

Jedoch konnten wir eines Tages der Versuchung nicht widerstehen, in größerer Besetzung zu spielen. Hierzu

Amateur-Jazzband CEDRIC DUMONT, 1935, am Schlagzeug Hans Heinz Jessen

ergab sich die Gelegenheit im damaligen Colosseum auf der Hoheluftchaussee. Das war ein öffentlicher Ballsaal. Um dort zu spielen, hätten wir besagte „Braune Karte" besitzen müssen. Die Colosseum-Besetzung bestand aus sieben Mann, wovon nur drei eine „Braune Karte" hatten. Da die Reichsmusikkammer Kontrollen in den Gaststätten, wo getanzt wurde, durchführte, mußten wir kartenlosen Amateure hinter der Bühne verschwinden, was denn bei uns auch einige Male erhebliches Flattern auslöste. Erwischt wurden wir glücklicherweise in keinem Fall, aber sobald wir öffentlich spielten, war es eben immer eine Angstpartie. Können sich heutige Amateure eine solche Situation auch nur vorstellen?

Unser letztes Engagement hatten wir beim Yachtclub in Kiel anläßlich der Segel-Olympiade im August 1936, wozu wir sämtliche verfügbaren Amateure Hamburgs zu einer Zehn-Mann-Band zusammenkratzten, und wobei wir uns über alle Bedenken wegen der bei keinem vorhandenen „Braunen Karte" hinwegsetzten. Zum Zeitpunkt der Olympiade waren unter anderem auch britische Marine-Einheiten zu Gast in Kiel. Zu dem Abschlußball der Olympiade, auf dem wir spielten, waren auch die englischen Marine-Offiziere eingeladen. Der für die Organisation des Balles zuständige und in unseren Augen schon leicht betagte deutsche Kapitän zur See verlangte von uns als Eröffnungstanz eine Quadrille, die wir natürlich nicht spielen konnten. Statt dessen spielten wir: *Dinah, is there anyone finer*, was großen Beifall fand. Die Engländer, die – wie sie uns im Laufe des Abends sagten – nur Märsche und Walzer erwartet hatten und nun freudig überrascht waren, heimatliche Klänge zu hören, äußerten noch manche Swing-Wünsche, die wir fast alle erfüllen konnten. Wir wurden reichlich belohnt mit vielen Runden Wein, den wir jedoch nur in ganz bescheidenem Maß tranken, da sonst die Qualität unserer Musik gelitten hätte.

Übrigens betrug unsere Gage, die wir vom Yachtclub erhielten, stolze 20 Reichsmark pro Mann! Das Engagement in Kiel war ein würdiges Ende der Existenz unserer Amateur-Band **CEDRIC DUMONT**. Danach brach unsere Band auseinander. Grund: Studium, Militär- und Arbeitsdienst.

Heute bin ich weder Amateur noch Profi, sondern Pensionär und spiele allein auf einer elektronischen Orgel. Sie werden unschwer erraten, was ich spiele: Swing!«

Jazz ist undisziplinierter Krawall ohne Zucht und Sitte. Für die Ausbildung eines Menschen zur Manneszucht völlig ungeeignet!
Ansicht eines Generals a. D.

HURRA, WIR LEBEN NOCH

Gunther Lust erzählt, wie es nach der Rückkehr aus dem Krieg weiterging: »... strahlend klingt die Trompete von *Wingy Manone's Tailgate Ramble* aus dem Lautsprecher, gefolgt von seiner heiseren Stimme beim *Trombone man*. Drei Blasinstrumente mit der Führung der Trompete, umspielt von Klarinette und Ausfüllen der Lücken durch die Posaune.

Es war nicht mehr die alte Crew wie früher, bevor wir eingezogen wurden. Der Scheißkrieg hatte empfindliche Lücken in unsere Reihen gerissen. Wir waren trotz allem recht gut zuwege in meiner kleinen Dachwohnung am Bömelburgweg in Horn, hatten wie immer zusammengelegt, was Essen und Trinken betraf. Gutes weibliches Material, etwas lose und schön gewöhnlich, war auch vorhanden.

Die Gespräche, die wir führten, waren ein wenig anders als früher. Man unterhielt sich übers Anschaffen von Zigaretten, Getränken, Lebensmittel. Es gab Tips, wo ein guter gängiger Laden war, den man mal aufsuchen könnte, wo man so nebenbei Knick-knack machen konnte, sprach über den einen oder anderen, der „verschütt" gegangen war und plötzlich „verreisen" mußte, über handliches Werkzeug, Kuhfuß, Teddels, Aufhebler usw.

Aber unsere Musik war immer primär und kam nicht zu kurz. Genau wie früher, wenn auch andere Orchester dominierten, aber die alten Orchester aus unserer Jugendzeit kamen auch nicht zu kurz. Es waren noch einige alte Schellacks vorhanden. Das Abspielgerät war jetzt ein elektrischer Plattenspieler mit Lautsprecher. Das alte Koffergrammophon mußte weichen. Die Wiedergabe war ja auch bedeutend besser.

Die Weiber liefen leicht bekleidet kreuz und quer durch die Bude, und die Stimmung war o. k. Aus dem Lautsprecher dröhnte *Heiße Tage* von *Willy Stanke* und sein *Schwarzer Panther II*. Es wurde auf die Enge geschärbelt mit leichtem Schlürfschritt, geblähter Hose, mit Sondergriffen. Und man war dabei bemüht, seiner Partnerin die Zunge in den Hals zu hängen. Stimmung war mood mit gewissen Höhepunkten, wenn ein Paar neben meinem kleinen Dachboden verschwand, der proppenvoll mit leeren Flaschen war, in deren Mitte ein amerikanisches Klappbett stand. Meine Kumpels sagten immer zu mir: »Weißt du, Gunter, bei dir ist immer richtige New Orleans-Stimmung.«

Die Musik von heute ist aus unserer Perspektive gesehen be...en. Ein Trost, daß es heute noch solche Bands gibt wie **ABBI HÜBNERS LOW DOWN WIZARDS**, *Papa Bues Viking Jazz Band*, *Dutch Swing College Band*, *Monty Sunshine Jazz Band*, und noch einige mehr.

Die damalige Jazz-Szene ist mit der heutigen überhaupt nicht zu vergleichen. Jeder Vergleich würde hinken. Vor allem, was die natürliche Begeisterung anbetrifft bei Musikern sowie Fans. Unsere fanatische Begeisterung mit unserer Swing-Musik aus den 30er und 40er Jahren war absolut tödlich. Die Nachkriegsbegeisterung war auch sehr gut im Vergleich mit heute. Da ist viel Theater dabei, man will „in" sein, zu sehr modebewußt, arrogant, viel auf Show, wackelt mit dem Kopf und mit den Füßen und redet geschwollen daher. Es gibt aber auch heute noch richtige, ehrliche Begeisterung, nur nicht mehr so häufig.

Bemerkenswert ist die Nachkriegszeit, als die amerikanischen Jazzbands und großen Swing-Orchester nach Hamburg kamen und in der Ernst-Merck-Halle spielten. Es war einfach eine Wucht. Wir standen auf den Stühlen und haben vor Aufregung und Begeisterung fast in die Hose gepißt.

Unsere bevorzugten Musiker, Swing- und Old-Time-Bands nach dem Krieg waren *Joe Wick*, *Freddy Brocksieper*, *Fatty Gorge*, **RIVERSIDE JAZZBAND** mit **Heinz Junghans**, **SOUTH JAZZBAND**, *Ken Colyer*, *Chris Barber*, *Lonny Donegan*, *Monty Sunshine*, *Claude Luter*, um nur einige zu nennen.

Unterrichtet wurden wir nach dem Krieg von dem Germanisten **Werner Burkhardt** im Amerika-Haus, der uns erstmal erklärte, was überhaupt richtiger Jazz ist.

– Don't Be That Way –«

Jazz ist der – glücklicherweise mißlungene – Versuch der Schwarzen, die Marschmusik der Weißen zu imitieren.
Peter Wehrspann (co, dr) ST. JOHN'S JAZZBAND und BALLROOM ORCHESTRA

DIE 50er JAHRE

Dieter Beckers, ROMMY BAKER BIG BAND, schreibt in seinen Erinnerungen: »Anfang der 50er Jahre gab es in Hamburg eigentlich nur zwei Jazzbands: Die **RIVERSIDE JAZZBAND** mit **Heinz Junghans**, im HANDTUCH in der Rabenstraße zu hören und das **MAGNOLIA DANCE ORCHESTRA** in der Taverne vom WINTERHUDER FÄHRHAUS. Im BARETT, Collonaden, swingte **MICHAEL NAURAS QUARTETT**, in der BOX am Hauptbahnhof *George Baylock's Combo* aus Panama. Im CAFÉ FAUN am Gänsemarkt spielte *Bill Coleman* Trompete, und auf der Reeperbahn konnte man wieder Swingorchester im CAFÉ MENKE oder im CAFÉ LAUSEN hören. *Fatty George* und andere Bands spielten im NEW ORLEANS, einer stimmungsvollen Kneipe, ebenfalls auf der Reeperbahn. Trompeter *Oscar Klein* traf man beim 78er-Schellack-Plattenkauf – endlich konnte man die heißbegehrten Scheiben wieder bekommen – bei Radio Holzbach am Gänsemarkt. Nebenan im UFA-Palast gab es die „Glenn Miller Story" und andere Jazzfilme.

BARRELHOUSE ORCHESTRA, 1956 (v. l.): Rainer Hunck, Hermann Herckenrath, Fiete Westendorf, Gunther Wiedecke, Peter Hunck, Gerhard Vohwinkel, Ole Baumgarten

Dann kamen wir mit unseren **DIXIELAND WANDERERS**. Zu unserem Kreis gehörten unter anderem „Ol' Man" **Abbi Hübner** und **Gerhard Vohwinkel**. Wir wanderten von Kneipe zu Kneipe, um in den Hinterzimmern zu üben. Niemals von langer Dauer, denn Wirte und Gäste standen auf Bully Buhlan, Rita Paul oder Freddy. Unseren *Royal Garden Blues* oder *Muskrat Ramble* mochten sie nicht.«

Oimel Jazz Youngsters

Soweit **Dieter Beckers**. Der Jazz in Hamburg erwachte zu neuem Leben. Die musikalischen Energien kehrten zurück. Am Anfang noch sehr zaghaft, aber dann mit voller Kraft. **Peter Wehrspann** erinnert sich in seinem „Jazzarchiv": "Ab 1955 etwa, also 10 Jahre nach Kriegsende und 7 Jahre nach der Währungsreform, bestimmten die, den *Armstrong*s, *Oliver*s, *Beidercke*s, *Goodman*s etc. nacheifernden Gruppen, von der Klassenkapelle bis zur professionellen Band, für die nächsten ein bis zwei Jahrzehnte eindeutig das musikalische Geschehen in der Hansestadt."

Die zahlreichen Bands, die in diesem beginnenden neuen Jazz-Revival die Akzente setzten, waren so viele, daß man nicht alle aufzählen kann. Interessanterweise haben sechs Bands aus dieser Zeit – zwar stilistisch und personell verändert – bis heute überlebt.

Ich erinnere mich an die **OIMEL JAZZ YOUNGSTERS**, bei denen damals die wilden Brüder **Andreas von der**

Diether Kressel

HOT FIVE, 1995, Triptychon, Öl auf Leinwand 170 × 64 cm, 170 × 82 cm, 170 × 64 cm

HEINZ JUNGHANS DIXIELAND BAND, 1958 (v. l.): Volker Zarske, Behne Orbahn, Johnny Rohrberg, Fiete Westendorf, Shelly Lüders, Heinz Junghans, Werner Bock

COLLEGE JAMTETT Dezember, 1959 (v. l.): Lutz Maier, Jörg Knippen, Dieter Kock, Jens Scharnberg, Lars Schunke, Jürgen Scharnberg, Friedrich Riehle

Meden (bj) und **Tony von der Meden** (dr) spielten. Diese Band wurde auch über die Grenzen Hamburgs sehr bekannt. Da gab es die **AMANDA STREET JAZZ BAND** mit **Gerhard Vohwinkel** (tp), 1953 die **ST. JOHN'S JAZZBAND**, die Klssenkapelle 12 a und 12 b des Johanneums, mit **Peter Wehrspann** (co, dr) und **Michael Jordan** (p).

1954 waren es die ersten **LOW DOWN WIZARDS** von **Abbi Hübner**, die **SOUTH JAZZBAND**, 1956 dann die **OLD MERRY TALE JAZZBAND**, die sich 1961 schon ins kommerzielle Fahrwasser wagte. Mit *Am Sonntag will mein Süßer mit mir segeln geh'n* waren sie sogar 24 Wochen in der deutschen Schlagerparade. Ebenfalls 1956 gründeten sich die **JAILHOUSE JAZZMEN**, die recht schnell eine der beliebtesten und populärsten Bands wurde. Ebenso populär wurde das **BALLROOM ORCHESTRA**. Diese, in den späteren Jahren schon legendäre Band, wurde Ende der 50er Jahre unter anderem von **Gregor Majer** (tb), heute **BLACK JASS** und **Günter Helms** (co), heute **CANALSTREET JAZZBAND** gegründet. Die ganz großen Erfolge allerdings feierte diese Band erst in den 60er Jahren in völlig veränderter Besetzung.

1957 wurde die **ST. MICHELS JAZZ BAND** von **Siegfried ‚Siggi' Schaumann** gegründet. Ende der 50er Jahre noch die **CABINET JAZZMEN**, die für einige Jahre zu den beliebtesten Bands der Stadt gehörte. Die **DIPPERMOUTH JAZZ BAND** mit dem Trompeter **Johannes Kunibert ‚Kuni' ‚KID JOHN' Rosolowski**, **Rudgar Mumssens** Schüler-Combo **ROCK ISLAND JAZZBAND** und **THE ENTERTAINER**.

Eine Band, die schon im Mai 1959 in einem Wettstreit Hamburger Nachwuchsbands den ersten Platz belegte, war das **COLLEGE JAM TETT** mit dem Klarinettisten und Gründer **Jürgen Scharnberg**. Das Durchschnittsalter betrug damals ungefähr 18 Jahre, und die Eltern mußten nach einem Musizierverbot erst einmal mit Nachdruck von der Notwendigkeit dieses Hobbys überzeugt werden. Es wurde ein Elternabend einberufen und ein salomonisches Urteil gefällt: dreimal in der Woche durfte gejazzt werden, um 24^{00} Uhr war Zapfenstreich.

Also: Ein vielversprechender Anfang der musikalischen Entwicklung, die sich in den 60er Jahren noch verstärkt fortsetzen sollte.

In den Hamburger Jazz-Cliquen war ein Leitspruch entstanden, der nicht nur im ersten Jahrzehnt der Hamburger Jazzgeschichte gültig war, sondern bis heute alle Beteiligten gleichermaßen bewegt:

»Jazz ist keine Musik, Jazz ist eine Lebenseinstellung!«

FREIE UND HANSESTADT HAMBURG

Jugendbehörde

Amt für Jugendförderung, Abt. 2.2

J a z z k a p e l l e n - W e t t s t r e i t
Hamburger Amateur-Nachwuchs-Bands

Im Kapellenwettstreit, der am 23., 24. und 31. Mai 1959 erstmals neun Hamburger Amateur - Jazzbands zu einem Leistungswettbewerb zusammenführte, wurde der Kapelle

COLLEGE JAM-TETT

durch die Jury im Wettbewerb der "old time jazzbands" der

1. P r e i s

zuerkannt.

Mit meinem Dank für die Teilnahme verbinde ich zugleich meine Anerkennung und meinen herzlichen Glückwunsch zum errungenen Erfolg.

Hamburg, am 31. Mai 1959

Jürgen Schamberg
Dieter Klock
[illegible]
Friedrich Rickle
[illegible]
[illegible]

I.A. Volkmann
(Volkmann)
Kreisjugendpfleger

NEW ORLEANS FUNCTION

Gunther Lust erinnert sich an das erste Louis-Armstrong-Konzert in Hamburg 1952: »Hamburg befand sich in einem richtigen Jazzfieber. *Louis Armstrong* spielte in der Ernst-Merck-Halle. Was er allerdings dort in der ersten Hälfte des Programms geboten hatte, war wirklich nicht doll, denn er war ziemlich angesäuselt und hatte gar keine Luft und beschränkte sich mehr oder weniger aufs Singen. Dann trat er immer häufiger in den Hintergrund und taumelte zeitweise zwischen seinen Musikern herum. *Trummy Young* trat immer mehr in den Vordergrund und spielte auf seiner Kurzposaune Louis' Soli. Trotz allem, die Begeisterung der Fans in der vollgestopften Halle kannte keine Grenzen. Man sah ihn endlich mal vor Augen, ihn, von dem wir schon so viel gehört hatten und dessen Platten für uns immer ein Leitfaden gewesen waren. Doch kritisch betrachtet waren wir etwas enttäuscht.

Nach der Pause hatte Louis sich gefangen und stieg ganz groß mit *New Orleans Function* ein. Die Halle kochte förmlich. Die Leute standen auf einmal auf den Stühlen, und wenn man glaubte, daß das Publikum sich nur aus jüngeren Leuten zusammensetzte, so irrte man sich gewaltig. Es war gut durchmischt auch mit seriösen Leuten, wie ich es später nur beim Nat-Gonella-Konzert erlebt habe. Die Platzordner waren einfach machtlos, und die Leute stürzten hemmungslos nach vorn.

Louis bediente sich unaufhörlich seiner blütenweißen Taschentücher, die er laufend wechselte. Der Schweiß lief ihm in Strömen übers Gesicht. Dann wurde es manchmal ganz still in der Halle, wenn sein reiner, klarer, unnachahmlicher Trompetenton erklang. Er riß das Publikum manchmal zu wahren Lachstürmen hin, durch die Ausdrucksweise und Stärke seiner Stimme, seiner Mimik und seiner manchmal kindlich-naiven Art. Über allem standen die unwahrscheinliche Technik im Bedienen seines Horns und sein großer Einfallsreichtum.

Der Abend endete mit dem unverwüstlichen Thema *The Saints*, und Louis flüchtete darauf hinter die Kulissen, weil das Publikum nicht mehr zu halten war und Anstalten machte, das Podium zu stürmen.

Ich durfte Louis noch einige Male in Hamburg erleben, wo er manchmal zum Teil noch wesentlich besser und eindrucksvoller war.

Auf jeden Fall: wer ihn erlebt hat, wird ihn nicht wieder vergessen. Er war der größte Botschafter seines Landes und sprach mit seiner Musik Millionen an.

Der Glanz und die Reinheit seines Trompetentons waren so einmalig wie seine unverwüstliche Stimme, die so rauh und doch so herzlich klingen konnte.

In meiner Erinnerungskiste bewahre ich ein Souvenir von ihm auf, das ich jahrelang in meiner Hosentasche getragen habe: ein Mundstück von ihm, das ich bei einem Konzert im Curio-Haus in der Rothenbaumchaussee gekl..., ergattert hatte.

Manchmal höre und sehe ich ihn noch vor mir, wenn er mit seiner rauhen Stimme sein *When it's Sleepy Time Down South* singt.«

LOUIS ARMSTRONG

*Laufbursche, Kohlentrimmer,
Zeitungsjunge, Tellerwäscher,
Lumpensammler,
aber als Kornettist
vollendet von Anfang an:
triumphaler Trauergesang
im Hafen von New Orleans.*

*In Chicago gehen
dem geliebten Papa Joe Oliver,
in New York Fletcher Henderson
die Schuhe auf,
als „das kleine Ferkel seine
Lockflöte spielt."*

*Bald darauf Artist, Virtuose:
Kaskaden, reißende Sturzbäche
jubilierender Töne,
die einen besoffen machen,
Kathedralen aus Musik,
Triumphschrei
des über die Materie siegenden
Geistes,
die wilde dionysische Kraft
apollinisch gebändigt
zu vollendeter Einheit.*

*Später im Film:
selbst in Federschmuck und Fellen
nie ohne Würde.
Seine Vitalität
degradiert alle anderen
zu Nußknackern.*

*Hohepriester des Swing,
schwarzer Erzengel mit
Selmer-Trompete,
von Thermik getragen
schweben seine Phrasen
über den auf vollen Touren
laufenden Bigbands
himmelwärts.*

*Ab 1950:
Ambassador Satch,
Globetrotter,
Archetyp, Urgestalt,
„Okuka Lokole",
der gute Zauberer aus New Orleans,
der mit Trompetenspiel und
Scatgesang
alle Grenzen und Sprachbarrieren
hinwegfegt
und spielend
die Welt
erobert.*

*Immer zerreißt er sein Herz -
auch über zickigen Saxophonriffs,
schluchzenden Chören und
wimmernden Geigen -
zu Tönen,
die man nie vergessen kann.*

Abbi Hübner

Abbi Hübner: »Zu uns nach Westdeutschland kam die Musik aus New Orleans, der klassische Jazz, erst nach dem zweiten Weltkrieg. Zur Erinnerung: diese Musik hatte während der 30er Jahre, zur Zeit der "Swingcraze" – der Swingverrücktheit, der ersten und einzigen Massenbewegung, die es im Jazz gegeben hat – auch in den USA keine Rolle mehr gespielt, sondern erst ab 1938, von *Mezz Mezzrow*, *Sidney Bechet* und *Jelly Roll Morton* inszeniert, eine bescheidene Renaissance erfahren. Im Verlaufe der 40er Jahre mauserte sich diese Wiederbelebung zu einer echten Bewegung, denn es konnten noch Veteranen der Musik, die in New Orleans und Umgebung im Ruhestand lebten, reaktiviert werden.

In England hatte der Pianist *George Webb*, in Frankreich der Klarinettist *Claude Luter* zu Beginn der 40er Jahre eher zufällig gebrauchte Schellackplatten der *Creole Jazzband King Olivers* aufgestöbert, *Webb* 1944 in London die *George Webb's Dixielanders*, und *Luter* auf der anderen Seite des Kanals, in Lorient, die *Lorients* gegründet. Es waren die ersten Kapellen auf dem alten Kontinent, die sich am klassischen Hot Jazz versuchten, lange nachdem der Swing auf dem Kontinent, in England, in Frankreich, den Niederlanden und der Schweiz, feste Niederlassungen gegründet hatte: Unternehmungen, denen die Nazis durch strikte Verbote zu begegnen alsbald Anlaß sahen, da sie wehrkraftzersetzende und deutscher Mannbarkeit abträgliche Einflüsse fürchteten. Dennoch: trotz staatlich inszenierter Diffamierung und Verfolgung überlebte der Swing auch bei uns mit Hilfe raffinierter Tarnung, oft abenteuerlich maskiert, als Untergrund- und Widerstandsbewegung, Erkennungsmelodie war: *The Flat Foot Floogie*.

Der klassische Hot Jazz, die Musik aus New Orleans, kam erst nach Kriegsende zu uns. Dies hatte historische Ursachen: die Welt war klein und die USA waren groß geworden. Die Amerikaner hatten den Krieg gewonnen, Länder erobert, Erdteile unter Kontrolle, überall flatterte das Sternenbanner! Ihre Macht- und Einflußsphäre bewegte sich ab Mitte der 40er Jahre in Dimensionen, wie die des britischen Empire zu Zeiten der Queen Viktoria. Sie waren allgegenwärtig, selbst in dem alsbald organisierten Ostblock als Feindbild. Mit den Amerikanern kam deren Lebensstil über die Welt. Zunächst als Ausdruck eines besseren Lebensgefühls, als Ausdruck von Toleranz und Freiheit vorbehaltlos akzeptiert, als nachahmenswertes Vorbild bewundert. Denn – das sollte festgehalten werden – die Amerikaner kamen ja vielerorts nicht als Eroberer, sondern als Befreier. Besonders in Europa, wo die GIs unter Eisenhower und Patton die Schreckens- und Terrorherrschaft der Nationalsozialisten beendet hatten, konnten sich die Amerikaner der uneingeschränkten Bewunderung ihrer Lebensäußerungen erfreuen. Zu diesen Lebensäußerungen gehörten – neben einem übertriebenen Einsatz und Gebrauch von Desinfektionsmitteln, Coca Cola, Kaugummi, Lucky Strikes und Camels – die amerikanische Tanz- und Unterhaltungsmusik, Swing und klassischer Hot Jazz. Schon die Besetzung Deutschlands war weniger von den Klängen der Märsche *Stars and Stripes forever* oder *Under the Star spangled Banner* begleitet worden als vielmehr von den lockeren Rhythmen eines *Chattanooga Choo Choo* und der einschmeichelnden Melodie *Sentimental Journey*. Das Leben, das alsbald wieder aus den Ruinen zu sprießen begann, das Gefühl der Überlebenden, noch einmal davon gekommen zu sein, fand seinen Ausdruck, jedenfalls bei der jüngeren Generation, und seine Entsprechung in der Musik der Amerikaner. Besonders in Deutschland und den von Deutschland während der Naziherrschaft kontrollierten Ländern fand der Amerikanismus und die Vielfältigkeit seiner Erscheinungen ein dankbares Publikum, weil nach Diktatur und Kriegsjahren ein enormer Nachholbedarf an entspannter und lockerer Unterhaltung bestand. Der Jazz, aber auch die swingende Unterhaltungsmusik wurden als Ausdruck einer Freiheit empfunden, die alle jahrelang schmerzlich vermißt hatten. War es zunächst nicht einmal wieder eine Lust zu leben? Das war es!

Berufsmäßig ohne Perspektive und professionell frustriert waren erst Jahrzehnte später junge Menschen, die wirkliche Not nur vom Hörensagen, nicht aber aus eigener Erfahrung kennengelernt hatten! Und die, die sich eine derartige Einstellung leisten konnten! Das hieß: es mußte jemand da sein, der es ihnen ermöglichte, sich ihrer Niedergeschlagenheit hinzugeben, ihrer Resignation nachzugehen, ihre Befindlichkeitsstörungen, Verstimmungen und Mißhelligkeiten zum Mittelpunkt ihres Lebens zu machen, in kindlich-weinerlichen Verweigerungshaltungen zu verharren, wenn ihren weit überzogenen Ansprüchen – ohne Eigenleistung, versteht sich! – einmal nicht im vollen Umfang Genüge getan worden war. Das heißt, es mußte jemanden geben, der ihre Miete bezahlte, Kleidung und das tägliche Brot gab und natürlich noch einiges mehr. Ein voller Bauch bemüht sich eben nicht gerne, das wußten bereits die alten Römer, und von Goethe stammt das schöne, ganz offensichtlich hellseherische, weil mit Blick auf unsere

offensichtlich hellseherische, weil mit Blick auf unsere Wohlstandsgesellschaft geprägte, Wort: »alles kann der Mensch ertragen, nur nicht eine Reihe von guten Tagen«.

Nach dem Kriege jedenfalls war außer dem Tode nichts umsonst, die jungen Menschen beschlossen damals, sich – allen Gewalten zum Trotz – zu erhalten, zu leben. Ihr kategorischer Imperativ des Lebens hieß: überlebe! Und das haben sie ja dann auch getan. Jedenfalls die meisten.

Erfreulicherweise fanden die Amerikaner schnell Mittel und Wege ihre Musik kreuz und quer durch sämtliche westlichen Besatzungszonen mit Hilfe ihrer Soldatensender, ihrer Clubkapellen, später auch ihrer Filme und Schallplatten unter das Volk zu bringen. Die Auftritte namhafter Jazzorchester in Europa ließen nur kurze Zeit auf sich warten: Bereits 1948 kam *Louis Armstrong* mit seinen *All Stars*, *Duke Ellington* zwei Jahre später. Jedenfalls war in den zerbombten und zertrümmerten Ländern nach dem Zusammenbruch neben der Sorge um das tägliche Brot, Kleidung, Wohnraum und Brennbares, Unterhaltung und Zerstreuung ein geradezu elementares Bedürfnis, herrschte eine rege Nachfrage nach Musik, Tanz, Cabarett und Spielen. Die Unterhaltungsbranche hatte auf Jahre hinaus Hochkonjunktur und ausgesorgt.

Die Vielzahl und Vielfalt musikalischer Erscheinungsformen, die der, zumeist jugendliche – Hörer dank der Aktivitäten von AFN und BFN (American, bzw. British Forces Network in Europa) kennenlernen durfte, war überwältigend. Die Soldatensender waren musikalische Gemischtwarenhändler, man lernte im Handumdrehen alles kennen, was es in der Jazz- und Unterhaltungsmusik gab und im Verlaufe der letzten dreißig Jahre gegeben hatte: den gesamten klassischen Hot Jazz, von *King Oliver* über *Louis Armstrong* und *Sidney Bechet* bis hin zu *Clarence Williams* und *Jelly Roll Morton*. Den Blues von *Bessie Smith* bis hin zu *Billie Holiday*. Den gesamten Swing von *Luis Russell* über *Jimmy Lunceford* bis hin zu *Count Basie* und *Duke Ellington*. Natürlich auch die „weiße Variante": *Benny Goodman*, *Glenn Miller*, *Harry James*, *Bunny Berigan* und *Ray Anthony*, *Woody Herman*, *Artie Shaw* und *Tommy Dorsey*, die Sänger und Sängerinnen: *Nat King Cole*, *Doris Day*, *Frank Sinatra*, *Judy Garland*, *Rosemary Clooney*, Hill Billy mit *Tennessie Earney* und *Red Foley*, Exoten wie *Stan Kenton* und *Les Paul*. Die wesentlichen Aufnahmen der New-Orleans-Renaissance von *Mezzrow*, *Bechet*, *Jelly Roll Morton*, *Bunk Johnson*, *Kid Ory*, *George Lewis*, *Oscar Celestin*. Dazu gab es bereits Schallplatteneinspielungen europäischer und überseeischer weißer Musiker, insbesondere begeisterten die Aufnahmen *Claude Luters*, *Humphrey Lyttletons* und der Australier *Len Barnards* und *Graeme Bells*. »Wer zählt die Jazzer, nennt die Namen, die uns per Funk ins Zimmer kamen?« könnte man, in Abwandlung einer Schillerschen Gedichtzeile, fragen, denkt man dankbar an jene Zeiten der Radiodays zurück.

Die Sendungen waren Inspiration und Anregung für jeden Interessierten, der – jedenfalls in seiner Phantasie, in seinen Träumen – das Kornett, die Klarinette oder die Posaune im Tornister trug. Und viele von uns ließen ja damals ihren Träumen Taten folgen, auch in Deutschland. Schon bald nach Kriegsende, nämlich 1947, gründete der „Alte Dessauer", der Bluesbarde und Pianist *Günther Boas* in Frankfurt die erste deutsche Hot Jazz Band: die *Two Beat Stompers*; wenig später entstanden in Leipzig, das von den Amerikanern eingenommen und kurzfristig besetzt worden war, die *Feetwarmers*, 1950 in Berlin die *Spree City Stompers* und die *New Orleans Jazz Band*.

Eine Jazzszene Hamburg gibt es, seit die TAVERNE des WINTERHUDER FÄHRHAUSES 1951 ihre Pforten dem **MAGNOLIA DANCE ORCHESTRA** und 1952 der, von dem Trompeter **Heinz Junghans** gegründeten **RIVERSIDE JAZZBAND** geöffnet hatte, wenn wir die ersten schüchternen Versuche nicht rechnen, im Verlauf derer bereits in den späten vierziger Jahren im Zuge einer offiziell betriebenen Fraternisierung in den Kellerräumen der kleinen Musikhalle am Gorch-Fock-Wall der ANGLO-GERMAN SWING CLUB – wenig später BFN SWING CLUB genannt – residierte und für die Jazzmusik intensive Werbung betrieb. Aber mit eigenem Leben erfüllten die Szene erst ab 1951 Amateurbands, in denen zunächst nicht selten auch Mitglieder der britischen Besatzungsarmee saßen und spielten. Bald konnte sich Hamburg auch eines professionell betriebenen Jazzkellers rühmen: in der Brandstwiete hatte **Günther Suhrbier**, ‚Suhri' genannt das ZERO (heute: KNUST) eingerichtet, kunstvoll und gediegen im Stil einer Pariser Katakombenkneipe. Dort spielte zunächst der Pianist **Bodo Sander** angeswingte Tanzmusik. **Kalli Heinz** war am Tenorsaxophon dabei und ‚Zippi' Otzipka saß hinter dem Schlagzeug. (Übrigens: 1955 löste **Gerhard Vohwinkel** mit seinem ORIGINAL BARRELHOUSE ORCHESTRA, in dem **Henning Höhne** Klarinette, **Walther Curth**, später **Gunther Wiedecke** Posaune und ich zweites Kornett spielte, **Bodo Sander** ab und wurde so Berufsmusiker.) Das **MAGNOLIA DANCE ORCHESTRA** und die **RIVERSIDE JAZZBAND** spielten zunächst in der TAVERNE des WINTERHUDER FÄHRHAUSES, gelegentlich in der ANARCHE in den Colonnaden und die **RIVERSIDE JAZZBAND** kurz darauf auch im DOCTOR JAZZ HOME, dem späteren HANDTUCH in der Neuen Rabenstraße. Alsbald, 1954, gab es – ebenfalls von ‚Suhri' eingerichtet – das BARETT in den Colonnaden, jahrelang das Domizil der **RIVERSIDE JAZZBAND**, die CAPTAIN'S CABIN im Zippelhaus, Forum der ersten **LOW DOWN WIZARDS**, das PIGALLE in der Spitalerstraße, das TABUNESIA direkt am Bleichenfleet an der Bleichenbrücke und das NEW ORLEANS im alten Trichtergebäude auf der Reeperbahn, das mit *Ken Colyer's Jazzmen* Scharen von Fans anlockte. Die **SOUTH JAZZBAND** spielte schon 1954 häufig bei RASCHER am Dovenfleet und **Gerhard Vohwinkel** debütierte mit seiner Band in einem eigenen Keller in der Amandastraße in Eimsbüttel.

Die Nächte waren in Hamburg lang, und überall konnte man Jazzmusik hören, sie hatte endemischen Charakter und unzählige, überwiegend junge Menschen infiziert. Viele Jazzbands entstanden bereits in den 50er Jahren: das **MAGNOLIA DANCE ORCHESTRA**, die **RIVERSIDE JAZZBAND**, **SOUTH JAZZBAND**, **AMANDA STREET JAZZBAND**, **LOW DOWN WIZARDS**, **BEALE STREET BRACES**, **OLD MERRY TALE JAZZBAND**, **ROCK ISLAND JAZZBAND**, **JAILHOUSE JAZZMEN**, **NEW CELLAR SIX**, **NEW CLAMBAKE JAZZBAND**, **STORYVILLE JAZZBAND**, **NEW NEW ORLEANS JAZZBAND** – um nur einige zu nennen.

Es stellt sich doch dem staunenden Betrachter unweigerlich die Frage: Was hatten die Musiker, aus denen sich diese Bands zusammensetzten, eigentlich vorher gespielt? Diese Frage führt zu einem Aspekt, der in meinen Augen zu den schönsten und bewegendsten Erscheinungen Deutscher Jazzgeschichte gehört, denn: diese Musiker waren vorher alles andere, nur keine Musiker gewesen! Die meisten von denen, die sich plötzlich mit Inbrunst und Hingabe an *Louis Armstrong*, *King Oliver*, *Johnny Dodds*, *Sidney Bechet*, *Kid Ory* und den anderen Großen der Jazzmusik orientierten und ihnen nacheiferten, hatten vorher noch nie ein Musikinstrument in der Hand gehabt! Die Musik schuf sich ihre Interpreten. Sie wirkte so hinreißend, ansteckend und faszinierend, daß hunderte von jungen Menschen nicht nur zuhören, sondern selbst gestalten wollten. Sie erweckte der Wunsch, das Verlangen, selbst zu formen, sich auszudrücken, zu musizieren; ein Verlangen, das sich bei vielen von uns im Verlaufe der Zeit dauerhaft zu einem elementaren Lebensbedürfnis steigerte.

Und wenn wir schon Vergangenheitsbewältigung betreiben: Hier bestand ein wesentlicher Gegensatz zu den „Swingfans", die sich zwar bereits in den dreißiger Jahren unter den Klängen von *Flat Foot Floogie* zu einer echten Widerstandsbewegung organisiert und entsprechenden Repressalien ausgesetzt gesehen hatten, aber, nach meinen Informationen, nur sehr selten selbst musikalisch aktiv geworden waren. Sie blieben – nicht zuletzt durch ständige Überwachung, Bespitzelung und Verfolgung der freien Entfaltung ihrer Möglichkeiten beraubt – Konsumenten: Hörer und Tänzer. Swingmusik war und blieb überwiegend eine Sache der Profis. 1953 aber standen gebrauchte Musikinstrumente plötzlich hoch im Kurs. Es ist schon so, wie ich auch heute immer wieder gerne sage: »der Jazz sprang uns an wie ein wildes Tier und hat uns bis auf den heutigen Tag nicht wieder losgelassen«. Es entstand der homo ludens, der spielende Mensch, die angenehmste Variante seiner Spezies.

Nach einer Zeit der Unterdrückung, der Gewalt, der Not, aber auch der Restauration, in der die Halunken von Gestern bereits wieder zu den Weißwesten und Saubermännern der Stunde wurden, mußten wir uns neu orientieren, suchten wir nach Inhalten, nach einer Kraft, an die man nach dem großen Zusammenbruch glauben konnte, hofften wir auf eine Botschaft, die von Aufbruch zu neuen Ufern kündete. Der Jazz war uns die langersehnte Botschaft. In einer heruntergekommenen Welt, in der Macht und Mächtige leider allzu selten im „Abschaum ihrer Tücken" verkamen, in einer Gesellschaft, die Naziterror, Krieg, Unrecht und das Elend der Nachkriegszeit weitgehend ungeläutert überstanden hatte und nach wie vor überholten Wert- und verlogenen Moralvorstellungen anhing, war uns die Jazzmusik Ausdruck eines neuen, freiheitlichen, ja, rebellischen Lebensgefühls mit der Hoffnung, widerstehen zu können, Proklamation einer neuen Menschlichkeit, Offenbarung mit der Möglichkeit zu friedlicher Kommunikation – im Gegensatz zu den schaurigen Märschen, mit denen ein paar Jahre zuvor Hunderttausende brüllend in den Untergang gezogen waren, um das Versprechen einzulösen, zu marschieren, bis alles in Scherben fallen würde. Die Musik war Ausdruck einer langersehnten Freiheit, befriedigte ein angeborenes Gestaltungs- und Formbedürfnis, beendete die Suche nach der verlorenen Zeit und half uns, unsere Identität zu finden.«

5 Jahre Hamburger Jazz Club

Das Konzert wird in Ausschnitten vom Fernsehen übernommen.

JAZZ MEETING

Riverside Jazz Band
Magnolia Jazz Band
Original Railroad Stompers
Bruno Lefeldt Quintett
Peter Hieber Combo u. a.

in TELE VISION

anläszlich des bevorstehenden fünfjährigen Bestehens des Hamburger Jazz Clubs

Karten bei allen bekannten Vorverkaufsstellen DM 1,50

An der Abendkasse DM 2,-

Sonntag, den 18. Oktober 1959, 16 Uhr

 Schule Mittelweg 42

Gedruckt bei Ernst Kabel Hamburg 36

*Jazz zu spielen ist wie mit dem Herzen sprechen.
Dabei kannst Du nicht lügen.*
Bunk Johnson

DOWN BY THE RIVERSIDE

Fast 50 Jahre Hamburger Jazz-Szene heißt vor allem: fast 50 Jahre Jazzmusik mit der Betonung auf traditionellen Elementen. Traditionell in Bezug auf Repertoire und Besetzung. Aber auch in Hinsicht auf die Ideale und Idole.

Für alle, ob von Anfang an dabei oder später dazu gekommen, war dies der einzige musikalische Weg, den man gehen wollte. Und in unserer Stadt waren es viele! Nur wenige haben diesen Weg verlassen und Neues ausprobiert. Ich meine in keiner Stadt der Welt, auch nicht in New Orleans oder Chicago, hat es zeitweise mehr Musiker, Bands und Clubs gegeben. **Peter Wehrspann** (co, dr), **ST. JOHN'S DIXIELAND JAZZBAND** und **BALLROOM ORCHESTRA** schreibt in seinem „Jazzarchiv":

»Es waren sicherlich hunderte von Bands, größtenteils von kurzer Lebensdauer, da am Anfang oft nur die Begeisterung am Musizieren im Vordergrund stand. Zum kleineren Teil langlebig, bis heute existent, einfach, weil man im Laufe der Zeit kritischer wurde und versuchte, seinen eigenen Stil zu finden. Bei soviel Begeisterung und Einsatz konnte es nicht ausbleiben, daß neben schrecklichen Mißtönen, von Musikern produziert, die „kaum ihr Instrument richtig halten konnten", auch musikalisch Hochwertiges entstand.«

Unter dem Motto „Höher, lauter, schneller" und „Wer übt, fällt den anderen in den Rücken", wurde gejazzt, was das Zeug hielt! Aus verbeulten und altersschwachen Instrumenten erklang das, was man für den Jazz hielt, den man spielen wollte, die Musik, die man aus dem Rundfunk oder von den ersten Schallplatten kannte, eine Musik, die alle faszinierte und in ihren Bann zog. Wir wußten es sehr schnell: Das ist es! Nur diese Musik kommt für uns in Frage! Der Ruf des Jazz war übermächtig und riß alle mit.

Wir spürten zu diesem Zeitpunkt ganz instinktiv, daß diese Musik mehr als jede andere Musikform das Lebensgefühl der Menschen bestimmt und daß sie – wie auch immer vermittelt – über ihre vielfältigen Varianten eindringen kann in die vorhandene musikalische Kultur. In diesem Sinne war für uns diese Musik mehr als nur eine musikalische Disziplin, sie war – und sie ist es noch heute – ein integrierendes Element der Musikkultur dieser Stadt.

Gerhard ‚Marcel' Horst (tp, bj), **JAILHOUSE JAZZMEN**, schreibt über diese Zeit: »Es begann in den 50er Jahren. Das Verbot der als „undeutsch" geltenden Jazz-Musik während der Nazijahre ließ bei der Nachkriegsgeneration einen großen Nachholbedarf entstehen. Es lag sicher nicht nur an der Weltoffenheit der Hanseaten, sondern auch an den Jazzprogrammen des britischen Soldatensenders BFN, daß gerade in Hamburg so viele junge Leute anfingen, im traditionellen Jazzstil zu musizieren.«

Es kam dann eine Phase, in der wir etwas ruhiger wurden. Darüber nachdachten, wo unsere musikalische Zukunft sein könnte. Wir wurden kritischer und orientierten uns neu. Man nahm andere Einflüsse in sich auf und überdachte seine stilistische Berufung. Es wurden die ersten guten Instrumente gekauft und systematisch geübt. Manch einer suchte sich einen Lehrer und nahm Unterricht. Durch viele Umgruppierungen und Neugründungen hat dann wohl fast jeder im Laufe der Jahre seine musikalische Heimat gefunden.

Diese Heimat blieb aber immer der authentische Jazz mit all seinen Ausdrucksformen. Es war die Musik der Vergangenheit, die man ganz bewußt reproduzierte. Dieses „Nachspielen" wurde von niemandem als falsche Vorgehensweise empfunden. Trotz der mittlerweile besseren Kenntnis über diese Musik und der schon teilweise recht guten Beherrschung des jeweiligen Instruments, imitierte jeder sein eigenes Vorbild, mehr oder weniger überzeugend, doch war der Geist dieser Musik hier und da durchaus spürbar.

Die alte Begeisterung war geblieben, und so reifte im Schatten der Vorbilder manch großes Talent heran. Mit einem Mal wurde der Blues so schön gespielt, daß man lange nach Vergleichbarem suchen mußte. Es war zu spüren, daß viele ihr Wirken und Schaffen als eine Hommage an all die Großen der Jazzgeschichte verstanden.

Die damaligen Zuhörer und Jazzfreunde haben das sofort gespürt. Diese Musik lebt nicht nur durch ihre Spontaneität und Direktheit, sondern eben auch vom Publikum. Hatte man erst einmal seine „Fan-Gemeinde", dann konnte man auf sie zählen. Treu und eisern haben sie mit uns so manche Nacht durchgestanden. Wenn der berühmte Funke übersprang, wurde ein Konzert zum stürmischen Happening. Es war aber nicht immer die viel beschriebene „Bierseligkeit", die die Wogen der Begeisterung hochschlagen ließ, sondern für mich war häufig eine ehrliche Anerkennung und viel musikalischer Sachverstand zu spüren. Nichts von der oft zitierten hanseatischen Zurückhaltung, sondern freundschaftliche, emotionale Begegnung war zu spüren.

Was wäre eine sogenannte „Szene" ohne dieses Publikum, ohne diese Begegnungen? Dank an alle Jazz-Freunde, das Erfolgsgeheimnis jeder Band: Fröhliche Fans sind wie Reisig, an dem sich unser Feuer immer wieder neu entzündet!

Und damit sind wir beim Erfolg. Anläßlich des 30jährigen Jubiläums seiner **LOW DOWN WIZARDS** schreibt **Abbi Hübner**:

»Erfolg in Form von Ruhm und finanziellen Einkünften war uns in den 30 Jahren unseres Wirkens nicht gerade beschieden. Uns wurden weder Ehrenbürgerschaften angetragen, noch goldene Schallplatten aus weniger wertvollem Material, oder wenigstens Preise verliehen. Im Gegenteil: Die Verkaufszahlen unserer Schallplatten ließen die Produzenten stets mißmutig, unsere Tantiemenabrechnungen selbst hartgesottene Steuerprüfer mitleidig den Kopf wiegen. Es gab keine spektakulären Fernsehauftritte vor einem Millionenpublikum, keine staatlich subventionierten Reisen in ferne oder auch nur nahegelegene Länder. Kein noch so spezialisiertes Jazzlexikon nennt bisher unsere Namen. Es resultiert nach 30 Jahren ernsthafter Bemühungen, ein guter Ruf in der, zugegeben kleinen internationalen Hot-Jazz-Szene und die Zuneigung und Treue einer überschaubaren Anhängerschaft, besonders in unserer Heimatstadt. Was uns besonders stolz macht, ist die freundliche Aufnahme und Zustimmung, die wir stets bei den großen farbigen Musikern, den Hauptdarstellern des Jazz, gefunden haben. Die Begegnungen, das gemeinsame Musizieren mit Jazzlegenden wie *George Lewis*, *Kid Ory*, *Albert Nicholas*, *Ikey Robinson*, *Emmanuel Sayles*, *Paul Barnes*, *Major Holley* und ... *Gene Conners* sind die herausragenden Ereignisse im Leben der **LOW DOWN WIZARDS** gewesen, die wohl wissen, daß alle großen, abendfüllenden Rollen auf der Bühne des Jazz bereits vergeben sind und sie sich mit einem bescheidenen Dasein im Schatten der Kulissen zufrieden geben müssen. So hat mich die Tatsache tief gerührt und bewegt, daß einer der größten Posaunisten der Jazzgeschichte, *Gene Conners*, unsere Einladung – wie er sagte – als Ehre empfand und ihr gefolgt ist, ohne die Frage der Bezahlung zu erörtern. Allein durch diesen Beweis von Freundschaft und Verbundenheit sind unsere musikalischen Bemühungen ausreichend honoriert. Wenn man das Erfolg nennen will? Mehr als das! Die Verwirklichung eines Traumes! Und außerdem: Das Erlebnis und Abenteuer gemeinsamen Musizierens unter Einbeziehung gleichgestimmter Zuhörer trägt seinen Lohn in sich selbst, ist uns Erfüllung, Inspiration und ständig neue Motivation. Als Bläser sage ich: Solange die Vorderzähne halten!«

Soweit **Abbi Hübner**. Mir und sicherlich vielen hat er damit aus dem Herzen gesprochen. All denen, die sich nun schon Jahrzehnte im wahrsten Sinne des Wortes „die Seele aus dem Leib gespielt haben". Für mich und alle anderen „Nichtbläser" möchte ich hinzufügen: Wir werden weitermachen, solange wir unsere Instrumente noch halten können! Mögen wir uns alle noch lange mit dieser Musik beschäftigen, damit das Feuer in uns nicht erlischt.

KEEP ALWAYS RHYTHM IN YOUR FEET AND MUSIC IN YOUR HEART!

MAGNOLIA JAZZBAND

BOURBON STREET PARADE

Sie ist Hamburgs dienstälteste Jazzband. 1949 trafen sich vier oder fünf Musiker in einem Keller und gründeten die erste New-Orleans-Jazz-Band. Die Instrumente stammten vom schwarzen Markt, die Inspiration von zerkratzten 78er Platten. Damals nannten sie sich noch **MAGNOLIA DANCE ORCHESTRA**. Erst 1951 gaben sie sich einen Ruck und spielten das erste Mal vor einem größeren Publikum.

MAGNOLIA JAZZBAND, 1951 (v. l.): Claus Gerhardt (b), Helga Wittje (bj), Albert Hennigs (cl), Con Rich (p) (als Gast), Jörg von Morgen (tp), Gerd ‚Pops' Schittek (tb), Peter Neugebauer (dr) (nicht im Bild)

Angefangen hat die Geschichte in den 20er Jahren. Bandgründer **Gerd ‚Pops' Schittek** hörte in seiner Heimatstadt Danzig die ersten amerikanischen Bands, die damals durch Europa tingelten, auf Kurkonzerten. Sofort war klar, welche Musik er in Zukunft bevorzugen würde. Er besorgte sich eine Ukulele, später eine Gitarre, und spielte das nach, was er noch im Ohr hatte. Schallplatten waren eine weitere Inspiration.

Seine Familie zog von Danzig nach Hamburg. Die Nazis kamen an die Macht. Eines Tages erklärte ihm die Verkäuferin in einem Plattenladen: »*Benny Goodman* kann ich Ihnen nun leider nicht mehr verkaufen!« Deutschland wurde immer arischer, und „hotten" war nicht mehr erlaubt.

Irgendwie kam der Maler und Grafiker **Gerd Schittek** durch den Krieg. Nach 1945 war dann der Nachholbedarf groß. Von BFN und AFN gab's Jazz satt. In den Geschäften tauchten wieder Schallplatten auf. In Hamburg etablierte sich ein Jazz-Club. Auf einer der ersten Jamsessions spielte auch **Gerd Schittek** mit. Er lernte Posaune und gründete mit anderen Amateuren zusammen die **MAGNOLIA BAND**.

Viele Jahre hatte die Band ihre feste Bleibe im WINTERHUDER FÄHRHAUS, später in den RIVERKASEMATTEN. Am 27. 12. 1952 wurde der Oldtimepart des 1. Studio-Jazzkonzertes (Jazz-Workshop) im Funkhaus Hamburg von eben dieser Gruppe vertreten. Am 27. 4. 1956 lud darauf die Deutsche METRONOME die **MAGNOLIA JAZZBAND** zu einer Schallplatten-Session ein. Die acht eingespielten Titel gehören sicherlich zu den Raritäten, für die Sammler einiges hergeben würden.

Zu den Gründungsmitgliedern gehörte damals neben **Gerd ‚Pops' Schittek** noch ‚**Markus' Jörg von Morgen** (tp). Weitere Musiker der ersten Tage waren **Olaf ‚Nuss' Lamszus** (b), **Helmut ‚Lerche' Lamszus** (cl), heute **OLD MERRY TALE JAZZBAND**, ‚**Mac' Schult** (bj), ‚**Housy' Hausmann** (p) und ‚**Petchen' Neugebauer** (dr). Die anderen Musiker aufzuzählen, die in all den Jahren mit dabei waren, würde den Rahmen dieser Dokumentation sprengen.

Die MAGNOLIA Ende der 50er Jahre, hier mit Heinz Junghans, dem Begründer der ebenfalls schon legendären RIVERSIDE JAZZBAND (v. l.): Olaf Lamszus, Mac Schult, Gerd Schittek, Armin Silver, Heinz Junghans, Helmut Lamszus

Der ganz spezielle Sound dieser Band wurde einmal wie folgt beschrieben: »Maßgeblich ist wohl das leise Kollektiv, das eine durchweg führende Funktion, etwa der Trompete, generell ausschließt, trotzdem jedoch in keinem Fall notiert und darum stets für den spontanen

Einfall frei ist.« Wie mir berichtet wurde, hat man immer an dieser Idee festgehalten, sich stilistisch etwas aus der Vielzahl der anderen Bands abzuheben.

Anfang der 60er Jahre zog sich die „Magnolia" erst einmal aus dem Hamburger Musikgeschehen zurück, um sich mehr familiären und beruflichen Dingen zu widmen.

1974 beschloß man dann doch, die Familien an ein oder zwei Abenden in der Woche allein zu lassen. Fünf der damaligen sieben Musikern waren wieder mit dabei. Am 3. 11. 1976 wurde folglich im WINTERHUDER FÄHRHAUS mit vielen ehemaligen Musikern groß gefeiert. 25 Jahre **MAGNOLIA JAZZBAND**! Etwa zur gleichen Zeit fand man in der KLIMPERKISTE (Esplanade) ein neues festes Domizil. Hier wurde eine Zeit lang jeden Freitag (jetzt jeden Donnerstag) fröhlich gejazzt.

Heute (1995), nach nunmehr fast 45 Jahren, haben sich vier „Veteranen" zurückgezogen. Nur **Jörg von Morgen** ist noch gelegentlich mit dabei. Allerdings ist er von der Trompete zum Saxophon gewechselt. Auch stilistisch hat mittlerweile ein Wechsel stattgefunden. Man spielt zur Zeit Swing und Mainstream. Sehr engagiert und wie immer vor einem stets begeisterten Publikum. Aus dem **MAGNOLIA DANCE ORCHESTRA** ist nun das **MAGNOLIA SWINGTETT** geworden.

BESETZUNG:
Jürgen Gehrt (p), Rüdiger Tresselt (b), Rainer Hänsel (dr), Achim Peters (tp)

KONTAKT:
Achim Peters, Hasselkamp 9, 21261 Kampen,
Telefon: 0 41 88 / 75 24, Fax: 0 41 88 / 77 04

Peter Wehrspann schreibt in seinem „Jazzarchiv" über die **MAGNOLIA JAZZBAND**: „Wir befinden uns bei der Durchsicht des Archivs erst Anfang der 60er Jahre, und schon ist das erste Jubiläum fällig: Die **MAGNOLIA JAZZBAND** – ursprünglich **MAGNOLIA DANCE ORCHESTRA** – feiert ihr Zehnjähriges! Sie wurde sage und schreibe schon 1949 von **Gerd Schittek** und **Jörg von Morgen**, die sich in einem Plattensammel-Club kennengelernt hatten, als absolut erste Hamburger Nachkriegs-Jazzkapelle gegründet, natürlich ausschließlich zum Zwecke eigener Freizeitgestaltung, hatte dann aber doch zwei Jahre später, am 27. September 1951, ihren ersten öffentlichen Auftritt: im WINTERHUDER FÄHRHAUS.

Natürlich war die Geschichte dieses ersten öffentlichen Auftritts einer Jazzband in Hamburg keine gewöhnliche. Man hätte gar nicht den Mut gehabt, oder besser, man wäre gar nicht auf die Idee gekommen, sich in irgendeinem hierfür geeigneten Etablissement vorzustellen oder – wie heute üblich – sich mit einem „Demo" zu bewerben. Hier bedurfte es des Eingreifens von außen: Durch einen Mitarbeiter des BFN aufmerksam gemacht, nahm sich das amerikanische Konsulat der **MAGNOLIA JAZZBAND** an und arrangierte kurzerhand und sozusagen unter seiner Schirmherrschaft das besagte Konzert im WINTERHUDER FÄHRHAUS, selbstverständlich vor geladenen Gästen, streng intern. Der überwältigende Erfolg führte dazu, daß sich die Band ab sofort einmal wöchentlich – freitags – dem Publikum zu Gehör zu bringen hatte, erst in der sogenannten TAVERNE, dann im Mittelsaal und bald darauf im Großen Saal, der bis zu 600 Gäste faßte, die zunächst nur auf persönliche Einladungen erschienen. Schon bald wurde jedoch bekannt, daß die Einladungskarten zu Schwarzmarktpreisen gehandelt wurden, und so entschloß man sich, Eintrittsgeld zu erheben und diese so faszinierend neue Musik allen Interessenten zugänglich zu machen. Als bemerkenswertes Faktum aus der Bandgeschichte erscheint noch, daß die **MAGNOLIA JAZZBAND** niemals Gagen an die Musiker ausgezahlt hat, sondern daß die gesamten Einnahmen – und die waren angesichts des ständig überfüllten Fährhauses sicher nicht niedrig – auf ein gemeinsames Konto flossen! Hiermit finanzierte man dann zum Beispiel gemeinsame Auslandsreisen mit meist jazzigem Hintergrund. Eine Einstellung, die in unserer geldgierigen Zeit höchste Beachtung verdient!

MAGNOLIA JAZZBAND 1980 (v. l.): Olaf Lamszus (b), ‚Markus' Jörg von Morgen (sax), Helga von Morgen (g), Jürgen Gehrt (p), als Gast Gerret Ungelenk (voc), Gerd ‚Pops' Schittek (tb), Siegfried Bergmann (cl), Michael Ringer (dr) (Zeichnung: Markus)

Nach dem Fortgang des Trompeters **Jörg von Morgen** 1958 und den Jubiläumsauftritten in den Jahren 1959 bis 1961, und nachdem sich die Szene mit zahllosen Nacheiferern angereichert hatte, zerfiel die Band für viele Jahre in den Zustand einer sogenannten „Telefonkapelle", das heißt, man mußte für jeden anstehenden Job erst eine einsatzfähige Band zusammenstellen.

Um so schöner zu wissen, daß die **MAGNOLIA JAZZBAND** heute (1987) wieder in fast originaler Besetzung unter ihrem Leader **Gerd Schittek** einmal wöchentlich jazzt: in der **KLIMPERKISTE** am Stephansplatz.

Den Mut, eine Band zu gründen, brachte **Gerd Schittek** aus Paris mit; dort hatte er *Claude Luter* gehört und spontan beschlossen »Das können wir auch!« Kurz darauf stand die Band, 1949, Hamburgs erste Oldtime-Band: **Gerd Schittek** (tb), **Jörg von Morgen** (tp), **Albert Hennigs** (cl) und **Helga Wittje** (bj). Die Rhythmusgruppe vergrößerte sich bald durch **Peter Neugebauer**, zunächst Waschbrett, später Schlagzeug, und den Bassisten **Klaus Gerhard**. Geübt wurde unter anderem in Räumlichkeiten, die einem gewissen **Leo Polster** gehörten. Jener war in der Branche bekannt und beneidet, weil er etwas besaß, was seinerzeit noch höchsten Respekt einflößte: ein Tonstudio. Er wurde einige Jahre später ermordet, angeblich mit einem Akku erschlagen. Seine Studioeinrichtung kam zur Versteigerung.

Die **MAGNOLIA JAZZBAND** hatte sich nach ihrem ersten öffentlichen Auftritt im **WINTERHUDER FÄHRHAUS** etabliert, während die etwas später von **Heinz Junghans** gegründete **RIVERSIDE JAZZBAND** im **HANDTUCH** ihr bevorzugtes Domizil fand. Dieses lag in einem mehrstöckigen alten Kaufmannshaus in Dammtornähe. Gejazzt wurde im Parterre; die oberen Etagen waren ebenfalls unbewohnt: Welche Möglichkeiten!

Die vorliegenden Live-Aufnahmen der **MAGNOLIA JAZZBAND** vom Frühjahr 1960 zeigen unter anderem deutlich, daß die Nachkriegsjazzgeschichte in Hamburg keineswegs in entwicklungsgeschichtlich „richtiger" Reihenfolge ablief, das heißt, beginnend mit New-Orleans-Klängen bis hin zu modernen Formen. Vielmehr „swingte" man schon ganz ordentlich, vor allem, wenn in einigen Titeln das Banjo durch die Gitarre ersetzt wurde. Die (stilistisch) ganz alten, **CANAL STREET JAZZBAND**, **HOT OWLS** etc. kamen eigentlich erst einige Jahre später zum Zuge.

Besonders swingig, geradezu Benny-Goodman-verdächtig, ging schon damals die Klarinette von **Helmut Lamszus** los, der sich später der **OLD MERRY TALE JAZZBAND** anschloß, während Altjazzer und Bandleader **Gerd Schittek** mehr der bewährten Tailgate-Tradition frönt, so daß sich dem Hörer insgesamt ein recht abwechslungsreiches Programm bietet.«

Bernd Dieckmann (tp) inmitten der MAGNOLIA JAZZBAND während eines Auftritts in der „Aktuellen Schaubude"

MAGNOLIA SWINGTETT, 1993 (v. l.): Jürgen Gehrt, Jörg von Morgen, Rüdiger Tresselt, Rainer Hänsel, Achim Peters

MAGNOLIENBLÜTEN UND TIGER RAG

Um Mitternacht packte die hübsche Dame ihr Banjo ein, denn sie durfte die letzte Straßenbahn nicht verpassen. Auch ihre Kollegen rüsteten zum Aufbruch – wer war damals, anno 1951, schon motorisiert?

Das altehrwürdige Winterhuder Fährhaus, das durch die MAGNOLIA auch zum beliebten Jazzer-Treffpunkt wurde.

Das **MAGNOLIA DANCE ORCHESTRA** hatte soeben seinen ersten Auftritt in der Taverne des WINTERHUDER FÄHRHAUSES absolviert. Drei Grafiker, eine Übersetzerin, ein Hochbahner und ein Druckereileiter bildeten die erste Magnolia-Crew, die da in aller Unschuld die vielbesungene Hamburger Szene in Gang setzte. Man war vom heimischen Plattenschrank inspiriert worden, hatte sich einige Zeit privat versucht und jetzt genügend Mut gesammelt, um den Sprung in die Öffentlichkeit zu wagen.

Kellner und Garderobenfrauen blieben zwar skeptisch, doch die „Dixieabende" im Fährhaus wurden bald ein großer Erfolg. Die Fans tanzten munter nach den urigen New-Orleans-Klängen, und es störte niemanden, daß die Band anfangs nur zwölf Stücke im Repertoire hatte. So tönern das musikalische Fundament in jener Zeit auch war, so streng wurde auf Stiltreue geachtet. Die Idole hießen *Bunk Johnson*, *Kid Ory* und *Johnny Dodds*. „Bebop" war ein wüstes Schimpfwort. Wagte es dennoch ein mutiger Musiker moderner Provenienz, einmal einzusteigen, wurde er gnadenlos gesiezt und auch sonst schlecht behandelt.

Im übrigen legten die Musiker, wie man erzählt, großen Wert auf das leibliche Wohl. Weil die meisten Magnolia-Mitglieder hungrige Junggesellen waren, spendierte der Wirt gegen halb zehn Uhr eine Bockwurst mit Kartoffelsalat, gelegentlich auch Sülze mit Bratkartoffeln. Bier und Cola waren sowieso frei. Außerdem gab es eine Flasche Korn. Mindestens die Hälfte davon benötigte der Schlagzeuger, um das richtige Feeling zu erreichen. Kein Wunder bei alledem, daß die Magnolia-Pausen bald legendären Ruf erlangten.

GREGOR MAJER

BLACK TROMBONE

Gregor Majer: »Es begann alles wie in einem Traum. Meine Mutter war eine begabte Tänzerin und Pianistin, mein Vater machte zu Stummfilmen Klavierbegleitung. Ich „armes Schwein" wurde dann 1954 zum Klavierspielen „verdonnert".

Wie schön aus heutiger Sicht. Es öffnete mir die Tür zur Musik schlechthin. Ich versuchte noch, Gitarre und ein wenig Banjo zu spielen, als, ja, als ich plötzlich die ersten jazzigen Klänge bewußt in mich aufnahm. So waren es die *Crane River Jazzband* von *Ken Colyer, Papa Bue, Chris Barber*, und auf einmal gab es auch die herrlichsten Schallplatten irgendwo in einem Trödelladen zu kaufen.

Ich selbst erblickte eine etwas verbeulte Posaune. Nur das Geld für das, von mir sofort heißgeliebte Instrument, war nicht vorhanden. Die Posaune sollte 35,00 DM! kosten. Ich erzählte meiner Mutter von meinem größten Wunsch. Die gesichtete Posaune wäre doch genau das Instrument, welches ich in Zukunft spielen wollte.

Naja, ich will es kurz machen: Eines Abends, als ich in mein Bett kroch, lag die Posaune unter meiner Decke. Ich wollte natürlich überglücklich gleich den ersten Ton anblasen, aber welch eine Enttäuschung: Die Posaune hatte ein Trompetenmundstück. Meine Mutter war zwar eine vorzügliche Pianistin, aber mit Blasinstrumenten hatte sie nicht viel im Sinn.

Es dauerte natürlich sehr lange, bis ich das auf dem Klavier Erlernte auf das neue Instrument übertragen hatte. Dann ging es aber ganz fürchterlich los! Wir gründeten 1958 das **ORIGINAL CUMBERLAND**: Einige Musiker waren schon recht versiert, nur bei mir „raunzte und runzte" es noch ganz schlimm. Mit dabei waren **Uwe Wind** (tp), **Peter Weiser** (bj), **M. Schröer** (p), **P. Detje** (dr).

1959 traf ich **Günter Helms** (tp): Damals wohnte er in der Langen Reihe. In einem kleinen Verließ übten wir unter anderem mit **Klaus Nockemann** (cl). Wir spielten guten Jazz. Günter, ein Vollblut-Jazzer, zeigte uns, wo es langging. Wir hatten unsere erste wunderbare Kapelle, das **BALLROOM ORCHESTRA**. Mit dabei waren noch **Friedrich ‚Fiete' Bleyer** (cl), heute **APEX JAZZ BAND**, **Egon Voß** (bj), **Peter Richter** (dr), **Christiane Nockemann** (p) und **Klaus Einfeldt** (tu), heute **LOUISIANA SYNCOPATORS**. 1959/60 gaben wir der Band einen anderen Namen – **STREET LOUNGER SIX** – und machten in der gleichen Besetzung weiter.

Irgendwann gab es Unstimmigkeiten. Keiner wußte so richtig, warum. Plötzlich hatten die Nockemanns und ich keine Band. Zum Glück nicht lange. **Michi Wulff**, lange zweites Kornett bei **Abbi Hübner**, rief, und wir gingen zur **CANALSTREET JAZZ BAND**. Ich glaube, **Günter Helms** ging dann auch bald und gründete die **HOT OWLS**. Außer uns spielten noch **Rudi Rindermann** (bj), **Udo Schümann** (tu), **Peter Bohn** (dr).

Gregor Majer

Es war eine schöne Zeit. Mit meinem langjährigen Schulfreund Gerd Rösler machte ich häufig Spaziergänge an der Elbe. Eines Tages entdeckten wir die **SEGLERBÖRSE**. Wir fragten den Wirt **Erni Schulz**, ob wir in seiner Kneipe üben dürften. Er war sofort begeistert – und so wurde eine neue Jazzkneipe geboren, die noch viele Jahre eine große Rolle spielen sollte. Damals mußten wir 50 Pfennig per qm an die GEMA bezahlen. Erni kam oft mit der Kornflasche während wir spielten. Er sagte nur: »Mund auf«, ließ den Schnaps laufen, und wir mußten schlucken.

Wir spielten damals jeden Freitag. Einmal kam **Michi Wulff** mit einem Pornoheft, nahm sämtliche Bilder heraus, spannte eine Leine über die Bühne und klammerte die Bilder daran fest. Da stand ein Riese mit Namen Connie auf, ging auf Michi zu, packte ihn am Arm und – ich schwöre es – hob ihn einen halben Meter über die Bühne. Dieser Typ war über die Schweinereien stinksauer. Später wurde er einer unserer besten Freunde.

Das erste BALLROOM ORCHESTRA, 1959 (v. l.): Christiane Nockemann, Klaus Einfeldt, Gregor Majer, Egon Voß, Günter Helms, Peter Richter, Klaus Nockemann

Fragt mich nicht, wie viele Musiker in den ganzen Jahren in der **CANALSTREET JAZZ BAND** mitgewirkt haben! Viele bekannte Hamburger Musiker lernte ich in dieser Band kennen. Nur die Posaune blieb von häufigen Wechseln verschont. Mein lieber Freund **Hans-Jürgen Wittmann**, der schon immer von unserer Musik begeistert war und schon eine Zeitlang mit seinem Tenorhorn die nötige Wärme einbrachte, übernahm 1973 meinen Platz und spielt seitdem bis heute eine wunderschöne Posaune.

Ich spielte eine Zeit lang einmal hier und einmal dort, bis ich 1974 meine schönste Zeit im **DREAMLAND ORCHESTRA** verbrachte, damals mit **Wolfram Gliffe** (co), heute **BLACK JASS**, **Hartwig Pöhner** (cl, sax), heute **HOT SHOTS**, **Clement Pries** (sax), **Peter Ruts** (bj), **Harald Auls** (dr), heute **FORUM STOMPERS** und **LOUISIANA SYNCOPATORS**, **Michael ‚Stichi' Steffens** (p) und **Peter Quindel** (tu).

Als die **LOUISIANA SYNCOPATORS** sich neu formierten, wechselte ich in diese Band. Es wurde zwar eine wunderschöne Musik gespielt, aber ich merkte irgendwann, daß dieses nicht „meine" Musik war. Ich wollte mehr wie – ohne überheblich zu sein – ein *Charlie Irvis*, *Charlie Green* oder *Kid Ory* spielen. Ich weiß nicht, ob es mir je gelungen ist. Aus Lust wurde Frust. Es gab für mich noch andere Gründe, auch diese Band wieder zu verlassen, und ich war froh, daß ich diese „weiße" Mu-

CANAL STREET JAZZ BAND, 60er Jahre (v. l.): Klaus Nockemann, Hans-Jürgen Wittmann, Edgar Voigt, Peter Pries, Jürgen Hintsche, Michi Wulff, Rita Wanning, Gregor Majer

sik der 30er und 40er Jahre nicht mehr spielen mußte. Damals spielten mit mir in dieser Band: **Wolf Dieter Haupt** (co), heute **HOT JAZZ UNION**, **Peter Heider** (cl, sax), **Harald Löffler** (bj), **Joachim Krumsiek** (p), **Klaus Einfeldt** (tu) und **Harald Auls** (dr).

Wieder einmal mußte ich pausieren und jazzte überall dort, wo man mich hören wollte. 1978 trat ich dann an die **JAZZ O'MANIACS** heran und ließ durch **Wolfgang John** (bj) anfragen, ob sie nicht Lust hätten, mit Posaune zu spielen. Sie hatten. Ich verbrachte bis 1993 eine schöne Zeit in dieser Band. Endlich konnte ich wieder meine Lieblingstitel von *Louis Armstrong*, *Clarence Williams* und *Jelly Roll Morton* spielen. Als ich zur Band kam, spielten dort **Roland Pilz** (co), **Gerd Schymanski** (cl), **Wolfgang John** (bj), **Andreas Clemens** (p), **Hans Schwenkkros** (tu), heute **BLACK JASS**.

Von 1993 bis 1994 machte ich wieder eine Pause um eine Zeit der Neuorientierung folgen zu lassen. Ich habe einfach einmal nur meine Lieblingsschallplatten zu Hause gehört. Eines Tages kam ganz überraschend eine Anfrage von meinem liebsten Jazz-Freund, **Claus-Günter Winkelmann**, für mich ein begnadeter Musiker. Ich sagte zu und spiele jetzt mit großer Begeisterung in der Band **BLACK JASS**. Diese Kapelle „zelebriert" die Musik, die ich schon seit vielen Jahren spielen wollte. Ich fühle mich dort endlich musikalisch zu Hause und hoffe, daß wir das bisher Erreichte noch vertiefen können. Mögen mir die Sterne gnädig sein, daß ich noch lange am Posaunenmundstück „nuckeln" kann!«

STREET LOUNGER SIX, 1959/60 (v. l.): Egon Voß, Klaus Einfeldt, Günter Helms, Christiane Nockemann, Klaus Nockemann, Gregor Majer, Peter Richter

JAZZ O'MANIACS, 1979 (v. l.): Andreas Clement, Gerd Schymanski, Hans Schwenkkros, Wolfgang John, Roland Pilz, Gregor Majer

RIVERSIDE JAZZ BAND

RIVERSIDE BLUES

Peter Hunck (bj), RIVERSIDE JAZZ BAND: »Als mich Klaus Neumeister vor einiger Zeit bat, für sein Buch über die Hamburger Jazzszene die Geschichte der RIVERSIDE JAZZBAND zu erzählen, bin ich seiner Bitte gern nachgekommen. Wer hatte schon das Glück, so lange in so einer abwechslungsreichen Band zu spielen. Und ich wurde nun endlich gezwungen, das umfangreiche Archiv mit Fotos, Plakaten, Tonbandaufnahmen, eigenen Aufzeichnungen, Kritiken und Beiträge, unter anderem in der damaligen hervorragenden, mir vorliegenden Zeitschrift „Der Jazzer" (Januar 1960/61, von Dietmar J. W. Schott) endlich mal zu ordnen und zu katalogisieren. Klaus mußte lange warten, but now, here we go!

Es ist mir schnell klar geworden: Die RIVERSIDE JAZZ BAND hat interessante Entwicklungs-Schübe erlebt, die Aufgliederung soll dies verdeutlichen.

1. Selbstfindung und Formierung

Unser erster öffentlicher Auftritt fand am 21. Juni 1952 im Dixie-Club WINTERHUDER FÄHRHAUS statt, einem mittelgroßen Saal an der Rückseite des damaligen stilvollen Gebäudes. Wie war es dazu gekommen? Wir alle waren süchtig nach Jazz, dieser doch für uns so neuen, drogenartigen Musik, aber wie gelangte man an diese Droge? Schallplatten trafen nur sehr zögernd in den Geschäften ein, der Rundfunk hielt sich sehr bedeckt, und so zehrten wir alle von den Sendungen des BFN, British Forces Network, heute BFBS, des englischen Soldatensenders, untergebracht in der Hamburger MUSIKHALLE.

Es gab zwei regelmäßige heiße Sendungen, 6.30 Uhr Wakey Wakey und nachmittags den 17.00-Uhr-Club, beide mit tollen Erkennungsstücken. Wir versuchten unseren Tagesablauf hiernach einzurichten. Aber es gab auch noch den BFN Swingclub. Man traf sich montagabends im Studio E zum Plattenhören, meistens vorgestellt von Jack Martin. Teilweise spielten auch Bands, wer kannte nicht den am Sender tätigen Jazzpianisten *Bill Crozier* mit seinem Trio oder Quartett. Aber oft kamen auch zu später Stunde internationale Jazzmusiker, die erst ihr normales Programm in Häusern wie FAUN-CASINO usw. zu absolvieren hatten. Und wie staunten wir diejenigen an, die schon so viele Platten hatten oder kannten – es war alles so neu und so toll.

Aus diesem Kreis bildete sich eine swingorientierte Band, die Leitung übernahm der englische Musiklehrer und Drummer **Steve Rose**. **Heinz Junghans** hatte schon als Primaner mit einem selbstgebastelten Tonbandgerät BFN-Sendungen aufgenommen und dazu Trompete geübt. Ich spielte seit 1948 Gitarre in Tanzkapellen. Wir kannten uns von der Schule, beide hatten wir schon gemeinsam mit **Otto Meierdircks** (er hatte bei seiner Mutter, sie musizierte noch bis ins hohe Alter, Klavier und Jazzgesang gehört und gelernt) und mit dem englischen Drummer *Ian Bell* in einer von den Engländern besetzten Villa an der Elbchaussee „gejazzt".

Peter Hunck, 1958

Es folgte ein Konzert im BFN mit mehreren Bands. Die Band, in der wir spielten, wurde vom Publikum am freundlichsten aufgenommen. Konzerte von *Ian Bell* und *Humphrey Lyttelton* beeinflußten uns mehr und mehr. Als wir dann auch noch das **MAGNOLIA DANCE ORCHESTRA**, gepuscht durch einen hervorragenden englischen Klarinettisten, im WINTERHUDER FÄHRHAUS hörten, tendierten wir immer mehr zum Dixieland. Auch **Steve Rose** blieb dies nicht verborgen, er löste die Band auf. **Heinz Junghans**, er gab den Namen, und ich gründeten die RIVERSIDE JAZZ BAND aus Mitgliedern dieser Band. Am 14. 5. 1952 sah und kaufte ich mein erstes Banjo, am 18. 6. war die erste Probe und am 21. 6. der erste Auftritt. Das historische Foto zeigt **Heinz Junghans** (tp), **Kalli Heinz** (as), **Otto Meierdircks** (p), **Peter Hunck** (bj), **Dieter Rickoff** (b) und **Helmut ‚Zippi' Otzipka** dm. Und dann ging es auch schon munter weiter! Am 26. 6. 1952 großer Erfolg bei einer Jam Session, wieder im WINTERHUDER FÄHRHAUS, aber schon im großen Saal, unter anderem mit **Bodo Sander** (cl), im August 1952 Auftritte im neuen Colonnaden-Jazzkeller DAS LOCH, der erste der vielen, die der Kunstmaler **Günther Suhrbier** noch gestalten sollte.

2. Formatgewinnung nach den ersten Profilierungsversuchen:

Schon bald gab es die ersten Umbesetzungen. Es kamen, mit vieljähriger Oldtime-Erfahrung, die Gebrüder **Helmut Lamszus** (tb, cl) und **Olaf Lamszus** (b), dazu **Hermann Otto** (dr). Vom Stamm blieben **Heinz Junghans, Otto Meyerdircks, Peter Hunck**.

Am 12. 12. 1952 fand das erste Konzert im Amerika-Haus statt, damals noch im alten Gebäude Ecke Lombardsbrücke und Neuer Jungfernstieg – mit großem Erfolg.

Am 26. Dezember folgte ein Konzert in Itzehoe. Am 27. Dezember Mitwirkung bei dem ersten Studio-Jazz-Konzert des NDR im großen Sendesaal, Ansage Ilse Rehbein, und zum Jahresschluß die erste lange harte Nacht im Künstlerclub „Die Insel".

Erster öffentlicher Auftritt der RIVERSIDE JAZZBAND am 21. Juni 1952 im WINTERHUDER FÄHRHAUS (v. l.): Helmut Otzipka, Otto Meyerdircks, Peter Hunck, Kalli Heinz, Heinz Junghans, Dieter Rickhoff

Am 8. 3. 1953 eröffneten wir den FLORIDA JAZZKELLER unter dem Tanzlokal „Florida" in der Eimsbüttler Chaussee. Geprobt wurde bei uns zu Hause. Dort wurden auch Bandaufnahmen gemacht, so am 20. 4. 1953 mit **Heinz Junghans**, den **Gebrüdern Lamszus**, **Otto Meyerdircks, Peter Hunck, Hermann Otto**, zusätzlich **Dieter Borgschulte** (wbd), sowie dem frisch aus Berlin

---

EINLADUNG der
Riverside Jazzband

Wir nehmen unsere langjährige Tradition wieder auf, regelmäßig für unsere Freunde zu spielen. Die Musik steht natürlich im Vordergrund, doch sollen unsere Donnerstagabende zugleich einen geselligen Kreis schaffen, in dem Sie sich immer wieder wohlfühlen.

Wir würden uns freuen, Sie schon nächsten Donnerstag begrüßen zu dürfen. Gäste, die Sie als Ihre Bekannten einführen, sind ebenfalls herzlich willkommen. Bitte, denken Sie daran, diese Karte mitzubringen; unsere Veranstaltungen sollen absichtlich in einem begrenzten, mehr privaten Rahmen gehalten werden.

Jeden Donnerstag 20 Uhr Gasthaus Hoheluft, Hoheluft-Chaussee 153 · Eintritt 1.– DM
U-Bahn, Straßenbahn Linie 2 und 15 bis Gärtnerstraße.

RIVERSIDE JAZZBAND, erster Fernsehauftritt August 1953 (v. l.): Joachim Ertel, Heinz Junghans, Peter Hunck, Knuth ‚Butch' Weihrup, Helmut Schmidt, Henning Rüte

eingetroffenen und gleich eingeladenen **Peter Rückert** (co). Leider erfolgte auch ein Abwerbeanruf von **Gerd ‚Pops' Schittek**, dem Chef des **MAGNOLIA DANCE ORCHESTRA**, woraufhin uns die **Gebrüder Lamszus** verließen.

Ich glaube, ungefähr zu diesem Zeitpunkt gesellte sich auch mein Schulfreund und „Gegenüber" **Heinz-Walter Nettelbeck** zu uns. Viele Jahre hat er die Band mit seinem Käfer oder bei auswärtigen Verpflichtungen im VW-Bus transportiert. Stets korrekt gekleidet und freundlich saß er an den Kassen der vielen Clubs, in denen wir spielten: HANDTUCH, BARETT um nur zwei zu nennen.

Am 13. 5. 1953 erste Proben mit weiteren Veteranen der Jazzszene, **Henning Rüte** (bj), **Helmut Schmidt** (dr). Sie brachten **Knuth ‚Butch' Weihrup** (cl, voc) mit. Knuth sprach nicht nur fließend „amerikanisch", sondern hatte auch oft in Amerika zu tun, warf mit Musikernamen nur so um sich und kannte, für uns damals unfaßlich, viele persönlich. So zum Beispiel die Ellington- und Count-Basie-Leute mit *Jimmy Rushing*, gesanglich sein großes Vorbild. Nach jeder Rückkehr von drüben hingen wir an seinen Lippen.

Es folgten Konzerte im Theater am Aegi in Hannover und in dem sehr rührigen Itzehoer Jazzclub. Dort lernten wir den Posaunisten **Joachim Ertel** kennen und holten ihn nach Hamburg. Im Wörmannhaus in der Alten Rabenstraße weihten wir das von **Horst Jansen** und Partnerin eingerichtete, so bekannt werdende Jazzlokal DAS HANDTUCH ein.

Bei der Vorankündigung eines Louis-Armstrong-Konzertes im damals noch kaum verbreiteten Fernsehen hatten wir am 25. 7. 1953 unseren ersten Fernsehauftritt, noch im Bunker Heiligengeistfeld. Dort war eine riesige Studiofläche, die nur durch nach oben offene Trennwände für die einzelnen Darbietungen unterteilt war. Alle Mitwirkenden mußten von Anfang bis Ende des Programms in ihren Abteilen sitzen und nur Laut geben, wenn sie auf Sendung waren. Im August dann wieder ein Auftritt, nun jedoch im modernen Studio Lokstedt. Leider konnten wir uns selbst nicht sehen, bekamen jedoch gute Fotos vom Studiofotografen. Im

September 1953 verläßt **Heinz Junghans** die Band. Stilistische Gründe, keine privaten, veranlaßten ihn. Er wollte weiterhin lebendigen Dixieland, ohne moderne Swingphrasen mit dem Schwergewicht auf Improvisation spielen, wohl auch mit anderen, von ihm ausgesuchten Musikern.

Die RIVERSIDE SKIFFLE GROUP, 1957 (v. l.): Rainer Hunck, John Peters, Abbi Hübner, Peter Hunck

Peter Rückert (co) kommt fest in die Band, der Stamm: **Joachim Ertel, Knuth Weihrup, Peter Hunck, Henning Rüte, Helmut Schmidt** bleibt. Bruder **Rainer Hunck** vertritt zeitweilig (dm) oder (b). Im Juli 1954 wieder ein NDR-Konzert. Außerdem erneut große Erfolge im September 1953 in Itzehoe und im April 54 in Hannover. Am 20. 04. 1954 großer „Kostümball" im HANDTUCH. Die Band spielt in weißen BP-Anzügen und Schirmmützen, aber nur als Dekoration, leider kein Sponsoring. Um endlich mal etwas Geld zu verdienen, heuern **Peter Rückert** und **Joachim Ertel** als Bordmusiker auf der Hanseatic an und hören in New York live *Wilbur de Paris and his New New Orleans Jazzband*.

3. Neue Jazzimpulse mit den Leuten um **Gerd Vohwinkel**:

Viele Musiker besuchen uns im HANDTUCH. Die meisten möchten auch einmal „einsteigen". Mit diesen Bitten konnten sich nun einige Bandleader so gar nicht anfreunden. Ich habe mich stets dafür eingesetzt, einmal, da ich selber dauernd rumzog, aber hauptsächlich, um jungen Leuten eine Chance zu geben, neue Musiker kennenzulernen und um sich auf dieses im Jazz so einmalige spontane Zusammenspiel einstellen zu müssen – plötzlich andere Tonart usw. – und dieses zu erleben.

Auch NDR-Musiker besuchten uns. Zusammen mit **Hans Gertberg** und **Werner Burkhardt** kam einmal **Siegfried Enderlein**. Er baute soviel Schlagzeug auf, wie wir noch niemals um uns herum erlebt hatten. Die kleine Bühne war so voll, daß wir uns kaum noch rühren konnten. Wir haben alles genossen, wohl auch die mitgebrachten Getränke.

Im Raum Eimsbüttel-Amandakeller usw. hatte sich ein Kreis um **Gerd Vohwinkel** gebildet, darunter unter anderem **Rolf Roggenbuck** (cl), **Petze Braun** und, ich glaube, auch **Addi Münster**. Sie fanden bald eine musikalische Heimat bei uns im HANDTUCH. Wir erlebten mit diesen Freunden unvergeßliche Abende beim Plattenhören und Musizieren im Hause des musikalischen Ehepaares **Gerd** und **Eva Vohwinkel**. Die Musik war so um 1930/31 in Chicago angesiedelt, wir kannten die Collectors' Items-Platten auswendig und schafften uns an den nicht so bekannt gewordenen, aber doch großartigen Musikern. Gerd arrangierte auch schon für unsere kleine Gruppe – wieder so viele neue, aufregende Impulse – unser Freund **Werner Burkhardt** hatte so manche Platte beigesteuert.

Die RIVERSIDE JAZZBAND auf der Rückfahrt von Glückstadt (v. l.): Peter Hunck, Heinz Junghans, Rainer Hunck, Mike Jahr

Heinz Junghans kehrte erst einmal wieder zurück. Am 24. 7. 1954 traten wir wieder beim NDR in einer interessanten Besetzung zu einem NDR-Studio-Konzert auf, **Heinz Junghans** (tp), **Peter Hunck** (bj), **Rainer Hunck** (tb), **Hermann Otto** (dr). Als Gäste aus Berlin bringen wir den Bandleader der New Orleans Band ‚Papa' **Henschel** (co) und den großartigen Johnny-Dodds-Klarinettisten **Peter Strohkorb** mit. Es war ein Konzert im Wechsel mit einer modernen Band, und **Hans Gertberg** fragte den damals schon großartigen Posaunisten **Albert Mangelsdorf**, ob er nicht Lust hätte, wie in alten Zeiten einmal wieder Oldtime zu spielen. Liebenswürdig und ruhig wie immer lächelte er nur, nahm seine

Posaune und kam zu uns herüber. Und da der Pianostuhl auch leer stand, kam **Manfred Hausmann** gleich mit. Es wurde eine tolle Session, die Band klang wie ewig zusammen, und die Solisten der Frontline spielten herrliche Soli. Beim nochmaligen Abhören der sechs vom Sender mitgeschnittenen Stücke spürt man die Freude aller bei diesem Konzert, **Albert Mangelsdorf**, überragend wie der junge *Teagarden*, das Piano mit herrlichen Straight-Soli und der großartige **Peter Strohkorb**. Ein Foto vom August 1954 zeigt uns im HANDTUCH in der neuen Besetzung mit **Heinz Junghans** (tp), **Gerd Vohwinkel** (co), **Rolf Roggenbuck** (cl), **Peter Hunck** (bj), **Rainer Hunck** (b), **Hermann Otto** (dr), **Rolf Roggenbuck** sollte für längere Zeit unser Starklarinettist bleiben.

Die erste Riverboatshuffle von Hamburg nach Glückstadt, Veranstalter war der Hamburger Jazzclub. Im Vordergrund (v. l.): Helmuth Lamszus, Peter Strohkorb, Heinz Junghans

Am 20. 10. 1954 ist unser letzter Auftritt im HANDTUCH, wir werden nicht ganz freiwillig von der New Orleans Band mit **Peter Rückert**, **Joachim Ertel**, **Knuth Weihrup**, **Henning Rüte**, **Helmut Schmidt** abgelöst.

Als nächstes Domizil haben wir regelmäßig dienstags das BARETT in den Colonnaden. Dieses war der freie Abend der dort gastierenden Profis, oft das *Michael Naura- und Franz Althoff Quartett*.

Die **RIVERSIDE JAZZ BAND** wird nochmals etwas umbesetzt: **Heinz Junghans**, **Gerd Vohwinkel**, **Peter Hunck**, **Rainer Hunck** jetzt wieder dm, neu dazu **Hermann Herkenrath** (tb), **Petze Braun** (tu) und unser Freund, der große Hamburger Pianist **Bruno Lehfeld**.

Am 22. Mai 1955 ein Konzert mit großem Erfolg in der Aula Schule Mittelweg, eine Aula, in der sehr viele Jazzkonzerte stattfanden. Als Gast wirkte bei uns die große englische Jazz-Sängerin und Washboardspielerin *Beryl Bryden* mit.

Im Oktober 1955 Teilnahme am 1. Amateur-Jazz-Festival in Düsseldorf, zufällig hören wir später ein Stück von uns über Radio Kalundborg. Wieder Konzerte und Aufnahmen für den NDR-Jugendfunk. **Rainer Hunck** spielte jetzt regelmäßig Baß. Neu sind **Klaus Großmann** (tb) und **Ole Baumgarten** (dr). Anfang 1957 Aufnahmen für den NDR-Jugendfunk. Am 18. 1. 1957 Konzert in der Bremer Glocke, dort mit **Abbi Hübner** (co, voc) und **John Peters** (dr), dem späteren Hausdrummer der RIVERKASEMATTEN.

Am 25. Mai 1957 holt uns unser Freund und strenger Kritiker **Werner Burkhardt** ins Teldec-Studio, und wir nehmen die erste EP mit den Titeln *Dr. Jazz Stomp*, *Struttin' With Some Barbecue*, *Dallas Blues* und *Everybody Loves My Baby* auf.

Die EP wird ein großer Verkaufserfolg, und so kommen wir am 5. 7. 1958 wieder ins Teldec-Studio, inzwischen mit dem von *Gene Krupa* so inspirierten **Helmut ‚Helle' Peters** als Schlagzeuger. Wir spielen die Titel *St. Louis Blues*, *Buddy's Habbits*, *Black Bottom Stomp* und *Memphis Blues* ein.

1957 erfolgt ein Konzert im Sender Freies Berlin, natürlich mit anschließender langer Nacht bei den *Spree City Stompers* in der Eierschale. Am 4. 10. 1958 nochmals Teilnahme am 4. Deutschen-Amateur-Festival in Düsseldorf.

Im November 1958 verließ **Heinz Junghans** die Band abermals, und es kam frischer, swingender Wind mit den Gebrüdern **Joachim Nolte** (tp) und **Eberhard Nolte** (tb, voc), außerdem **Bernd Crasemann** (cl). Von der alten Garde blieben **Peter Hunck** (bj, g), **Rainer Hunck** (b) und **Helmut ‚Helle' Peters** (dr). Wir orientierten uns jetzt an den *Louis Armstrong All Stars* und an *Eddie Condon*. Dies erforderte Arrangements mit Sätzen und Soliverteilung. In **Joachim Nolte** fanden wir den Könner. Die Musik blieb quicklebendig, ein bißchen Show mußte auch sein. Wir spielten fast viermal die Woche, Freitags regelmäßig im „Café Suhr" in Wilhelmsburg oder im „Glorya Treff" in Harburg. Weiterhin viele Konzerte.

1962-64 einige NDR-Auftritte. Am 14. 7. 1963 vertrat **Helmut Lamszus** noch einmal **Bernd Crasemann** als Klarinettist.

1961 trat **Joachim Nolte** die Nachfolge **Gerhard Vohwinkels** bei der OLD MERRY TALE JAZZBAND an. **Peter Kröncke**, der schon öfters bei uns ausgeholfen hatte, kam zu uns. 1964 wanderte Bruder **Rainer Hunck** nach Kanada aus. Er spielt dort regelmäßig in einer Band, seit zwei Jahren auch als Banjomann. Jährliche Auftritte beim Festival in New Orleans, sowie August 1996 erstmals auch Auftritte in England, sowie beim Jazzfestival in Edinburgh. **Helmut ‚Helle' Peters** hatte sein Musikstudium beendet und ging zur Hamburger Oper, später an die Oper in Bremerhaven. **Egon Grunst** trat die Nachfolge an.

Die Jazz-Situation wurde langsam immer ungünstiger, gefragt war überall Beat und Beatle-Musik. Ich selbst widmete mich intensiver den vogelkundlichen Studien. Der englische Drummer **Jimmy Henderson** übernahm die Leitung der Band. Die letzte Besetzung, in der ich mitwirkte, war **THE JIMMY HENDERSON RIVERSIDE JAZZBAND** mit **Hans Joachim Hüper** (tp), **Eberhard Nolte** (tb, voc), ‚**Fiete' Westendorf** (cl, voc), **Peter Turowski** (p), **Reinhard Seyer** (b), **Jimmy Henderson** (dr, voc).«

1962, Chris Barber in Hamburg, und seine Fans bereiteten dem berühmten Musiker schon auf dem Flughafen einen begeisterten Empfang. Strahlend nahmen Chris Barber und seine Frau, die Sängerin Ottilie Patterson das „Ständchen" der RIVERSIDE JAZZBAND, vertreten durch Eberhard Nolte, Pete Kröncke und Peter Hunck, entgegen. Chris hatte sich spontan zu einem Sonderkonzert zugunsten der Flutgeschädigten entschlossen, als er von den vielen Hochwassergeschädigten hörte.

Jazz Information Hamburg

„Dixieland contra New Orleans"

jazz konzert

Vorverkauf DM 2.— for Dixieland: „RIVERSIDE JAZZBAND" Abendkasse DM 2.50
for New Orleans: „OLD MERRYTALE JAZZBAND"
mit Gerd Vohwinkel (tp) bisher Papa Bue's Viking Jazzband

Sonntag, 5. April 1959, 17 Uhr in der Schule Mittelweg

Karten an den bekannten Vorverkaufsstellen, in der „Schallplatte" am U-Bahnhof Jungfernstieg und soweit vorhanden, an der Abendkasse. Schülerkarten gegen Vorzeigen des Schülerausweises nur im Vorverkauf DM 1.50

Wenn die Heimat da ist, wo mein Herz ist, dann ist New Orleans meine Heimat!
Aus Ken Colyer's „Goin' Home"

COLYER STORIES

Es gibt viele Gründe, warum ich mich in einem Buch über die Hamburger Jazzgeschichte mit einem englischen Musiker etwas ausführlicher beschäftige. Man kann wohl mit gutem Recht behaupten, daß *Ken Colyer* der erste Musiker in Hamburg war, der, wie **Werner Burkhardt** es einmal so treffend formulierte, »als Hüter des Feuers die Flamme der New-Orleans-Begeisterung hier in Hamburg zündete.« Das war 1955. Seitdem hielten ihm sein Hamburger Publikum und viele Musiker die Treue. Ein Grund für diese außerordentliche Beliebtheit war, daß die Musik seiner Band nie in kalte Routine ausartete. Man spielte keinen Titel permanent auf die gleiche Art. In den ersten Jahren hat Ken mit Sicherheit auch einige Hamburger Musiker stark beeinflußt. Dieser alte Haudegen, der sein Handwerk an der Quelle des Jazz – in New Orleans – studiert hat, hat sich selbst und seinem Stil immer die Treue gehalten. Auch das war etwas, was uns alle stets sehr beeindruckt hat. „The Gov'nor" wie ihn seine Verehrer immer liebevoll genannt haben, kann man wohl getrost als den „Vater des weißen New-Orleans-Jazz in Europa" bezeichnen.

Als Ken Colyer's Jazzmen and his Skiffle Group 1955 aus London kamen und zum ersten Mal in Deutschland spielten, kannte die Begeisterung der Jazz-Fans keine Grenzen. Der nachhaltige Eindruck ist seitdem in einem bemerkenswerten Anstieg der Schallplattenaufnahmen mit Ken Colyer in Deutschland abzulesen.

Überraschend ist dabei, daß der Jazz seit diesem Besuch eine große Zahl neuer Freunde gewonnen hat, die sich aus allen Alters- und Berufsschichten zusammensetzt.

Mit der Zähigkeit eines Heinrich Schliemann, der sich als kleiner Junge vornahm, das Helenische Troja zu entdecken und es auch fand, träumte der damals dreißigjährige Engländer schon als Junge von New Orleans. Er wollte die historische Stätte des Jazz selbst kennenlernen. Mit 14 Jahren verließ er die Schule, musterte als Schiffsjunge an, fuhr dreieinhalb Jahre um die Welt und kam schließlich mit einem Tramp-Schiff auch in die Nähe des großen Mississippi-Hafens.

Während seiner Seereisen übte *Ken Colyer* unentwegt auf einer alten Trompete, ging vorübergehend zur Londoner *Crane River Jazzband*, dann zu den *Christie-Brothers* und fuhr wieder zur See, immer von dem Wunsch geleitet, New Orleans kennenzulernen. In all den Jahren galt *Ken Colyer* in Europa als ein Interpret, der den alten New-Orleans-Jazz durch die persönliche Begegnung mit seinen Schöpfern am echtesten wiedergab.

Ken Colyer, 50er Jahre

In einem Interview wurde er einmal gefragt, ob er befürchte, daß das Interesse am echtem New-Orleans-Jazz nachlassen würde. Er antwortete: »Not while Uncle Ken keeps going.« Sein Tod hat eine große Lücke in der europäischen Jazz-Szene hinterlassen, aber seine Musik ist dank der Arbeit des Ken Colyer Trust's am Leben geblieben. Eines der vielen Ziele dieser Organisation ist: die Erinnerung an *Ken Colyer* und seine Musik zu bewahren und den New-Orleans-Jazz im Sinne *Ken's* zu fördern. Es ist schon bezeichnend, daß gerade in Hamburg Freunde von *Colyer* und ein Hamburger Musiker sich für diese Ziele besonders engagieren.

Peter Hunck, Banjospieler der **RIVERSIDE JAZZBAND:** 1955 kam *Ken Colyer* mit seiner Band zum ersten Mal nach Hamburg. Am Anfang der Reeperbahn war das NEW ORLEANS eröffnet worden, und Ken sollte den Laden in Schwung bringen. Beides, das Lokal und die Band, waren eine Sensation. Er spielte damals in folgender Besetzung: *Ian Wheeler (cl)*, *McDuncan (tb)* (keiner wußte übrigens seinen Vornamen) *Dick Smith (b)*, *Dis Disley (bj)* und *Stan Greig*, später Pianist von *Mr. Acker Bilk*, am Schlagzeug. Ich gehörte damals zu dem Stammpublikum, das sich schon in den ersten Tagen nach Ken's Ankunft versammelt hatte. Uns gefielen sowohl die Atmosphäre dieses schon legendären Lokals, eingerichtet im Stil der amerikanischen Südstaaten mit Jazzerbildern an den Wänden, als auch die jedem Fan im Schlaf bekannten Straßennamen des alten New Orleans und die von **Werner Burkhardt** so treffend bezeichneten Gary-Cooper-Schwingtüren, des weiteren die mit einmaliger Intensität und Begeisterung spielende Band von *Ken Colyer*.

Ian Wheeler, Peter Hunck, Ken Colyer, März 1955 im NEW ORLEANS

Als *Dis Disley* die Band überraschend verließ, rief man mich zwei Stunden vor dem Auftritt an, ob ich nicht für Dis einspringen könnte. Ich war mächtig stolz, aber auch furchtbar aufgeregt. Wir trafen uns kurz vorher zu einer Harmoniebesprechung, sofort zog mich die Begeisterung, aber auch der natürliche Kontakt der einzelnen Musiker zum Jazz in seinen Bann.

Mit bedächtiger, leiser, etwas undeutlicher Stimme begrüßte Ken sein Stammpublikum, sagte einiges über das Stück, welches gespielt werden sollte, etwas über den Komponisten, durch den es bekannt wurde, während des Antretens noch ein kurzer Blick auf die Hintermannschaft mit dem Neuen, und langsam kam die Maschinerie in Gang. Fast alle Stücke waren Höhepunkte, zum Beispiel *Chimes Blues* mit den Echo-Signalen der Bläser, untermalt von Stan's chinesischen Beckenspielen oder *Tishomingo Blues* mit dem echten Blues Feeling, *Shine* mit Ken's Gesang oder *Panama Rag*, bei dem nach vier verschiedenen Melodieteilen in verschiedenen Tonarten die mitreißenden Riffs am Ende wie ein erlösendes Aufatmen wirkten. Sagenhaft war das absolute Kollektivgefühl jedes Musikers. Kurz nach Mitternacht packte Ken seine Banjo-Gitarre aus, Dick blieb am Baß und Manager *Bill Colyer* setzte sich ans Waschbrett. Dann kamen die alten Skiffle-Nummern aus Chicago und den Südstaaten, wo sie *Huddie Lead Belly* und andere schon vor einem halben Jahrhundert gesungen hatten, wie *Alabamy Bound*, *Nowbody knows* oder *Take this Hammer*, bei dem das ganze Publikum mitsang.

Gerhard ‚Marcel' Horst (bj), **JAILHOUSE JAZZMEN**: »Meine erste Begegnung mit *Ken Colyer* fand im alten Domizil der **JAILHOUSE JAZZMEN**, im MUMME-KELLER statt. Im Anschluß an ein Konzert in der Ernst-Merck-Halle brachte er damals außer seinen Bandmitgliedern die Band von *Papa Bue* und, last but not least, *George Lewis* mit. Ken trat zum Bandstand, grinste freundlich, packte umständlich und langsam seine Trompete aus, murmelte etwas in seinen Bart, was sich später als *We shall walk through the Streets of the City* herausstellte, tippte einmal bedächtig mit dem Fuß auf und spielte dann die Melodie in einem für ihn typischen, mittleren Tempo. Unser etwas verstört aussehender Drummer **Shelly Lüders**, Anhänger einer moderneren Spielweise á la *George Wettling*, sonst immer an ein langes Palaver der Band vor jedem Stück und das preußisch-exakte Eins – zwei, eins – zwei – drei – vier – Antreten **Abbi Hübners** gewöhnt, rettete sich ob des ungewohnten Tempos nach einigen Schrecksekunden mit beiden Stöcken auf dem Woodblock in der Hoffnung, so den als strengen Puristen geltenden Ken nicht zu enttäuschen. Ging doch noch zu jener Zeit die Mär um, Colyer habe einen Banjospieler, der es wagte, hin- und herzudrummeln, mit dem Messer bedroht. Naja, ich habe es an diesem Abend vorsichtshalber nicht versucht. Seit dieser Zeit gab es in unserer Band den Begriff „Colyer-Tempo" bei relaxed gespielten Titeln.«

Peter Hunck: »*Stan Greig*, der Schlagzeuger, kaufte sich eine Uhr in Hamburg und wollte in jeder Pause mit uns die „right time" vergleichen. Als wir die Fragerei nach der genauen Zeit satt hatten, fragte er immer wie ganz zufällig in den Raum: »Is anybody here, who can give me the right time«. Immer gab es viel Spaß.

Eines Tages besuchte mich die Colyer Band einmal wieder zum Plattenhören, es war strahlender Sonnenschein, und man war bester Stimmung. Mit viel Gelächter und Kauderwelsch kauften wir unterwegs – **Werner**

Dienstag, 21. Oktober 1969, um 20 Uhr im
Auditorium Maximum

20 Jahre KEN COLYER

KEN COLYER'S JAZZMEN & SKIFFLE GROUP

ENGLANDS NEW ORLEANS BAND No. 1

Das Erstaunliche an Ken Colyer ist nicht die verbissene Treue zum alten Jazz aus New Orleans, sondern, daß seine Musik nach 20 Jahren heute genauso taufrisch klingt wie damals.

Im Rahmen dieses Jubiläumskonzertes treten folgende Gäste auf:
Monty Sunshine (cl), Ray Smith (p), Sammy Rimington (cl & g)

**Veranstalter:
Konzertdirektion Karsten Jahnke,
Hamburg 19**
Karten: ab DM 3,–
bei den bekannten Vorverkaufsstellen

Burkhardt war auch wieder dabei – Kekse und Tee ein, wie es die englische Sitte vorschreibt, und *McDuncan* konnte es sich nicht verkneifen, in unserer vornehmen Geschäftsstraße immer wieder die Passanten auf seine strumpflosen Beine mit dem Ausruf: »Men don't wear socks!« aufmerksam zu machen.«

Alfred Pelzer (Bassist und Manager **APEX JAZZ BAND**): »Ich habe *Ken Colyer* leider nicht persönlich kennengelernt. Baujahr 1952, war ich wohl immer in der falschen Ecke, in der Ken gerade nicht spielte.

Aber immer, wenn ich seine Musik hörte, hatte ich das dringende Bedürfnis, damals zum Banjo, später und bis heute zum Kontrabaß zu greifen und mich von dem einmaligen Rhythmus der *Ken Colyer* Bands mitreißen zu lassen.

Mittlerweile weiß ich viel über das Leben von *Ken Colyer*, habe mich sogar durch seine Biographie gekämpft, es hat sich für mich nicht viel geändert. Für einen Musiker ist es, glaube ich, ziemlich nebensächlich, etwas über das Leben eines anderen Musikers zu wissen, dessen Musik er verehrt. Das feeling muß stimmen. Damals hätte ich nicht im Traum daran gedacht, daß mittlerweile viele ehemalige Freunde von Ken auch meine Freunde würden.

Das kam so: Vor vier Jahren wurde ich von meinem Musiker-Kollegen **Heinz Hauschild** gefragt, ob ich nicht Lust hätte, „just for fun" in einer Truppe zusammen mit dem englischen Trompeter *Norman Thatcher* zu spielen. Es sollte New-Orleans-Jazz der älteren Sorte werden. Dafür war ich schon immer zu haben, und ich war dabei.

Der erste Auftritt nahte, es war kein einziges Stück geprobt, und mit dem sogenannten „Soundcheck" fing das Konzert an. Es klappte alles wie am Schnürchen unter der musikalischen Leitung von *Norman Thatcher*. „Leitung" konnte man dazu eigentlich gar nicht richtig sagen. Der Mann spielte einfach nur so präzise und eindeutig, daß jeder Mitmusiker, der nicht taub war und ein feeling für alten Jazz hatte, zu jeder Zeit wußte, was Sache war.

So absolvierten wir noch drei weitere Konzerte mit großem Erfolg.

Ich erfuhr, daß Norman mit Ken gespielt hatte und Leiter der *Ken Colyer Trust Band* war. Die *Ken Colyer Trust Band* wurde kurz nach dem Tod von *Ken Colyer* mit dem Ziel gegründet, die finanziellen Mittel zur Veröffentlichung von Ken's Biographie zu sichern und sein Erbe zu pflegen. Mitglieder der Band sind hauptsächlich ehemalige Mitmusiker und Freunde von *Ken Colyer*. Die Band versucht, sich musikalisch weitgehend an den Stil von Ken anzulehnen, ohne ihn jedoch nur exakt zu kopieren.

Nun, die kleine Tour mit *Norman Thatcher* war beendet, und ich wurde von ihm mit den Worten »You are a very musical bassman« verabschiedet. Erst später erfuhr ich, daß Norman selbst sehr gut Baß spielt.

Danach hörte ich nichts von ihm bis zu einem Auftritt der *Ken Colyer Trust Band* im Hamburger COTTON CLUB 1995. Die Band spielte dort mit Englands Lady Bass, *Anny Hawkins*, und der Manager der Band, *John Long*, der auch Ken's Manager war, begleitete die Band. Ich wurde der Band von Norman vorgestellt, und in einer Spielpause nahm mich *John Long* beiseite. Er erzählte mir, daß sein jetziger Manager für Deutschland sich mehr um eine andere englische Band kümmern wollte und er auf der Suche nach einem neuen Manager für die *Ken Colyer Trust Band* in Deutschland sei. Er hatte ihn gefunden, und schon im September 1995 hatte ich eine kleine Tour in Norddeutschland zusammen. Zwei Wochen vor Beginn erhielt ich ein Fax von John: »Norman wants you to play the Bass«. Nach einer Rückfrage, ob ich das auch wirklich richtig verstanden hätte, zitterten mir ordentlich die Knie. Nicht umsonst, wie sich später noch zeigen sollte.

Unser erster gemeinsamer Auftritt fand ausgerechnet im COTTON CLUB statt. Die Jungs von der Band hatten schnell raus, daß es für sie vorteilhaft war, wenn ich auch die Ansagen machte und dabei häufig auf die von ihnen mitgebrachten CDs verwies. Also: für mich Konzentration auf Titel, Namen und Zeiten und gleichzeitig auf die Harmonien des nächsten Stückes. Nicht immer spielt die *Ken Colyer Trust Band* in den üblichen Harmonien. Erschwerend für mich kam hinzu, daß wir an unseren ersten acht Autrittsabenden kein einziges Stück doppelt gespielt haben. In den Pausen immer wieder Fragen über Fragen: »Spielt Ihr auch den *Hiawatha Rag*? ... Alfred, when do we finish? ... Can I get another Drink?...« Und, und, und.

Dennoch: Was blieb, war viel Spaß mit exzellenten Musikern, die mittlerweile zu guten Freunden geworden sind: *Norman Thatcher* wurde bereits genügend lobend erwähnt. Zu ihm ist jedoch noch zu sagen, daß er das Harmonienwerk von *Ken Colyer* pflegt und die Programme zusammenstellt.

Am Schlagzeug sitzt *Malcum Murphy*, der zwölf lange Jahre mit Ken tourte. Aus seinem Schlagzeug kommen nicht nur ein brillanter Rhythmus, sondern gleichzeitig richtige Harmonien. Nicht umsonst stimmt er nach jedem Stück seine Naturfelle neu. Malc kennt jedes der über 700 Stücke in- und auswendig, vergißt keinen einzigen break und singt bei vielen Stücken zuckersüß.

Der zweite Malc in der Truppe ist *Malc Hurrel* am Banjo. Ein ruhiger, immer freundlicher und gut gelaunter Bursche. Er ist der Senior der Band und „kloppt immer vier auf einen". Er spielt wunderschöne Soli, und wenn er ganz gut drauf ist, singt er auch schon mal ein Stück.

Der zweite Norman der Band heißt *Norman Field* und spielt Klarinette. Er ist das neueste Mitglied der Band, intoniert ansonsten viel moderner in seinen eigenen Bands. Er ist ein Tausendsassa und hat von jedem Stück die Harmonien im Kopf, die er auf Anfrage runterrasselt. Schließt man die Augen, kann man in einigen Stücken *George Lewis* hören.

KEN COLYER TRUST NEW ORLEANS JAZZ BAND, 1996 (v. l.): Dave Vickers, Malc Hurrel, Norman Thatcher, Alfred Pelzer, Norman Field, Malc Murphy

Das jüngste Mitglied der Band ist *Dave Vickers* an der Posaune. Er ist der Power-Macher der Band. Durch sein druckvolles Spiel und sein rhythmisches Klatschen bringt er jedes Publikum in Stimmung, auch zur Freude der Band.

Der angestammte Bassist der Band ist *Terry Night*. Ihn kann man eigentlich nur als „Urviech" bezeichnen. Er traktiert seinen 4/4-Baß wie nichts Gutes und läßt kein Späßchen und keinen Drink aus.

Das nicht spielende Unikum der Band ist *John Long*. John begleitete Ken über mehr als 20 Jahre, verpaßte keinen einzigen Auftritt und nahm fast jedes Stück auf. Dasselbe tut er nun mit und für die *Ken Colyer Trust Band*. Er ist immer dabei, genießt jeden Ton, kümmert sich um die Geschicke der Band und umsorgt seine Jungs, wo es nur geht.

Geschäftstüchtig, wie er ist: John „kept me going", und im März 1996 stand die nächste Tour.

Rechtzeitig vor Beginn war die Live-CD „The Ken Colyer Trust New Orleans Jazz Band In Germany" fertig geworden, die wir dem Publikum auf den nächsten Auftritten anbieten konnten.

Zum zweiten Job in Deutschland kamen die Herren Musiker schon alle mit dem Flieger. Und der Herr Manager hatte wunschgemäß einen Bus besorgt sowie private, bekannte Quartiere.

Engländer sind da sehr wählerisch, und am liebsten schlafen sie vor jedem Auftritt und jeden Abend im selben Bettchen.

Das haute diesmal bis auf eine „Auswärtsübernachtung" auch hin. „Meine" Engländer waren richtig happy, was sich zusätzlich positiv auf die Qualität der Musik auswirkte, und wir waren noch besser als beim letzten Mal. Wir hatten eine Supertour mit zehn Auftritten vor vollem Haus. Mehr kann man sich als derjenige, der das Ganze organisiert hat, nicht wünschen.

Einer der schönsten Auftritte fand in Finkenwerder statt. Die Veranstaltung endete mit „standing ovations" (fast) aller Finkenwerder. Beim Soundcheck zu dieser Veranstaltung hatten wir viel zu lachen: Malc, unserem Banjomann, war morgens beim Frühstück in Neumünster eine Krone aus der vorderen Reihe seiner Zähne gefallen. Beim soundcheck saß er ganz gelassen vor der Bühne und sang: »All I want to have for Chrißßßmaßßß, ißß jußßt a two, four teeth, a two, four teeth«. Die Lücke wurde am folgenden Tag vom Zahnarzt eines Freundes wieder gestopft.

Bereits jetzt freue ich mich auf die nächste Tour und selbstverständlich auch auf die regelmäßigen Treffs und Sessions mit der **APEX JAZZ BAND**. Alle beteiligten Musiker können es kaum erwarten, gemeinsam einen „auszuhotten".

Ein Beispiel dafür, wie Hamburger etwas für den englischen Jazz in Deutschland tun. Vielleicht demnächst auch einmal anders herum, wenn die **APEX JAZZ BAND** zusammen mit der *Ken Colyer Trust New Orleans Jazzband* auf dem Festival in Bude, Cornwall, England spielt?«

Veranstaltungsberatung

&

BANDVERMITTLUNG

Ob in Konzertsälen, Jazzclubs, Kneipen oder in Ihrem Wohnzimmer - ob vor 2 oder 2.000 Zuhörern -

Wir haben immer die richtige Band für Ihre ganz persönliche Veranstaltung !

Bei uns können sie u.a. buchen:

APEX JAZZ BAND, Hamburg, - Naldo´s Jazz Family, Köln - Old Castle Jazzband, Berlin - Le Clou, Frankreich - Firehouse Revival Jazzband, Bern - Ken Colyer Trust New Orleans Jazz Band, England - Firehouse Six Plus 1, Bern - Copenhagen Ragtime Band, Dänemark - Skiffle Track, Hamburg - Hot Five Jazzmakers, Kanada - u. v. a. m.

Individuelle Zusammenstellungen , auch von Brassbands sind möglich.

Rufen Sie uns an !

Ilse und Alfred Pelzer · Saseler Straße 47 c · 22145 Hamburg
Telefon/Fax: 040/678 678 6 · Konto: 1278 123 722 Haspa (BLZ: 200 505 50)

DIE OLD MERRY TALE STORY

Meine Bemühungen, jemanden zu finden, der mir die Geschichte der **OLD MERRY TALE JAZZBAND** erzählen könnte, waren leider erfolglos. Wen ich auch ansprach, ich kam einfach nicht weiter. Vielleicht lag es ja daran, daß sich die Band vor einigen Jahren gespalten hatte in **MÜNSTER'S OLD MERRY TALE JAZZBAND** und **ORIGINAL OLD MERRY TALE JAZZBAND**. Jedenfalls fühlte sich keiner zuständig, und ich beschloß die Geschichte selbst zu schreiben.

Genau zu diesem Zeitpunkt fand ich die Old Merry Tale Story in einer Ausgabe der Zeitschrift „DER JAZZER", zwar nur die Gründungsgeschichte und das Wirken der Band bis ca. 1960, da aber die Ereignisse gerade aus diesem Zeitraum nur wenigen bekannt sein dürften, habe ich mich entschlossen, die Geschichte – von Claus Stave geschrieben – so zu übernehmen.

Daß die Band in den Jahren danach sehr viel Erfolg hatte und die wohl bekannteste und erfolgreichste Formation der Hansestadt war und heute noch ist, weiß jeder. Ich habe sie das erste Mal am 14. März 1966 im Hamburger OPERETTENHAUS gehört. Es wurde das 10jährige Bestehen gefeiert. Und wie gefeiert wurde! Die reinste hanseatische „Jazz-Gaudi", wie **Werner Burkhardt** es später formulierte.

Der Erfolg ist der Band – heute muß man ja sagen „den Bands" – treu geblieben. Mit ihrer Musik sorgen sie nun schon seit 40 Jahren dafür, daß man überall etwas besser von den „steifen" Hamburgern denkt und sie nicht alle für stur und kommunikationsfeindlich hält.

Claus Stave: »„Jeden Mittwoch spielt die **OLD MERRY TALE JAZZBAND**", kann man draußen lesen. Geht man hinein – es handelt sich um die TAVERNE in der Brandstwiete – spielt **Gerd Vohwinkel** mit seinen Mannen vielleicht gerade *Opel Super 5*, ein Stück, das er vor einigen Jahren selbst geschrieben hat. Sofort muß man an die glorreichen Zeiten zurückdenken, als Gerd noch im Hamburger NEW ORLEANS bei *Papa Bue's Jazzband* spielte. *Opel Super 5* war einer der Knüller der Band. Jetzt spielt er mit der **OLD MERRY TALE JAZZBAND** zusammen, und nur, wer die Band noch von 1958 her kennt, kann beurteilen, welchen Aufschwung sie seitdem musikalisch genommen hat.

Es begann schon 1955, aber die erste Besetzung, in der die **OLD MERRY TALE JAZZBAND** 1956 öffentlich spielte, war ‚Ruddi' Meyer (co) und Bandleader, gleichzeitig Gründer der Band, ‚Fiete' Westendorf (cl), Walter Kurth (tb), Karin Koronowski (p), Rolf Grömmer (bj) und **Peter ‚Paul' Wantje** (dr). Der Bandname wurde aus einem englischen Wörterbuch herausgesucht und heißt frei übersetzt: Eine Band, die alte Geschichten fröhlich wiedererzählt.

Gejazzt wurde dienstags im CAFÉ SCHICKE in Barmbek und später im Gerichtskeller. Fürstliche Verdienste zwischen 1,30 DM und 2,90 DM pro Mann sprangen heraus. Daß die Wirte bei dem schwachen Besuch immer noch mittaten, lag daran, daß die durstige Band durch Zechen von 10,00 DM bis 20,00 DM pro Mann selbst für den nötigen Umsatz sorgte.

Andreas von der Meden, 90er Jahre

Im Frühjahr 1957 kam dann der heutige Posaunist **Addi Münster** dazu, und ‚Ruddi' Meyer wurde durch einen der besten Hamburger Trompeter, durch ‚Sputnik' Peter Lange ersetzt. Der große Aufschwung kam dann durch den regelmäßigen Job im WINTERHUDER FÄHRHAUS. Zuerst kamen 40 Mann, später über 300 pro Abend. Die

OLD MERRY TALE JAZZBAND 1956 (v. l.): Jost Münster, Peter Wantje, Ruddy Meyer, Klaus Thomforde, Rolf Grömmer, Karin Koronowski, Fiete Westendorf

Band wurde bekannt in Hamburg, spielte auf zahllosen Veranstaltungen, bis auf die wechselnden Bassisten immer in derselben Besetzung.

Ein Rückschlag war dann 1958 das Deutsche Amateurfestival in Düsseldorf. Piano spielte jetzt ‚**Specht' Hans-Jürgen Bock**, sonst war die Besetzung gleich geblieben. Der *Sobbin' Blues* hatte als erstes Stück recht gut geklappt, aber das zweite Stück wurde der Band zum Verhängnis. Man wollte *King of the Zulu's* spielen, und Sputnik spielte aus Versehen das Thema des *Dippermouth Blues*. Das Stück mußte abgebrochen werden, das Publikum lachte, kurz, es war eine ausgesprochene Pleite. Seitdem sind die Merry-Tale-Jazzer sauer auf jegliche Festivals.

Den Klarinettisten ‚**Fiete' Westendorf** hatte dieser Reinfall so mitgenommen, daß er bald danach aus der Band ausstieg. Sputnik schied dann auch bald aus und wechselte in das Berufsmusikerlager über. 14 Tage quälte man sich ohne Trompete und Klarinette herum, der Job im Fährhaus war durch das schlechte Benehmen der Gäste auch verlorengegangen, es sah schlecht aus um die **OLD MERRY TALE JAZZBAND**.

Nachdem sie acht oder neun Klarinettisten ausprobiert hatten, fanden sie ‚**Schuby' Peter Schubert**, der von den **PAPA'S JAZZ BABIES** zur Merry Tale überwechselte. Neue Jobs kamen in Blankenese in der JOHANNESBURG und in der TAVERNE. Vor allem aber kam am 1. Januar 1959 ein neuer Trompeter, **Gerhard Vohwinkel**, Hamburgs bekanntester Jazzer, zu ihnen. Im Herbst 1959 nahm Gerhard dann noch einen siebten Mann in die Band, **Reinhard Zaum**, immer guter Laune, außerdem Bassist und Hamburgs bester Tubaspieler.

Damit hatte die **OLD MERRY TALE JAZZBAND** die Besetzung, in der sie heute (1960) noch spielt: **Gerhard Vohwinkel** (tp), **Addi Münster** (tb), **Peter Schubert** (cl), **Hans Jürgen Bock** (p), **Rolf Grömmer** (bj), **Reinhard Zaum** (b, tu), **Peter ‚Paul' Wantje** (dr). In dieser Besetzung geht die Merry Tale im April nach Mannheim, um dort einen Monat Berufsmusik zu machen. Ob sie später dabei bleiben wollten, wußte damals noch keiner so genau.

Der einzige, der aus der ersten Merry-Tale-Besetzung heute noch dabei ist, ist der 23jährige Banjospieler **Rolf Grömmer**. Als einziger aus der Band steht er nur auf ganz alten Jazz (*Louis Armstrong*, *Johny St. Cyr*), aber was bleibt einem eingefleischten Banjospieler schon anderes übrig.

Der zweitälteste Merry-Taleser ist der Drummer Peter, aber nur ‚Paul' genannt, Wantje. Früher spielte er Akkordeon. Mit 17 Jahren lernte er den Jazz kennen. Sein erstes „Schlagzeug" war ein etwas stabilerer Karton. Zwei bis drei Monate machte er Tanzmusik. Dann lernte er Baß. Durch einen Bekannten erfuhr er, daß die Merry-Tale mal wieder einen Bassisten suchte. Er stellte sich vor und spielte zuerst Baß, dann wechselte er aufs Schlagzeug über. Außer einer Vorliebe für *Bix Beiderbecke* und *Jelly Roll Morton* steht er sehr auf dem Mainstream Jazz von *Humphrey Lyttelton*.

Wenig später kam **Addi Münster**, Posaune, in die Band. Angefangen hatte er in der legendären Konkurrenzband der Merry Tale, der „Serbenjazzband". Nach dem tragischen Tod des Bandleaders ‚Serbe' Peter Keuschen kam er zur Merry Tale und ist seitdem bei fast allen Jobs dabei gewesen. Er steht sehr auf *Jimmy Archey* und *Jack Teagarden*. Aber »wenn man so spielen kann wie *Kid Ory*, genügt das auch«, sagt er.

Der Pianist der Band, ‚Specht' Hans-Jürgen Bock wollte ursprünglich nur klassisch spielen. Er hatte zehn Jahre klassischen Unterricht und fing erst 1958 bei der Old Merry Tale an, Jazz zu spielen. Jedem modernen Jazz ist er sehr aufgeschlossen. *Charlie Parker* ist für ihn der größte Jazzmusiker.

Ein sogar „fanatischer Anhänger der klassischen Musik" ist, wie er selbst sagt, der Klarinettist **Peter Schubert** („Schuby Duby Schuby Ahab"). Er fing an mit Blockflöte, dann spielte er Gitarre. Vor drei Jahren, er war damals 17, erwachte sein Interesse für die Jazzmusik. Er kaufte sich eine alte Klarinette und spielte schon ein Jahr später mit **PAPA'S JAZZ BABIES**. Im Herbst 1958 kam er zu Merry Tale. Er steht sehr auf *Edmond Hall*, *Benny Goodman* und *Barney Bigard*, hat aber sonst wenig Ahnung vom Jazz, wie er zugibt.

Baß und Tuba spielt seit fast einem Jahr **Reinhard Zaum**. Groß wurde er in einer Feuerwehrkapelle, dort bekam er auch seine Tuba geliehen. Heute spielt er auf **Gerhard Vohwinkels** berühmtem Helikon, das Gerhard in Berlin unter einem Podium fand und sofort für 75,00 DM kaufte. Auf dem Instrument entdeckte er eine altrussische Inschrift, die er sich übersetzen ließ. Zu deutsch: Das Instrument war einem Kosakenregiment zu Polka und Tanz geschenkt worden, in Anerkennung der Verdienste bei der Vertreibung Napoleons aus den Gefilden Rußlands. Odessa 1827. Trotzdem klingt das Helikon besser als alle anderen in Hamburg.

MÜNSTER'S OLD MERRY TALE JAZZBAND – 90er Jahre

Den Impuls, Jazzmusik zu machen, erhielt **Gerhard Vohwinkel** durch **Heinz Junghans**. Er war damals schon über 20 Jahre alt. Früher hatte er Klavierunterricht gehabt (eine besondere Empfehlung an seine alte Klavierlehrerin Alice Schneemilch!), dann lernte er Akkordeon, Zither, Ukulele und Banjo. Letzteres mit gutem Erfolg, er hat hier in Hamburg bei *Ken Colyer* Banjo gespielt.

ADDI MÜNSTERS OLD MERRY TALE JAZZBAND – Weihnachts-CD

Später kaufte er sich ein altes Kornett und fing mit dem Klarinettisten **Rolf Roggenbuck** zusammen an, Jazz zu machen. Das war 1954 in der Amandastraße in einem gemieteten Keller. Wenig später spielte er dann in der **RIVERSIDE JAZZBAND** neben seinem ersten Vorbild **Heinz Junghans** zweites Kornett. Nach einem Jahr bekam er dann seinen ersten Berufsmusiker-Job in Berlin. Er spielte mit *Werner Giertz* zusammen, die Band hieß *CIayborne Hot Six*. Danach gründete er mit **Abbi Hübner** zusammen das **ORIGINAL BARRELHOUSE ORCHESTRA**. Nach einiger Zeit verließ **Abbi Hübner** die Band, und **Gerhard Vohwinkel** spielte mit seiner Frau ‚Paul' (eigentlich heißt sie ja Eva, aber wer weiß das schon) im frisch von ‚Suhri' eingerichteten ZERO (heute TAVERNE) in der Brandstwiete.

Mitte 1956 ging er dann zu *Papa Bue's New Orleans Jazzband* nach Kopenhagen und spielte fast drei Jahre mit großem Erfolg in der Band. Er hält immer noch den Bandrekord von 33 Flaschen Carlsberg Porter innerhalb einer Spielperiode. Ende 1958 mußte er dann aufhören, weil er keine Arbeitserlaubnis für Dänemark mehr bekam. Seit 1959 spielt er nun fast täglich irgendwo in Hamburg und ist im Moment noch der einzige reine Berufsmusiker in der **OLD MERRY TALE JAZZBAND**. Auf meine Frage, welche Musik ihm am meisten zusage, antwortete er mir: »Ich finde alle Musik dufte, die dufte ist, auch klassische Musik.«

Auf einer Plattenhülle der **OLD MERRY TALE JAZZBAND** habe ich noch eine Würdigung dieses beliebten Musikers der ersten Generation gefunden, wie sie nur ein Mann wie **Werner Burkhardt** schreiben konnte:

»Intro wie Abgesang dieser Platte verkünden ein Programm, und das gilt für die Musik wie für die Menschen, die sie machen *0 Uhr Eierschale* erzählt von der stilistischen Neuorientierung der Hamburger Kapelle. So klangen einst die Erkennungsmelodien der großen Swing-Bands. So ließ *Woody Herman* seine Blue Flame aufleuchten, ehe er selbst auftrat. Und in diesem Geiste ist auch der Mann ans Werk gegangen, der als Trompeter, Komponist und Arrangeur die Hauptverantwortung fürs Entrümpeln trägt. **Gerhard Vohwinkel** heißt er. Er ist es vor allem, der den neuen Kurs angibt, und er ist gleichzeitig ganz der alte geblieben.

Als die **OLD MERRY TALE JAZZBAND** im Jahre 1959 ihre erste Platte herausbrachte, war Gerhard schon dabei, und, was viel wichtiger ist: Er hat nicht nur als Trompeter mitgespielt, er hat als Mann des Hintergrunds mit seinen Arrangements prägend auf den Charakter der Band eingewirkt, hat auch später, als er zu *Papa Bue* ging, den Dänen durch seine Fassung alter Moten-Stücke zum eigenen Sound verholfen. Schon in den Tagen des hanseatischen Jazz-Mittelalters hatte er dem hitzig-wirren Kollektiv die kalte Schulter gezeigt, hatte auf die ordnende Kraft der Form, auf den klangsatten Satz der Bläsergruppen gebaut und war zur Leitfigur der Einsichtigen geworden, listig, leise und unbeirrbar. So hat er in anderen Städten weitergemacht. So ist er jetzt in seiner Heimatstadt wieder an Deck.

Seine Handschrift bleibt unverkennbar. Massiv ist der Klang, den er hervorzaubert ... rund und voll, aber nie grell und krawallig. Wärme, Herzlichkeit bleiben spürbar, auch wenn er in der Afrika-Hymne *Everybody Loves Saturday Night* der Truppe den Sound einer Big Band abluchst. (Hier glänzt auch Audrey, die so begabte wie bescheidene Sängerin.) Er sorgt für die ungewohnten, dunkel-satten Farben, beschwört den Geist des Harlem Jump, entfesselt auch mal die heißen Shuffle-Rhythmen, macht seine Verbeugung vor der genialen Ökonomie, die in *Duke Ellingtons* Kleinformationen herrschte.

Natürlich schafft er das nicht im Alleingang. Er nutzt die Individualität der altgedienten, das frische Potential der hinzugekommenen Mitglieder, und alle gemeinsam brauen sie den neuen Trank. Nicht zuletzt **Reiner Regel**, dem Oberbraumeister, ist es zu verdanken, daß dieser Trank so würzig geraten ist. Sein Tenorsaxophon ist von allen guten, also schwarzen Geistern des Instrumentes verhext. Wenn er in Jörn Pfennigs *Messenger's Blues* loslegt, bringt er all seine Erfahrungen aus der Soul-, ja Funk-Ecke ins Spiel. Er ist es auch, der den traditionellen *Zulukönig* zu einem Herrscher aus unseren Tagen macht.

Ohne ideologischen Kampf hat sich **MÜNSTER'S OLD MERRY TALE JAZZBAND** den „New Look" zugelegt. Zwar kehren sie im Rahmen einer Plattenproduktion den übelbeleumdeten „Saints" den Rücken, servieren sie nur als Zitat und zwar im *Saratoga Shout*, wo sie schließlich hingehören. Aber bei Live-Auftritten wird das Dixieland-Repertoire natürlich nicht vernachlässigt oder gar über Bord geschmissen. Die Jungs machen da was Schlaues: Sie erweitern die Grenzen. Aber sie verlassen das Land nicht.

Einem Stück begegnen wir auf der Platte, das beim ersten, aber wirklich nur beim ersten Hinhören befremdlich klingen könnte. Dem Spiritual *Nobody Knows The Trouble I've Seen* hat **Gerhard Vohwinkel** die ersten Takte aus dem Schlußchor von Bachs Matthäus-Passion vorangestellt und als Ausklang folgen lassen. Aus den Sitten und Gebräuchen, nicht nur der Vergangenheit, aus der musikalischen Welt der *New Orleans Function* kennen wir diesen Umschlag von herzerreißender Trauer in den jauchzenden Überschwang.«

Gerhard Vohwinkel, 90er Jahre

TRADITIONAL OLD MERRY TALE JAZZBAND

ADDI MÜNSTERS OLD MERRY TALE JAZZBAND

ABBI HÜBNER

ES BEGANN IM „HANDTUCH" – I COULD'NT GET STARTED

Ich habe mich sehr intensiv darum bemüht, jemanden zu finden, der seine Erinnerungen an die 50er Jahre aufschreiben könnte. Fast alle schreckten vor meinem Ansinnen zurück. Manch einer wollte sich wohl auch nicht erinnern. Ich selbst war noch zu jung. Erst ab Anfang der 60er Jahre habe ich die „Szene" bewußt miterlebt.

Um so dankbarer war ich, wenn in der einen oder anderen Geschichte etwas von dieser Aufbruchstimmung herauszulesen war, etwas von den ernsthaften Bemühungen dieser sehr jungen Musiker, etwas in Gang zu setzen. Einer der jungen Musiker war **Abbi Hübner**. Wenn auch erst in der zweiten Generation, gehört er doch zu denen, die diese Entwicklung ganz entscheidend vorangetrieben haben.

In der nachfolgenden Story von Abbi über seinen Einstieg, wird diese Stimmung noch einmal auf vortreffliche Art wachgerufen. Er erinnert sich an die seligen Handtuch-Zeiten, an seine ersten Gehversuche als Musiker und an die ersten Begegnungen.

»An einem kalten, unfreundlichen Februarabend des Jahres 1954 betrat ich Hamburgs beliebtestes Jazzlokal, DAS HANDTUCH im Wörmannhaus in der Neuen Rabenstraße. Hier spielte damals die **RIVERSIDE JAZZBAND**. Der Trompeter **Heinz Junghans** hatte die Band bereits verlassen und wurde durch den Kornettisten **Peter Rückert** eindrucksvoll ersetzt, der kurz zuvor von den *Spree City Stompers* aus Berlin nach Hamburg gekommen war. Unter dem Arm trug ich einen kleinen, lederbezogenen Instrumentenkoffer, der entfernt einem Holster für mittelalterliche Handfeuerwaffen ähnelte und auch etwas kaum weniger Gefährliches als eine Schußwaffe enthielt: ein altes, verbeultes Messingkornett der Firma Selmer, Paris, das ich gerade – unglaublich günstig – von meinem Trompetenlehrer Günther Schoof erworben hatte. Ich wollte keineswegs bei der **RIVERSIDE JAZZBAND** einsteigen. Ich war kümmerlicher Anfänger, und Welten trennten mich von **Peter Rückert**. Das Instrument sollte mich lediglich als angehenden Musiker ausweisen, als einen, der dazu gehören wollte. Als einen, dessen Wort – wie beiläufig auch immer eingeworfen – in fachlichen Diskussionen Gewicht haben sollte. Als einen, der nicht nur dasitzen und zuhören, sondern eines Tages aufstehen und ein heißes Solo beisteuern wollte.

Ich suchte Anschluß bei den Nachwuchsmusikern, die sich an Spieltagen um die Band scharrten und andächtig zuhörten, wenn der Klarinettist **Knuth Weihrup** *I wish I could shimmy like my Sister Kate* sang oder **Peter Rückert** in *St. James Infirmary* einen Growlchorus hinlegte, der Gänsehaut verursachte. Da war **Gerhard Vohwinkel**, damals noch bartlos, aber schon genau so wortkarg und bedächtig wie heute, mit seiner Clique, zu der seine Frau Eva, der Klarinettist **Rolf Roggenbuck** und der Bassist **Helle Wiese** gehörten. Da waren die Leute von der **SOUTH JAZZBAND** um den Posaunisten **Hermann Herkenrath**, die sich sogar schon öffentlicher Auftritte rühmen konnten, da war **Peter Keuschen**, der Gott und die Welt kannte und den wir – wegen eines gewissen balkanoiden Aussehens – den Serben nannten. Und da waren – zunächst als Anrainer, später die Szene infiltrierend und vorübergehend sogar dominierend – die Mitläufer: schrullige Einzelgänger, drollige Käuze und Sonderlinge, denen allen eines gemein war: sie lebten nicht der Musik, sondern der Pose, dem Schein.

Äußerlichkeiten, modische Torheiten – beliebt waren eine Zeitlang unglaublich kleine Krawattenknoten – bestimmten die Identität, Sakkos hielten die Persönlichkeit zusammen. Lässige Gesten, die auf den unbefangenen, außenstehenden Beobachter allerdings eher spastisch, verkrampft wirkten und manierierte Redewendungen, die sich durch den häufigen Gebrauch doppelter Verneinung, rhetorischer Fragen und verschiedener Diminutivformen auszeichneten, sollten Souveränität und Überlegenheit ausstrahlen, wirkten allerdings eher peinlich. Unerträglich die manisch Betriebsamen unter ihnen, schwer zu fixieren, ununterbrochen unter sich wegschwatzend und Spuren hinterlassend, auf denen man leicht ausrutschen konnte; schwer zu ertragen aber auch die Depressiven: dem Blues zugeneigt, verbittert, von aufdringlicher Schwermut und stets dunkel gekleidet. Erstere hatten die Band stets noch nie so gut, letztere noch nie so schlecht gehört wie zum jeweiligen Zeitpunkt. Anlaß zu euphorischen Gefühlsäußerungen einerseits wie zu tödlicher Resignation andererseits.

Und da war Rommy. Ein hagerer Jüngling mit spärlich sprießendem Schnurrbart und zurückgekämmten, vorn ondulierten Haupthaaren, aus denen sich immer wieder – wie zufällig – eine Strähne löste und dekorativ in die Stirn fiel. Modisch gekleidet, wie aus dem Ei gepellt. Ein dunkelblauer Zweireiher umschmeichelte in faltenlosem Wurf seine Gestalt, das Beinkleid aus grauem Flanell – nach meinem Geschmack etwas eng – saß wie angegossen. Er hatte eine eigenartige Vorliebe für Binder, die es mit besonderer Technik quer zu knüpfen galt und die der Volksmund profan „Fliegen" heißt. Ein derartiges Kleidungsstück, allerdings weniger fliegen- als vielmehr schmetterlingsgleich, schmückte gefährlich schillernd seinen Hals und verlieh ihm verhaltenen exotischen Flair. Rommy versammelte sich sozusagen vor mir, ließ seine Erscheinung auf mich wirken und fragte dann nach dem Inhalt meines Instrumentenkoffers. »Mein Kornett«, gab ich bereitwillig und eilfertig Auskunft, woraufhin Rommy mich ohne weitere Umstände auf die Toilette bat. Im sicheren Bewußtsein meiner eindeutigen körperlichen Überlegenheit hatte ich keine Bedenken, seiner Aufforderung Folge zu leisten, und er wollte wirklich nur mein Kornett sehen. »Sieh mal an, ein Selmer«, meinte Rommy scheinbar fachmännisch, hatte aber den Namen des Herstellers blitzschnell vom Trichter abgelesen, »ja, da wollen wir doch mal sehen«. Er begab sich mit dem Kornett in der Hand zu einem Spiegel, der auf der anderen Seite des Raumes über einem Handwaschbecken angebracht war, starrte hinein, ordnete Haare und Gesichtsausdruck, setzte das Instrument an die Lippen, versuchte vergeblich, wie *Bunny Berigan* auszusehen, obwohl nur eine unglückliche Mischung von Danny Kaye und Don Quichote aus dem Spiegel zurückstarrte, schloß er andächtig die Augen, als habe ihn sein eigener Anblick überwältigt, und blies in das Instrument hinein.

Es ertönte ein knarrendes Geräusch, wobei offen blieb, ob Rommy die Luft durch das Kornett oder auf einem anderen, ebenso natürlichen Wege entlassen hatte. Ich nahm Rommy das Instrument aus der Hand, setzte es an die Lippen, spielte die Armstrong'sche Einleitung zum *West End Blues* und ließ ihn taumeln! Doch halt, halt, halt!! Nein, so war es nicht. Leider nicht. Jedenfalls nicht ganz so. Hier ließ mich eben meine Erinnerung etwas im Stich! Wir drehen ja keinen Hollywood Film! Also, noch einmal: Nachdem mir Rommy mein Kornett mit etwas abschätziger Gebärde zurückgegeben hatte, blies ich langsam, aber fehlerfrei die Einleitung von *Cornet Shop Suey*, die ich im Verlaufe eines halben Jahres mühsam eingeübt hatte. Während Rommy etwas zu gleichgültig seine Fingernägel betrachtete, wurde mein Auftritt von der Toilettenfrau unterbrochen, die uns rüden Tones des Raumes verwies. »Ist mir schon häufiger passiert«, meinte Rommy, »die Alte steht nicht auf Jazz!« Ich faßte diese Äußerung als gewaltiges Kompliment auf. Ich gehörte dazu! Ich hatte soeben „Jazz" geblasen!!

Wieder oben angekommen, drehte sich Rommy zu mir um und blickte mich eine Weile schweigend und ergriffen an. Ich blinzelte verlegen. Hatte ich bestanden? »Du gehörst zu meiner neuen Band«, sagte er dann feierlich, umfaßte meine Rechte mit seinen beiden Händen und drückte sie gegen eine Stelle seines Oberkörpers, wo er offenbar sein Herz vermutete. Ich war überwältigt. Gleich am ersten Abend engagiert zu werden, welch unfaßbares Glück! Gewiß, Rommy hatte aus meinem guten alten Selmerkornett nicht einen einzigen Ton herausgebracht, aber vielleicht war das Instrument wirklich nicht so ganz in Ordnung? Was sollte es? Mein Gott, ich war dabei!! Schon stürmte ich in Gedanken weiter: „Einmaliges Gastspiel **Abbi Hübners**" las ich im Geiste auf überdimensionalen Plakaten, „Abbi auf Welttournee!!" – »Sei bitte am Mittwoch pünktlich um acht Uhr in der Schäferkampshütte«, riß mich Rommys Stimme aus verwegenen Träumen, »wir proben!« – »Na klar, Rommy, mach ich, ganz bestimmt, du kannst dich auf mich verlassen, ich bin da!« stammelte ich und stolperte aufgeregt auf meinen Platz am Podium zurück.

Daß der ‚Serbe', als ich ihm von meinem Engagement berichtete, sein Gesicht mit den Händen bedeckte und in ein röchelndes Grunzen ausbrach, wertete ich als Zeichen mühsam unterdrückten Neides. Die Tatsache, daß mein neuer Bandchef **Dieter Beckers** hieß, sich aber **Rommy Baker** nannte, hätte mich eigentlich stutzig machen müssen, ich war jedoch viel zu froh darüber, Anschluß gefunden zu haben, um Gedanken nachzuhängen, die sicherlich tief in den Bereich der Psychopathologie des Alltags geführt hätten.

Eine gewisse Verwunderung bemächtigte sich meiner erst, als ich anläßlich der angesetzten Probe mit einer bunten Versammlung von Musikern konfrontiert wurde. Außer mir waren anwesend: ein Klarinettist, drei Schlagzeuger – mit Instrumenten – vier Trompeter, zwei von ihnen ohne Trompeten und der dritte mit einer Posaune ausgerüstet, die er allerdings nicht spielen konnte, ein Banjospieler und zwei Tubabläser mit Instrumenten. Alle waren einander fremd, und den schnell aufflackernden Gesprächen war zu entnehmen: Die musikalischen Vorbilder gingen von *Lennie Tristano* bis zu *Kid Rena* quer durch die Jazzlast. Besonders verblüffte mich die Tatsache, daß einer der beiden Tubabläser ein begeisterter Anhänger des *Modern Jazzquartetts* war. Nach meinem bescheiden vorgebrachten, ironisch gemeinten Hinweis, das *Modern Jazzquartett* spiele meines Wissens sehr selten mit Tuba, erwiderte er ganz ernsthaft, »das *Modern Jazzquartett* spielte nie mit Tuba«, beugte sich dann vertraulich zu mir herüber, kniff bedeutsam ein Auge zu, als wisse er mehr und flüsterte in mein Ohr: »Noch nicht!« Diese Bemerkung stimmte mich sehr nachdenklich.

Rommy erschien, zog im Handumdrehen Bilanz und erklärte: »Heute machen wir auf Big Band!« Nach unserem dritten Zusammentreffen wußte ich, daß Rommy das immer sagte, ungeachtet der Instrumentalisten, über die er jeweils verfügte. »Big Band?« wagte ich schüchtern einzuwerfen. »Ohne Saxophone und mit zwei Tubabläsern??« – »Letzte Woche hatte ich nur Waschbrett, Akkordeon und Tuba dabei, aber Du hättest hören sollen, wie wir *Bunny Berigan*'s Arrangement von *I cant get started* abgezogen haben, Alter!« schwelgte Rommy genießerisch in der Erinnerung an die Probe der vergangenen Woche. Diesem Manne bedeutete entweder Materie nichts oder „Big Band" war seine fixe Idee.

Unter den mißtrauischen Blicken des Wirtes und verschiedener Gäste bauten wir uns in der „Schäferkampshütte" auf und legten – da Rommy erhebliche Schwierigkeiten hatte, den Takt mit dem Fuß vorzugeben – auf ein vereinbartes Handzeichen hin los. Der Erfolg war überwältigend! Nur während des Krieges bei Fliegeralarm mit Sirenengeheul und anläßlich von Polizeirazzien während der Schwarzmarktzeit hatten Menschen Lokale so schnell und fluchtartig verlassen. Auch Wirt und Kellner waren zunächst, von hellem Entsetzen gepackt, mit den anderen auf die Straße hinausgestürmt, jedoch nach einer Weile vorsichtig zurückgekehrt und hatten, energisch abwinkend, dem grausamen Spiel ein Ende bereitet. Die Mischung aus *Alexander's Ragtime Band*, *Lady be good*, *Royal Garden Blues* und den *Saints*, in der mehrfach allerdings auch das Leitmotiv aus dem Grieg'schen „Trollstanz" anklang, war einfach zuviel. Weder Wirt noch Kellner hatten – auch nicht nach einer längeren Erholungspause – Nerven oder Verlangen, zu prüfen, ob wir auf dem Gebiet des Blues wirklich die Meister waren, als die uns zu preisen Rommy rasch Mut und Stimme fand, wobei er Überredungskraft offenbarte, die besserer Sache würdig gewesen wäre. Niedergeschlagen packten wir unsere Sachen zusammen und standen dann wieder auf der Schäferkampsallee. »Den Leuten fehlt einfach noch das Gefühl für die neue Musik«, sagte Rommy, und alle nickten zustimmend. »Zugegeben, einmal hätte ich mich fast verspielt«, meinte der Klarinettist, »aber deswegen gleich den ganzen Auftritt abzubrechen!« Wieder nickten alle bedeutungsschwer. Das war nun weiß Gott kein Grund!

»Auf jeden Fall ist eines klar«. Rommys Stimme verriet Entschlossenheit: »Hier spielen wir nie wieder, und wenn man uns auf Knien darum bittet!« Rommy ist bisher standhaft geblieben, und auch, wenn man heute Wirt oder Kellner in der „Schäferkampshütte" auf den Knien liegend vorfinden sollte, sie werden bei Rommy auch zukünftig auf taube Ohren stoßen!

Weitere Übungsabende in anderen Lokalen gestalteten sich ähnlich. Einmal erschien sogar – von irgendeinem Spaßvogel mit Hang zu makabrem Humor eingestellt – ein vierundsiebzigjähriger Geiger, den Rommy nichtsdestoweniger mit dem Hinweis, *Harry James* habe auch Streicher, freudig bewegt engagierte. Bald hatten wir Hamburg gründlich kennengelernt, von langen Aufenthalten an der frischen Luft eine gesunde Gesichtsfarbe, und waren allesamt gut zu Fuß. Da begriff ich, warum Rommy seine Band die **DIXIELAND WANDERERS** genannt hatte. Als einige Musiker sich ernsthaft überlegten, ob es nicht besser sei, sich einem Sportverein mit Geherabteilung anzuschließen, trennte ich mich von Rommy und gründete meine erste eigene Band, die **LOW DOWN WIZARDS** Nr. 1.

Leider hatte ich mich bei der Wahl des Klarinettisten namens **Helmuth Trutenau** – alsbald ‚El Pipero' genannt – vertan. Er überraschte und verunsicherte uns immer wieder durch merkwürdige, zum Teil beängstigende Gewohnheiten. So pflegte er von Zeit zu Zeit an seinem Instrument eine Klappe abzubrechen und das zugehörige Loch mit einer eigens zu diesem Behufe hergestellten Paste aus zerkautem Zeitungspapier und Kaugummi zuzuschmieren, um sich, wie er sagte, „nicht in Technik zu verlieren"! Beim New-Orleans-Jazz mache immer noch der Ton die Musik, beschied er erstaunten Zuschauern. Als infolge fortgeschrittener Demontage der Tag abzusehen war, an dem sich seine derart mißhandelte Klarinette auch wirklich nur noch diesen einzigen Ton würde abpressen lassen, und ich selbst mich bei der Überlegung ertappte, ob es nicht sinnvoll sei, auf den Gebrauch des dritten Ventils zu verzichten, warf ich ihn hinaus.

Seinen Platz nahm der erst sechzehnjährige **Henning Höhne** ein, der nicht nur über ein intaktes Instrument verfügte, sondern dieses auch noch meisterlich zu spielen verstand. Leider wurde er alsbald von seinen besorgten Eltern zu einem Onkel in die USA geschickt. Sie hatten ihn immer nur sehr ungern in unserer Gesellschaft gesehen, weil sie ungünstige, Anstand und Moral zersetzende und lediglich rasch fortschreitendem Sittenverfall dienliche Einflüsse befürchteten. Daß Henning in den USA alsbald Berufsmusiker wurde, war sicherlich nicht der Zweck der Übung gewesen und entbehrt nicht einer ironischen Nuance, wie sie das Leben ab und an für uns in petto hat. Als wir uns 1955 – mittlerweile spielte ich in **Gerhard Vohwinkels ORIGINAL BARRELHOUSE ORCHESTRA** – im ZERO mit *Friendless Blues* von Henning verabschiedeten, liefen ihm und uns die Tränen über das Gesicht, und ich bekam vor Kummer kaum einen Ton richtig heraus.

Aber keine Angst, liebe Jazzfreunde! Die Geschichte hat ein Happy End! Henning und ich sind auch heute noch Freunde, sehen uns alle paar Jahre wieder, wenn er aus den Staaten auf Urlaub nach Hamburg kommt. Wir machten 1974 zusammen sogar Schallplattenaufnahmen. Henning war Gastsolist bei den **HAMBURG NEW ORLEANS ALL STARS** und spielte die Hauptrolle in dem schönen Blues *Henning & Friends*. Rommy hat übrigens unsere Trennung nur schwer verwunden.

10 Jahre nach meinem Ausscheiden las ich einen Artikel von ihm in der damals kurzfristig erschienenen Jazz-Zeitung „DER JAZZER". „Wie leicht hatte es **Abbi Hübner** mit seinen kleinen Gruppen", schrieb Rommy sinngemäß, „aber wer kann schon die Schwierigkeiten ermessen, mit denen der Leiter einer Bigband täglich kämpfen muß?" Nun, ich konnte das gut, denn es war mir unvorstellbar, daß jemand eine Band hören wollte, die vermutlich aus vier Trompetern, zwei Tubabläsern, einem Waschbrettspieler und einem mittlerweile 84jährigen Geiger bestand! Heute allerdings hat sich Rommy seinen Traum verwirklicht und steht vor einer sehenswerten Bigband!«

HEINZ JUNGHANS

RIVERSIDE BLUES

Ein Musiker der ersten Stunde ist **Heinz Junghans** (tp), dem ich viele Male begegnet bin. Schon beim ersten Mal, es muß so um 1960 gewesen sein, hatte ich, noch als sehr unerfahrener Musiker das Gefühl, einen Trompeter zu hören, der sich damals wohltuend aus der breiten Masse der Musiker hervorhob. Es war zwar nicht unbedingt die Musik, die ich damals bevorzugte, aber seine lebendige, zugleich doch sehr zurückhaltende Art und seine Kompromißlosigkeit in bezug auf die Musik, die er spielte, haben mich sehr beeindruckt.

1996 bin ich ihm das letzte Mal im COTTON CLUB begegnet. Wieder einmal hatte er eine Anzahl guter Musiker um sich versammelt, unter anderem seine langjährigen „Weggefährten" **Henning Cuda** (tb) und ‚Fiete' **Westendorf** (cl). Wieder einmal war ich von seiner Musik, druckvoller Dixieland, mit viel Temperament und Begeisterung vorgetragen, sehr angetan.

Natürlich habe ich ihn gebeten, etwas aus seinem nun schon über 40jährigen Musikerleben zu erzählen. Da ich ihn, auch durch die Erzählungen anderer Musiker, recht gut kannte, war ich nicht allzu sehr enttäuscht, als er in seiner so typischen Art ablehnte. »Wer soll sich schon für mein Leben interessieren!« und »Wer soll das schon lesen?« Trotzdem schade! Bei meinen Recherchen habe ich immer wieder Jazzfreunde kennengelernt, die schon seit Jahrzehnten die musikalische Entwicklung eines Musikers verfolgten. Zumeist sind es Musiker, die sie sehr mögen oder sogar ganz besonders verehren. Häufig war ich erstaunt, wie groß das jeweilige Interesse war. Einige Male habe ich sogar gehört: »Ich habe in den ganzen Jahren unzählige Konzerte besucht, aber mich nie so recht getraut, jemanden anzusprechen.« Oder: »Eigentlich weiß ich fast gar nichts von ihm.« Diese Aussagen waren ein Grund mehr, in meinen Bemühungen nicht nachzulassen. Es war mir von Anfang an bewußt, daß ich nur einen relativ kleinen Kreis von Interessierten vorfinden würde. Aber für genau diesen Kreis habe ich diese Geschichten gesammelt.

Heinz Junghans, 1982

Zurück zu **Heinz Junghans**: Im Begleittext der ersten Schallplatte seiner Jazzmen steht: „Der Name **Heinz Junghans** ist schon seit den Zeiten seiner legendären **RIVERSIDE JAZZBAND** ein Markenzeichen für spontanen, überwiegend frei improvisierten Oldtime-Jazz, der jedem einzelnen Musiker – auch im Kollektiv – größtmögliche musikalische Freiheit bietet. Dieser Stil, ohne Noten und ohne festes Arrangement, nur nach den in der Komposition festgelegten Grundakkorden zu spielen, stellt natürlich hohe Anforderungen an alle Mitwirkenden. Nicht auf Drill und Probenfleiß, sondern auf „Feeling" und solistisches Können kommt es hier an.

HOT JAZZ, die lebendige Fortsetzung des New-Orleans-Jazz, diese Bezeichnung seiner Musik war ihm schon immer lieber als „Dixieland", worunter man viel zu oft auch seichte und trällernde „Gefälligkeits-Jazzerei" versteht, meint **Heinz Junghans**. Er ist übrigens im Hauptberuf Chirurg und hat durch seinen aufsehenerregenden Prozeß um die Lebens- und Arbeitsbedingungen der Krankenhausärzte viel Staub aufgewirbelt.

Erinnerungen – wo soll man da anfangen? Auftritte und Sessions mit *Benny Waters* in Hamburg und Paris, mit *Pops Foster*, *Jimmy Archey* und *Albert Nicholas*, mit *Papa Bue* und *Monty Sunshine*... Heinz spielte regelmäßig im HANDTUCH, im WINTERHUDER FÄHRHAUS und in den RIVERKASEMATTEN. Alle diese Hochburgen des frühen Hamburger Jazz existieren nicht mehr.

Vorbilder? Wir hören es heraus: *Louis Armstrong* in erster Linie, vielleicht mit einem Schuß *Bix Beiderbecke* – ohne den Versuch einer Kopie, versteht sich. Wir haben hier also kein „New-Orleans-Museum" und keine nostalgischen Ergüsse, sondern den heute selten Genuß einer erfrischend spontanen und doch authentischen Jazz-Darbietung vor uns."

In der ersten Ausgabe „DER JAZZER" habe ich noch eine interessante Story über ihn gefunden. **Peter Lettow** hat die Geschichte über die ersten Jahre dieses hervorragenden Musikers 1960 geschrieben. Im vorletzten Absatz war aber wohl nicht der COTTON CLUB gemeint, denn wie sonst sollte man erklären, daß Heinz, seit es diesen einmaligen Jazz Club in Hamburg gibt, dort mehrmals im Monat – immer dienstags – mit seinen Jazzmen zu hören ist.

»Paris 1956. Irgendwo zwischen Boulevard du Montparnasse und Boulevard St. Germain in der Rue du Vieux Colombier. Ein Jazzkeller! Zigarettendunst, Stimmen und heißer Oldtime. Es ist sehr voll in diesem Keller, der Trompeter ist ein Deutscher. Der junge Mann spielt gut, so gut, daß *Sidney Bechet* sich den Weg zu ihm bahnt und ihn lobt, sehr lobt. Es ist **Heinz Erhard Junghans** aus Hamburg!

Heinz ist glücklich! Er denkt zurück, aus der lebensfrohen Stadt an der Seine ins Hamburg von 1952. Damals war er Primaner und hatte eine Leidenschaft für das Tonbandbasteln. Morgens vor der Schule machte er

HEINZ JUNGHANS JAZZMEN

oft Aufnahmen von BFN-Sendungen, und manchmal war auch Jazz darunter. Er fing Feuer und kaufte sich gegen das strikte Verbot seiner Eltern noch vor dem Abitur eine Trompete.

Noch gab es keine Band in Hamburg, der er sich hätte anschließen können. Und so spielte er für sich und trat dem „BFN Swing Club" bei. Dort waren Jazzfreunde zusammengeschlossen, aus deren Kreis sich bald eine swingorientierte Band formierte. Der farbige Musiklehrer **Steve Rose** gab den ersten Unterricht. Es folgte ein erstes internes Konzert mehrerer Bands, und die Band, in der Heinz spielte, wurde am freundlichsten aufgenommen. Er selbst – und schon Mr. Rose merkte das – tendierte erst unbewußt, dann mit Vorsatz zum Dixieland und gründete mit **Peter Hunck** (bj) und anderen „Pionieren" die **RIVERSIDE JAZZBAND** (Heinz gab den Namen), die zum erstenmal im Juni 1952 im WINTERHUDER FÄHRHAUS öffentlich auftrat. Es kam ein Erfolg nach dem anderen. Sieben Jahre spielte Heinz mit dieser Band. Sie machten zwei Schallplatten, konzertierten in Norddeutschlands Großstädten, waren mehrmals im Rundfunk zu hören, und Heinz selbst spielte schon mit *Papa Bue's Jazzband* und den *Dixieland Pipers* aus Den Haag zusammen, einem etwas moderneren Gegenstück zur *Dutch Swing College Band*.

Heinz Junghans, 90er Jahre

Dann kam Paris. 1955 spielte er in der damaligen Band *Claude Luters*, 1956 stieg er ein bei Maxim Saury in der Rue de la Huchette! Welcher Parisreisende kennt nicht diese Gasse, diesen Keller zwischen Boule Miche und Notre Dame: In der Nähe des Place Pigalle, im „Al Lirvat", spielte er mit *Benny Waters*, den er schon – und das zählt zu seinen schönsten Erinnerungen – bei einem Gastspiel in Hamburg kennengelernt hatte, als dieser mit *Jimmy Archey*, einem der größten lebenden Dixielandposaunisten aus den Staaten, an der Elbe zusammenspielte. Diese Sessions mit Benny und Jimmy und *Pops Foster* am Baß nehmen in den Erinnerungen des Hamburgers den ersten Platz ein.

Heinz fühlte sich in Paris wohl, merkte aber auch, daß Oldtime dort nicht sehr gefragt war. »Die Franzosen sind zu elegant, um ihn spielen zu können oder zu wollen«, sagte er selbst.

Vor gut drei Monaten trennte sich Heinz von der **RIVERSIDE JAZZBAND**. Stilistische Gründe, keine privaten, wie er ausdrücklich versicherte, haben ihn diesen Schritt zur neuen Band machen lassen. Er nahm ‚**Fiete' Westendorf**, seinen Riverside-Klarinettisten, mit hinüber zu den Gefährten von den ehemaligen **RED HOT HOTTENTOTS**.

HEINZ JUNGHANS AND HIS DIXIELAND JAZZBAND, so kann man es jetzt lesen. Lebendigen Dixieland, ohne moderne Swing- und Bebopphrasen mit dem Schwergewicht auf der Improvisation und möglichst wenig Arrangements, das suchte Heinz und glaubt, es nun mit seiner neuen Formation gefunden zu haben. Jede Effekthascherei, jede Verkaufsshow (und so etwas soll es im Hamburger Jazz ja geben) lehnt er ab.

Am liebsten spielt Heinz auf Konzerten, da er hier mehr echtes Interesse beim Publikum erwartet, als es in der oft ziemlich dumm-dekadenten und pseudointellektuellen Atmosphäre der Hamburger Jazzkeller anzutreffen ist.

27 Jahre ist er jetzt alt und wird wahrscheinlich auch weiterhin nur Amateur bleiben, das allerdings, solange er eine (in jeder Beziehung) reine Luft findet, um sie durch sein Horn zu blasen.«

ST. JOHN'S JAZZBAND

ROLL ON, MISSISSIPPI

Über die anfangs noch „kleinste Bigband Deutschlands" schreibt **Peter Wehrspann** unter anderem in seinem „Jazzarchiv": »Im Juli des Jahres 1955 entstehen die ersten Aufnahmen der **ST. JOHN'S JAZZBAND**. Neben der **MAGNOLIA JAZZBAND** und der **RIVERSIDE JAZZBAND** war die **ST. JOHN'S JAZZBAND** sicher eine Gruppe der ersten Stunde – und ist glücklicherweise noch heute lebendig. Gegründet wurde sie im September 1953 von **Michael Jordan** als Klassenkapelle der 12b des Johanneums in folgender Besetzung: **Michael Jordan** (p), **Peter Rockel**, Mundharmonika, ab 1954 Trompete, **Klaus-Dieter Wobith**, Mundharmonika, **Horst Daube** (g), **Jürgen Schumacher** (b), **Gerd Töpfer** (dr).

1955 kam es zur Fusion mit der um **Peter Wehrspann** (co, dr) entstandenen Klassenkapelle der 12a. Immerhin wurde die Band dadurch mit so jazzständigen Instrumenten wie Posaune **Jürgen Röper** und Banjo **Detlef Henningsen** angereichert. Die nun noch fehlende Klarinette wurde anfangs von **Jan Meyer-Rogge** (**OIMEL JAZZ YOUNGSTERS**) geblasen, später von **Rolf Kaiser**, der zum Studium der Rechte aus Osnabrück zugezogen war und bald auch als Tenor-Saxophonist entscheidend die feine Satzarbeit beeinflußte, die die Band von jeher auszeichnete.

Zunächst jedoch trat die Gruppe als **ST. JOHN'S DIXIELAND JAZZBAND** auf und wurde erstmals live am 2. 7. 1955 im „Hamburger Tennis- und Hockeyclub" eingefangen. Von diesem Auftritt mögen zwei Titel zeugen: *I Want A Girl* und *Isle of Capri*. Das einzig Herausragende sind zweifellos die Posaunensoli von **J. Röper**, der seiner Zeit schon „etwas voraus" war, was vor allem auch in der nächsten Aufnahme zum Ausdruck kommt. Aber die ist schon ein Jahr später.

In den Jahren 1958 bis 1961 erreichte die Band in dieser und manchmal leicht veränderter Besetzung vielleicht ihren musikalischen Höhepunkt. Als „Deutschlands kleinste Bigband" gelang es ihr mit relativ bescheidenen Mitteln (sprich: wenigen Musikern) einen erstaunlich vollen und in seiner Charakteristik einmaligen Sound zu entwickeln. Basierend auf hervorragenden Arrangements, deren Bewältigung vor allem der „Notenfestigkeit" der beiden Saxophonisten zu verdanken war, sowie dem melodiösen Führungsstil der Trompete wurde die glorreiche Ära von *Red Nichols* bis *Duke Ellington* in neuer Verpackung wieder zum Leben erweckt.

Von der Konkurrenz wurden diese „vom Zettel pustenden" (nach Noten spielenden), schwarzbefrackten Wesen wohl immer aus gebührendem Abstand bewundert.

ST. JOHNS JAZZBAND, 80er Jahre

Vor allem dem sonst im Jazz so beliebten und gruppenverbindenden „Einsteigen" waren durch die an Gitter erinnernde Phalanx der Notenständer auf der Bühne geradezu unüberwindliche Grenzen gesetzt. So konnte die ST. JOHN'S JAZZBAND unbeeinflußt von außen über Jahre ihren höchst eigenen Stil bewahren.

1965 präsentierte sich die ST. JOHN'S JAZZBAND immer noch im Vorstadium ihrer Entwicklung zur 18-Mann-Bigband, und es war sicher nicht die schlechteste Epoche. Durch die meisterlichen Arrangements vor allem aus der Feder **Michael Jordans** wurden Bigband-Probleme mit relativ wenigen Musikern bewältigt und zu einem eindrucksvollen runden Sound gestaltet, wobei noch großer Spielraum für ausgezeichnete solistische Leistungen blieb, unter anderem von ‚Bolle', der damals schon den Grundstein zu seinem heutigen Status als „Institution" in der Branche legte. Ein Höhepunkt auch der Auftritt des Posaunisten **Peter Wulf** in *Jazz Me Blues*: einem Titel, der in kleiner „Dixieland-Besetzung" vorgetragen wurde, mit **Peter Wehrspann** am Schlagzeug! Vielseitigkeit und Anpassungsfähigkeit angesichts der äußerst unterschiedlichen Art der Veranstaltungen gehörten eben immer zur Überlebensstrategie der erfolgreichen Amateurbands.«

Die ST. JOHN'S JAZZBAND hatte sich nun langsam von der anfangs siebenköpfigen Band zum fünfzehn, später achtzehn Mann starken Orchester gemausert und begeisterte mit ihrem Sound die immer größer werdende Swing-Gemeinde in Hamburg.

Peter Meyer (bj), JAZZ LIPS, der auch eine Zeitlang in dieser Band tätig war, zitiert zunächst eine Hamburger Tageszeitung aus dem Jahre 1965: »Auf der Hamburger Jazz-Szene rührt sich wieder etwas«, und weiter: »Die zweite Wiedereröffnung beschwört den traditionsreichen Namen der ST. JOHN'S JAZZBAND herauf. Schüler des Johanneums hatten diese Band 1953

Die ST. JOHN'S JAZZBAND in Pose und Kleidung der großen Vorbilder, aufgenommen im „Der Club an der Alster". V. l.: stehend: Peter Rockel, Michael Jordan, Rolf Kaiser; sitzend: Peter Wehrspann, Hans Daube, Horst Daube, Detlef Henningsen

gegründet. Bis 1959 hatte die Band einen guten Namen im Hamburger Jazzleben. Sechs Jahre nach ihrer Auflösung ist sie jetzt wieder entstanden. Vier der damaligen Mitglieder sind wieder dabei, längst keine Pennäler mehr. Der Rest der neunköpfigen Band entstammt den **CABINET JAZZMEN** und den **STEAMBOAT STOMPERS**. Mit einer sechsköpfigen Bläsergruppe will die Band Swing der 20er und frühen 30er Jahre spielen. Einzige Startschwierigkeit: Es fehlt an einem Übungsraum. Wo kann die Band einmal in der Woche, möglichst montags, zusammenkommen?

Doch diese Startschwierigkeit wurde bald behoben, und ich erinnere mich noch gut an den winzigen Kellerraum in der Grindelallee in Hamburg 13, der sich jeden Montagabend verzweifelt gegen den Ansturm erwehrte, der in Form von elf Musikern über ihn hereinbrach. Es waren ja auch nicht nur die Musiker und ihre Instrumente unterzubringen – zum Gepäck der Band gehörten auch elf Notenständer (eine für Hamburger Jazzer revolutionäre Neuerung), die die unangenehme Eigenschaft hatten, in dem herrschenden Gedränge recht häufig bis „neun" zu Boden zu gehen. Die daraufhin einsetzenden Diskussionen »Wer hat mein Ständerchen umgeworfen« unterbrach dann Bandleader und Arrangeur **Michael Jordan** mit einer kurzen Bewegung seines Taktstockes, und eine der vielen, vielen Proben konnte beginnen.

Was **Michael Jordan** für diese Band und damit auch gleichzeitig für die Hamburger Jazz-Szene geleistet hat, verdient uneingeschränkte Bewunderung. Fast alle Arrangements stammen aus seiner Feder, und das ist eine für einen Amateurmusiker doch beachtenswerte Leistung (nebenbei bemerkt – diese Arrangements sind auch noch gut!)

Ist es schon schwierig, eine Sieben-Mann-Band ständig einsatzbereit und vollständig zu Proben und zu Jobs zusammenzutrommeln, so ist dies bei elf Musikern fast ein Ding der Unmöglichkeit. Und doch hat es **Michael Jordan** immer geschafft, seine Band zusammenzuhalten, und jetzt, neun Jahre nach der Wiedergründung der **ST. JOHN'S JAZZBAND**, ist die Gruppe sogar auf fünfzehn Musiker angewachsen. Von der 1965er Besetzung sind noch vier Musiker dabei, und auch einer der Mitbegründer der ‚St. John's' ist auf dieser neuen WAM-Langspielplatte vertreten, wenngleich er auch auf der anderen Seite der Studio-Trennscheibe gesessen hat. Es ist **Peter Wehrspann** (das ‚W' von WAM), heute sitzt er in seiner Freizeit am Aufnahmepult seiner Studios in Schellerten und im Hamburger COTTON CLUB, der 1966 mit der ersten ‚St. John's'-Platte, einer Single, auch die Firma WAM ins Leben rief.

Die vorliegende Platte ist die erste LP der **ST. JOHN'S JAZZBAND**, vorausgegangen sind drei Singles. Mögen

 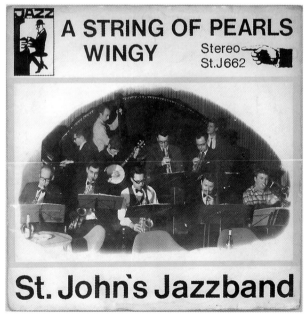

Die beiden ersten Single der ST. JOHN'S JAZZBAND, die Peter Wehrspann 1966 veröffentlicht hat. Besetzung: Gerhard ‚Matz' Matthies (tp), Peter G. Rockel (tp), Peter Wehrspann (tb, arr), Joachim ‚Aggi' Rohlfs (tb), Wolfgang ‚Bolle' Burmeister (as, cl), Michael H. Jordan (ld, as), Walter Lorenz (ts, cl), Peter Mette (p), Werner Böhm (p), Rainer E. Rubink (bj), (in „Stevedore Stomp": Peter ‚Banjo' Meyer (bj), Gerhard Selle (b), Karl-Heinz ‚Charly' Zinselmeyer (dr)

noch weitere Platten dieser im Hamburger Jazzleben einmaligen Band folgen.«

Die Besetzung der Band bestand zu dieser Zeit aus: Hartmut Leuschner (tp), Peter Rockel (tp), Volker Reckeweg (tp), Wolfgang Schmitz (tb), Bob Bayha (tb), Wolfgang Burmeister (as, cl), Michael Jordan (as, cl, ts), Walter Lorenz (ts, cl), Uwe Lüttgen (ts, as), Jochen Holweg (bs, cl, ts), Joachim Krumsiek (p), Rainer Rubink (bj), Gerd Selle (b), Rolf Liersch (b), Hajo Commes (dr).

Ein paar Jahre wurde es dann etwas ruhiger um dieses Orchester. Die Gründe dafür waren sicherlich die gleichen wie in den Jahren zuvor. Ein so großes Orchester, welches nur aus Amateurmusikern bestand, über so viele Jahre bei fast immer gleichbleibender musikalischer Qualität zusammenzuhalten, war und ist schon sehr schwierig und eine enorme Leistung. Heute ist diese Band wieder regelmäßig im COTTON CLUB zu hören. Sie hat sich in **COTTON CLUB BIG BAND** umbenannt und ihr fetziger Big Band Jazz aus den 30er und 40er Jahren klingt noch genauso frisch wie am ersten Tag.

Kontakt:
Hans-H. Jansen, Am Kielortplatz 17,
22850 Norderstedt, Telefon: 0 40 - 5 29 21 39

COTTON CLUB BIG BAND, 1991

SOUTH JAZZBAND

SOUTH

Hermann Herkenrath (tu), **HAPPY JAZZ DADDIES**: »In der ersten Hälfte der 50er Jahre gab es in Hamburg neben vielen anderen Gruppen, die sich mit Jazz befaßten, die **SOUTH JAZZBAND**.

Vier ihrer Mitglieder kannten sich schon aus der Schule, hatten aber ihre gemeinsame Freude am Musizieren in einem Posaunenchor entdeckt, wie übrigens viele andere Jazzmusiker auch (zum Beispiel **Abbi Hübner**, **Rudgar Mumssen**, **Petze Braun**). Aus gelegentlichen zaghaften Versuchen, die damals allbekannten Jazzstücke erklingen zu lassen, wurde ein ernsthafteres Interesse und ein mehr oder weniger regelmäßiges Proben. Richtiger Jazz konnte es aber erst werden, als ein bereits jazzerfahrener Klarinettist und etwas später ein Bassist hinzukamen. Es wurde eine richtige Band, die sich ein Übungslokal suchen mußte und sich auch einen Namen gab.

Damals gab es noch recht viele Gaststätten mit einem oft unbenutzten Clubraum. Es gelang uns sogar mehrmals, einen Wirt dazu zu bringen, uns sein Hinterzimmer zu überlassen. Mehrmals deswegen, weil der Wirt und seine Gäste nicht mit dem Lärm einverstanden waren, den wir notwendigerweise mit unseren Instrumenten hervorbrachten, und wir mehr mit Enthusiasmus als mit Können oder Durst dabei waren. Kurz: wir wurden immer sehr bald mehr oder weniger freundlich hinauskomplimentiert und hatten uns eine neue Bleibe zu suchen.

Da wir in verschiedenen Stadtteilen Hamburgs unser Lokal jedesmal in einer Straße fanden, deren Name mit Kanal, Fähre oder sonstwie mit Wasser oder Hafen zu tun hatte, nannten wir uns zunächst **CANAL STREET JAZZ BAND**, später dann **SOUTH JAZZBAND**. SOUTH

SOUTH JAZZ BAND, Winter 1953/54 in Raschers Gaststätte am Dovenfleet (v. l.): Hermann Herkenrath (damals noch Posaune), Harald Hensen, Gerhard ‚Mickey' Jahr, Karl-Heinz Dahle, Albert Hennings, Werner Jasinski

SOUTH JAZZ BAND

JAZZBAND deswegen, weil die meisten von uns südlich der Elbe wohnten oder arbeiteten. Und weil *South* das erste Stück war, von dem wir glaubten, daß wir mit ihm auftreten könnten und das wir als Erkennungsmelodie wählten. Irgendwie hat „South" und „Canal Street" ja auch mit jener legendären Stadt zu tun, in der der Jazz entstand und von der wir träumten.

Die Besetzung war damals: **Karl-Heinz Dahle** (tp), Schüler, später Studiendirektor; **Albert Hennigs** (cl), HHA-Kontrolleur, später Betriebsleiter; **Hermann Herkenrath** (tb), Student, später Studiendirektor; **Harald Hensen** (p), Kaufmännischer Angestellter, später Diplom-Handelslehrer; **Gerhard ‚Mickey' Jahr** (b), Sicherheitsangestellter, späterer Beruf unbekannt; **Werner Jasinski** (dr), Schüler, später Pastor.

Wir hatten bei unserer Odyssee durch die Lokale erkannt, daß man vor allem den Wirt mit genügend Umsatz befriedigen mußte, um gern gesehen bzw. gehört zu werden. So entschlossen wir uns, den Sprung in das kalte Wasser zu wagen und vor Publikum zu spielen. Das war, wenn man rückblickend den heutigen Leistungsstandard und die Breite des Repertoires von Amateurbands bedenkt, tollkühn, hatte aber Erfolg.

Es gab damals in Hamburg an wichtigen Jazzlokalen, in denen Oldtime-Jazz von Amateuren gespielt wurde, nur das WINTERHUDER FÄHRHAUS mit der **MAGNOLIA JAZZ BAND** und DAS HANDTUCH in der Neuen Rabenstraße mit der **RIVERSIDE JAZZ BAND**. Diese Lokale waren von den Jazzfans stark besucht, und es herrschte dort eine wirklich dufte Atmosphäre. Das BARETT in den Colonnaden, das NEW ORLEANS am Spielbudenplatz, die RIVERKASEMATTEN am Hafen, das JAZZ HOUSE an der Brandstwiete und andere heute vergessene oder immer noch existierende Jazzlokale taten sich erst später auf, als Hamburg nach *Ken Colyer*s sagenhaftem Auftreten 1954/55 im NEW ORLEANS zur

„Freien und Barberstadt Hamburg" wurde und jedes anständige Gymnasium ein bis zwei Jazzbands hatte (Wilhelm-Gymnasium mit den **OYMEL JAZZ YOUNGSTERS**, Johanneum mit der **ST. JOHN'S JAZZBAND**, von den vielen Bands an den Schulen der Elbvororte und in Bergedorf ganz zu schweigen).

Wir versuchten es im Herbst 1953 selbstunternehmerisch mit „Frascatis Konzert-Restaurant" in der Müggenkampstraße in Eimsbüttel. Das war gewagt, denn der Saal, den wir zu füllen hatten, war recht groß. Wir machten viel Mundpropaganda, und – oh Wunder! – es kamen viele Zuhörer, unter ihnen auch junge Musiker, die später als Jazzer bedeutend wurden, ich nenne hier nur **Gerhard Vohwinkel**, **Rolf Roggenbuck** und **Jan Meyer-Rogge**. Das ging einige Monate lang gut, aber die vielen jungen Leute, die kamen, um uns zuzuhören, verzehrten nicht genug, und wir befanden uns wieder auf Wanderschaft.

Unsere nächste Bleibe wurde dann die Gaststätte „Rascher" am Dovenfleet, wieder an einem Kanal. Dort wurde es meist ganz schön voll, und der Wirt war auch mit uns und dem Verzehr zufrieden. Daß wir so schlecht mit unserer Musik nicht lagen, merkten wir daran, daß auch gestandenere Leute zu uns kamen und zuhörten und manchmal sogar tanzten. Es besuchten uns auch andere Jazzer, um miteinzusteigen.

Mit diesem Lokal haben wir das Verdienst erworben, den Wirt für den Jazz eingenommen und für die Hamburger Jazzszene eine gute Adresse geschaffen zu haben, denn nach uns spielten dort andere Bands, und das Lokal nahm den Namen CAPTAIN'S CABIN an, alten Jazzfreunden wohlbekannt als der Geburtsort der **JAILHOUSE JAZZMEN**, damals mit **Abbi Hübner** und **Rudgar Mumssen**.

Ab Sommer 1954 konnte die **SOUTH JAZZBAND** nicht mehr regelmäßig spielen, weil zwei unserer Musiker ein Studium außerhalb Hamburgs aufnahmen. Es gab nur noch gelegentliche Spielmöglichkeiten, unter anderem einmal als Ferienvertretung Dienstag abend im BARETT, und das war es dann auch.

Es darf heute ohne Übertreibung gesagt werden, daß im Winter 1953/1954 die **SOUTH JAZZBAND** eine nicht ganz unbekannte Bereicherung der damals stark aufblühenden Hamburger Oldtime-Jazz-Szene war.«

DIE ENTERTAINER-STORY

Eine Band, die Ende der 50er Jahre Furore machte, waren **THE ENTERTAINERS**. Ich selbst habe diese Band leider nicht kennengelernt, wurde aber während meiner Recherchen einige Male auf diese Formation aufmerksam gemacht. Ich setzte mich also mit dem damaligen Trompeter **Hannes Giese**, heute **CON ALMA** und **STINTFUNK** und **Klaus Walberg** (bj, g), heute **SWINGTIME**, in Verbindung, kam aber nicht so richtig weiter. Ich habe mich daher entschlossen, die Geschichte des damaligen Chefredakteurs und Herausgebers **Dietmar J. W. Schott** der Zeitschrift DER JAZZER (1/61), zu präsentieren.

»Eine alte, verstaubte, schon etwas zerkratzte Schallplatte dreht sich auf dem Plattenteller. *Papa Bue* spielt. Vitaler New-Orleans-Jazz, dem auch das Alter der Platte keineswegs etwas anhaben kann. *The Entertainer*, lesen wir auf dem farbigen Plattenumschlag. *The Entertainer* von *Dinah Washington*.

»Daher haben wir unseren Namen«, erklärt der 22 Jahre alte Philosophiestudent **Claus Stave**, als wir bei ihm mit seinen „Entertainers" zusammensitzen und über die dreijährige Geschichte dieser jüngst so erfolgreichen Band sprechen.

»Der Unterhalter«, übersetzt der bärtige Schlagzeuger **Pitt Lettow** den Titel dieses Songs. »Zum erstenmal spielten wir ihn bei unserem ersten Engagement im Germania-Ruderclub«, fügt Trompeter und Arrangeur **Hannes Giese**, 21 jähriger Jura-Student, hinzu. »Aber übriggeblieben ist nur noch das Pausenzeichen«, lacht der frühere Banjo-Mann und jetzige Gitarrist **Klaus Walberg**.

Die Entertainer, die Unterhalter, sind, wie so viele Amateurbands, durch Höhen und Tiefen gegangen. Erfreulich, daß die Tiefen nur zu Beginn ihrer Karriere lagen, da sie sich dann ständig gesteigert haben. Schauen wir zwei Jahre zurück. Januar 1959. Zum erstenmal tauchte der Name **THE ENTERTAINERS** auf. Zum erstenmal sprach man in Hamburgs Jazzkreisen von den gestreiften Hemden der jungen Musiker, die sich, wie konnte es im oldtime-freudigen Norden auch anders sein, dem New Orleans verschrieben hatten. Bue-Platten hatte man sich genau angehört und ganz im Sinne dieses dänischen Posaunisten gespielt.

Diese Musik zog in Hamburg. Da wurde auch eine Anfänger-Band verpflichtet. **THE ENTERTAINERS** zogen für ein Vierteljahr ins AMOR.

Heute lachen sie über diese Zeit, damals aber waren sie stolz darauf, überhaupt auftreten zu dürfen. Der Wirt dieses Hauses, das nicht gerade den allerbesten Ruf hatte, sah mit Erstaunen, daß es auch andere Jugendliche gab, die in sein Lokal kamen: junge Menschen, die wegen der Musik sein Etablissement aufsuchten.

»Halt«, unterbricht der 19 Jahre alte Posaunist **Waldemar Thiele** den Gedankengang **Staves**, »der Ursprung unserer Band liegt viel weiter zurück!« – Der junge Primaner hat recht. Wir müssen noch ein wenig weiter zurückblenden. Sommer 1957. Am Ostseestrand sitzen einige Jungen zusammen, packen ein paar Instrumente aus: Banjo, Klarinette, Kornett und den Teil eines Schlagzeuges. Die Musik, die interessierte Badegäste zu hören bekamen, klang allerdings mehr nach kernigen Shantys als nach Jazz, aber man kam hier oben bei Sonne, Wind und Meer auf den Gedanken, eine Band zu gründen und übte daheim dreimal in der Woche.

Schon Monate später kristallisierte sich die spätere Band heraus. Bis heute ist die Melodiegruppe dieselbe geblieben **Claus Stave** (ss, cl), **Hannes Giese** (tp) und **Waldemar Thiele** (tb).

Jan Mahler wechselte vom Banjo zum Baß. **Klaus Walberg** kam mit dem Banjo, und **Klaus ‚Piko' Stark** saß am Schlagzeug, der später dann von **Peter Lettow** abgelöst wurde.

THE ENTERTAINERS, 1960 im TANGORETT (v. l.): Claus Stave, Hannes Giese, Waldemar Thiele, Klaus Mickel, Klaus Walberg

Diese Rhythmusgruppe spielte, ohne jemals vorher geübt zu haben, drei Monate mit mehr oder weniger Erfolg im **AMOR**. Kritisch waren die Beherrscher der Hamburger Jazz-Szene einmal in das dunkle, tangobeleuchtete Lokal gekommen, hatten amüsiert vor sich hingelächelt und waren befriedigt wieder von dannen gezogen. Das war noch keine Konkurrenz!

Die „Großen" hatten aber nicht mit der Energie der Entertainer gerechnet. **Claus Stave** nahm jeden Job an. »Wir wollten nur spielen. Nur so konnten wir lernen«, meint Claus heute.

Nach einem Monat im TWENCY begann dann die große Zeit für die Musiker. **Günter Suhrbier**, bärtiger Existenzialist aus der GALERIE ZWO 4 und ein Freund Staves, verpflichtete die Band, ohne sie vorher nur einmal gehört zu haben. Er tat einen guten Griff. Elf Monate spielte man am Mittelweg. Schon einen Monat später stieg **Jan Mahler** aus. Er verwünschte den alten Jazz. »So, wie Jan spielen wollte, spielen wir heute«, lacht **Claus Stave**, »aber wie wir damals spielten, so spielen heute seine **STEAMBOAT STOMPERS**!«

THE ENTERTAINERS, 1960 im TANGORETT (v. l.): Jochen Striebeck, Peter Lettow, Benny Waters

Für Jan kam der ungarische Bassist **Ernö Kocsani**. Mit ihm begann eine erfolgreiche Saison, in der die Entertainer bekannt wurden. Viermal standen sie vor der Filmkamera, dreimal in den Studios des Fernsehens und zweimal vor den Mikrophonen des Rundfunks.

Eine Saison ist lang und anstrengend. **Pitt Lettow** und **Claus Stave** fuhren zur Erholung nach Paris. Im Slow-Club von Claude Luter hörten beide Eddie Bernard am Piano. Im Quartett spielte er kreolischen Bechet-Jazz.

Pitt und Claus sahen sich an, und wenig später stand es fest: **THE ENTERTAINERS** brauchen ein Piano. **Ulf Uenzelmann** kam. Man spielte moderner, aber noch relativ alt. Erst nach gemeinsamen Sessions mit Eggy Ley und den Zürcher Tremble Kids, mit denen die Entertainer eine gute Freundschaft verbindet, bekam die frühere Oldtime-Band einen anderen, einen modernen Sound, besonders, als **Klaus Walberg** auf Gitarre umstieg.

»Heute spielen wir modernen Dixieland mit Swing-Einschlägen«, erklärt **Hannes Giese**, »wir wollen dazu beitragen, daß auch im Norden die Entwicklung zum Swing gesteigert wird!«

Nach dem Engagement in der GALERIE ZWO 4 folgten Gastspiele in der TAVERNE und im TANGORETT, wo die Band auch augenblicklich ihr Stammquartier aufgeschlagen hat und mit den bekannten amerikanischen Musikern Claude Dunson und Benny Waters zu neuen musikalischen Erkenntnissen kam.

Inzwischen hat sich die Band wieder geändert. **Uenzelmann** ging, und der frühere Pianist der **CANALSTREET SEVEN**, **Klaus Mickel**, kam. Den ungarischen Bassisten Ernö löste der erst 18 Jahre alte Schauspiel-Schüler **Jochen Striebeck** ab, der zehn Jahre lang klassisch Cello spielte und zur ersten Hamburger Baß-Garde zählt.

Wer die Entertainer hört, wird feststellen, daß ihre Stärke nicht so sehr in den solistischen Einzelleistungen liegt, sondern viel mehr in den großartigen Arrangements. So ist auch **Claus Stave** weniger ein musikalisch-organisatorischer, sondern mehr ein menschlicher Leiter der Band. »Das Geheimnis eines Band-Erfolges liegt in der Beständigkeit«, sagt er. »Wie schwer es ist, neue Musiker zu finden und sie in eine Band einzufügen, haben viele Beispiele gezeigt. Wie viele Bands sind schon aufgeflogen, weil sie voreilige Musiker-Wechsel vorgenommen, oder weil sie es nicht verstanden haben, ihre Musiker zu halten. Geglückt ist das meistens nur dort, wo das Finanzielle im Vordergrund stand!«

Claus Stave, 1960

*Es gibt in Hamburg eine Jazzband, die im Laufe ihrer Geschichte mehr als alle anderen dafür gesorgt hat, daß Hamburg zu einem Mekka des Jazz wurde, daß überhaupt so etwas wie eine Szene entstehen konnte: die **JAILHOUSE JAZZMEN** – ein Stück Hamburger Geschichte.*
Karsten Flohr, Hamburger Abendblatt

JAILHOUSE JAZZMEN

ON REVIVAL DAY

Als ich Anfang 1960 das erste Mal die **JAILHOUSE JAZZMEN** in der **JAILHOUSE TAVERNE** hörte, war ich von der ersten Minute an ein eingeschworenes Mitglied dieser mittlerweile riesigen Fangemeinde. Was mich zu Hause auf meinen Oliver-Platten begeisterte, fand ich hier „live-haftig" dargeboten. Die Begeisterung und Spielfreude, die dort immer zu spüren waren, gemischt mit dem Bemühen um eine einheitliche stilistische Aussage haute mich als damals blutiger Anfänger von den Beinen.

Wenn ich heute zurückdenke, muß ich gestehen, daß mich diese Band nicht nur musikalisch beeindruckt hat. Auch die ganze Einstellung zu dem, was sie machte, hat mich bis heute geprägt. Mein manchmal etwas zu strenges, puritanisches Musikdenken habe ich mit Sicherheit auch dieser Band zu verdanken.

Lassen wir nun **Gerhard ‚Marcel' Horst** und **Abbi Hübner** die Geschichte dieser „Hottest Band in Town" erzählen:

»Ins Leben gerufen wurden die **JAILHOUSE JAZZMEN** im Jahre 1956 von **Abbi Hübner**, **Marcel Horst** und **Peter Hofmann** nach einem „konspirativen" Gespräch in der Wohnung von Abbis Mutter bei Kaffee und Kuchen. Abbi, gerade von einem mehrmonatigen Job als Berufsmusiker zurück, hatte die Nase voll davon und wollte endlich seine eigenen musikalischen Vorstellungen verwirklichen. **Peter Hofmann** und **‚Marcel' Horst**, inzwischen mit **‚Shelly' Lüders**, Schlagzeug, ein Jahr lang mit ihrer **ROCK IRLAND JAZZBAND** Nachfolger von **Abbi Hübners** ersten **LOW DOWN WIZARDS** in der **CAPTAIN'S CABIN** am Hamburger Hafen, überzeugten ihren Bandleader und Trompeter (!) **Rudgar Mumssen**, auf Posaune umzusteigen, was ihm auch – erstaunlicherweise – innerhalb eines Vierteljahres gelang. Der Ex-Wizard **Albert Tamm** kam mit seiner Tuba hinzu. Drei Studenten (frontline) und drei junge kaufmännische Angestellte (Rhythmus) ergaben die **JAILHOUSE JAZZMEN**. Abbi & Co. suchten diesen recht aggressiven Namen aus, um sich mit ihren Vorbildern, den schwarzen Jazz- und Bluesmusikern aus New Orleans, die nur allzu oft aus nichtigen Gründen im Jailhouse (Gefängnis) landeten, zu solidarisieren. Man trug Bürstenhaarschnitt und als Bekleidung Blue Jeans und das blauweißgestreifte Hemd der Müllabfuhr, was auf die Bürger der 50er Jahre eine ähnliche Wirkung hatte wie heute die Sicherheitsnadel im Ohr oder die grünen Haare der Punker.

Musikalisch nahm man sich *George Lewis* oder *Bunk Johnson* zum Vorbild. Auch das Gastspiel der *Ken Colyer Jazzmen* aus London blieb nicht ohne Einfluß auf die Band. Es wurde mit viel Begeisterung New-Orleans-Jazz gespielt; Dixieland oder andere „weiße" Musikrichtungen wurden von den Jailhäuslern nicht so geschätzt. Typisch für diese Zeit waren die über einem energischen, stompenden Four-Beat-Rhythmus erklingenden Kollektivimprovisationen der drei Melodie-Instrumente. Solistik stand dagegen nicht im Vordergrund. Das Aufeinanderhören und gemeinsame Gestalten mit allen Musikern war das erklärte Ziel. Auf den ersten veröffentlichten acht Schallplattentiteln (bei STORYVILLE) wird daher auch nur im Kollektiv gejazzt.

Etwa 1959 besannen sich die **JAILHOUSE JAZZMEN**, besonders auf Drängen ihres Bandleaders und Kornettisten **Abbi Hübner**, auf den „klassischen Jazz" der 20er Jahre. Um die Musik der sagenumwobenen Pioniere des Jazz in den Bands von *King Oliver*, *Jelly Roll Morton* und *Louis Armstrong* authentischer spielen zu können, nahm man den Pianisten **Peter Cohn** und einen Kornettisten für die zweite Stimme hinzu. So kamen nacheinander **Michael Wulff**, Gründer der **CANALSTREET JAZZBAND**, **Klaus Geldmacher** von der *Barrelhouse Jazzband* aus Frankfurt und **Wolfram Gliffe**, heute **BLACK JASS**, zum Einsatz. Diese Formation gilt als einer der Höhepunkte in der Bandgeschichte. Im Jahre 1964 verließ **Abbi Hübner** die **JAILHOUSE JAZZMEN**, um sein Examen als Mediziner zu machen und anschließend zusammen mit **Claus Möller** seine alten **LOW DOWN WIZARDS** neu zu gründen, mit denen er auch heute noch überaus erfolgreich ist. In die Zeit mit **Abbi**

JAILHOUSE JAZZMEN, 1957 in Bremen (v. l.): Rudgar Mumssen, Abbi Hübner, Albert Tamm mit der Tuba (verdeckt), Peter Hofmann, ‚Shelly' Lüders, Marcel Horst

JAILHOUSE JAZZMEN, 1959 (v. l.): Marcel Horst, Rudgar Mumssen, Abbi Hübner, Helmut Rodeck, Michael Wulff, Peter Hofmann. Die Besetzung der Band und der Sessel für Bandchef Abbi deuten auf das Vorbild King Oliver.

Hübner fielen auch die persönlichen Begegnungen mit den großen Alten des Jazz, wie *George Lewis*, *Kid Ory*, *Albert Nicholas* und *Alton Purnell*, um nur einige zu nennen. Diese Treffen fanden in den „festen Läden" der Band statt. Zuerst im MUMMEKELLER (1956-1959) und ab Winter 1959 in **Karl** und **Lotti Fleschners** JAILHOUSE TAVERNE, dem jetzigen COTTON CLUB. Zu einem Eintrittspreis von 1,00 DM (zu bezahlen beim Freund, Manager und Kassierer der Band **Dieter Binda**), konnte man sich mittwochs, freitags und sonnabends beim alten Jazz vergnügen.

Brass-Sounds ab, und immer mehr trat Marcel als Blues- und Gospelsänger hervor. Ein Portrait dieser Band ist auf einer vielbeachteten LP von 1967 erschienen. Doch 1970 verließen wieder einige Musiker die Band: **Rudgar Mumssen** und **Günther Liebetruth** gründeten mit **Peter ‚Banjo' Meyer** die JAZZ LIPS, um mehr klassischen Jazz spielen zu können.

Schon seit Mitte der 60er Jahre hat **Marcel Horst** mit der Jailhouse-Rhythmusgruppe Big-City-Blues gesungen. In seiner **TOTAL BLUES COMPANY** spielten Musiker aller Stilrichtungen. Mittwochs trafen sich zur

JAILHOUSE JAZZMEN, 1967 (v. l.): Peter Cohn, Günther Liebetruth, Marcel Horst, Gerd Müdde, Hans Georg Kempfert, verdeckt Wilm Dohse, Rudgar Mumssen, Rüdiger Tresselt

Nach **Abbi Hübners** Ausscheiden wurde mit nur einem Kornettisten gespielt: **Wolfram Gliffe**, einem Musiker mit viel Bluesfeeling. Aus seiner vorherigen Band brachte er den erst 17jährigen Altsaxophonisten **Gert Müdde** mit, der auch heute noch dabei ist und somit neben ‚Marcel' am längsten den Jailhouse-Kittel trägt.

In den 60er Jahren gewannen die **JAILHOUSE JAZZMEN** 6 x (!) hintereinander – und das stets mit großer Mehrheit – durch Publikumsentscheid alle Jazzbandbattles. **Rudgar Mumssen**, aber auch **Gerd Müdde** schrieben originelle Arrangements für die Band. Jubilierende Klarinettensätze lösten sich da mit fetten

Session die „Soul"-Musiker **Etlef Jacobsen**, Saxophone und **Rainer Vogeley**, Baß, die Bluesgitarristen **Rainer Baumann** oder **Abi Wallenstein**, **ULLI & TINY** (Mundharmonikas), Boogiepianisten wie **Peter Cohn**, **Vince Weber** oder **Gottfried Böttger**, Schlagzeuger **Peter Franken** und **Udo Lindenberg** und die Sängerin **Ingeborg Thomsen**.

So begannen schließlich auch die **JAILHOUSE JAZZMEN**, besonders durch den „Wunder"-Bassisten **Hans Hartmann** aus der Schweiz „auf Trab gebracht", in der Musik ihrer neuen Formation mehr moderne Elemente zu verwenden.

JAILHOUSE JAZZMEN, 1962 in der JAILHOUSE TAVERNE (v. l.): Marcel Horst, Peter Cohn, Claus Möller, Abbi Hübner, Dieter ‚Jeppe' Jaap, Klaus Geldern, Albert Tamm, Rudgar Mumssen

JAILHOUSE JAZZMEN, 1964 in der JAILHOUSE TAVERNE (v. l.): Klaus Möller, Peter Cohn, Marcel Horst, Abbi Hübner, Klaus Geldern, Niels Uwe Reyers, Rudgar Mumssen

Jailhouse Jazzmen
Kings of New Orleans

mittwochs, freitags

sonnabends ab 20 Uhr

am Alten Steinweg

Straßenbahn bis Rathausmarkt   U-Bahn bis Rödingsmarkt
Linie 7 bis Großneumarkt

Jailhouse Taverne

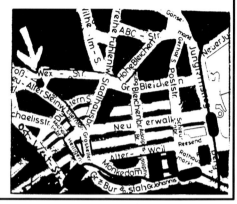

Durch die oft langjährige Zusammenarbeit der Musiker und deren Detailkenntnisse der Sounds des alten Jazz reichte es bei den früheren Besetzungen aus, sich mit relativ einfachen Mitteln zu verständigen. Nach dem Einstieg von Musikern mit oft völlig anderem Background mußte eine neue gemeinsame Sprache gefunden werden. Da es sich auch herausstellte, daß das „Know-how" eines scheidenden Musikers unwiderruflich verloren war, kam man zwangsläufig dazu, die Arrangements in Noten aufzuschreiben. Durch die Notierung wiederum konnten auch Mitglieder der Band an Klänge herangeführt werden, die ihnen bis dahin fremd waren. So entstand mit der Zeit ein Repertoire, in dem nicht nur „Traditionelles", sondern auch „Fortschrittliches" seinen Platz fand. Besonders Rhythm'n Blues und Gospelmusik wurden stärker ins Programm genommen.

Trotz moderner Elemente in ihrer Musik haben sich die **JAILHOUSE JAZZMEN** ihre Liebe zum alten Jazz und klassischen Blues aber durchaus bewahrt. Ihre heutige Besetzung ist der vorläufige Abschluß einer Entwicklung, wie sie wohl keine andere Hamburger Jazzband erlebte. Was die **JAILHOUSE JAZZMEN** besonders kennzeichnet, ist ihre Fähigkeit, der Musik einen kräftigen Schuß Blues hinzuzufügen. Zu jeder Zeit gab es gute Bluesspieler in der Band: **Abbi Hübners** klassische Bluesphrasierungen, das bluesgetränkte Klavierspiel **Peter Cohns**, **Etlef Jacobsens** rockiges Tenorsaxophon oder der „Blues-Caruso" **Marcel Horst** mit seinem Repertoire von *Ma Rainey* bis *Ray Charles*.«

Nach über 25 Jahren (!) veröffentlichten **Abbi Hübner** und **Marcel Horst** eine Schallplatte mit dem Titel „Jailhouse Jazzmen Play King Oliver". Abbi schreibt in seinem Begleittext: »Die **JAILHOUSE JAZZMEN**, 1956 von **Gerhard ‚Marcel' Horst** und mir gegründet und zunächst nur eine von zahllosen langweiligen deutschen Amateurjazzkapellen – vielleicht ein wenig origineller gekleidet – beherrschten von 1960 an für ein paar Jahre eindeutig die Hamburger Jazzszene. Unser damaliges Domizil, die **JAILHOUSE TAVERNE** im alten Steinweg, war unbestritten Mittelpunkt des Jazzgeschehens, wo sich eine gläubige und eingeschworene Gemeinde dreimal wöchentlich versammelte, um, andächtig lauschend, von den rauhen Klängen einer Band verzaubert zu werden, die sich damals mit Recht und unwidersprochen „The Hottest In Town" nennen durfte. Gleichzeitig prägten wir eine ganze Nachwuchsgeneration: Die **HOT OWLS**, die **BLACK BIRDS OF PARADISE**, das **DREAMLAND ORCHESTRA**, die **JAZZ LIPS**, die **HOT SHOTS** und natürlich die **LOW DOWN WIZARDS** sind nicht denkbar ohne die beispielhaften und beeindruckenden Aktivitäten der **JAILHOUSE JAZZMEN**.

Für die einzigartige Stellung unserer Kapelle Anfang der sechziger Jahre in Hamburg gibt es wenigstens drei gute Gründe:

1. befriedigten wir das ständige und ursprüngliche Bedürfnis einer kleinen, aber anhänglichen Hörerschaft nach Live-Musik im klassischen New-Orleans-Stil und hatten auf diesem Gebiet keine Konkurrenz durch professionelle Bands. Unzulänglichkeiten unseres Spiels glichen wir durch erhöhten Einsatz aus. Die Zuhörer sahen Schweiß und heiligen Ernst auf unseren Gesichtern und verziehen wackelige Intonation, kleine Verspieler und technische Unfertigkeit.

JAILHOUSE JAZZMEN, 1964 nach Abbi Hübners Weggang (v. l.): Peter Cohn, ‚Botte' Jung, Claus Möller, Marcel Horst, Wolfram Gliffe, ‚Jeppe' Jaap, Gert Müdde, Rudgar Mumssen

JAILHOUSE JAZZMEN, 1966, Jazzband Battle im AUDIMAX (v. l.): Rüdiger Tresselt, Marcel Horst, Claus Badekow, Wolfram Gliffe, Gert Müdde, Rudgar Mumssen. „Didn't it Rain!" (Gemeinsamer Gospelgesang der Jailhäusler) entscheidet die Schlacht.

2. waren wir bereits seit 1957 regelmäßig dreimal wöchentlich in Hamburg zu hören: bis 1959 im MUMME-KELLER im großen Burstah und ab 1959 in der JAILHOUSE TAVERNE im alten Steinweg, den Räumen des heutigen COTTON CLUBS. Diese ständige Präsenz in festen Clubs war außergewöhnlich und garantierte uns eine ständig wachsende, treue Gefolgschaft, und

3. hatten wir uns bereits 1959 vollständig der Allgegenwart und dem Einfluß des englischen Jazz der Ken-Colyer-Richtung entzogen und uns, gestützt auf die Schallplattensammlung unseres Freundes Dieter vom Bruck, konsequent dem klassischen New-Orleans-Jazz zugewandt. Besonders faszinierte uns die ehrliche, ursprüngliche und erdverbundene Musik der *Creole Jazzband King Olivers*. *Oliver*, nicht *Armstrong*, wurde zur beherrschenden, archetypischen Figur, zum Jazzmythos, als dessen Verkünder wir uns fühlten. Die berühmten siebenunddreißig Aufnahmen der *Creole Jazzband* waren unser Gesangbuch, die Oliver-Biographie von Brian Rust und Walter C. Allen (leider allzuschnell vergriffen) war unser Manifest.

Während andere Trompeter fortfuhren, ihre Blechhelme zu bewispern, stürzten wir uns fortissimo in die Kollektivchorusse von *Just Gone* und rasselten die zweistimmigen Kornettbreaks im *Snake Rag* herunter, daß den Leuten die Schuhe auf- und die Augen übergingen. Olivers kategorischer Imperativ »Ich will, daß du mit Leib und Seele zur Band gehörst und dich voll und ganz für das Wohlergehen der Band einsetzt!« war uns Gesetz. So repräsentierten wir in jenen Tagen nicht nur den Hot Jazz der klassischen Richtung, sondern eine Jazzanschauung, und die Abende in der JAILHOUSE TAVERNE gerieten zu magischen Meetings, auf denen Musiker und Zuhörer in Form eines archaischen Kollektivs zusammenfanden.

Soviel über die Gründe, die mir heute die Sonderstellung der **JAILHOUSE JAZZMEN** Anfang der 60er Jahre erklären. Damit ist aber nur etwas über die Wirkung unserer Musik ausgesagt, nichts über deren Qualität. Aber wenn wir heute Aufnahmen veröffentlichen, die von uns vor über fünfundzwanzig Jahren hier in Hamburg eingespielt und mit Hilfe eines einzigen Mikrofons und eines altersschwachen Grundig-Tonbandgerätes aufgezeichnet worden sind, dann bestimmt nicht wegen der überragenden Qualität dieser Aufnahmen, sondern um die Dokumentation der hamburgischen Jazzgeschichte zu vervollständigen. Diese Aufnahmen, hier zum ersten Mal in geordneten Verhältnissen angeboten, erzählen ein Kapitel dieser Geschichte, das nicht fehlen darf. Da diese Aufnahmen nicht so schlecht sind, müssen sie auch nicht unterschlagen werden.

Allerdings, obwohl unsere Einspielungen wirklich jeden Vergleich mit denen von *Georg Webb's Dixielanders* und *Claude Luter's Lorients* aus den 40er Jahren aushalten, decken sie eines schonungslos auf: Wir waren Amateurmusiker ohne große Erfahrung. Die Instrumente machten weitgehend mit uns, was sie wollten, „swing" wurde ganz klein geschrieben, von Dynamik hielten wir nicht viel, an die Kraft zurückgenommener oder verhaltener Töne glaubten wir nur bedingt, Gelassenheit stuften wir als bedauerliches Degenerationsmerkmal ein.

Marcel Horst, 1960

Und dennoch …, dennoch beeindruckten wir mit dieser Musik ein paar Jahre lang die bundesdeutsche Jazzgemeinde und regten Dutzende von jungen Leuten an, es doch auch einmal mit dem New-Orleans-Jazz als Ausdrucksmöglichkeit zu versuchen. Was bewirkte den knorrigen Reiz, den unbeholfenen Zauber, den unsere Musik fraglos ausgeübt haben muß? Wenden wir uns doch einmal ihren erfreulichen Eigenschaften, ihren guten Seiten zu: Es imponiert die Geschlossenheit des Vortrags, die einheitliche Diktion. Alle reden mit einer Zunge. Es herrscht kein babylonisches Sprachgewirr wie in vielen anderen

Kapellen, weil bei uns keine stilistischen Differenzen die Beziehungen der Musiker zueinander verdüstern.

Die Musik klingt (Handwerk hin, Handwerk her) stompig, wie aus einem Guß, mit einem dichten ausgewogenen Kollektiv, in dem sich jeder an seine Rolle hält. (Wenn Swing auch nur als Spurenelement vorhanden ist – über einen Mangel an Drive und Schubkraft kann sich wirklich niemand beklagen!) Und, was das wichtigste ist, man spürt auch heute, bei kritischem Abstand, die bedingungslose Hingabe, die unendliche Begeisterung, die vorbehaltlose Zuwendung, mit der wir uns kompromißlos für unsere Musik einsetzten. Und es gelang uns offenbar, unsere Zuhörer von der Redlichkeit unseres Anliegens zu überzeugen, ihnen die Aufrichtigkeit und Wahrhaftigkeit unserer Gefühle für die Musik mitzuteilen. Sie begriffen, daß der Jazz uns keine Masche, kein tönender Vorwand, sondern ehrliches Bedürfnis war, daß wir an die Musik glaubten, uns mit jeder Faser unserer damals so streng puritanisch verworrenen Herzen (wenn auch lautstark und unbeholfen) uneingeschränkt zu ihr bekannten. Wir waren glaubwürdig, und die Zuhörer honorierten unsere Glaubwürdigkeit, indem sie uns uneingeschränkten Kredit einräumten. Ich glaube, so einfach war das. So einfach ist das. Und warum auch nicht? In einer verlogenen, verkommenen, durch und durch korrupten Welt waren Ehrlichkeit und Wahrhaftigkeit auch schon vor fünfundzwanzig Jahren rar und die Gaukler, Possenreißer und Taschenspieler nicht nur auf dem Gebiet der Politik zu finden.

Was ist nun, nach so vielen Jahren, aus dieser kurzen Epoche noch in der Erinnerung geblieben? Da waren die Begegnungen mit den großen farbigen Musikern. Unvergeßlich die Treffen mit *Kid Ory*, *George Lewis* und *Albert Nicholas*. Unvergeßlich die gemeinsamen Erlebnisse mit unseren gleichgesinnten und gleichgestimmten Freunden von der Frankfurter *Barrelhouse Jazzband* und der *Smoke House Jazzband*. Unvergeßlich eine wunderschöne Tournee durch Österreich mit dem „American Folk Blues Festival" und **Dieter Binda** am Steuer unseres alten, lendenlahmen VW-Busses. Unvergeßlich viele, viele Abende in der JAILHOUSE TAVERNE bei **Karl** und **Lotti Fleschner**, wenn die Musik rollte und stompte, daß Musiker und Zuhörer sich im Himmel von Dixieland wähnten und für ein paar Stunden glücklich waren, und unvergeßlich die Worte eines Kritikers, die am 19. November 1963 in der Zeitung „Neues Österreich" standen: „Es dürfte heute kaum eine Diskussion darüber geben, daß die **JAILHOUSE JAZZMEN** jene europäische Formation ist, die am tiefsten in Wesen und Gehalt der New-Orleans-Tradition eingedrungen ist. Vielleicht liegt in diesem begeisterten Einsatz für historische Formen etwas typisch Deutsches. Dann sind die **JAILHOUSE JAZZMEN** ein glücklicher Beitrag deutschen Wesens zur Geschichte des Jazz."«

JAILHOUSE JAZZMEN

DIE JAILHOUSE JAZZMEN HEUTE

Heute, nach 40 Jahren, verkörpert diese Band mehr als nur ein Stück Hamburger Jazzgeschichte. Diese Jazzformation hat wohl so viele musikalische Wandlungen durchlebt, wie kaum eine andere. 1956 spielte man noch im Stil der Revivalbands aus New Orleans und pflegte dabei besonders die Kollektiv-Improvisation in der Frontline. Dann gab es Classic-Jazz á la *King Oliver*, *Jelly Roll Morton* und *Clarence Williams*. Das war eine Zeit, in der die Bands am höchsten eingeschätzt wurden, die am originalgetreuesten ihre Vorbilder nachahmen konnten. Es ging so weit, daß man die „Knackser" auf den alten Platten mitspielte. Absolute Meister darin waren **die JAILHOUSE JAZZMEN**. Ab Mitte der 60er Jahre wurden verstärkt eigene Ideen und Arrangements realisiert. Im Laufe der nächsten Jahre wurde die Musik dann langsam immer progressiver. Progressiven Hot Jazz nannte man das damals. Heute kommt wieder der alte Jazz etwas mehr zu seinem Recht. Dafür sorgt unter anderem ein Musiker, der nach elf Jahren „Jailhouse-Abstinenz" wieder zurückgekehrt ist: **Rudgar Mumssen**, Gründungsmitglied und Posaunist der **JAZZ LIPS**, ist wieder mit dabei. Dieses musikalische „Urgestein" sorgt mit seiner großen Musikalität und seinen spontanen Einfällen auch für den neuen frischen Wind, der durch die Jailhouse-Reihen weht. Natürlich kommen Gospel und Blues auch weiterhin nicht zu kurz.

Somit sollte man sicher sagen, daß die **JAILHOUSE JAZZMEN** aufgrund der, in den vielen Jahren gesammelten Erfahrungen auf internationalen Konzerten und Tourneen, der langen Zusammengehörigkeit und der beständigen Entwicklung zum jetzigen Sound wohl mit die vielseitigste Hamburger Jazzband ist. Sieben veröffentlichte Schallplatten dokumentieren sehr anschaulich diese Entwicklung.

Was hat sich noch verändert? Das Markenzeichen der Band: Bürstenhaarschnitte und gestreifte Hemden gibt es nicht mehr. **Gerhard ‚Marcel' Horst**, Gründer und Bandleader, hat das Banjo mit Kornett und Flügelhorn vertauscht. Ab und zu greift er auch zum Saxophon. Und was ich besonders erfreulich finde: Es sind jetzt wieder fast alle ehemalige „Jailhäusler" dabei. **Peter Cohn** (p) war von 1959 bis 1975 und ist ab 1987 wieder dabei. Der Blues- und Boogie-Spezialist hat in Hamburg schon viele Jahre eine treue Fan-Gemeinde. **Rüdiger Tresselt** (b) war von 1964 bis 1970 in der Band. Jetzt sorgt er wieder ganz hervorragend für den swingenden Background. **Gerd Müdde**, der unermüdliche, virtuose Altsaxophonist und Mundharmonikaspieler, ist seit 1965 dabei und schreibt die meisten guten Arrangements für die Gruppe. Das einzige neue Gesicht in der Band ist der „groovende", sehr versierte Drummer **Charlie Krüger**. Er hat schon bei Toni Sheridan und in der **RENTNERBAND** getrommelt. Seit 1988 spielt er nun auch den Jazz.

Marcel Horst, 1981

Kid Ory, *George Lewis*, *Red Allen*, *Ken Colyer*, *Chris Barber*, *Acker Bilk*, *Alex Welsh* – die Liste der großen Musiker, mit denen ‚Marcel' in all den Jahren zusammen gejammt hat, ist lang. Sie alle haben ihn sicherlich mitgeprägt. Mit seinem großen Blues-Feeling, seiner enormen Musikalität, seiner bescheidenen Zurückhaltung gepaart mit großer Menschlichkeit gehört er zu den maßgeblichen Jazzmusikern in Hamburg. Sein Markenzeichen, der rauhe Shout-Gesang, elektrisiert heute genauso wie vor 40 Jahren das Publikum. Dieser stark an *Jimmy Rushing* erinnernde Stakkato-Gesang, der immer mit viel Emotion vorgetragen wird und sich auf wenige Töne beschränkt, versöhnt die eingeschworenen Fans, die mit der stilistischen Entwicklung der **JAILHOUSE JAZZMEN** nicht immer einverstanden waren.

JAILHOUSE JAZZMEN, 1981 (v. l.): Thomas Koch, Wolf Delbrück, Leif Oestergaard, Rudgar Mumssen, Hans Hüper, Gerd Müdde, Marcel Horst

Neben den **JAILHOUSE JAZZMEN** leitet ‚Marcel' auch noch mit großem Erfolg seine **TOTAL BLUES COMPANY**. Wenn es gewünscht wird, und seine Zeit es erlaubt, spielt er auch noch in kleiner Besetzung mit seiner **DELTA JAZZBAND** oder, was auch vorkommen kann, mit seiner bis zu zwölf Mann starken **DELTA BRASS BAND**. Seit Anfang 1996 spielt er darüber hinaus auch noch in der **APEX JAZZ BAND**. Auch diese Formation hat er auf seine ganz besondere Weise geprägt.

KONTAKT:
Gerhard Horst, Aldenrathsweg 5, 22307 Hamburg,
Telefon: 0 40 - 6 91 47 06 oder 0 48 36 - 81 36
Gerd Müdde, Lehmweg 33, 20251 Hamburg,
Telefon: 0 40 - 4 22 25 52

KING OLIVER

Nichts fiel ihm zu,
die Musen standen feixend abseits,
alles war harte Arbeit,
und sein Ruf wuchs nur sehr, sehr langsam;
bis ihm eines nachts im Abadie Cabaret
der Kragen platzte:
„Blues in Bb", sagte er zu Richard M. Jones,
der am Klavier saß,
trat dann auf die Straße hinaus
und spielte auf der Kreuzung
Marais – Bienville
den größten Blues,
den man bis dahin in Storyville gehört hatte.
Von da an waren Keppard und Perez
nur noch zweitklassig.

Trotzdem:
keine geflügelten Noten
- wie die seines Schützlings Louis Armstrong -
alles wuchtig, erdgebunden,
ruhig, getragen, würdevoll,
jeder Ton ein Hammerschlag.
Unverrückbar
- ein Felsen -
seine Melodieführung.
Dazu die klagenden Dämpfereffekte
- talking, shouting and preaching -
so in „Mabel's Dream" und „Dippermouth Blues"
- ein Priester beschwört seine Gemeinde -
die streifen Dich,
ein großer dunkler Flügel,
trauernd und abschiedsvoll.

Zum Geschäftsmann ungeeignet,
immer unterschrieb er die falschen Verträge,
und treu blieb ihm nur das Unglück.

Das Ende:
kein Comeback,
nach einer geplatzten Tournee,
betrogen und von allen im Stich gelassen,
blieb er 1937 in Savannah, Georgia hängen,
war kurze Zeit Aufseher in einer Billardhalle,
verkaufte dann
- in Hemdsärmeln auf der Straße -
Zuckerwatte, Obst und Gemüse
und starb – bettelarm
am Sonntag, den 10. April 1938,
an einem gebrochenen Herzen.

Seine Schwester mußte ihre letzten Ersparnisse opfern,
um den Leichnam nach New York überführen
und auf dem Woodlawn Cemetery unter die Erde bringen
zu lassen.

Joseph „King" Oliver,
Pionier, Lehrmeister, König.
Zu einem Grabstein hat es
bis auf den heutigen Tag
nicht gereicht,
aber seine Musik
wird immer noch
überall auf der Welt gespielt.

Abbi Hübner

MUSIKALISCHE JUGEND

Samstag, 16. November 1963, 19.30 Uhr   Jazz-Zyklus / 2. Konzert   Großer Konzerthaus-Saal

JAZZ Oldtime Festival

JAILHOUSE-JAZZ BAND (Hamburg)
MEMPHIS SLIM (vocal und piano)   WILLIE DIXON (vocal und bass)
MATTHEW MURPHY (guitar)   BILL STEPNEY (drums)

Karten an der Konzerthauskasse und in den Kartenbüros

Die nächsten Veranstaltungen für die Mitglieder der Musikalischen Jugend:

Zyklus XIII Abonnementkonzert	Zyklus X 1. Konzert	Zyklus VI 2. Konzert	Zyklus XV 1. Konzert	Zyklus I 2. Konzert	Zyklus VIII Abonnementkonzert	Zyklus XII 2. Konzert	Zyklus IX 1. Konzert
Samstag, 2. Nov., 19.30 Uhr	X A: Sonntag, 3. Nov., 19.30 Uhr X B: Mittwoch, 6. Nov., 19.30 Uhr	Montag, 4. November, 19.30 Uhr	Montag, 4. November, 19.30 Uhr	I A: Dienstag, 5. Nov., 19.30 Uhr I B: Samstag, 9. Nov., 19.30 Uhr	Montag, 11. November, 19.30 Uhr	Dienstag, 12. Nov., 19.30 Uhr	1. Aufführung: Sa, 16. Nov., 15 Uhr 2. Aufführung: So, 17. Nov., 11 Uhr
Brahms-Saal	Brahms-Saal (Musikverein)	Großer Musikvereins-Saal	Mozart-Saal (Konzerthaus)	Großer Musikvereins-Saal	Großer Musikvereins-Saal	Brahms-Saal (Musikverein)	Brahms-Saal (Musikverein)
Schönberg: Aus den Liedern op. 3 und op. 6 „Ode an Napoleon" Serenade	Vivaldi: Concerto A-Dur Concerto grosso, op. 3/8 J. S. Bach: 3. und 4. Brandenburgisches Konzert	Toyama: Japanische Rhapsodie Liszt: Klavierkonzert A-Dur Mendelssohn: 3. Symphonie	Smetana: Klaviertrio op. 15 Ravel: Klaviertrio Brahms: Klaviertrio op. 8	Smetana: „Aus Böhmens Hain und Flur" Ravel: Klavierkonzert G-Dur Moussorgsky-Ravel: „Bilder einer Ausstellung"	Brahms: Tragische Ouverture Bartók: Deux Images Fauré: Pelleas Wolf: „Der Feuerreiter" Bartók: Concerto	Mozart: Jagdquartett Schubert: Quartett Es-Dur, op. 125/1 Brahms: Sextett G-Dur, op. 36	Leclair: Ouverture Telemann: Suite fis-moll J. S. Bach: 3. und 8. Cembalokonzert Vivaldi: Concerto d-moll
Solist: Friedl Kummer					Tonkünstlerorchester Wiener Jeunesse-Chor		Solistin: Virginia Pleasants
	Die WIENER SOLISTEN	Tonkünstlerorchester	Das JUNGE WIENER TRIO	Wiener Symphoniker		Das MUSIKVEREINSQUARTETT	Das WIENER BAROCKENSEMBLE
Dirigent: FRIEDRICH CERHA ENSEMBLE „die reihe"	Dirigent: WILFRIED BÖTTCHER	Dirigent: HIROYUKI IWAKI	Solist: Julian von Karolyi	Solisten: Walter Klien, Otto M. Zykan Dirigent: KAREL ANCERL	Dirigent: GÜNTHER THEURING		Dirigent: THEODOR GUSCHLBAUER

DRUCK: FRANZ KARNER, WIEN IV.

ST. MICHEL'S JAZZ BAND

GOING TO TOWN

Nach ersten musikalischen Erfahrungen in Dortmund kam **Siegfried ‚Siggi' Schaumann** 1957 nach Hamburg. Er gründete auf eine Anzeige im Hamburger Abendblatt hin noch im selben Jahr mit **Gerhard Reinhold**, **Jörn Struve**, **Georg Gerull** und einem Banjospieler mit dem Spitznamen ‚Mücke' die **ST. MICHEL'S JAZZ BAND**.

Im Geschäft von Gerhards Eltern trafen sich die Musiker. Kaum einer hatte große musikalische Erfahrung. Man konnte gerade einmal sein Instrument zum Üben richtig halten, ging aber mit großem Eifer daran, die gesteckten Ziele zu erarbeiten. Nach einer relativ kurzen Zeit war das nötige Repertoire für einen ersten Auftritt zusammen.

‚Mücke' verließ die Band schon recht bald, um in Hannover zu studieren. Dafür kam **Holger Rosenau** in die Band. In dieser Besetzung spielt die Gruppe heute – nach fast 40 Jahren – immer noch!

Die 60er und 70er Jahre vergingen mit vielen interessanten Auftritten. Bei größeren Veranstaltungen kam dann noch **Detlev Staak** (tb) dazu. Es entstanden diverse Schallplatten, die alle eine gute Resonanz fanden.

In den Zeiten, in denen es etwas ruhiger um den Jazz in Hamburg wurde, hat ‚Siggi' angefangen, Tanzmusik zu spielen. Hier konnte er sich noch mehr Routine aneignen. In dieser Zeit kamen auch weitere Instrumente hinzu. Neben der Klarinette spielt er jetzt diverse Saxophone, Querflöte und Geige. Aus neuen Überlegungen heraus gründete er 1975 die Gruppe **JAZZ TRAIN**.

Besetzung:
Gerhard Reinhold (p), Siegfried ‚Siggi' Schaumann (cl, ts, as, ss), Jörn Struve (b), Georg Gerull (dr), Holger Rosenau (bj)

Kontakt:
Siegfried Schaumann, Reinhardtallee 10,
21465 Wentorf, Telefon: 040 - 7 22 65 71 oder
Neubertstraße 36, 22087 Hamburg,
Telefon: 040 - 25 83 39

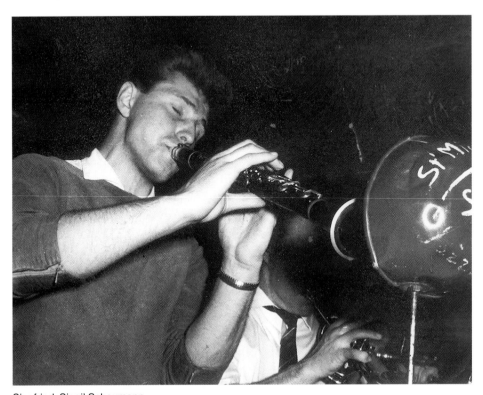

Siegfried ‚Siggi' Schaumann

ST. MICHEL'S JAZZ BAND, 1958 im Curio Haus. Zweiter von rechts: Siegfried ‚Siggi' Schaumann

ST. MICHEL'S JAZZ BAND, 1978 (v. l.): Siegfried ‚Siggi' Schaumann, Holger Rosenau, Gerhard Reinhold, Georg Gerull, Wolfgang Ahlers

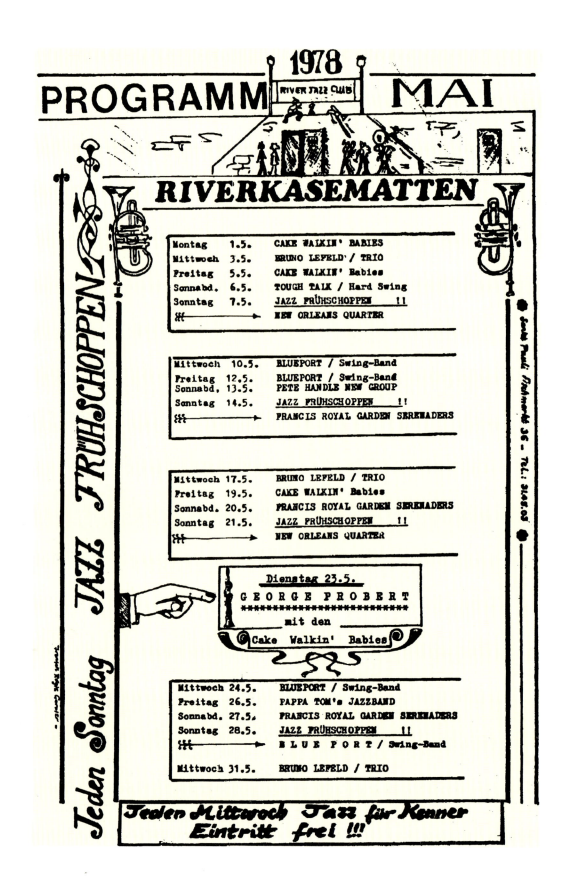

DIE RIVERKASEMATTEN

1957 eröffnete **Willi Breuker** in den alten Katakomben am St. Pauli Fischmarkt den seinerzeit wohl berühmtesten Jazz-Club in Hamburg. In dem ehrwürdigen Gewölbe, 1640 als Stall errichtet, 1856 zum Markttunnel umgebaut, fanden damals viele Musiker beim „Matten-Wirt" Willi eine liebevolle Heimat.

Schon nach kurzer Zeit war dieser urige Club der Treffpunkt für alle Jazzfreunde und für viele Hamburger genauso wichtig wie die Oper. Alle großen Musiker waren nach ihren Konzerten gern gesehene Gäste. *Louis Armstrong* spielte dort *Down by the Riverside* und kippte manches Bier am Tresen, während *Ella Fitzgerald* lieber einen Asbach trank. *Lionel Hampton*, *Count Basie* und *Duke Ellington* schauten ebenso vorbei wie viele Stars und Sternchen aus der Show- und Filmbranche, zum Beispiel *Jayne Mansfield* und *Romy Schneider*. Sogar die *Beatles* fanden bei Willi Aufnahme. Durften sie doch im Hinterzimmer üben.

Und so ranken sich denn auch viele Geschichten um dieses Hamburger Wahrzeichen: In 23 Jahren hieß es bei Hochwasser für den Jazz-Keller etwa dreizigmal „Land unter". Manchmal schwammen Aale in den Waschbecken, und Willi und seinen Freunden stand das Wasser buchstäblich bis zum Hals. Einmal sagte er scherzhaft: »Jetzt stehe ich sogar auf meiner eigenen Scholle.« Mit vereinten Kräften wurde der Club aber immer wieder schnell auf Vordermann gebracht, und es konnte wieder fröhlich weitergejazzt werden.

Als „Jazz-Herbergsvater" war Willi ein Unikum. So erzählt man sich, daß er seinen Musikanten immer Weihnachtspäckchen mit Korn und Mettwurst packte. Aus dem Urlaub schickte er Ansichtskarten mit der Ermahnung: »Spielt mir nicht so modernsch!« Zwei Dinge konnte er beim besten Willen nicht leiden: Moderne Stilrichtungen und Tenorsaxophonisten. *Klaus Doldinger* kam einmal nicht weiter als bis zur Tür.

Am 9. September 1980 trat in den „Matten" die letzte Band von der Bühne. Die Stadt hatte beschlossen, daß diese ehrwürdige Begegnungsstätte neuen Flutschutzeinrichtungen weichen mußte. Und wieder einmal gehörte ein großes Kapitel Hamburger Jazzgeschichte der Vergangenheit an.

Mitte der 80er Jahre gab es noch einmal Hoffnung. Die „Matten" fanden nach langem Gerangel ein neues Zuhause in dem Gewölbe Ecke Rödingsmarkt/Ost-West-Straße, im ehemaligen „Spöken Deel". Alle freuten sich, und tagelang wurde mit bekannten Jazzbands und viel Prominenz die Auferstehung gefeiert. Alle alten und neuen Stammgäste und Musiker waren sich einig: Die neuen RIVERKASEMATTEN sollten und mußten am Leben bleiben. Doch leider kam unerwartet schnell wieder das Aus. Die Miete war einfach zu hoch und konnte nicht erwirtschaftet werden. Die Stadt Hamburg war nicht bereit, diesen wichtigen und traditionsreichen Jazz-Club zu unterstützen. **Willi Breuker** und Hamburgs Jazzfans mußten ein zweites Mal, und nun wohl für immer, Abschied nehmen. Abschied von einer für uns alle unvergeßlichen Legende.

Gerhard ‚Marcel' Horst (tp), JAILHOUSE JAZZMEN: »Das wohl bekannteste Jazzlokal Ende der 60er Jahre waren die RIVERKASEMATTEN am Hamburger Hafen. Der direkt in der Kaimauer, nur wenige Schritte vom Hafenbecken gelegene „Nightclub für Anspruchsvolle" (so der Werbeslogan) war originell und sehr stimmungsvoll eingerichtet. Er wurde einige Male überflutet. Die Gäste und Musiker konnten bisweilen nur durch eine Luke zur darüberliegenden Straße sich und ihre Instrumente retten. Zur Tradition des Hauses gehörte es, neben der modernen, manchmal etwas kommerziellen Profi-

HALLO JAZZER

In den River Kasematten, Hamburgs profiliertestem Jazzkeller, findet ihr täglich Hamburgs führende Jazzbands. Gejazzt wird von 20 bis 2 Uhr morgens.

**RIVER-KASEMATTEN
ST. PAULI FISCHMARKT 36**

Hausband an einigen Tagen der Woche zwischen 20.00 Uhr und 23.00 Uhr Amateur-Jazzer spielen zu lassen. Jeden Dienstag war Hamburgs älteste Jazzband, das **MAGNOLIA DANCE ORCHESTRA**, in den „Kasematten" zu hören. Bandleader der damals 20jährigen Band war der Senior der Hamburger Jazzgemeinde, Posaunist ‚**Pops' Schittek**. Erwähnenswert ist vielleicht, daß sein Sohn **Christian Schittek** damals schon Gitarre und Banjo spielte und heute seine eigene Band, **HAPPY FEET**, leitet. Man spielte in der Frontline mit Trompete, Posaune und Klarinette, einen an den Kreis um *Eddie Condon* erinnernden Stil. Der recht gute Klarinettist **Bernd Crasemann** schien damals stark von *Edmond Hall* beeinflußt zu sein. Kurze Zeit vorher hatte noch das langjährige Magnolia-Mitglied **Helmut Lamszus** mitgespielt. Er war zu dieser Zeit für manche immer noch der beste Klarinettist „in town". Ende der 60er Jahre servierte er mittwochs, zusammen mit dem Vibraphonisten **Werner Böhm** und einer Rhythmusgruppe, gekonnten Comboswing.

Donnerstags war der Spieltag für die **RIVER CATS**. Trompete in der Melodiegruppe der Veteranen spielte **Heinz E. Junghans**, der in den Pioniertagen Vorbild für **Abbi Hübner** und manch anderen war. Er spielte immer eine sehr leichte, swingende Trompete, ein wenig á la *Lyttleton*. ‚**Fiete' Westendorf**, ein sehr bekannter Musiker im Hamburger Jazzleben, hielt nach wie vor kräftig und mit Enthusiasmus seine Klarinette ins Jazzgeschehen. Der Star der Band dürfte aber ohne Zweifel der reamateurisierte Posaunist **Gunther Wiedecke** gewesen sein. Sein kraftvolles, swingendes, urmusikalisches Spiel hatte ihm besonders bei den Anhängern einer etwas moderneren Jazzauffassung den Titel „Hamburgs Jazzmusiker Nr. 1" eingetragen. Bemerkenswert waren auch seine humorvollen Scat-Gesänge. Vervollständigt wurde die Band durch eine in Hamburg selten gewordene pianolose Rhythmusgruppe, die von dem relaxten Banjo-Mann **Hermann Lotzing** gut angeführt wurde.

Jeden Sonntag musizierten die **STEAMBOAT STOMPERS**. Der Name war ein Überbleibsel aus der Zeit, als die Band noch „Kraftjazz" mit ‚**Zotto' Spindler** am Kornett machte. Von der damaligen Besetzung war keiner mehr dabei. Man spielte Soul-Jazz. *Mercy, Mercy, Mercy* oder das Lied vom *Watermelon Man*. Die Band war mit Trompete, Tenorsax, Posaune, Piano, E-Baß und Schlagzeug besetzt. Neben der Growl-Trompete des langen **Bernd Dieckmann** klang besonders der Pianist **Dietrich Walsdorff** recht „soulful". Die dufte Posaune blies – und das ist für einige sicher eine Überraschung – „Deutschlands Jazzsänger Nr. 1", **Knut Kiesewetter**. Der Sieger zahlreicher Jazzpolls war nämlich früher ganz schlicht der Tailgate-Mann einer inzwischen dahingeschiedenen Dixielandband namens **CELLAR SIX** gewesen."

GUNTHER WIEDECKE

THE TROMBONE MAN

Wenn man die Geschichte der RIVERKASEMATTEN erzählt, darf man einen Musiker nicht vergessen, der von 1958 bis 1968 die Geschichte der „Matten" entscheidend mitgeschrieben hat. In diesen 10 Jahren stand **Gunther Wiedecke** mit den unterschiedlichsten Musikern auf der kleinen Bühne und sorgte auch sonst dafür, daß die Stimmung nicht zu kurz kam.

1956 begann alles damit, daß er von seinen Eltern eine Posaune bekam. Wie mir Gunther erzählte, nahm er die Posaune einfach in die Hand und spielte sie. Dieses Naturtalent, sein „Naturansatz" und seine ganz spezielle Zugtechnik wurde ihm, wie er sagt, unter anderem von *Franz Thon* und *Alfred Hause* bestätigt. Im selben Jahr war er dann auch schon an der Seite von **Abbi Hübner** und **Gerhard Vohwinkel** im ORIGINAL BARRELHOUSE ORCHESTRA zu hören. Die Musik, die er bevorzugte, war immer der Swing in allen Varianten. Seine Vorbilder waren *Count Basie*, *Jay Jay Johnson* und die Musik von *Eddie Condon*.

Es folgten die „Matten-Jahre" mit vielen interessanten Begegnungen. So traf er unter anderem *Count Basie*, *Wild Bill Davison*, *Ella Fitzgerald*, *Woody Herman*, *Chris*

Gunther Wiedecke links: Auf eine gute Freundschaft mit Wild Bill Davison, Riverkasematten, 60er Jahre

Gunther Wiedecke rechts, mit Knuth Kiesewetter, 1960

Barber und die *Dutch Swing College Band*. Besonders herzlich war das Treffen mit Ella. Mit den Worten: »Ich liebe so junge Musiker wie dich!« drückte sie ihn an ihre Brust.

Gunther Wiedecke spielte außerdem mit der *Eggy Ley's Jazz Band*, mit den **HAMBURG ALL STARS** und mit der *Foggy Town Jazz Band* (Kiel). Viele Jahre arbeitete er mit **Knut Kiesewetter** zusammen.

Die letzten Jahre war er Mitglied bei den **BLACKBIRDS OF PARADISE** und **HARLEM JUMP**. Wegen einer Erkrankung wurde es etwas ruhiger um Gunther. Für 1995 und die nächsten Jahre gibt es aber neue musikalische Pläne, auf die man gespannt sein darf. Ich bin sicher, daß er wieder etwas Interessantes auf die Beine stellen wird. **Wolfgang Schlüter**, **Ladi Geisler** und **Günter Fuhlisch** sind im Gespräch. Wenn alles geklappt hatte, konnte man Gunthers wunderbaren, weichen Posaunenton, den seine Freunde so schätzen, ab Mitte 1995 wieder regelmäßig hören.

Gunther Wiedecke, 1959

CABINET JAZZMEN

LONG, DEEP AND WIDE

Peter Wehrspann schreibt in seinem „Jazzarchiv" über die damals so beliebte Hamburger Jazzband: »Als die Herren **Gerhard ‚Matz' Matthies, Joachim Rohlfs** und **Heiner Hertling** die ewigen Partys in der Dachkammer der elterlichen Wohnung des letzteren in der Parkallee, dem sogenannten „Cabinet" satt hatten, beschlossen sie, Musik zu machen. Man schrieb das Jahr 1957. Schnell waren die Instrumente „vergeben" und die Gruppe durch Hinzunahme weiterer Interessenten zur normalen Bandstärke aufgestockt: ‚**Matz' Matthies** (co), Wechsel. Das Piano übernahm bald **Werner Böhm**, das Schlagzeug **Charly Zinselmeyer**, die Klarinette der Reihe nach **Ulf Richter, Horst Reichert, Walter Lorenz** und **‚Bolle' Burmeister**. Als Verstärkung am Baß bzw. an der Tuba kam erst **Dietrich Lauenstein**, dann **Jan Rasmus Mahler** und zuletzt **Gerd Selle** hinzu.

Stets bereit, sich den musikalischen Ereignissen in jeder Form anzupassen, traten die **CABINET JAZZMEN** mal im „ordentlichen" Anzug, mal in einheitlicher Band-

CABINET JAZZMEN (v. l.): Dieter Gensch (b), Charly Zinselmeyer (dr), Heiner Hertling (bj), Werner Böhm (p), ‚Bolle' Burmeister (cl)

Aggi Rohlfs (tb), **Niels Toedter** (cl), ‚**Kachi' Joehnk** (p), **Heiner Hertling** (bj) und **H. P. Hochhausen** (dr). Noch im selben Jahr gab's den ersten großen Job im WINTERHUDER FÄHRHAUS. Der gefällige Beiderbecke-orientierte Stil kam gut an, und in den folgenden Jahren gehörten die **CABINET JAZZMEN** zur Créme der Hamburger Jazzszene. Auch Lorbeeren blieben nicht aus: So gewann die Band 1960 zum Beispiel den ersten Preis auf dem Norddeutschen Amateur-Jazz-Festival in Kiel.

Während das Gründungstrio bis 1963 mitmischte, gab es auf den anderen Posten teilweise häufige kleidung (rote Weste usw.), bisweilen auch mit Feuerwehrhelmen oder anderweitig kostümiert auf. Auch musikalisch war man nicht stur. So nahm man sich zum Beispiel den schönen alten Schlager *Ich hab' kein Auto* vor und präsentierte ihn in neuer, jazziger Form.

Die **CABINET JAZZMEN** waren es übrigens auch, die die Idee hatten, *Am Sonntag will mein Süßer mit mir segeln geh'n* herauszubringen. Das eingereichte Demo wurde von der Plattenfirma begierig aufgenommen – und der **OLD MERRY TALE JAZZBAND** untergejubelt.«

*Beim Jazz handelt es sich um Gift,
das die lüsternen Kriegstreiber
zur Verseuchung unserer
Jugend benutzen wollen!*
Äußerung des DDR-Schrifstellers Ludwig Turek auf der
Kulturkonferenz der SED

FREIHEITSDURST UND COCA COLA

Irgendwie hatte ich den Sender an unserem alten Grundig-Radio verstellt. Was mir da Anfang der 50er Jahre in den Gehörgängen steckenblieb, war mit Worten nicht zu beschreiben. Das war es! Diese Musik zog mich sofort in ihren Bann. Ohne Vorbehalt hatte ich diese Jazz-Musik akzeptiert. Etwas anderes kam nicht mehr in Frage! Gegen die deutschen Schlager, die ich bis dahin gehört hatte, kam es mir vor, wie Donnerhall aus einer anderen musikalischen Welt. *Sugar, Sugar Baby* gegen *Black Bottom Stomp*. Es konnte keine andere Entscheidung geben. Mehr als alles andere war diese Musik die Sprache der Gegenwart und wurde für mich zur wichtigsten Nebensache der Welt.

GARAGE SKIFFLE RAMBLERS, 1958

Es sollte dann noch zwei bis drei Jahre dauern, bis ich meinen geregelten Zugang zur Jazz-Musik gefunden hatte. Begegnungen mit Gleichgesinnten, in deren Elternhaus sogar noch Schellackplatten vorhanden waren. Neue Freunde, die mehr Taschengeld bekamen und dadurch in der Lage waren, sich die heißbegehrten ersten Langspielplatten zu kaufen. Ich selbst war nicht so gut dran und habe stattdessen unzählige Stunden in Schallplattengeschäften zugebracht. Hier ließ ich mir alles vorspielen, was mich faszinierte. Hier träumte ich manche Stunde von einer eigenen Plattensammlung. Von meinem ersten ersparten Geld kaufte ich dann die ersten Schallplatten, ohne ein Abspielgerät zu besitzen. Das waren Zeiten, die ich nie vergessen werde!

1958 war der Wunsch, selbst diese Musik zu spielen, so groß, daß ich mit zwei Klassenkameraden beschloß, eine Band zu gründen. Nun hatten wir richtige Probleme. Der eine spielte recht ordentlich Banjo, wollte aber Gitarre spielen. Der andere spielte Gitarre, wollte aber lieber Trompete spielen, ohne eine zu besitzen. Welcher Art meine Mitwirkung sein sollte, war bis dahin noch völlig unklar. In den ersten Übungsstunden versuchte ich erst einmal, auf einem Kamm die Trompete zu ersetzen.

In der Nachbarschaft fand sich dann ein Kumpel, der vorgab, Trompete spielen zu können. Sein Instrument entpuppte sich als Waldhorn, welches er auf dem Dachboden gefunden hatte. Nachdem er uns etwas vorspielte, das mehr nach *Die Sau ist tot* als nach Louis' wunderbarem *Dippermouth Blues* klang, mußten wir diesen engagierten Mann vergessen.

Mir war klar, daß es nicht beim Kammblasen bleiben konnte, und ich klemmte mir das Waschbrett meiner Großmutter unter den Arm. Auf dem Weg zum dritten Übungsabend begegnete mir ein Freund, den ich in zehn Minuten überredete, Baß zu spielen. In kurzer Zeit hatten wir eine Teekiste zu einem solchen Instrument umfunktioniert.

Unermüdlich wurde geübt, manchmal jeden Tag. Am Anfang spielten wir nur Jazztitel. Als sich nach zwei Monaten immer noch keine Bläser fanden, beschlossen wir, Skiffle-Musik zu machen. Da wir in einer Garage übten, nannten wir uns **GARAGE SKIFFLE RAMBLERS**.

Nach etwa drei Monaten schmiß der Bassist das Handtuch. Ein neuer Mann fand sich schnell, und ein zweiter Gitarrist gesellte sich dazu. Da der Winter vor der Tür stand und wir nicht mehr in der Garage üben konnten, mußten wir uns einen neuen Übungsraum suchen. Auch das klappte. Jetzt nannten wir uns **ELBETOWN SKIFFLE FIVE**, da wir alle in Wedel wohnten. Wir machten recht gute Fortschritte und bemühten uns bald schon um die ersten Auftritte.

So zogen wir also über die Dörfer, bemüht, unsere Musik unter die Leute zu bringen. »Das Negergedudel« oder »die Urwaldmusik kommt mir nicht ins Haus«, waren die ersten Reaktionen der Veranstalter. Zum Glück waren dies aber dann doch die Ausnahmen, so daß unsere

Motivation keinen allzu großen Schaden nahm. Mit einem Mikrofon und einem alten Radio als Verstärker lief es sogar besser als erwartet. So gingen etwa zwei Jahre ins Land. Mein Wunsch, richtigen Jazz zu spielen, wurde immer größer.

ELBETOWN SKIFFLE FIVE, 1959

In Hamburg fanden sich dann die ersten mehr oder weniger unbekannten Bands, die mich einsteigen oder auch einmal einen ganzen Abend mitspielen ließen. Ich lernte jemanden kennen, der mich auf seinem Schlagzeug üben ließ. Ein Winterhalbjahr trommelte ich, wieder einmal in einer Garage, was das Zeug hielt. Bei ca. 10 Grad minus hatte die Mutter meines Freundes endlich Mitleid mit mir, und ich durfte im Keller weiter üben. Nach ein paar Wochen, ich hatte es eigentlich schon recht weit gebracht, war auch damit Schluß. Durch die Schallwellen oder die Erschütterungen flogen ein paar Einmachgläser aus den Regalen, und ich bekam Hausverbot. Der Schlagzeugtraum war somit erst einmal ausgeträumt. Die nächsten Jahre vergingen dann mit verschiedenen Engagements, die alle nur von kurzer Dauer waren. Es war schon ein hartes Musikerleben …

Bis Mitte der 60er Jahre war ich dann Stammgast in der JAILHOUSE TAVERNE. Die **JAILHOUSE JAZZMEN**, die ich dort jede Woche ein- bis zweimal hörte, haben mich entscheidend geprägt. Das war die Musik, die ich hören und natürlich auch spielen wollte. Die großen Konzerte der internationalen Bands waren mir bis dahin versagt geblieben, weil mein Lehrlingsgehalt von 80,00 DM vorne und hinten nicht reichte. Hier in der JAILHOUSE TAVERNE kostete es eine Mark Eintritt, und wenn Kassierer **Dieter Binda** gute Laune hatte, kam man als Lehrling auch einmal umsonst hinein. Ich habe dort viele Stunden glücklich und zufrieden zugebracht.

»Jatzgeist, Qualm und rauhbeinige Inbrunst, Freiheitsdurst und Coca Cola – so blieb er uns im Ohr, der berühmte Jatz aus der JAILHOUSE TAVERNE am Alten Steinweg in Hamburg, dicht beim Michel und nicht weit entfernt von St. Paulis wohltuend lange geöffneten Chinalokalen. Kellermusik von der nichtloszuwerdenden Ohrwurmsorte. New Orleans, Kansas, Blues, Gospel und Swing aus der Jatz-Kampfzeit der 60er Jahre.« So steht es treffend auf einer Plattenhülle dieser Band.

Man mußte in dem engen Schlauch unterhalb eines an der Steinwegpassage gelegenen Möbelgeschäfts den Kopf zur Seite drehen, um das musikalische Geschehen verfolgen zu können. Jeder war aufgefordert, sich an dieser Stimmung zu beteiligen; ein Frevler, der sich dabei über andere Dinge unterhielt. Trotz der Riesensause, die dort jeden Mittwoch, Freitag und Sonnabend veranstaltet wurde, nahm man ihn hier ernst, den schon so oft totgesagten Jazz, so ernst, daß keine fremden Elemente wie Folklore, Popmusik oder gar moderner Jazz zugelassen waren. Hier war das Zentrum des alten Jazz. Hier wurde andächtig zugehört und nicht dazwischengeredet. Selbst das Rauchen war vor der Bühne, aus Rücksicht auf ein noch nicht ausgeheiltes Lungenleiden eines Musikers, nicht gestattet. Diese Musik war und ist heute noch Bestandteil der Neustadt, dieses Stadtteils, der seinen Namen so sehr zu Unrecht trägt.

COBBERS WASHBOARD BAND, 1976 (v. l.): Rolf Kaestner, Uwe Wenninger, Klaus Neumeister, Claus Albert, Jürgen Kampmann

Aus beruflichen Gründen mußte ich dann etwa 10 Jahre, bis 1976, kürzer treten und konnte nur passiv am Hamburger Jazzgeschehen teilnehmen. Als feststand, daß ich mehr Zeit haben würde, ging es dann auch wieder richtig los:

- Von 1976 bis 1977 mit **COBBERS WASHBOARD BAND**. Einer Gruppe, die einen Stil bevorzugte, der sich mehr an die Ursprünge der Washboard-Musik der 20er Jahre anlehnte als an die aus England importierte Skiffle-Musik.
- Von 1977 bis 1981 war ich Mitglied im **DREAMLAND ORCHESTRA**. Mit dieser Formation war in Hamburg eine Jazzband zu Hause, die mit ihrem Ballroom-Sound zu diesem Zeitpunkt eine große Anhängerschaft begeisterte.
- Von 1981 bis 1983 war ich Mitglied der **BLUE WASHBOARD BLOWERS**. Hier war man dann mehr am klassischen New Orleans-Stil interessiert.
- 1984 bis 1986 folgte eine Zeit der Neuorientierung. Teilweise war ich Mitglied, teilweise Mitbegründer verschiedener Bands, z. B. **HOT SKIFFLE SOCIETY** und **NEW ORLEANS WASHBOARD KINGS**, um nur zwei zu nennen.

Nebenbei machte ich diverse Aushilfen in verschiedenen Gruppen. In dieser sehr lebhaften Zeit wurde der Wunsch nach einer eigenen Band immer größer.

1986 folgte dann endlich die Gründung der **APEX WASHBOARD WONDERS**, die recht schnell in **APEX JAZZ BAND** umbenannt wurde – an anderer Stelle mehr über diese Band.

In den Jahren 1978 und 1979 habe ich mich übrigens auch als Manager eines Country-Sängers versucht. Wer erinnert sich noch an „Frankie Hammer and Cowpoke"?

Über musikalische Langeweile kann ich mich also seit 1976 wahrlich nicht beklagen. Was anfänglich als Hobby begann, ist mittlerweile zu einer großen Leidenschaft und einem festen Bestandteil meines Lebens geworden.

DER COTTON CLUB

Dieter Roloff: »Die Geschichte des COTTON CLUBS beginnt 1959. In diesem Jahr wurde er unter dem Namen VATI'S TUBE JAZZ CLUB im Tiefbunker Grindelhof 89b gegründet. 1961 wurde er von **Wolf-Dieter Roloff** übernommen, dem er auch heute noch gehört. 1963 wurde er in COTTON CLUB umgetauft. Bis 1965 blieb der COTTON CLUB in diesen Räumen. Dann zog er erstmals um, da der Mietvertrag ausgelaufen war. Das neue Domizil wurde das ehemalige TANGORETT in der Spaldingstraße (später DANNY'S PAN). Danach ging es weiter in der Paul-Roosen-Straße (St. Pauli). Weitere Stationen in verschiedenen Hamburger Stadtteilen folgten.

1967 wurde der Hamburger Jazzclub e. V. mit seinen Räumen im Hochbunker Poelchaukamp 10 übernommen. Der COTTON CLUB hieß sodann COTTON CLUB HAMBURGER JAZZCLUB e. V. Dort im Hochbunker blieb der COTTON CLUB bis Anfang 1971. Bis zu diesem Zeitpunkt wurden nur selten bekanntere ausländische Gruppen verpflichtet, unter anderem die *HGAW Band* aus Warschau und *Sammy Rimington* aus England. Doch fast alle namhaften Hamburger und teilweise auch auswärtige Gruppen spielten im COTTON CLUB. 1971 zog der COTTON CLUB in die vormalige JAILHOUSE TAVERNE am Alten Steinweg (Großneumarkt). Hier war der COTTON CLUB der erste, der sich bemühte, am Großneumarkt den Abbruch zu stoppen.

Von diesem Zeitpunkt an wurden neben bekannten deutschen Bands, wie zum Beispiel die *Barrelhouse Jazzband* aus Frankfurt und der *Allotria Jazzband* aus München auch häufiger ausländische Bands verpflichtet. Zum Beispiel die *Monty Sunshine Jazzband* London, *Steamboat Stompers* Prag, *Bob Kerr's Whoopee Band* England, *Rene Franc et les Bootleggers* Paris, *Brede Big Band* Schweden (13 Personen), *Peanuts Hucko* USA, *Pasadena Roof Orchestra* England, *Le Royal Tencopators* Paris, *Harlem Blues & Jazz Band* USA, *Max Collie's Rhythm Aces* England, *High Sierra Jazzband* USA, *Ken Colyer* England, *Berryl Bryden* England, *Bourbon Street Jazzband* Dänemark, *Mr. Acker Bilk* England, *Dutch Swing College Band* Holland, *Rod Mason Hot Five* England, *Renhornen Big Band* Schweden (35 Personen), *Vistula River Brass Band* Krakau, *Mighty Flea Connors* USA, *Papa Binnes Jazzband* ex DDR, *Metropolitan Jazzband* Krakau, *Gold Washboard Jazzband* Warschau, *Peruna Jazz Men* Kopenhagen, *Revival Jazzband* Prag, *Mission Hall Jazzband* England, *Fessor's Big City Band* Dänemark, *Sami Swoi* Polen, *Benny Waters & Alton Purnell* USA, *Geoff Bull's Olympia Jazzband* Australien, *Mysto's Hot Lips* Schweden und viele andere.

Außerdem begannen einige Gruppen im COTTON CLUB wie **LEINEMANN** mit **Gottfried Böttger**, **TRUCK STOP**, **BOURBON SKIFFLE COMPANY** und die **REVIVAL JAZZBAND**.

Am 24. April 1994 feierte der COTTON CLUB sein 35jähriges Jubiläum. Er dürfte damit der einzige, zumindest europäische Jazzkeller sein, in dem seit so langer Zeit fast täglich Jazzgruppen auftreten.«

© Cornelia Klintzsch

Peter Meyer (bj), **JAZZ LIPS:** »In unserer Heimstätte, dem COTTON CLUB, spielten wir weiterhin regelmäßig. Ich kenne keinen Jazzclub in Deutschland, der sich über die Jahre hinaus ein so treues Stammpublikum bewahrt hat. Einige Musiker in Hamburg sprechen manchmal etwas abfällig über den Club. Es gäbe nicht genügend Freigetränke, die Verstärkeranlage sei für einen Jazzclub nicht optimal, das Klavier könnte auch mal erneuert werden. Es ist mir ein großes Bedürfnis, für **Dieter Roloff** und seinen COTTON CLUB an dieser Stelle eine Lanze zu brechen. Ich kenne Dieter jetzt über dreißig Jahre. Er hat in all den Jahren – in guten und schlechten Zeiten – mit viel Energie und finanziellem Risiko fast allen Hamburger Bands und Musikern immer wieder Auftrittsmöglichkeiten geboten.

Wenn ich mich recht erinnere, habe ich vor fast fünfunddreißig Jahren das erste Mal für ihn gespielt. Er führte damals einen kleinen Jazzclub in einem unterirdischen Luftschutzbunker. Der Laden hieß VATI'S TUBE und wurde später in COTTON CLUB umbenannt. 1971 übernahm **Dieter Roloff** die Räume der ehemaligen NEW ORLEANS MEMORY HALL – früher JAILHOUSE TAVERNE – und führt seither dort sehr erfolgreich den COTTON CLUB. Jazzclubs wie BARETT, REMTER, ONKEL PÖ, RIVERKASEMATTEN, PÖDINGSMARKT, IM EIMER, alle sind sie verschwunden. Der COTTON CLUB aber besteht seit über 25 Jahren – wesentlich durch das Engagement und durch den kühlen Kopf von **Dieter Roloff** – zum Nutzen der Jazzgemeinde.

Ich spiele nach so langer Zeit auch heute immer noch sehr gern im COTTON CLUB. Er bietet eine einmalige Atmosphäre. Am Wochenende ist es brechend voll und entsprechend heiß. Die Luft ist verraucht, und schon nach den ersten Takten läuft einem das Wasser in Strömen herunter. Auf der kleinen Bühne sitzt man mitten im Publikum, spürt auch die kleinste Reaktion der Fans auf seine Musik und kann sofort darauf eingehen. Publikum und Band feuern sich gegenseitig an, und es entsteht ein „Miteinander", welches uns als Künstler zur Höchstform auflaufen läßt. In den Pausen unterhält man sich mit Freunden und Fans – und fühlt sich wohl.

Die Hamburger Bands haben im COTTON CLUB ihre Heimat gefunden, in einem mittlerweile international renommierten Club. Ich ziehe vor **Dieter Roloff** meinen Hut: für sein persönliches Engagement über all die vielen Jahre und seine Verdienste um die Hamburger Jazz-Szene.«

Hartwig Pöhner (cl, ss, ts), **HOT SHOTS:** »Im COTTON CLUB treffen die Jazzer sich seit 35 Jahren mit ihren Freunden, Musikern aus anderen Bands, Stammgästen und auch manchem Touristen, der irgendwo etwas von dem berühmten Jazz Club im Kellergewölbe unter dem Alten Steinweg in der Hochburg des alten Jazz, in Hamburg, gehört hat. Denn hier hat die Szene des swingenden, improvisierten Jazz und Blues in ihren unterschiedlichen Stilrichtungen all die Jahre gelebt; unabhängig davon, ob die Presse die sogenannte „Hamburger Szene" gerade mal blühen oder bemitleidenswert welken ließ.

Während der Pausen sind wir meist vorn am Tresen zu finden. Das trägt zur guten Cotton-Club-Laune bei und gibt reichlich Gelegenheit, mit allen versammelten Freunden und unserem Wirt, **Dieter Roloff**, über den Abend, die Musik und die jüngsten Neuigkeiten aus der großen Hamburger Jazzerfamilie zu reden.«

Der COTTON CLUB hat mittlerweile einen Bekanntheitsgrad, der wohl einmalig sein dürfte. Anläßlich ei-

cotton club

Alter Steinweg 29-31.
☎ 343878

- 30.5. Fr JAZZ FORCE mit u.a. Knut Kiesewetter
- 31.5. Sa ABBI HÜBNER'S LOW DOWN WIZARDS
- 1.6. So Campfire (Skiffle + Folksongs)
- 3.6. Di New Orleans Quarter (Oldtime)
- 4.6. Mi Krazy Kapers (Dixieland)
- 5.6. Do Travellin' Jazzmen
- 6.6. Fr BLACKBIRDS OF PARADISE (Hot Jazz)
- 7.6. Sa MOUNTAIN VILLAGE JAZZMEN
- 8.6. So Schulzke's Skandal Trupp (A-Z)
- 10.6. Di LOUISIANA SYNCOPATORS (Happy Jazz)
- 11.6. Mi HOT SHOTS (Oldtime)
- 12.6. Do Travellin' Jazzmen
- 13.6. Fr Heinz Junghans Jazzmen
- 14.6. Sa REVIVAL JAZZBAND
- 15.6. So Travellin' Jazzmen
- 17.6. Di Dreamland Orchestra (Dixieland)
- 18.6. Mi New Orleans Jazz Hawks
- 19.6. Do Travellin' Jazzmen
- 20.6. Fr JAZZ FORCE mit u.a. Knut Kiesewetter
- 21.6. Sa BANJO CRACKERS mit u.a. Peter Meyer
- 22.6. So Cobber's Washboard Band (Skiffle)
- 24.6. Di JAZZ LIPS
- 25.6. Mi HOT SHOTS (Oldtime)
- 26.6. Do Travellin' Jazzmen
- 27.6. Fr ABBI HÜBNER'S LOW DOWN WIZARDS
- 28.6. Sa Dreamland Orchestra (Dixieland)
- 29.6. So 4 Jahre TRAMPS & HAWKERS (Freibier)

COTTON CLUB Programm 70er Jahre

Mo.-Sa. Einlass ab 20 Uhr
Programm ab 20.30 Uhr
Reservierte Plätze müssen
bis 20.30 eingenommen sein!

...wo der Jazz noch Jazz ist!

Hamburgs erster Jazzkeller
Inh. W. Dieter Roloff

Alter Steinweg 10 · 20459 Hamburg / Großneumarkt · Tel. 040/343878 · Fax 040/3480123
(S-Bahn: Stadthausbrücke / U-Bahn: Rödingsmarkt)

Januar 97

3.1.	Fr.	Norbert Susemihl's Arlington Annex (New Orleans Music)
4.1.	Sa.	Harlem Jump (Hot Swing)
5.1.	So.	**FRÜHSCHOPPEN 11-15 Uhr:** Southland Serenaders (Oldtime Jazz)
6.1.	Mo.	STEAMROLLER (Blues'n Boogie)
7.1.	Di.	Heinz Junghans Jazzmen (Dixieland)
8.1.	Mi.	LES ENFANTS DU JAZZ (Dixieland)
9.1.	Do.	RAGTIME UNITED (Happy Oldtime Jazz)
10.1.	Fr.	Hot Shots (Hot Jazz)
11.1.	Sa.	Louisiana Syncopators (Happy Oldtime Jazz)
12.1.	So.	**FRÜHSCHOPPEN 11-15 Uhr:** Wood Cradle Babies (Dixieland)
13.1.	Mo.	**JO BOHNSACK** (Piano Blues & Boogie-Woogie)
14.1.	Di.	JAZZ O' MANIACS (Hot Jazz)
15.1.	Mi.	COTTON CLUB BIG BAND
16.1.	Do.	ONIONS JAZZBAND (Oldtime Jazz)
17.1.	Fr.	Jazz o' Maniacs (Hot Jazz)
18.1.	Sa.	Michael Gregor's Revival Jazzband
19.1.	So.	**FRÜHSCHOPPEN 11-15 Uhr:** Skiffle Track (Skiffle Group)
20.1.	Mo.	**TOM SHAKA** (Blues aus Texas)
21.1.	Di.	Heinz Junghans Jazzmen (Dixieland)
22.1.	Mi.	BLACK JASS (1923-29)
23.1.	Do.	HOT SHOTS (Hot Jazz)
24.1.	Fr.	Jazz Lips (Hot Jazz)
25.1.	Sa.	**BOTTOMLAND ORCHESTRA**
26.1.	So.	**FRÜHSCHOPPEN 11-15 Uhr:** Skiffle Jam (Skiffle Group)
27.1.	Mo.	Jazz Train
28.1.	Di.	Low Rabbit Jazz Gang (Dixieland)
29.1.	Mi.	Apex Jazzband (Oldtime Jazz)
30.1.	Do.	Clambake Seven mit Michael Gregor
31.1.	Fr.	**MÜNSTER's OLD MERRY TALE JAZZBAND**
9.2.	So.	**LE CLOU**, Frankreich
15.2.	Sa.	**CHRIS BLOUNT N.O. JAZZBAND**, GB.
22.2.	Sa.	**BOURBON SKIFFLE COMPANY**
24.2.	Mo.	**MONTY SUNSHINE JAZZBAND**, GB.
8.3.	Sa.	**SENIOR JAZZBAND**, Prag
15.3.	Sa.	**MYSTO's HOT LIPS**, Schweden
13.4.	So.	**HERMANN BÄRTHEL**

Cotton club — Seit über 35 Jahren und das fast täglich

Termine für Privatveranstaltungen auf Anfrage.
Vorverkauf: E.Schumacher, Colonnaden

nes Auftritts in Berlin (September 1996) fand ich auf allen Tischen ein aktuelles Cotton-Club-Programm ausliegen. Auf meine Frage, ob denn auch jemand nach Hamburg fahren würde, wurde mir geantwortet, daß es häufig kleine Gruppen gäbe, die am Tage anreisen und noch in der Nacht heimfahren.

Bei meinem letzten Aufenthalt in New Orleans wurde ich von einem begeisterten Jazz-Fan gefragt – als er erfuhr, daß ich aus Germany kam – ob ich denn schon einmal im COTTON CLUB gespielt hätte. Hamburg kannte er nicht, aber den COTTON CLUB!

Und vor ein paar Jahren traf ich in Griechenland einen Banjospieler aus Australien. Er erzählte mir, daß er in den 70er Jahren einmal im COTTON CLUB aufgetreten sei.

Diese Art von Geschichten ließe sich sicherlich noch lange fortsetzen.

Was ist nun das Besondere an diesem beliebten Jazz Club, an diesen „heiligen Hallen", da „wo der Jazz noch Jazz ist!"? Ist es das vielfältige und abwechslungsreiche Musikprogramm, das hier jeden Tag geboten wird? Ist es die ganz besondere Atmosphäre, der Reiz einer Kellerkneipe, der die Menschen schon immer angezogen hat? Ist es der hautnahe Kontakt zu den Musikern und den anderen Jazzbegeisterten? Es ist wohl die Mischung aus allem.

Eines scheint mir aber in diesem Zusammenhang ganz besonders wichtig zu sein: Fast jeder, ob blutiger Anfänger oder Profi, bekommt von **Dieter Roloff** eine Chance, bekommt die Möglichkeit, seine Musik vor Publikum zu präsentieren, sich zu bewähren. Jeder kann herausfinden, ob sich das monatelange Üben im Verborgenen gelohnt hat, ob die Musik gut genug ist, um damit an die Öffentlichkeit zu treten.

Mir selbst war es nicht immer vergönnt, in einer der etablierten Hamburger Bands zu spielen. Um so dankbarer war ich immer, wenn ich mit einer neu gegründeten Band – zweimal war es sogar der erste Auftritt – dort spielen durfte.

Seit 1960 bin ich Stammgast in diesem Club. Bis Mitte der 60er Jahre war der COTTON CLUB für mich ein- bis zweimal die Woche so etwas wie ein zweites Zuhause. Damals hieß der Club noch JAILHOUSE TAVERNE und war das Domizil der **JAILHOUSE JAZZMEN**. Aus beruflichen und privaten Gründen wurden meine Besuche dann zwar seltener, aber das Gefühl, dort immer willkommen zu sein, ob als Gast oder Musiker, habe ich nie verloren. Bis zum heutigen Tag habe ich unzählige Stunden entweder vor oder auf der Bühne zugebracht. Für mich ist der COTTON CLUB immer mehr als nur eine Stammkneipe gewesen. Hier hatte ich viele freundschaftliche Begegnungen mit Musikern und Gleichgesinnten. Viele Kontakte, die für mich als Musiker wichtig waren, konnte ich dort knüpfen. Hier konnte und kann ich immer noch jederzeit die Musik hören, die mich begeistert.

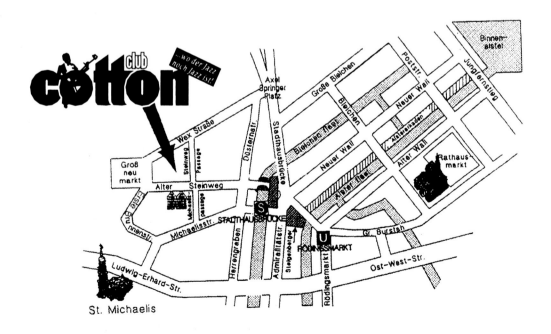

Natürlich steht Ihnen auch der COTTON CLUB und sein Team für Ihre private oder geschäftliche Feier zur Verfügung.

DIE JAILHOUSE TAVERNE

Abbi Hübner: »Die Geschichte des Lokals zu erzählen, in dem der COTTON CLUB heute zu Hause ist, ist eine Aufgabe, zu der ich mich deswegen besonders aufgerufen fühle, weil ich, vor nunmehr 35 Jahren, damals noch Chef der **JAILHOUSE JAZZMEN**, zusammen mit **Dieter Binda**, dem Freund, Fahrer und Faktotum unserer Kapelle, dieses Lokal nicht nur entdeckt, sondern auch, nachdem die Pächter, das Ehepaar **Lotti** und **Karl Fleschner** durch vereinte Binda-Hübner'sche Überredungskunst davon überzeugt werden konnten, daß sich der nötige, dazu kostenaufwendige Ausbau ihrer kleinen Kellerbar lohnen würde, für das Hamburger Jazzleben gewonnen habe.

Als wir am 28. 11. 1959 mit den **JAILHOUSE JAZZMEN** die JAILHOUSE TAVERNE eröffneten, hatte ich darüber hinaus dem Keller den Namen gegeben und bei der Raumgestaltung, dem Innenausbau ein gewichtiges Wort mitgesprochen; in gewisser Weise betrachtete ich den neuen Laden als „meinen" Jazzkeller. Der 28. 11. 1959 war insofern ein denkwürdiges Datum, als der Jazz traditioneller Prägung fortan und bis auf den heutigen Tag in Hamburg an gleicher Stätte ein Zentrum, eine feste Bleibe, ein Zuhause gehabt hat. Am Alten Steinweg 29 hat der Jazz überlebt, dort ist der Gral gehütet, die Flamme bewahrt worden, ob es eine „Szene Hamburg" nun gerade gab oder nicht, dort, am Alten Steinweg, im Keller des Hauses Nr. 29, haben sich immer wieder Musiker zusammengefunden, um den Blues zu verkünden, während das große Publikum in die Rock 'n' Roll-, Beat-, Pop- und Flop-Konzerte drängte. Hier hat das Herz der Hamburger Jazzmusik zwar langsam, aber regelmäßig geschlagen, fast fünfundzwanzig Jahre lang, und hier wird es auch weiterhin schlagen, das EKG sieht – allen Unkenrufen zum Trotz – gut aus.

In der JAILHOUSE TAVERNE spielten zehn Jahre lang die **JAILHOUSE JAZZMEN**, und zwar zunächst mittwochs, freitags und sonnabends, später nur noch freitags und sonnabends. Die Band trotzte allen Belagerungs- und Einbruchsversuchen, wehrte auch raffiniert eingefädelte Unterwanderungsbestreben erfolgreich ab und gestattete erst sehr spät anderen Hamburger Jazzbands, an Wochenenden in der JAILHOUSE TAVERNE vertretungsweise auszuhelfen. Gegen Auftritte anderer Kapellen in der Woche gab es eigentlich von Anfang an keine Bedenken, ich kann mich erinnern, daß die **HOT OWLS** bereits 1963 in der JAILHOUSE TAVERNE spielen durften. Ich habe dann 1964 die **JAILHOUSE JAZZMEN** und die JAILHOUSE TAVERNE verlassen, die **LOW DOWN WIZARDS** gegründet, war einige Jahre – als Abtrünniger verfemt – ein ungern gesehener Gast in „meinem" Jazzkeller und durfte erst ab 1968 mit meiner neuen Band wieder in der JAILHOUSE TAVERNE auftreten. 1969 zogen sich die Fleschners aus dem Geschäft zurück, und **Gerd Eggers** übernahm die Taverne, wollte allerdings das Lokal sämtlichen Hamburger Bands erschließen. Enttäuscht und verbittert zogen sich die **JAILHOUSE JAZZMEN** in das JAZZHOUSE zurück und versagten sich der in NEW ORLEANS MEMORY HALL umbenannten JAILHOUSE TAVERNE. Das war allerdings, wie sich rasch zeigte, ein Schritt in das musikalische Abseits, denn der Jazz pulsierte, blühte und wirbelte in der NEW ORLEANS MEMORY HALL wie in den besten, den ersten Jahren der JAILHOUSE TAVERNE. Die zwei Jahre mit **Gerd Eggers** am Alten Steinweg 29 waren ein Höhepunkt, der „Himmel über Dixieland", Gerds Tresen war der Mittelpunkt des Hamburger Jazzlebens, sein Laden die Stammkneipe der Hamburger Jazzer. Nie wieder waren Harmonie und Zusammengehörigkeitsgefühl unter Hamburgs Jazzmusikern so ausgeprägt wie damals. 1971 ging diese schöne Episode zu Ende.

Seither ist der COTTON CLUB am Alten Steinweg beheimatet, und **Dieter Roloff** hält diese Bastion, diese Kasematten des Jazz unbeeindruckt vom Auf und Ab der Publikumsgunst, er hält sie für eine Handvoll treuer Anhänger.

Besucher des COTTON CLUBS sollten sich immer bewußt sein: Sie stehen auf geweihtem Boden! Einen Jazzclub, in dem seit über 35 Jahren traditioneller Jazz gemacht wird, dürfte es in Europa kaum zum zweiten Mal geben, und die Existenz dieses Clubs, das Wirken der Musiker in diesen rauchgeschwärzten und verwinkelten Räumen erspart vielen Jazzfreunden eine weite Reise.«

JAZZ ODER SO

Bernd Kruse: »Meine musikalische Laufbahn begann etwa 1956 im Herbst. Ich besuchte das Walddörfer Gymnasium. Als Schüler des Walddörfer Gymnasiums gehörte es zum guten Ton, mindestens ein Instrument zu spielen. Mein Interesse galt der klassischen Musik. Also stellte mir die Schule ein Cello zur Verfügung und mein Kampf mit Noten, Harmonien und Takten begann.

Voller Elan übte ich meine Etüden und brachte es nach etwa zwei Jahren doch immerhin zum dritten Cellisten im Walddörfer Schulorchester. Damit schien meine Musikrichtung festgelegt zu sein.

Irgendwann hörte ich jedoch eines Nachmittages für diese Schule völlig ungewohnte, neue Töne aus dem kleinen Musiksaal. Das hörte sich doch genauso an wie diese für uns damals unerhört provokative Musik aus den englischen Soldatensendern. Neugierig geworden, ging ich also rein und traf dort einen Schüler der Oberstufe, der mit einigen Freunden rumjazzte.

So lernte ich den Posaunisten und Mitbegründer der **NEW CELLAR SIX**, **Klaus Linse** kennen. Nachdem ich einen Auftritt der Band erlebte, war meine Begeisterung für diese Art Musik erwacht. So begann ich, mich in die Musik reinzuhören. *Louis Armstrong*, *Chris Barber*, *Monty Sunshine*, *Dutch Swing College Band* – das waren zu der Zeit unsere ersten Favoriten.

Eine solche Musik wollte ich unbedingt einmal selbst spielen können. Das war jedoch leichter gedacht als getan. Zunächst mußten Musiker aus unserer Altersstufe gefunden werden. Die „Herren" der Oberstufe gaben sich ja nicht mit uns lausigen Anfängern ab.

Als ersten fand ich in unserer Straße einen Nachbarn, **Michael ‚Mike' Tretau**, der damals zunächst Banjo spielte. Aus der Nachbarklasse in der Schule stieß ich auf **Walter ‚Faller' Voß**, der Posaune spielte. Mit einer von den Pfadfindern geliehenen Marschtrommel begann meine Laufbahn als Schlagzeuger, und wir drei bildeten den Grundstock der ersten Unterstufen-Schülerband in Volksdorf.

Schon bald hatten wir riesiges Glück. Im Schoolmeesterkamp in Volksdorf stießen wir auf ein „Jazzernest". Dort wohnten nämlich **Georg** und **Volker Moslehner** sowie **Heiner Wendt** und **Peter Brüchmann** mit seinem Jazzbus. **Volker Moslehner**, Piano (heute ist er Musikproduzent und Schlagermacher, damals schrieb er unter anderem *Mädchen mit roten Haaren* oder *Wie geht es Robert*) war in der Lage, unserer Band den erforderlichen musikaltechnischen Teil zu vermitteln. Sein Bruder Volker, Kistenbass (heute Inhaber der Daimler-Benz-Niederlassung in Caracas, Venezuela) sorgte für den richtigen Groove.

Heiner Wendt, Klarinette war für uns wie *Monty Sunshine*. Inzwischen hatte ‚Mike' Tretau das Banjo getauscht. Den Banjopart übernahm ein Mitschüler aus meiner Klasse. Es war **Jon Meins** (heute Justitiar bei Porsche). Fertig war die erste wirklich spielfähige Band aus Volksdorf. Sie erhielt den Namen **MIKE MCKORNETT SIX**.

MIKE McKORNETT SIX, 1961 (v. l.): Jon Meins, Bernd Kruse, Michael Tretau, Heiner Wendt, Volker Moslehner, Georg Moslehner

Mit dieser Besetzung spielten wir sehr erfolgreich ab Sommer 1958 bis zum Herbst 1961. In dieser Zeit fand unter anderem der erste öffentliche Jazzbandball im Restaurant Hove in Volksdorf statt. Es war eine gelungene Veranstaltung, die unseren Ruf weit über die Grenzen von Volksdorf hinaus bekannt machte.

Auftritte auf Schulfesten, in Jazzbunkern (damals schon bei **Wolf-Dieter Roloff**) und in Dänemark machten die Gruppe bekannt. Im Herbst 1961 gab die Gruppe einen riesen Abschiedsball bei Timmermann in Ahrensburg und löste sich danach auf. Der Wehrdienst verschonte auch uns nicht. Wehrdienstverweigerung aus musikalischen Gründen wurde damals noch nicht anerkannt. Also rückte ich im Herbst 1961 zum, wie es damals hieß, 12monatigen Grundwehrdienst ein. Schon zu Weihnachten erlebte ich eine große Überraschung: Der Wehrdienst wurde mal eben auf 18 Monate verlängert!

Es gab damals für Wehrpflichtige einen monatlichen Sold in Höhe von 55,00 DM. Nach meinem damaligen Preis/Durstverhältnis langte dieser Minimalbetrag auch bei Ausnutzung der günstigsten Soldatenkneipen „man eben" für fünf Tage, bei fester Bereitschaft (die Kaserne durfte jeweils für eine Woche nicht verlassen werden) reichte es für sieben Tage. So sollte ich 18 Monate aushalten? Nicht auszudenken!!

Und wieder einmal hatte ich Glück. An einem trüben Abend schlenderte ich in der Kaserne um die Kantine und hörte Live-Musik. Ich ging rein und staunte. Zwei meiner Ausbilder (Luftwaffe) spielten mit zwei Marinesoldaten zusammen Tanz- und Schlagermusik. (Das war insofern bemerkenswert, als sich damals die einzelnen Waffengattungen nicht immer unbedingt „grün" waren.) Und sie hatten keinen Schlagzeuger! Als sie hörten, daß ich Trommler sei, boten sie mir eine Probesession an. Ein Schlagzeug war in der Offiziersmesse vorhanden. Also: die Maschine rübergeholt, aufgebaut, und los ging es. Nach den ersten Anpassungsschwierigkeiten ging es jedoch ab dem dritten Bier ganz locker los. Nach dem fünften Bier waren wir musikalisch in Hochform und außerdem alle als Musiker per „du". Nach dieser Session bot mir der Bandleader **Volker Erfmann** den Einstieg in die Gruppe an.

Wie sich bald herausstellte, war es ein guter Entschluß, bei dieser Gruppe einzusteigen. Zwar mußte ich weitgehendst auf den Jazz verzichten und mich als „Tanzmucker" durchschlagen, aber das war bei meinem Standort in Rendsburg nicht anders zu erwarten.

Bedingung war, alle 14 Tage sonntagnachmittags für die Offiziere zum Tanztee zu spielen. Aber dafür durften wir an allen übrigen Tagen Auftritte in Kneipen annehmen oder bei anderen Gelegenheiten gegen Entgelt spielen (gut für mein Preis/Durstverhältnis). Diese Gruppe nannte sich **CONTETT**.

Der etwas eigenartige Name **CONTETT** entstand aus der Abkürzung für „Capelle Ohne Namen" und dem Anhängsel „Tett".

Wichtige Vorteile der ganzen Geschichte waren erstens die Möglichkeit, während der festen Bereitschaft die Kaserne zu verlassen. Während dieser Bereitschaft beantragten wir dann die Ausnahmeerlaubnis zum Verlassen des Standortes mit der Begründung, wir müßten uns Noten beschaffen.

Da uns die Offiziere vom Tanztee her persönlich kannten, erhielten wir die Genehmigung stets problemlos. Außerdem hatte ja alle 14 Tage ein anderer Offizier die Standortaufsicht. So kam nie der Verdacht auf, daß wir bei unseren vielen Notenkäufen ja eigentlich schon ganze Schränke voller Noten haben müßten.

Zweitens ließen wir uns bei Geländeübungen, die über das Wochenende hinausgingen, von unseren Offizieren zum Tanztee anfordern. So wurde die langweilige Freizeit im Gelände wenigstens durch einige Auftritte erträglicher.

Bleiben noch folgende Anmerkungen: Auftritte bei Bauernhochzeiten begannen in der Regel um achtzehn Uhr und endeten morgens zwischen vier und fünf Uhr. Danach brauchte man zwei Tage zum Regenerieren.

Einmal sollten wir in einer Kneipe zum Boselfestball spielen. Wir waren schon nachmittags zum Aufbauen in die Kneipe gefahren. Da fragte uns die Wirtin, ob wir auch den Boselmarsch spielen könnten. Nie gehört, den Titel. Aber die Wirtin zeigte uns am Klavier die Harmonien und die Melodie. Ruck zuck hatten wir den Boselmarsch drauf. Das hatte beträchtliche Folgen für uns, wie sich später herausstellte.

Die Gäste kamen vom Boseln (ein Kugelwurfspiel, welches den ganzen Tag über Feld und Wiese gespielt wird) in die Gaststätte. Es folgte die übliche Tischmusik, die Ansprachen wurden gehalten, und es kam der Augenblick, wo Boselkönig und -königin den Eröffnungstanz beginnen sollten. Wie die Wirtin uns vorher gesagt hatte, wurde von den vorherigen Kapellen an dieser Stelle ein Walzer gespielt. Darauf waren die Gäste wohl auch eingestellt.

Wir spielten nun aber den Boselmarsch. Erst ging ein ungläubiges Staunen über die Gesichter der Anwesenden, und dann legte das Königspaar los. Die übrigen Gäste warteten den Eröffnungstanz gar nicht erst bis zum Ende ab, sondern stürzten sich ebenfalls ins Getümmel. Es herrschte sofort eine ausgelassene Stimmung.

Aus Dank für diesen gelungenen Einstieg bestellte der König für uns eine Runde. Der Kellner brachte uns fünf Flaschen Bier und dazu, es war damals große Mode, fünf Puschkin mit Kirsche. Diese Runde stellte er unten am Bühnenrand ab. Ein ebenfalls unter den Gästen weilender alter General fragte uns, ob wir nicht auch den *Riverkwaimarsch* spielen könnten. Wir erfüllten auch diesen Wunsch, und es kamen fünf Bier und fünf Puschkin. Der Kellner stellte sie ebenfalls am Bühnenrand ab. Das Ende der Geschichte ist schnell erzählt. Die Bühne hatte eine Breite von circa 8 m. Am Ende der Nacht standen etwa 7,60 m Getränke am Bühnenrand. Wir mußten etwa bei 3,40 m aufgeben, zu trinken. In dieser Zeit hatten wir zwischen *Bosel-* und *Riverkwaimarsch* auch noch das eine oder andere Stück spielen können.

Nach dem Ende meiner Wehrdienstzeit mußte ich auf Wunsch der Wirtin mit dem **CONTETT** noch einmal auf dem folgenden Boselfest spielen. Diesmal hatte ich mir vorsichtshalber ein Zimmer im Gasthof reservieren lassen. Zu Recht, wie sich herausstellte.

Im Frühjahr 1963 war der Wehrdienst beendet, und ich suchte nach einer neuen Band. Ich spielte dann für einige Zeit bei **PAPA HANNES JAZZMEN**.

In dieser Gruppe spielten neben meinen alten Musikern **Heiner Wendt** und **Volker Moslehner** noch **Peter Harmann** (bj), **Wolfgang Schumann** (p), **Pit Främke** (tb) und **Hans Jürgen Schwenn** (tp). Mit dieser Truppe spielten wir unter anderem auch für die Mannschaft von **Eberhart Möbius** bei Betriebsfesten oder auf dem Schiff. Zu dieser Zeit spielte auch **Kai Sabban** bei **Eberhart Möbius**.

Danach folgte für mich eine große, musikalische Pause. Aus beruflichen Gründen mußte ich die Musik einstellen.

Das alte LÜTT HUUS in Volksdorf war ursprünglich von dem Gründer **Jens Möller** als reine Kneipe mit kleinem Imbiß konzipiert. Und der Laden lief. Dann wurde **Wolfram ‚Lüdel' Lütjens** der neue Inhaber. Wolfram stellte ein Klavier in den Laden und servierte nun neben Bier und kleiner Küche auch spontane, mitreißende Klaviersoli. Und der Laden lief über.

Anfang 1980 hatte es dann auch mich wieder voll erwischt. Ich kaufte mir ein Schlagzeug und begann mich wieder einzuspielen. Im LÜTT HUUS waren zwischenzeitlich immer mehr Musiker als Gäste anzutreffen. So blieb es natürlich nicht aus, daß diese dann auch ihre Instrumente auspackten und bei ‚Lüdel' mit einstiegen. Auf diese Weise kam es zu unvergeßlichen Sessions, von welchen die alten Insider noch heute schwärmen. Auch ich spielte bei diesen Sessions mit und lernte so die unterschiedlichsten Musiker kennen.

Eines Tages wurde ich mit einigen anderen Musikern als **LÜTT-HUUS-BAND** zu einer Verlobungsfeier von Stammgästen des LÜTT HUUS nach Horn bestellt. Dort spielte neben anderen **Regis Garnier** Klarinette und **Peter Räuker** Kornett.

Für mich wurde dieser Auftritt der Beginn einer bis heute andauernden, erfolgreichen Musikerzeit. **Regis Garnier** erzählte mir von seiner Gruppe, den **FRANCIS HOT ACES**, in welcher auch **Peter Räuker** spielte, und bot mir an, dort zu trommeln. Also begann ich im August 1981 bei den „F. H. A." (**FRANCIS HOT ACES**). Und ich bemerkte sofort einen gewaltigen Unterschied in der musikalischen Arbeit mit Regis. War es bisher so gewesen, daß man sich als Musiker mit der Band je nach Lust und Zeit traf, um ein paar Stücke einzuspielen und dann mit viel Bier und endlosen Diskussionen über die scheinbar beste Interpretation der Stücke stritt, mit dem Erfolg, das am Abend ein oder zwei Stücke irgendwie Gestalt annahmen, so war das bei Regis wohltuend anders.

Regis Garnier arrangierte sämtliche Stücke und brachte für jeden Bläser die entsprechenden Stimmen mit. Diese wurden kurz einzeln eingespielt, und dann begann die Satzarbeit. Die übrigen Mitspieler verhielten sich ruhig, so daß an jedem, einmal wöchentlich stattfindenden Übungsabend (Dauer 3 bis 4 Stunden) eine ganze Menge geschafft wurde. Bei den von Regis viel eingesetzten Riffs, Stoptimes und Breaks mußte sogar ich als Schlagzeuger nach Harmonien spielen. Das übte ungeheuer.

In der Band spielten zu diesem Zeitpunkt Bandleader **Regis Garnier** (cl, sax), **Peter Räuker** (tp), **Sönke Leu** (bj), **Dietrich Buchholz** (p), **Rainer ‚Baby' Kind** Sousaphone. Nur kurze Zeit später stieß dann auch **Albert Tamm** zu der Truppe, und wir hatten gleich einen Auftritt auf einer Messe in Neumünster. Dieser Auftritt wurde live vom NDR übertragen.

Im Herbst 1982 erreichte die Band dann ihre vorläufig endgültige Formation mit dem Eintritt von **Friedrich ‚Fiete' Bleyer** Klarinette und Sax. Zu dieser Zeit blickten die einzelnen Musiker bereits jeder auf folgenden musikalischen Werdegang zurück:

Albert Tamm: Er begann Ende 1954 als Tubist bei **Abbi Hübners** ersten **LOW DOWN WIZARDS**, danach spielte er bis 1957 mit den **JAILHOUSE JAZZMEN**, bis 1960 mit der **ST. JOHN'S JAZZBAND** und weiter bis 1963 bei den **HOT OWLS** mit **Peter Meyer**. Nach einer Pause bis 1975 kam dann der Neubeginn als Posaunist wiederum bei den **JAILHOUSE JAZZMEN**. Das ging so bis 1980. Ab September 1981 spielte er bei **FRANCIS HOT ACES**.

Peter Räuker: Er spielte seit Februar 1976 bei Regis. Damals hieß die Gruppe noch **FRANCIS ROYAL GARDEN SERENADERS**. Peter begann im zarten Alter von 13 Jahren mit dem Trompetenspiel. Unterricht erhielt er in einem Bläserchor. Zur Jazzmusik fand er als Autodidakt. Er spielte ebenfalls im **ALSTER JAZZ SYNDIKAT**. Seine damalige Interessenlage beschrieb er kurz und treffend mit: »Außer Musik, Mädels und Maibock noch Gitarre und dummes Zeug.«

Francois Regis Garnier: genannt Francis. Er begann mit sechs Jahren am Klavier. Das machte ihm aber nicht so viel Spaß, so daß er mit 17 Jahren das Klarinettespielen erlernte. 1960 gründete er in Paris den „River Boat Club" und trat dort auch selbst auf. Seit 1969 ist er in Deutschland und „daddelte" zunächst rein privat ein bißchen herum. 1972 erfolgte die Gründung seiner ersten Gruppe: »Als Hobby-Gruppe für Sonntagsträumer.« 1975 die ersten öffentlichen Auftritte mit den **CAKE WALKING BABIES**, dann mit den **FRANCIS ROYAL GARDEN SERENADERS**. Ab 1977 spielte er als Saxophonist und Arrangeur in der Hamburger Szene. Dann Gründung der **FRANCIS HOT ACES**.

Friedrich ‚Fiete' Bleyer: Im Alter von 10 Jahren kaufte der Vater für ihn die erste Klarinette beim Trödler. Nach anfänglich erfolglosem Selbststudium, nahm er dann über fünf Jahre Klarinetten-Unterricht. Mit 16 Jahren spielte er in seiner ersten Band und probierte es in weiteren Anfängerbands. Von 1960 bis 1963 spielte er schon im **BALLROOM ORCHESTRA**, danach in diversen kleineren Swingformationen, 1976 bis 1980 mit der **ALSTERWASSER SWING COMPAGNIE**. Es entstand seine erste Schallplatte. Ab 1980 spielte er mit den **OLDTIME TWEEDLERS**. (In dieser Band spielte ich ebenfalls einige Zeit und lernte dadurch ‚Fiete' kennen). Ab 1982 Eintritt bei den „F. H. A." »Mein erstes Saxophon habe ich unter großem häuslichem Donnerwetter als kleiner Lehrling per Kleinkredit erworben.«

Bernd ‚Kruste' Kruse: ist der Autor dieser Aufzeichnungen.

Sönke Leu: hat nach anfänglichen Versuchen auf der Gitarre dann doch lieber zum Banjo gegriffen. Er begann 1975 als Autodidakt. Seit März 1977 ist er Bandmitglied bei Regis. Er spielte als Vertretung in diversen Hamburger Bands, zum Beispiel mit den **ROYAL GARDEN JAZZMEN** oder im **ALSTER JAZZ SYNDIKAT**.

JAZZ ODER SO, 1986 (v. l.): Friedrich ‚Fiete' Bleyer, Karl-Heinz ‚Kalle' Bernhold, Wolfram ‚Lüdel' Lütjens, Bernd ‚Kruste' Kruse, Peter Räuker, Klaus Zapf

Rainer ‚Baby' Kind: hörte mit 14 Jahren den *Mitternachtsblues* und lernte danach das Trompetespielen. Er begann 1962 bei der *Steamboat Seven* in Bielefeld als Trompeter. Er entdeckt 18 Jahre später, daß eine Tuba viel schöner klingt und spielt nun seit 1979 ein sehr gepflegtes Sousaphone bei den „F. H. A." »Ich gehe in meiner kärglich bemessenen Freizeit dem Job eines MDS-Managers nach, um mir die vielfältigen Auftritte mit den „F. H. A." finanziell leisten zu können.«

Dietrich Buchholz: hat Anfang 1980 als Autodidakt begonnen, Jazz auf dem Klavier zu spielen. Er beschreibt seinen Stil als rhythmusbetont, die Melodie der Bläser begleitend. Er ist seit Mai 1981 Mitglied bei „F. H. A.".

Soweit also der musikalische Weg der Musiker bis 1982.

Ab 1983 spielten wir dann auf so herausragenden Ereignissen wie zum Beispiel „Vatertag in der alten Rader Schule" in Tangstedt. Hier kamen die Gäste zu Pferd, zu Fuß, mit dem Fahrrad oder im Kanu. Und es gab einen solchen Andrang auf Speisen und Getränke, daß die Bedienung mit dem Ausschank nicht Schritt halten konnte. Da ein großer Teil der Gäste sich jedoch mit „Marschverpflegung" eingedeckt hatte, kam es nur zu geringfügigen Durststrecken. Wir haben hier noch weitere 10 Jahre regelmäßig zum Vatertag gespielt (ab 1985 mit **JAZZ ODER SO**).

Unser Publikum wurde immer zahlreicher, die Stimmung war stets auf dem Höhepunkt, und im Laufe der Jahre lernte man seine Stammgäste auch persönlich kennen. Nachdem der Wirt **Reinhold Hinz** sein Geschäft in andere Hände übergeben hatte, wurden dort auch andere Gruppen eingesetzt.

Neben vielen Auftritten im neuen LÜTT HUUS (also schon im Keller), spielten wir dann auch regelmäßig zum Volksdorfer Stadtteilfest.

Am 1. April 1984 entstand unsere erste LP im COTTON CLUB. **Peter Wehrspann** machte die Aufnahmen und besorgte die Abmischung sowie die übrige Gesamtherstellung. Damit konnten wir erstmals einer breiteren Öffentlichkeit unsere Musikrichtung vorstellen. Wir waren mächtig stolz auf unser erstes Werk.

Bei diesen Aufnahmen sorgte übrigens unser Freund Wolfgang ‚Jimmy' Pantze für unser leibliches Wohl. Da der erste April ein Sonntag war, hatte in der Nähe des COTTON CLUBS kein Geschäft geöffnet. Jimmy, in der Szene bekannt auch als der schnellste Zapfer vom alten LÜTT HUUS, brachte uns extra aus Volksdorf ein großes Freßpaket vom Grillrestaurant „Frank de Fries". Dafür an dieser Stelle nochmals ein großes Dankeschön.

Wir waren nun also eine acht Mann starke Truppe, die eine schöne, alte Musik wiederbelebte. Und jeder Spieler wollte soviel wie möglich spielen. Nun liegt es aber in der Natur der Sache, daß wir mit dieser Musik und in dieser Stärke nur für ein ganz bestimmtes Publikum und zu besonderen Anlässen spielen konnten.

2. März 1985. Dieses Datum ist mir noch in guter Erinnerung, handelte es sich doch hierbei um die Geburtsveranstaltung meiner späteren Gruppe **JAZZ ODER SO**. Dieser Formation gehörten **Peter Räuker**, **‚Fiete' Bleyer**, **Bernd Kruse** und der Banjospieler **Herbert Nitz** an.

Wir hatten vorher noch nie in einer so kleinen Besetzung gespielt und überlegten auf der Hinfahrt, welche

Stücke wir wohl spielen könnten. Unser Auftrittsort war eine Kindertagesstätte in Billstedt. Dort erwartete uns eine Geburtstagsgesellschaft mit ungefähr 40 bis 50 Personen.

Wir spielten also zunächst die altbekannten Standardtitel von *Saints*, *World*, *Riverside* bis *Ice-Cream*. Das Publikum ging ordentlich mit, und wir wurden immer mutiger. So kam es, daß wir spontan auch Wünsche nach anderen Liedern, so gut es eben ging, erfüllten. Dadurch kamen auch diejenigen Zuhörer, welche dem Jazz nicht soviel abgewinnen konnten, erst richtig in Stimmung.

Einige Tage nach diesem Auftritt sprachen **Peter Räuker**, ,Fiete' Bleyer und ich noch einmal über dieses Ereignis. Wir beschlossen, es einmal mit einer kleineren Besetzung zu versuchen. Für ein solches Vorhaben mußten aber erst Musiker gefunden werden, die bereit waren, auch Oldies und Evergreens zu spielen.

Peter Räuker erklärte sich bereit, die Aufgaben eines Bandleaders zu übernehmen. Er hatte Komposition und Harmonielehre als Abi-Fach abgeschlossen und war somit für diese Aufgabe gut vorbereitet. Hätte ihm damals schon jemand gesagt, wieviel Arbeit und manchmal auch Enttäuschung er sich damit für die Zukunft aufladen würde, wer weiß, vielleicht hätte er es sich noch einmal anders überlegt. Gut für uns ist bis heute, daß er so eisern durchhält.

Viele Jazzer hielten es damals für unwürdig, mehr als nur Jazz zu spielen. Wir hörten uns also um. Als ersten gewannen wir **Rainer ,Baby' Kind**, und dazu gesellte sich am Banjo **Rolf Kostowski**.

Wir probierten also eine ganze Reihe neuer Sachen aus, und irgendwer fragte dann auch mal: »Sagt mal, was macht ihr eigentlich so?« Die Antwort lautete: »Wir machen Jazz oder so«. Damit hatten wir das Motto für unser musikalisches Suchen und gleichzeitig einen sicher nicht alltäglichen Bandnamen gefunden.

Das war die erste Besetzung von **JAZZ ODER SO**: Friedrich ,Fiete' Bleyer, Peter Räuker, Rolf Kostowski, Bernd ,Kruste' Kruse, Rainer ,Baby' Kind.

1986 veränderte sich die Besetzung erneut und grundlegend:

Friedrich ,Fiete' Bleyer (cl), **Karl Heinz ,Kalle' Bernhold** (b), **Wolfram ,Lüdel' Lütjens** (kbd), **Bernd ,Kruste' Kruse** (dr), **Peter Räuker** (tp) und **Klaus Zapf** (bj, g).

Karl Heinz ,Kalle' Bernhold: Er sorgt bis heute mit seinem dynamischen Baßspiel für den soliden Rhythmus in der Gruppe. Er bleibt im Herzen sicher immer der liebenswerte, heimliche Rocker. Ein früher typisches Merkmal von Kalle: Er stand vor seiner Baßbox, war mit 120 Watt „voll auf Sendung" und fragte ganz unschuldig: »Bin ich auch zu laut?«. Heute spielt er außerdem eine hervorragend swingende Akustik-Gitarre.

Wolfram ,Lüdel' Lütjens: Er stieß als letzter zur Truppe. Als Inhaber der bekannten Musikkneipe LÜTT HUUS, konnte er jeden Abend live music satt hören. Doch lieber spielte er selbst bei uns mit. Ob Boogie, Jazz oder Rock, er hatte alles drauf.

Klaus Zapf: Sein feeling für die am besten passende Harmonie bei schwierigen Melodieabläufen war wirklich bewundernswert. Wenn er, scheinbar völlig erschlafft, zu einem seiner starken Soli ansetzte, fesselte er seine Zuhörer stets aufs Neue. Sein Ausgleich: Nächtelange, intensive Diskussionen über so brisante Themen wie zum Beispiel die richtige Definition des „Fettfaltenbeugewinkels".

1986 spielten Peter, ,Fiete' und ich also sowohl bei den **FRANCIS HOT ACES** als auch mit unserer Gruppe **JAZZ ODER SO**. So spielten wir mit „F. H. A." im COTTON CLUB, im LÜTT HUUS und mit **JAZZ ODER SO** wenige Tage später ebenfalls im LÜTT HUUS, im Freizeitbad, am Rödingsmarkt und im AUERHAHN. Am 13. Juni 1986 feierten wir dann noch das 10jährige Jubiläum der **FRANCIS HOT ACES** im LÜTT HUUS. Eine große Anzahl aktiver Musiker, viele Gäste und Freunde der Gruppe feierten mit uns. Es wurde musikalisch ein besonderer Leckerbissen für die Zuhörer. Im Laufe des Abends setzten sich die Musiker in immer anderen Formationen zu ausgiebigen Sessions zusammen. Die Folge war eine bunte Mischung der verschiedensten Stilrichtungen und Zeitepochen.

In den folgenden Monaten erarbeiteten wir eine Vielzahl neuer Titel. Das bedeutete aber auch für Peter, ,Fiete' und mich: Abschied nehmen von den **FRANCIS HOT ACES**. In einem wahren Männergespräch nahmen wir in aller Freundschaft Abschied von Regis und seinen Mannen. Nicht ohne uns zu versprechen, daß wir uns bei Bedarf stets gegenseitig aushelfen würden.

Mit **JAZZ ODER SO** haben wir nun schon über zehn bewegte Jahre hinter uns gebracht, viele große Konzerte gegeben und zahlreiche Reisen unternommen. Vom 1. bis 8. Januar 1989 spielten wir auf der „Finnjet" und lernten Helsinki kennen. An Bord trafen wir *Don Happy Williams*, einen farbigen Pianisten der Spitzenklasse. Was er am Klavier draufhatte, ließ sogar ‚Lüdel' staunend verstummen.

Es folgten Auftritte in einigen Hamburger Hotels und für Radio Hamburg. Dort spielten wir in der „Rocknacht" live als Studioband. Bei diesem Auftritt lernten wir *Champion Jack Dupree* kennen. Ein für uns alle unvergessenes Erlebnis.

Ende 1989 starteten wir zu unserer ersten Tournee zum „Sotavento Beach Club" auf Fuerteventura. Auf dieser Reise lernte **Peter Räuker** seine jetzige Frau Kati kennen und lieben. Wobei das mit dem Lieben wohl nicht so ganz einfach war. Peter und ‚Fiete' teilten sich ein Zimmer. Als ‚Fiete' nun bemerkte, daß sich da etwas zwischen Peter und Kati anbahnte, meinte er in seiner bekannt trockenen Art: »Kommt mir ja nicht auf unser Zimmer, da will ich den „Schweinkram" nicht haben«.

Im Februar 1990 ging es dann wieder auf die „Finnjet". Dieses Mal als Quartett. Neben Peter, ‚Lüdel' und mir spielte **Jürgen Chang** einen professionellen Bass. Jürgen hatte vor der Fahrt keine Gelegenheit, mit uns zu proben, und mußte also gleich ins kalte Wasser springen. Er hat seine Aufgabe wirklich meisterhaft gelöst, und wir erinnern uns gern an diesen Trip. Leider kann Jürgen heute aus gesundheitlichen Gründen nicht mehr Bass spielen.

Dieses war dann übrigens unsere letzte gemeinsame Reise mit ‚Lüdel'. Nach unserer Rückkehr ist er aus persönlichen Gründen aus der Gruppe ausgestiegen.

Wir brauchten also ganz schnell einen neuen Keyboarder. Bei dieser Suche hatte ich Glück. Ich stöberte bei Amptown am schwarzen Brett und fand tatsächlich die Telefonnummer von einem freien Key-

JAZZ ODER SO, 1996 (v. l.): Karl-Heinz ‚Kalle' Bernhold, Reno Weiß, Bernd ‚Kruste' Kruse, Peter Räuker, Thorsten Hansen

boarder. Ich rief ihn an und stellte den ersten Kontakt her.

Der junge Mann hieß **Hagen Schulz** und war ein halbes Jahr vor der Wende aus Schwerin nach Hamburg gekommen. Dann kam Peter dran und mußte prüfen, ob Hagen den mittlerweile doch erheblich gestiegenen musikalischen Anforderungen der Band auch genügte. Die Prüfung fiel zu Peters Zufriedenheit aus, und nun mußte Hagen eingearbeitet werden. Diese Arbeit blieb überwiegend bei Peter hängen.

Hagen Schulz hatte in Schwerin Musik studiert und war musikaltechnisch nicht zu schlagen. Mit Jazz allerdings hatte er bisher noch keine Erfahrung gemacht. **Peter Räuker** hat ihn dann in kürzester Zeit umgestrickt. Die Zusammenarbeit funktioniert ganz hervorragend.

Den Jahreswechsel 1990/91 erlebten wir dann auf der Insel Lanzarote. Dort spielten Peter, Kalle, Hagen und ich. Verstärkt wurden wir, nur für diese Tournee, durch den Gitarristen **Helge Langbein**. Auftragsgemäß spielten wir dort ein überwiegend schlagerhaltiges Tanzprogramm. Abgesehen von den üblichen technischen Schwierigkeiten mit der dortigen Tonanlage (das muß wohl auf Inseln so sein) und einigen Anpassungsproblemen mit der, für unsere Auftritte zuständigen Chefanimateurin erlebten wir dennoch angenehme und interessante 14 Tage auf dieser Insel.

1991 und 1992 haben wir fast nur im norddeutschen Raum gespielt und dabei die, allen Musikern bestens bekannten Standard-Erlebnisse gehabt.

Irgendwann im Jahr 1992 hat sich auch unser Gründungsmitglied ‚**Fiete' Bleyer** von uns verabschiedet. Er wollte in den musikalischen Vorruhestand eintreten und nur noch die alten Jazztitel spielen. Unser Programm, das sich ständig erweiterte und änderte, war ihm dann doch zu anstrengend geworden. Nun spielt er mit viel Freude in der **APEX JAZZ BAND**.

Wir verbringen als Band mit unseren Frauen und Freundinnen seit mehreren Jahren regelmäßig das erste Wochenende im Dezember in Wyk auf der Insel Föhr. (Und ‚Fiete' ist hier immer noch dabei). Hier steht uns der Ginsterhof zur Verfügung. Der Ginsterhof ist ein großes, strohgedecktes altes Bauernhaus. Er bietet Schlafmöglichkeiten für rund 22 Personen. Also ausreichend Platz für uns.

Bei diesen Treffen wird nicht nur fröhlich gefeiert und Musik gemacht, sondern es werden auch mögliche Spannungen, wie sie sich im Spielbetrieb eines Jahres unter Musikern durchaus aufbauen können, geklärt und abgebaut.

Etwa im Juli 1992 nahm auch **Hagen Schulz** den Abschied von uns. Er wollte als Rockmusiker nur noch in seiner Gruppe „Countdown" spielen.

Und wieder brauchten wir einen neuen Keyboarder. Diesmal fand **Peter Räuker** selbst gleich einen, der musikalisch zu uns paßte. Das ist **Thorsten Hansen**. Und wieder mußte Peter ran. Er machte das wiederum so erfolgreich, daß Thorsten schon ab Dezember 1992 als festes Bandmitglied eingesetzt werden konnte. (Daß Thorsten seit Ende 1994 nun auch noch bei der Tanzband „Tiffany" mitspielt, stimmt mich nur noch peripher nachdenklich. Es würde ja wieder hauptsächlich Peter treffen.)

Wann genau wir das erste Mal mit „Mister Blues Himself" gespielt haben, dem großen Posaunisten und Bluessänger **Henning Cuda**, weiß ich gar nicht mehr. Es muß so zwischen 1991 und 1992 gewesen sein.

Als wir im Juli 1993 für drei Tage im „Happy Jazz Club Storyville" in Helsinki spielten, war Henning mit dabei. Wir hatten an drei Abenden jeweils ein ausverkauftes Haus. Daß die Finnen derart in Fahrt kamen, hatten wir nicht zuletzt auch Henning zu verdanken.

Der Club faßte rund 380 Gäste. Diese Zahl wurde durch ein Zählwerk in der Eingangssperre auch regelmäßig überprüft. Das heißt, erst wenn zum Beispiel 10 Gäste den Club verließen, durften die nächsten 10 rein. Bei Eintrittspreisen von circa 30,00 DM pro Person öffnete der Club um 18.00 Uhr.

Bis 20.00 Uhr konnten die Gäste dann aus einer reichhaltigen Speisekarte ein Gericht zusammenstellen. Nur wer aß, bekam auch anschließend Getränke (alkoholhaltig, die anderen gab es ohne Speisebestellung).

Ab 20.00 Uhr hatten wir dann unseren Auftritt. Wir mußten jeweils eine volle Stunde durchspielen und hatten danach eine Viertelstunde Pause. Während der Auftritte drängte das Publikum so dicht vor die Bühne, daß es in den Pausen fast nicht möglich war, in 15 Minuten von der Bühne zum Klo und zurück zu kommen. Insofern wurden es relativ enthaltsame Auftritte.

Am zweiten Abend kam der Clubchef persönlich in unsere Garderobe und bedankte sich für unsere Leistung. Unser Dolmetscher erklärte mir hinterher, daß der Chef normalerweise nicht zu den Bands oder in den Club käme. An diesem Abend jedoch war nur einen Kilometer vom Club entfernt ein kostenloses Open-Air Jazz Festival. Der Chef wollte zunächst nicht glauben, daß es der Band aus Hamburg gelingen würde, seinen Club dennoch vollzuspielen. Glück muß man haben. (Ehrlich, wir waren wirklich gut.)

Irgendwann nach ‚Fietes' Abschied spielten wir als Trio auf einem Straßenfest. Ein Mann trat auf uns zu und fragte, ob wir nicht noch einen Klarinettisten gebrauchen könnten. Er hätte einen Sohn, und dieser suchte noch eine Band.

Nach dem Motto „Und wieder einmal muß der Peter ran" kam dann Ende 1993, Anfang 1994 **Reno Weiß** in unsere Band. Nach den üblichen Anlaufschwierigkeiten wurde Reno zu einem festen Mitglied der Band. Sein voller, weicher Klarinettenton und sein harter Saxophonsound sind immer mehr zu seinem Markenzeichen geworden.

In den Jahren 1994 und 1995 spielten wir neben unseren norddeutschen Auftritten viel in den neuen Bundesländern. Auf diese Art lernten wir auch die neuen Mitbürger und die landschaftliche Vielfalt dieser Regionen kennen.

Wir wollen auch in Zukunft weiterhin unsere Musik machen, nämlich für ein breites Publikum eine Mischung aus Jazz und vielen anderen Musikrichtungen bieten. Mögen auch einige Puristen verächtlich die Nase rümpfen und sagen, sowas spielt man doch nicht – der Beifall unserer Fans und Freunde bestätigt uns immer wieder, daß wir in die richtige Richtung gehen.

Da unsere Freunde schon lange darauf drängen, die Musik von **JAZZ ODER SO** auch bald einmal im Hause hören zu können, werden wir wohl 1996 unsere erste CD produzieren.«

Besetzung:
Peter Räuker (tp), Bernd ‚Kruste' Kruse (dr), Karl Heinz ‚Kalle' Bernhold (b), Thorsten Hansen (p), Reno Weiß (cl, sax)

Kontakt:
Bernd Kruse, Hoisberg 32, 22359 Hamburg,
Telefon: 0 40 - 6 03 98 55

BALLROOM ORCHESTRA, 1966 (v. l.): Jürgen Recke, Rudi Rindermann, Michael Randzio, Ingo Hobrecht, Chris Herrmann, Volker Reckeweg, Peter ‚Jaques' Haß, Hans-Jürgen Wittmann

BALLROOM ORCHESTRA, 1967 im BLUE NOTE (v. l.): Michael Randzio, Joachim Krumsiek, Rudi Rindermann, Chris Hermann, Ingo Hobrecht, Volker Reckeweg, Hans-Jürgen Wittmann

BALLROOM ORCHESTRA

UP TO THE BALL

Das **BALLROOM ORCHESTRA** wurde 1959 von **Günter Helms** (co), **Klaus Nockemann** (cl), **Gregor Majer** (tb), **Egon Voß** (bj), **Peter Richter** (dr), **Christiane Nockemann** (p) und **Klaus Einfeldt** (tu) gegründet. Nach relativ kurzer, aber recht erfolgreicher Zeit löste sich die Band total auf. Ein Teil der Musiker spielte in der Band **STREET LOUNGER SIX** weiter.

Eines der wenigen Fotos vom frühen BALLROOM ORCHESTRA (v. l.): Peter „Jaques' Haß, Gerd Tenzer, Peter Jiebe, Hartmut Stehen. Foto: Cotton-Club Archiv

Schon bald gab es eine Neugründung, und das **BALLROOM ORCHESTRA** war damals wohl die interessanteste Nachwuchsband in Hamburg – nach einigen Umbesetzungen sogar eine der bekanntesten Kapellen. Ganz besonders unter der Leitung von **Christoph Herrmann** (co) wurde die Band so etwas wie eine Legende. Chris war dann auch für die schmissigen, zündenden Arrangements verantwortlich. Das Hauptgewicht lag überwiegend im Kollektivspiel. Solistische Leistungen waren dagegen seltener. Hatte man anfangs noch die Musik von *King Oliver* und *Jelly Roll Morton* im Kopf, spielte man in den 60er Jahren bevorzugt die Titel *Fletcher Henderson*'s, *Bix Beiderbecke*'s oder anderer weißer Orchester aus dem New York der Endzwanziger-Jahre. Aber auch eigene Stücke, von Chris komponiert, wurden mit der gleichen Begeisterung gespielt.

Was mich und die damals unzähligen Freunde dieser Band so mitriß, war der typische „Ballroom Sound". Neben dem schon erwähnten Kollektiv waren es die sauberen Sätze, die Breaks und Extros, die uns begeisterten. Dies war eine Formation, die ganz bewußt darauf verzichtete, etwas nachzuspielen, die sich erfolgreich bemühte, einen ganz eigenen, originellen Sound zu präsentieren. Chris, einmal darauf angesprochen, sagte es etwas deutlicher: »Wir wollen die Musik spielen, ohne daß man das berühmte Plattenrauschen zu hören glaubt. Wir wollen nicht imitieren. Dann kann man sich ja gleich die Originalaufnahmen der Stücke anhören.«

Wer sich damals in ihrem Domizil, dem COTTON CLUB, dieser Charleston-Seligkeit hingab, durfte kein Oldtime-Purist sein. Der mußte genauso hinreißend wahnsinnig sein wie die Musiker selbst. Dieses Stammpublikum wollte unterhalten werden. Und die Ballroom-Musiker gaben ihm, was es wollten. Obwohl das **BALLROOM ORCHESTRA** eine reine Stimmungskapelle war, war die

Erste Single BALLROOM ORCHESTRA, 1967 von Peter Wehrspann produziert. Besetzung: Christoph P. E. Herrmann (co), Volker Reckeweg (co), Karlotto Flindt (as), Hans J. Wittmann (tb), Joachim Krumsiek (p), Rudi Rindermann (bj, voc), Ingo Hobrecht (helicon)

BALLROOM ORCHESTRA, 1966 (v. l.) im Uhrzeigersinn: Joachim Krumsiek, Rudi Rindermann, Ingo Hobrecht, Volker Reckeweg, Michael Randzio, Chris Herrmann, Hans-Jürgen Wittmann

Musik nie abgedroschen, nie die übliche Abziehmasche. Für mich paßte diese Musik in keine Schublade, ist eigentlich gar nicht zu beschreiben. Wer sich einen musikalischen Eindruck verschaffen möchte, sollte sich die letzte LP dieser Band anhören. Ballroom-Fans gibt es noch genug, und in deren Plattenregalen wird diese Scheibe sicherlich wie ein kleiner Schatz gehütet. Ansonsten veranstalten die ehemaligen Musiker von Zeit zu Zeit einmal einen „Gedächtnisabend" im COTTON CLUB. Aufpassen und nicht versäumen!

Über das „frühe" **BALLROOM ORCHESTRA** schreibt **Peter Wehrspann** in seinem „Jazzarchiv":

»... und im Sommer 1964 spielt das **BALLROOM ORCHESTRA** im damals sehr bekannten und beliebten und trotz seiner erheblichen Dimensionen stets überfüllten Saal des „Hotel Rendsburg" in Neumünster. Kaum eine nennenswerte Jazzband Europas, die hier nicht unter der bierseligen Begeisterung des Publikums zur Höchstform auflief. Dem Veranstalter Jürgen Auch gebührt der Dank für diese schönen Erinnerungen.

Und wir erleben eine traumhafte Besetzung! Beginnend mit **Gerd Tenzer**, der als Begründer der Band gilt: Wenn das Wort „einfühlsam" einmal hundertprozentig stimmen soll, dann beziehe man es auf seinen Schlagzeugstil. Nie penetrant im Vordergrund (Ihr anderen Schlagzeuger, hört!) und immer effektvoll, wo es erwünscht ist. Dann ‚**Jaques' Peter Haß**, leider nur vorübergehend in der Jazzszene aktiv. Er selbst nennt als Vorbilder der Band *Bunk Johnson*, *King Oliver* und die *New Orleans Rhythm Kings*, aber auch *Bix Beiderbecke* klingt an, besonders im Paradestück *Flat Foot* und in *Tia Juana*. Das Publikum gerät außer sich, wenn er zu später Stunde noch zur „Fiddle" greift (*Wolverine Blues*)! Nicht zum ersten Mal begegnet uns mit dynamischem Posaunenton **Aggi Rohlfs**, der einmal mehr seine Vielseitigkeit beweist – und seinen Fleiß, denn wir hören ihn auch noch bei den **HOT OWLS** und den **CABINET JAZZMEN**! Auf leisen Sohlen erscheint ‚**Fiete' Bleyer** in der Szene. Sein melodischer Beitrag rundet das Oldtime-Klangbild in angenehmer Weise ab. Seinem zurückhaltenden Auftreten ist es wohl anzulasten, daß ihm nicht der Bekanntheitsgrad einiger Kollegen zuteil wurde. Man sagt, er sei in Ekstase, wenn sich die große Zehe seines rechten Fußes im Rhythmus der Musik leicht auf- und abwärts bewegt. **Etlef Jacobsen**, später viel moderner geworden, lauscht heute etwas ungläubig seinen Klängen von damals. Dennoch muß ihm der Oldtime-Fan bescheinigen, daß er mit seinem „Alt" die Phalanx der Bläser in hervorragender Weise ergänzt, und wenn er gar zum Baß-Saxophon greift (zum Beispiel *Wolverine Blues*), wird man ein wenig an *Adrian Rollini* erinnert. In der Rhythmusgruppe swingen neben **Gerd Tenzer**, **Ingo Bernör** (bj), **Hartmut Steen** (p) und **Dert Greve**, der später bei **Abbi Hübner** seine Lorbeeren noch ausbauen konnte und dessen typischer „Klatschbaß" dem Rhythmus eine wohltuende Dynamik verleiht.

Leider zerfiel diese großartige Band schon Ende 1964 wegen Meinungsverschiedenheiten in der Frage der Stilrichtung. Von den zwei Neugründungen überlebte eine unter der Leitung von Jaques, der unter anderem **Thomas Streckebach** (p), **Rudi Rindermann** (bj) und **Heiner Bauermeister** (tu) angehörten. Als Jaques dann zur Bundeswehr eingezogen wurde, übernahm Anfang 1966 **Christoph Herrmann** das BALLROOM ORCHESTRA und machte es für viele Jahre zur erfolgreichsten Band der Happy-Jazz-Richtung. Von der alten 64er Besetzung war allerdings niemand mehr dabei.«

Die Besetzung in dieser so erfolgreichen Zeit war: Christoph Herrmann (co), Volker Reckeweg (co), Hans-Jürgen Wittmann (tb), Bolle Burmeister (cl), Walter Lorenz (cl, ts), Joachim Krumsiek (p), Rainer Rubink (bj), Ingo Hobrecht (tu), Peter Wehrspann (dr).

Zum Schluß möchte ich noch einmal **Werner Burkhardt** zitieren, der mit seinen Worten sicherlich allen Ballroom-Fans von damals aus der Seele spricht: »ganz einfach ein herzliches Dankeschön. Die Ballroom-Leute haben sehr viel Fröhlichkeit in unsere oft bescheuerte Welt gebracht. Das soll ihnen nicht so schnell vergessen werden. Prost!«

Diese und nächste Seiten: Eine kleine Auswahl an LP-Produktionen der letzten 40 Jahre

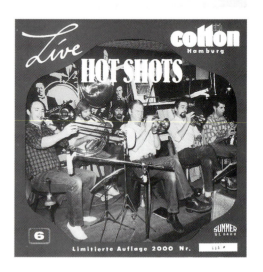

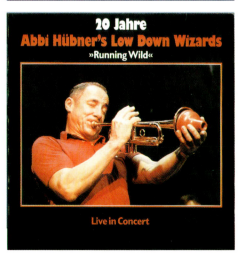

HAMBURGER JAZZBANDS AUF SCHALLPLATTEN

Wohl in keiner Stadt ist die Jazz-Szene musikalisch so gut dokumentiert wie in Hamburg. Den größten Verdienst daran hat ein Mann, der schon sehr früh, erst als Musiker und bald auch als Tontechniker, aktiv wurde. Sein Name ist **Peter Wehrspann**.

1953 gründete er eine Klassenband, die 1955 mit der Klassenband um **Michael Jordan** (p), fusionierte. Diese Band, die sich anfangs **ST. JOHN'S DIXIELAND JAZZBAND**, später nur noch **ST. JOHN'S JAZZBAND** nannte, war neben der **MAGNOLIA JAZZBAND** und der **RIVERSIDE JAZZBAND** eine Gruppe der ersten Stunde.

Peter Wehrspann spielte anfangs Kornett, wechselte dann zur Posaune und entschied sich später für sein Lieblingsinstrument, das Schlagzeug. Dieses Instrument spielte er einige Jahre ganz hervorragend, Anfang der 70er Jahre im damals schon legendären **BALLROOM ORCHESTRA**. Danach zog er sich ganz zurück, um sich mit großem Engagement nur noch der Studioarbeit zu widmen. Wie wir später noch feststellen können, war dieses eine segensreiche Entscheidung, zumindest für die Hamburger Jazz-Szene. Nebenbei ist er sein billigster Studiomusiker (Klavier, Schlagzeug, Mundharmonika, Steel-Gitarre, Keyboard, Maultrommel und Gesang).

Aber zurück zu den Anfängen. Schon während der Schulzeit hatte sich **Peter Wehrspann** sein erstes Tonbandgerät gebastelt (Radio RIM/München), mit dem er schon Aufnahmen von seiner eigenen Band machte. Später kaufte er sich bessere Geräte, ein kleines UHER-Mischpult kam dazu, Anfang der 60er Jahre ein größeres GRUNDIG-Tonbandgerät.

In den ersten Jahren machte er viele Mitschnitte von der **ST. JOHN'S JAZZBAND, JAILHOUSE JAZZMEN, MAGNOLIA JAZZBAND, STEAMBOAT STOMPERS, CABINET JAZZMEN, BALLROOM ORCHESTRA, HOT OWLS, CANALSTREET JAZZBAND** und **ABBI HÜBNER'S LOW DOWN WIZARDS**. Diese teilweise wunderbaren und durchaus hörenswerten Aufnahmen, zwischen 1955 bis 1965 entstanden, hat Peter in den 80er Jahren auf sieben Langspielplatten „Peter Wehrspann's Jazzarchiv" in hervorragender Weise veröffentlicht.

Er schreibt in seinem Jazzarchiv: »Leider ist aus der anfänglichen Epoche nicht allzuviel überliefert, und das, was erhalten ist, muß nicht immer Zeugnis musikalischer Höhepunkte sein und ist zudem meist noch von technisch minderer Qualität. Aber auch das charakterisiert die damalige Situation: Nur wenige waren stolze Besitzer eines Tonbandgerätes und die heute so beliebten handlichen Kassettenrecorder gab's noch gar nicht. So wurden zum Beispiel die ersten Aufnahmen dieser Serie – es handelt sich dabei ausschließlich um noch nicht veröffentlichte Werke – mit einem selbstgebauten Tonbandgerät eingefangen, das – nebenbei – noch die Deutsche Spur hatte, die natürlich genau umgekehrt zur späteren Norm lag.

Selbstverständlich stellt diese Serie auch keine umfassende Hamburger Jazzgeschichte dar, da aus naheliegenden Gründen gewisse Bands bevorzugt aufgenommen wurden, andere, zum Teil sehr gute Gruppen, dagegen überhaupt nicht in Erscheinung treten; sie ist aber sicher ein nicht unwesentlicher Beitrag zur Hamburger Jazz-Historie. Und einige Aufnahmen, zum Beispiel die ersten Aufnahmen der **JAILHOUSE JAZZMEN**, sind dann auch ein absolutes Muß für jeden ernsthaften Sammler jazziger Hamburgensien.«

So richtig begonnen hatte aber alles Mitte der 60er Jahre mit der Produktion von Single-Schallplatten in eigener Regie (**ST. JOHN'S JAZZBAND, BALLROOM ORCHESTRA** usw.). Bald darauf gründete **Peter Wehrspann** die Firma WAM (Wehrspann/Amthor/Meyer). Wolfgang Amthor ist Toningenieur, Klaus Meyer, Elmshorn, ist allen Insidern bekannt. Mit Einzug der Stereotechnik 1964 und der damit verbundenen Faszination der neuen technischen Möglichkeiten, stiegen die Aufnahmeaktivitäten gewaltig. Zunächst mißbrauchte man den „neuen" Kanal zwar für allerlei Halleffekte, dann aber wurde und blieb es zweikanalig.

Nun wurde also fleißig aufgenommen und veröffentlicht. Kaum eine Hamburger Jazzband, aber auch Country-, Folk- und Rockgruppe, die nicht in Rillen gepreßt wurde. 1968 kamen dann erste internationale Bands und Künstler, unter anderem die LP „Hot Jazz Meeting '68 – Live". Es folgten Aufnahmen mit *Ken Colyer*, *Monty Sunshine*, *Rod Mason* und viele andere mehr. Eine Doppel-LP „Hamburger Jazz-Szene", ein 3-LP-Album „25 Jahre JAILHOUSE JAZZMEN", um nur ein paar der vielen sehr guten Produktionen zu nennen, die sicherlich nicht immer ohne finanzielles Risiko hergestellt wurden. Aufgenommen wurde entweder im Studio Schellerten oder live im COTTON CLUB.

Wolf Delbrück (p), **JAZZ LIPS**, schreibt über das kleine Studio: »Das WAM-Studio in dem kleinen Dorf Schellerten bei Hildesheim war bei uns Musikern besonders beliebt. Es war in einer alten Scheune untergebracht, relativ einfach, aber sehr effektiv ausgestattet, und hatte eine, für die Erfordernisse der Jazz-Musik sehr gute Eigenakustik.

Außerdem lag nur ein paar Schritte entfernt das Lokal „Zum blauen Bock", in dem wir die Mittagspause mit einem ausgezeichneten Spanferkel-Menü für elf Mark genießen konnten. Nach getaner Arbeit und mehreren Feierabend-Bierchen legten wir unsere müden Häupter direkt im Studio zur Ruhe und konnten am nächsten Morgen nach einem ausgedehnten Frühstück sofort weiterarbeiten.«

In den 70er Jahren wurden dann auch andere Schallplattenfirmen auf das musikalische Treiben in Hamburg aufmerksam. Nun bemühten sich BRUNSWICK, POLYDOR, TELEFUNKEN/DECCA, METRONOME, HAPPY BIRD und andere um die etablierten Bands und produzierten eine ganze Reihe interessanter Alben. Was keiner erwartet hatte war: Die verkauften Stückzahlen waren zum Teil sehr beachtlich. Neben neuen Aufnahmen und Mitschnitten von den großen Konzerten, gab es Wiederveröffentlichungen von alten Aufnahmen, von denen man gar nicht wußte, daß sie existierten, oder andere, die man längst verloren glaubte.

Zurück zu **Peter Wehrspann**. Sein größter finanzieller Erfolg war die **BOURBON SKIFFLE COMPANY**, Hannover. Die ersten Aufnahmen dieser Gruppe wurden in der damals neuen, sensationellen „Dummy-Head-Stereo-Technik" aufgenommen, die sich dann aber nicht durchsetzen konnte. Es folgten erste Umsatzrückgänge und Anfang der 80er Jahre der Verkauf der Firma an Peter Ücker. Aber ein so engagierter Mann wie **Peter Wehrspann** gibt natürlich nicht auf. Es folgte die Neugründung der Firma SUMMER-RECORDS.

Wieder kamen eine ganze Reihe Aufnahmen von Hamburger Jazzbands und viele Live-Mitschnitte im COTTON CLUB. In den guten alten 70er Jahren wurden fast jedes Wochenende Mitschnitte gemacht, einige Aufnahmen sind als Dokumentation in limitierter Auflage „LIVE IM COTTON CLUB" veröffentlicht, andere an den NDR mit Abteilungsleiter Peter Höhne verkauft worden. Dem Trend der Zeit folgend gab es erste CD-Produktionen. Einige Aufnahmen sind mittlerweile zu begehrten Sammlerstücken geworden und im Handel nicht mehr zu bekommen. Wie ich aber immer wieder feststellen konnte, gibt es Sammler, die gern bereit sind, diese gesuchten Schallplatten privat auf Cassette zu überspielen.

Alle lieferbaren und aktuellen Veröffentlichungen sind in einigen Hamburger Fachgeschäften, im COTTON CLUB und im Postversand erhältlich.

Im Anschluß folgt eine Liste der bisherigen SUMMER-Veröffentlichungen (Stand 1994). Ich wünsche mir und allen Jazzfreunden in Hamburg, daß **Peter Wehrspann** weiterhin so gut und umfassend den Hamburger Jazz dokumentiert wie bisher, auch wenn immer mehr Bands dazu übergehen, ihre CDs in eigener Regie zu produzieren.

Gerhard ‚Marcel' Horst (tp), **JAILHOUSE JAZZMEN**, erinnert sich: »Treffpunkt der Hamburger Jazzmusiker war in den 60er Jahren bei **Peter Wehrspann** am „Heiligen Dienstag". In der hinter der elterlichen Villa gelegenen Bude traf man mit Sicherheit regelmäßig Musiker aus den verschiedensten Bands, die sich hier bei Tonbandmusik und „rotem Korn" (zu der Zeit Jazzergetränk Nr. 1) vergnügten. In dieser Atmosphäre entstand die Idee einer eigenen Jazz-Schallplattenproduktion. Initiator **Peter Wehrspann** hatte zusammen mit Wolfgang Amthor (Technik) und Klaus Meyer (Management) bereits sieben WAM-Singles mit Hamburger Jazzbands produziert. Zweimal die **ST. JOHN'S JAZZBAND** und je einmal das **BALLROOM ORCHESTRA**, die **MOUNTAIN VILLAGE JAZZMEN**, **ABBI HÜBNER'S LOW DOWN WIZARDS**, **GERHARD ‚MARCEL' HORST AND THE BLUE RHYTHM COMPANY** und die **HOT OWLS**. Außer seiner Rolle als Schallplattenproduzent und Gastgeber beim „Heiligen Dienstag" war er ja auch noch Posaunist der **ST. JOHN'S JAZZBAND**.«

LANGSPIELPLATTEN

- SL 7701 St. Michel's Jazzband
- SL 7804 Alsterwasser Swing Compagnie „Flying Home"
- SL 7805 Blackbirds of Paradise
- SL 8100 Bruno's Salonband „Smiles"
- SL 8202 Louisiana Syncopators „Oh, Baby"
- SL 8303 St. John's Jazzband „Live im Cotton-Club"
- SL 8304 Heinz Junghans Jazzmen „Live im Cotton-Club"
- SL 8305 Papa Tom's Lamentation Jazzband „Live im Cotton-Club"
- SL 8307 St. Michel's Jazzband Vol. 2
- SL 8308 Abbi Hübner's Low Down Wizards „Live im Cotton-Club"
- SL 8310 Revival Jazzband „Live im Cotton-Club"
- SL 8401 Oldtime Tweedlers
- SL 8402 Hot Shots „Live im Cotton-Club"
- SL 8403 Francis' Hot Aces
- SL 8404 Eine kleine Jazzmusik
- SL 8501 Peter Wehrspann's Jazzarchiv 1955-1957
- SL 8502 Jazzland Express „Live im Cotton-Club"
- SL 8503 St. Michel's Jazzband „Kinderlieder"
- SL 8504 The Jimmy Henderson Jazzband
- SL 8601 Peter Wehrspann's Jazzarchiv 1958-1959
- SL 8602 Revival Jazzband „Echoes of New Orleans" (=WAM MLP 15464)
- SL 8603 Ragtime United (Lüneburg)
- SL 8701 Peter Wehrspann's Jazzarchiv 1960-1961
- SL 8702 Steve Mason's Frisco Jazzband
- SL 8703 Abbi Hübner's Low Down Wizards „From New Orleans to Hamburg" (=WAM MLP 15453)
- SL 8704 Mountain Village Jazzmen (=WAM MLP 15423)
- SL 8706 Corner's Jazzband „Live im Cotton-Club"
- SL 8801 Peter Wehrspann's Jazzarchiv 1962-1963
- SL 8802 St. Michel's Jazzband „Volkslieder"
- SL 8901 Peter Wehrspann's Jazzarchiv 1964
- SL 8904 Wood Cradle Babies „Live im Cotton-Club"
- SL 9001 Peter Wehrspann's Jazzarchiv 1965
- SL 9002 Jazz O' Maniacs, „Basin Street Blues"
- SL 9004 Dieter Antritter and his Traveling Jazzband & Benny Waters „S(w)inging Vancouver
- SL 9005 Jazz Lips „Die Neunte"

CASSETTEN

- C 801   The Legendary Ballroom Orchestra
- C 8310 Revival Jazzband „Live im Cotton-Club"
- C 8702 Steve Mason's Frisco Jazzband

CDs

- CD 8911 Hamburger Jazzszene Vol. 1 (60-Minuten-Sampler mit 8 bekannten Bands)
- CD 8912 Hamburger Jazzszene Vol. 2 (-dito-)
- CD 9005 Jazz Lips „Die Neunte", Live im Cotton Club
- CD 9013 Revival Jazzband „Schubidu" (über 60 Minuten Live)
- CD 9114 Steve Mason's Frisco Jazzband"San Francisco Jazz"
- CD 9216 Ken Colyer's Jazzmen „Live 1967 im Audimax Hamburg"
- CD 9317 Happy Feet
- CD 9318 Harlem Jump „Swing That Music"
- CD 9519 Michael Gregor's Revival Jazzband „Yes, Yes"

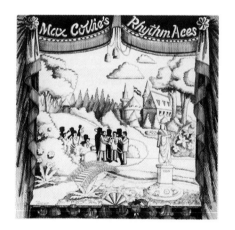

Hamburger Jazz Szene Vol. 1 und Vol. 2, jeweils 60-Minuten Sampler mit acht bekannten Bands. Erhältlich in einigen Hamburger Fachgeschäften, im Cotton Club und im Postversand.

Diese und die nächste Seite: Einige CD-Eigenproduktionen, die in den 90er Jahren erschienen sind.

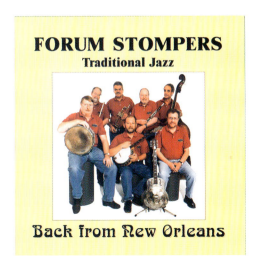

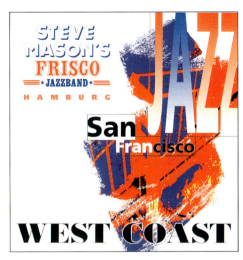

Diether Kressel

DIXIE RAMBLERS, 1984, Zeichnung und Gouache, 71 × 53cm

*Unsere Musik ist wie ein Buch, das man schon gelesen hat,
das man nur noch besitzen möchte.*
Ingo Hobrecht (tu), BALLROOM ORCHESTRA

DIE 60er JAHRE

Trotz aller pessimistischen Prognosen genoß der Jazz in Hamburg weiterhin eine große Popularität. Man kann sicherlich die 50er Jahre als Epoche des Wiederaufbaus und der „Grundsteinlegung" der Hamburger Jazz-Szene betrachten. In den 60er Jahren dagegen festigte sich diese Entwicklung. Die Jazz-Musik wurde zu einem festen Bestandteil der sich immer mehr entwickelnden kulturellen Landschaft der Stadt Hamburg. In diesen Jahren tauchte das erste Mal der Begriff „Jazz-Szene" auf, der dann in den 70er Jahren zu einem Markenzeichen werden sollte.

Es gab wieder unzählige neue Bandgründungen. Viele davon leider nur mit wohlklingenden Namen und kurzer Lebensdauer. Kaum eine, im Gegensatz zum ersten Jahrzehnt, hat bis heute überlebt. Dafür feierten die älteren Bands schon ihr erstes Jubiläum. Es waren unter den „Neuen" aber auch durchaus sehr gute, vielversprechende Gruppen, die in der Gunst des Publikums sehr hoch angesiedelt waren.

SISTER KATE'S JAZZMEN, 1965 in der Jailhouse Taverne (v. l.): Klaus Eckel, Edgar Voigt, Dieter ‚Duttie' Wenk, Werner Ketels, Hardy Schiffler, Rolf Heydel (unten: Jürgen Hinsche)

Allen Beteiligten war klar, daß diese Entwicklung nicht mehr aufzuhalten war. Es mußte einfach weitergehen. Und es ging weiter! Trotz aller Unkenrufe mauserte sich die altehrwürdige Hansestadt ganz allmählich zur Metropole der deutschen, wenn nicht sogar der europäischen Musikszene. Und es waren vor allem die zahlreichen Jazzbands mit ihrer traditionellen Prägung, die zu dieser Entwicklung beitrugen. Die musikalische Landschaft in Hamburg wurde zu einem festen Begriff für swingenden Hot Jazz.

Überall in der Stadt entstanden neue Jazzclubs mit risikofreudigen Wirten, die den einzelnen Bands zu Auftrittsmöglichkeiten und vor allen Dingen den Musikern und Freunden dieser Musik zu einem neuen, zweiten Zuhause verhalfen. Gern erinnern wir uns alle an die legendäre NEW ORLEANS MEMORY HALL, die ehemalige JAILHOUSE TAVERNE, heute COTTON CLUB. Hier hatte man das Gefühl, wirklich verstanden zu werden. Im BARETT in den Collonaden hatte **Abbi Hübner** mit seinen Mannen eine neue Heimat gefunden, nachdem die Lokale wie DAS HANDTUCH und CAPTAIN'S CABIN langsam ihre Beliebtheit eingebüßt hatten. Das REMTER etablierte sich sehr schnell und fand schon nach kurzer Zeit seines Bestehens viele Anhänger. Im Bergedorfer „Ausland" konnte man im urgemütlichen JAZZ FORUM regelmäßig die **MOUNTAIN VILLAGE JAZZMEN** erleben. Im beliebten Stadtteil Eppendorf hatte man in ONKEL PÖ'S CARNEGIE HALL Gelegenheit, **BRUNO'S SALON BAND** zu lauschen. Ein paar Clubs, denen eine eher kurze Lebensdauer beschieden war, waren das „neue" NEW ORLEANS, das PIGALLE, die GALERIE BLUE, das JAZZ A GOGO, die TAVERNE und das TWENCY.

Aber zurück zu den einzelnen Bands. Von den vielen Gruppen haben leider nur vier überlebt: die **BLACKBIRDS OF PARADISE**, die **CANAL STREET JAZZBAND**, die **LOUISIANA SYNCOPATORS** und natürlich **ABBI HÜBNER'S LOW DOWN WIZARDS**, die sich nach acht Jahren 1964 ein zweites Mal formierten.

Gruppen, die mir noch lebhaft in Erinnerung geblieben sind: die **HOT OWLS**, gegründet von **Peter ‚Banjo' Meyer** – heute **JAZZ LIPS** und **Gerd Goldenbow** (tb) – heute **ABBI HÜBNER'S LOW DOWN WIZARDS**. Das **DISTRICT JAZZ ORCHESTRA** unter anderem mit **Hartwig Pöhner** (cl) – heute **HOT SHOTS**, und **Michael Steffens** (p). Ende der 60er Jahre mit **Wolfram Gliffe** (co) – heute **BLACK JASS**, der später von **Rolf Klingelhöfer** – heute **JAZZ LIPS**, abgelöst wurde. **Ferdinand Blötz** – heute **NEW ORLEANS QUARTER**, und **Claus Badekow** lösten sich an der Klarinette ab. Nicht vergessen wollen wir die Sängerin **Christel ‚Kille' Strieter**, die heißeste

Stimme nach **Ingeborg Thomsen**. 1968 wurde diese Band Sieger des Nordwestdeutschen Jazzfestivals in Münster.

Weitere Formationen, die in den 60er Jahren einen mehr oder weniger großen Bekanntheitsgrad hatten, waren die **STEAMBOAT STOMPERS** mit ihrem hervorragenden Trompeter **Otto ‚Zotto' Spindler** und so bekannten Musikern wie **‚Fiete' Westendorf** (cl) – heute **FORUM STOMPERS**, **Andreas von der Meden** (bj) – heute **OLD MERRY TALE JAZZBAND** und **Peter Wehrspann** (tb). Die **SISTER KATE'S JAZZ BAND** mit **Peter ‚Banjo' Meyer** und **Wolf Delbrück** (p) – beide heute **JAZZ LIPS**, die **SOUTHSIDE WASHBOARD KINGS**, aus denen die **JAZZ LIPS** hervorgegangen sind. Weiterhin die **HUNTIN' HOUSE JAZZ BAND** mit **Uwe Heinecke** (co) – heute **BLACKBIRDS OF PARADISE** und **Peter ‚Zinker' Cohn** – heute **ABBI HÜBNER'S LOW DOWN WIZARDS**. **CARLO'S JAZZ GERMANEN** mit dem Trompeter **Wolf Dieter Haupt** – heute **HOT JAZZ UNION**, **H. O. ‚Poldi' Leopold** (cl) – heute **SCHNELSEN STOMPERS** und **Edgar Voigt** (tu) – heute **CANAL STREET JAZZ BAND**. Aus dieser Band gingen später die **LOUISIANA SYNCOPATORS** hervor. Die **CHURCH YARD JAZZBAND** vom Wilhelm Gymnasium mit **Gottfried Böttger** (p). In dieser Band war keiner älter als 18 Jahre.

Weiterhin fand ich in meinem Archiv Hinweise auf die **RATCATCHERS JAZZBAND; JIMMY HENDERSEN'S JAZZBAND, SPEAKEASY BLUE BLOWERS, PERDIDO-STREET JAZZBAND, WESTEND DIXIELAND SWING-TETT, NEW ORLEANS HOT PEPPERS, GALLOW STOMPERS, TUXEDO STOMPERS, SMOKEHOUSE JAZZMEN, PAPA HANNES JAZZMEN** und viele andere mehr. Diese Aufzählung könnte man noch eine ganze Zeit fortsetzen.

Und noch etwas erfreute die Hamburger Jazzfreunde: Im März 1960 erschien erstmalig die Hamburger Jazz-Zeitschrift „DER JAZZER". Zum Preis von 0,50 DM wurde man einmal im Monat ausführlich und umfassend über das Hamburger Jazzleben informiert. Herausgeber und Chefredakteur war **Dietmar J. W. Schott**.

In dieser kleinen Zeitschrift wurden Konzerte und Veranstaltungen angekündigt und hinterher besprochen, wurden Hamburger und auswärtige Bands und Musiker ausführlich vorgestellt. „Pete" bummelte durch die Hamburger Jazzkeller und hatte immer etwas Neues über die damalige Szene zu berichten.

Was ich aber besonders hervorheben möchte: Jeder, der etwas zu sagen hatte, kam hier zu Wort. In einem Leserbrief war zu lesen: »Hier schreiben Amateure für Amateure, und man spürt beim Lesen, daß sie mit ganzem Herzen dabei sind.« An anderer Stelle: »Der Leser empfindet die Freude an dieser Musik mit und liest zwischen den Zeilen von den Sorgen und Nöten der Jazzer.«

Leider wurde das Erscheinen nach etwa 10 Ausgaben eingestellt. Die Gründe hierfür sind mir nicht bekannt.

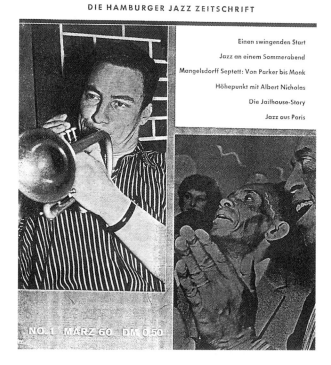

Der Jazz in Hamburg war also nicht tot. Er war so lebendig wie nie zuvor, und die Musiker begannen sich Ende der 60er Jahre neu zu orientieren. Einige Bands lösten sich langsam aus ihrem musikalischen Rahmen, Stilrichtungen veränderten sich, und man wagte sich an ungewöhnliche Arrangements. Mit exakten Bläsersätzen, heißen Soli und Gesangseinlagen, alles getragen von einem vital swingendem Rhythmus, und der Reduzierung von Klamauk- und Showeffekten auf das Notwendigste, ging man in das nächste musikalische Jahrzehnt. Diese „goldenen" 70er Jahre hatten, ohne daß wir dieses auch nur im geringsten ahnen konnten, noch einige Überraschungen zu bieten.

UPTOWN ORCHESTRA, 1964 (v. l.): Heinrich Otto Leopold, Karl-Heinz Schott, Thomas Streckebach, Achim Krumsiek, Peter Jebe, Jürgen Böhmert, Peter Schmidt

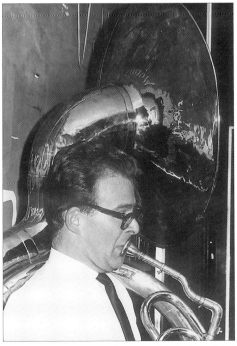

Edgar Voigt, 1965, damals CARLOS JAZZ GERMANEN

CARLOS JAZZ GERMANEN, 1966 (v. l.): Edgar Voigt, Werner Schwarz, H. J. Martens, Wolf Dieter Haupt, Claus Dittmann, Heinrich Otto Leopold, verdeckt Horst Pantel Banjo und Jürgen Böhmert Schlagzeug. Aus dieser Band sind die LOUISIANA SYNCOPATORS hervorgegangen.

twency

jazzkeller mit
der eigenen note

montag
fiete westendorf-quartett

dienstag
twency-swing-quintett

mittwoch
chicago jazz-gangsters

donnerstag und freitag
heinz junghans

sonnabend
rudi werner quintett

sonntag
the onions six
bereits ab 19 uhr

hamburg 4
paulinenstraße 16

twency

Pigalle

Spitalerstraße 1

Februar

Eggy Ley's

Jazzmen

London

---

der jazzkeller neuen stils

jazz à gogo

bietet

für jeden

etwas

oldtime

modern

skiffle

hamburg-altona
fischersallee 76

New Orleans
Hamburg - St. Pauli · Große Freiheit 10/12

Hamburgs populärste Oldtime-Band

Old Merry Tale Jazzband

JAZZ IN DER TAVERNE

Jeden Mittwoch ab 20 Uhr
CRAZY BULL GANG

Jeden Freitag ab 20 Uhr
THE ENTERTAINERS

HAMBURG 11 · BRANDSTWIETE 2-4

Mittwoch, 25. Mai 1960, 20 Uhr

Hudtwalckerstraße 5-7

JAZZ-
Tanz-Abend

mit dem

College Jamtett

Vorverkauf DM 2,00   Abendkasse DM 2,50

Korrekter Anzug erbeten!

Karten an den bekannten Vorverkaufsstellen, in der „Schallplatte" am ZOB-Hauptbahnhof, im „Radio am Hauptbahnhof" Fußgängertunnel Hauptbahnhof, im „Radio am Hochhaus" (Oberstraße) — und soweit vorhanden — an der Abendkasse   Tel. Bestellungen: 45 67 07

Veranstalter: „JAZZ INFORMATION HAMBURG", Hamburg 13, Hansastr. 47 (Tel. 45 67 07)

HÜHNERHAUS JASS ORCHESTER

SING ON

Diese Hamburger Jazzband mit dem originellen Namen wurde 1961 von **Joachim Ludewigs** (co) und einigen jazzbegeisterten Musikern gegründet. Zweites Kornett spielte **Uwe Heinecke**. Eine ganze Anzahl heute sehr bekannter Musiker war in den wenigen Jahren, die diese Band von sich reden machte, als „Hühnerhäusler" dabei. **Günter Feige** (p), **Hans Schwenkkros** (tu), **Hartwig Pöhner** (cl, sax), **Günther Liebetruth** (cl), um nur einige zu nennen.

Anfangs wurde noch fleißig unter freiem Himmel auf den Billewiesen geübt. Später fand man eine feste Bleibe in einem Hühnerhaus. Die Band spielte schon bald einen anspruchsvollen, geschmackvollen Jazz, der nicht nur in Bergedorf gut ankam. Sie spielten auch im Umland auf immer gut besuchten Veranstaltungen. Trotz des Erfolges gab es schon 1964 Unstimmigkeiten, und die Band löste sich auf.

1966 gab es noch einmal einen Neuanfang. Im kleinen Saal des Lichtwarkhauses feierten sie ihren fünfjährigen „Hühnerhaus-Jazz". Neben **Joachim Ludewigs** und **Uwe Heinecke** waren **Michael Schmidt** (sax), **Gerd Klockmann** (tb), **Gojko Bendel** (p), **Peter Ruts** (bj), **Thomas Leonhardt** (tu) und **Heino Rump** (dr) mit dabei.

HÜHNERHAUS JASS ORCHESTER, im Sommer 1966 (v. l.): Uwe Heinecke, Joachim Ludewigs, Günther Liebetruth, Hans Schwenkkros (als Einsteiger mit Kornett), Michael Schmidt, Heino Rump, Teddy Klockmann, Gojko Bendel (ohne Piano)

JETZT MACHE ICH DAS JAZZ-FASS AUF

Keiner hat so häufig und umfassend über das Hamburger Jazzleben oder über die jeweilige Szene geschrieben wie **Werner Burkhardt**. Dieser hervorragende Journalist, Musikkritiker und Jazzkenner von Weltrang war immer gut informiert und hatte immer eine gute Story parat. Er gehörte von Anfang an mit zu der großen Hamburger Jazzfamilie. Durch seine humorvolle Berichterstattung und seine immer faire Kritik ist er nun seit Jahrzehnten der Ansprechpartner für viele Musiker und Bands. Mit vielen hat er eine gute Strecke des Weges und des Lebens zurückgelegt.

Ich selbst bin **Werner Burkhardt** ein- oder zweimal – ich glaube es war in der TAVERNE – begegnet. Wieder einmal hatte er etwas zu erzählen, von den Orten, Amateuren und Profis, von Erfolgen und Enttäuschungen. Und von den Legenden, die sich damals schon um Hamburger „Jazzer" gebildet hatten. Wie einige andere auch, hing ich als junger, unerfahrener Musiker gebannt an seinen Lippen. Andere Musiker gesellten sich dazu, und fast jeder Satz begann mit: »Weißt du noch?«.

Anfang 1995 versuchte ich, **Werner Burkhardt** telefonisch zu erreichen, um ihn zu bitten, mir Material für mein Buch zur Verfügung zu stellen. Nach einigen vergeblichen Versuchen hatte ich dann Erfolg. Leider hatte er nur wenig Zeit, da er sehr viel für die Süddeutsche Zeitung schreibt. Er gab mir einige Tips, wo ich wichtiges Material finden würde, gab mir die Erlaubnis, alles unter seinem Namen Veröffentlichte für mein Buch zu verwenden und wünschte mir viel Glück und Erfolg. An dieser Stelle mein ganz besonderer Dank an ihn.

Ich konzentrierte meine Recherchen also verstärkt in diese vorgegebene Richtung, wühlte in den Archiven und habe manche heitere, informative Geschichte gefunden. Vor allen Dingen die regelmäßigen Artikel in der Welt am Sonntag aus dem Jahr 1964 hatten es mir angetan. Unter der Überschrift „Jetzt mache ich das Jazz-Faß auf" berichtete er in seiner liebenswerten, typischen Art über Bands, Musiker, Clubs und Veranstaltungen der Hansestadt. Einiges davon möchte ich Ihnen natürlich nicht vorenthalten. Die nachfolgenden Geschichten von **Werner Burkhardt** zeigen mehr als deutlich, wie wichtig es war und immer noch ist, durch solche Publikationen die Aufmerksamkeit der Öffentlichkeit auf diese Musik zu lenken und wachzuhalten.

»Die Deschichte des Jazz in Hamburg ist nicht die Geschichte künstlerischer Großtaten. Vorwärtspreschende moderne Gesinnung und hohläugigen Fanatismus wird man da vergeblich suchen. Dafür findet sich alle Liebe zur Sache und auch eine Begeisterungsfähigkeit und Hingabe, die manchen unhanseatisch anmuten könnte.

Sicher, auch Berufsmusiker haben in Hamburg gewirkt und hier ihre Spuren hinterlassen. Aber genaugenommen sind es die Amateure, die dem Jazz-Leben ihr Gesicht aufprägen, und es wird niemanden überraschen, daß diese Amateure sich meistens den älteren Stilen des Jazz, dem New Orleans und dem Dixieland, zuwenden. Das hängt keineswegs nur damit zusammen, daß diese Musik leichter zu spielen ist, sondern – und das ist wieder sehr hanseatisch – mit einem Gefühl für Tradition und fürs Konservative.

Und so ist die Geschichte des Jazz in Hamburg mehr oder weniger eine Familiengeschichte, mit eitel Wonne und zeitweiliger Entfremdung, mit gigantischen Krächen und himmelhochjauchzenden Versöhnungen. Wenn man heute mit den Musikern redet und sie noch einmal fragen will, in welchem Jahr genau **Gerhard Vohwinkel** zum erstenmal ein ganzes Schwein bei sich im Garten am Spieß briet und mit der Kapelle verzehrte, dann beginnt fast jeder Satz mit: »Weißt du noch?«.

»Weißt du noch, wie das war, als wir den Serben beerdigten?« Natürlich weiß ich das, aber wie soll ich es jemandem vermitteln, der ihn nicht kannte?

Er hieß **Peter Keuschen** und ist eine Legende wie *Bix Beiderbecke*. Er tauchte zum erstenmal im Dunstkreis der Hamburger Amateurjazzer auf, als das Woermann-Haus noch stand. Das war eine alte Villa an der Moorweide, im Kriege ausgebrannt, und stand durch eine schwer überschaubare Verkettung von Umständen am Wochenende den Jazzfreunden zur Verfügung. Die Federn der Sessel berührten den Boden, einst prunkvolle Sofas mit halbzerrissenen Lederbezügen. Dunkel waren die Wände; nur einige Bilder, stürmisch bewegte Seestücke, zeugten von vergangener Pracht. Im Dezember 1954 wurde das Haus wegen Baufälligkeit geschlossen, stand dann noch etwas kläglich einige Monate so herum, dann riß man es ab, und jetzt steht da ein schnieker Versicherungsbau.

Hier spielte zum Wochenende die **RIVERSIDE JAZZ BAND**. Die Barfrau hieß Maria und verstand alles, ausländische Sprachen und inwendiges Herzeleid. Oft kamen auch englische Soldaten aus der Gegend von Neumünster und mußten meistens früh in die Kasernen zurück. Wenn sie mal bleiben durften, entwickelten sie eine Achtung gebietende Ausdauer. Sonntag morgen um sieben, wenn nun wirklich Schluß war, setzten sie sich noch auf die Steinstufen vor dem Haus. Der eine spielte Gitarre, ein anderer holte ein dickes, zerlesenes Buch aus der Tasche und sang *Franky and Johnny* mit vielen neuen, ungedruckten Strophen, die vor allem der Verszeile „O Lordy, how they could love" größtmögliche Aufmerksamkeit widmeten. In den Bäumen der Moorweide zwitscherten laut und vorwurfsvoll die Spatzen.

Werner Burkhardt

„Der Serbe", wie wir **Peter Keuschen** nannten, war immer dabei. Spielte bald Trompete und Tuba. Wo er war, war das Leben, und dann rief mich eines Abends **Peter Hunck** an und sagte mir: »Der Serbe ist tot, mit dem Motorroller verunglückt.« Die Beerdigung war am 17. Januar 1957, an einem Donnerstag, ich mußte mich für das Oberseminar entschuldigen. **Peter Voscherau**, damals Präsident des Hamburger Jazzclubs, hatte es durchgesetzt, daß am Grabe die Musik gespielt wurde, die dem Lebenden alles bedeutet hatte. *Just a closer walk*, *Nearer my God to thee* und natürlich auch die *New Orleans Function* erklangen, und wer dabei war und heute plötzlich wieder die Bilder sieht, tut auch jetzt noch schnell so, als ob ihm was ins Auge gekommen ist.

Doch spielt sich das Hamburger Jazz-Leben erfreulicherweise nur selten in Ohlsdorf ab. Es gibt auch noch den Stadtpark.

Wer wissen will, wie das mit dem Jazz im Stadtpark ist, der muß **Karsten Jahnke** fragen. »Programmgestalter und künstlerischer Berater? Nö, ich kenne bloß die Bands alle, und dann telefoniere ich bei denen an, die spielen sollen. Der Volkskulturverband ist der Veranstalter. Vor allem Herrn Balzer haben wir da viel zu verdanken. Er hat ein kleines Fuhrunternehmen, und der Trompeter von **LES ENFANTS DU JAZZ** arbeitet bei ihm. Der hat nun eines Tages furchtbar 'rumgestöhnt und gesagt, wie schwer es ist, Lokale zum Spielen zu finden, und da hat Herr Balzer gemeint, sie sollten doch auf der Freilichtbühne im Stadtpark ihre Musik machen. Da könnten sie so laut spielen, wie sie wollten, und außerdem sei es gesünder als in den Kneipen.«

Karsten Jahnke erzählt weiter: »Für den ersten Donnerstag wurden 500 Karten gedruckt. Es kamen 3500 Leute. Das ist nun so etwa vier bis fünf Jahre her. Jeden Donnerstag, von Mai bis September, wird im Stadtpark gejazzt. Nur während der Schulferien machen wir Pause. Wir lassen jeden spielen, der sich meldet. Und manchmal wird man dann ja auch ganz schön kreidebleich, wenn die anfangen.«

Der Freiluft-Jazz im Stadtpark ist in Hamburg zu einer Institution geworden. An lauschigen Sommerabenden trifft sich da die Jugend, schnackt, flirtet, lacht, verabredet sich fürs Wochenende, und manche hören sogar wirklich zu. (Das ist etwa ein Drittel, meint **Karsten Jahnke**). Nie vergessen werde ich den Abend, als sich eine fortschrittlich gesonnene Tanzschule daran machte, handfesten Dixieland in leichtfüßige Choreographie zu verwandeln. Vor allem ein hochaufgeschossener, rothaariger Jüngling tanzte sich schnell in die Herzen der Zuschauer. Und es bildeten sich Sprechchöre: »Der Rote soll alleine tanzen!«

Letzten Sonntag, abends gegen acht, ging das Telefon. »Das mit der Musikalität war ja sehr dufte, aber das mit der Eßlust hättest du dir verkneifen können.« Vor fünf Jahren hatte ich die Stimme zum letztenmal gehört: **Henning Höhne**, der nach Amerika ausgewanderte Hamburger Jazz-Klarinettist, war ein paar Tage in der Hansestadt, just zu dem Zeitpunkt, als ich hier an dieser Stelle von ihm erzählt hatte.

Eine halbe Stunde später war er da, mit einem seiner älteren Brüder und in dunkelblauer amerikanischer Marineuniform mit weißer Matrosenmütze. Er ist Petty Officer First Class, (also etwa Obermaat) in der Naval Academy Band in Annapolis, Maryland. Zu deutsch: Er ist Militärmusiker und spielt Klarinette, Baritonsaxophon

Riverboat Shuffle nach Glückstadt, 1955 (v.l).: Marcel Horst, Peter Keuschen, von hinten: Abbi Hübner, Walther Kurth

Beerdigung von Peter Keuschen ‚Der Serbe' am 17. Januar 1957 (v. l.): Peter Hunck, Abbi Hübner, Heinz Junghans, Gerhard Vohwinkel, Rolf Roggenbuck, Rudgar Mummsen, Shelly Lüders, Ole Baumgarten, Albert Tamm

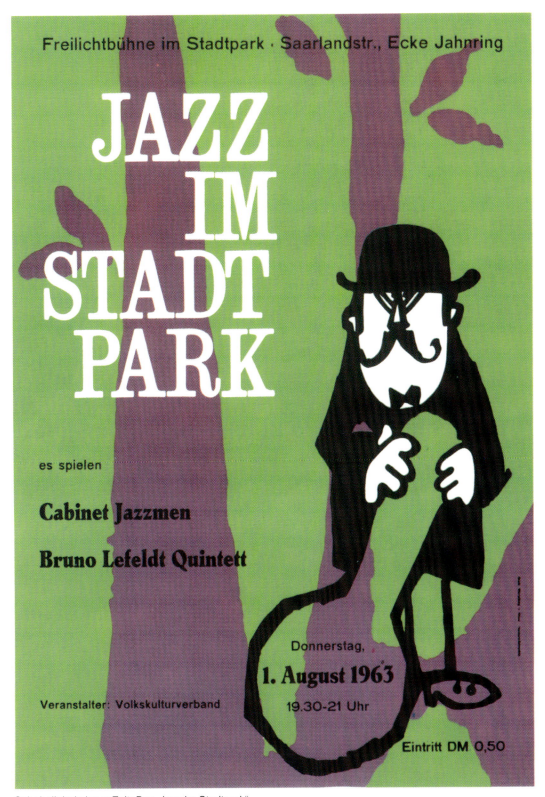

Sehr beliebt in jener Zeit: Der „Jazz im Stadtpark".

und Flöte. Die Musik hat ihn auch in der Ferne nicht losgelassen.

»Die Band ist 93 Mann stark, und wir spielen alle Symphonien, nur ersetzen wir die Streicherstimmen eben mit Blasinstrumenten. Der Dienst ist einfach und macht viel Spaß. Drei Stunden morgens proben wir, geben Freiluftkonzerte, manchmal nur für die Eichhörnchen, vor allem aber für uns selbst. Wir machen Umzüge in Fantasieuniformen und haben eine Angler- und eine Golf-Clique in der Kapelle. Es war nicht leicht, da reinzukommen. Morgens um fünf habe ich mich in der Kaserne ins Klo eingeschlossen und Etüden geübt. Da war die Akustik so gut.«

Ich habe zum zweitenmal Bier geholt. Henning erklärt mir die Präsidenten auf den verschiedenen Dollarscheinen. »Nun müßtest Du aber weitererzählen und auf das ZERO kommen«, meint er und bringt das Gespräch wieder auf Erinnerungen an das Hamburger Jazzleben.

Das ZERO war ganz groß im Schwange, als die Zeit in CAPTAIN'S CABIN zu Ende ging. Denn das gehört ja doch wohl zu den Geheimnissen aller Jazzkeller: So schnell sie berühmt und überfüllt sind, so schnell leeren sie sich wieder und versinken in Vergessenheit. Das Malerische nutzt sich ab.

Im ZERO in der Brandstwiete nannte sich die Band dann wohl schon **ORIGINAL BARRELHOUSE ORCHESTRA** (Namen wechseln ja so schnell wie Keller). Zu jener Zeit waren die Romane des Dänen Finn Soeborg in aller Jazzer Munde, und Henning las in den Pausen zwischen den Serien lange Kapitel vor. Vor allem die dort kreierte Geheimsprache, die daraus besteht, daß jeder Silbe ein „ber" angehängt wird, machte tiefen Eindruck, „undberalberlebersprabberchenbersober".

Die Band hatte zwei Kornettisten, wie die berühmte King Oliver Band aus dem Jahre 1923. Das waren **Abbi Hübner** und **Gerhard Vohwinkel**. »Ich weiß nicht, aber zu Abbi und seinen Leuten würde ich mich jetzt nicht wieder hintrauen. So alt kann ich nicht mehr spielen. Sicher, ein paar Polkamelodien in der Art hätte ich noch drauf, aber alle wären wahrscheinlich entsetzt. Ich habe mich weiterentwickelt, denn ein Musiker muß sich entwickeln. Doch **Gerhard Vohwinkel** hätte ich gerne einmal wiedergesehen. Vor ihm hatte ich immer großen Respekt. Er konnte Noten lesen, arrangierte und schrieb die gewaltigsten Sätze. Von ihm haben alle gelernt.«

An der Ecke Hoheweide und Bundesstraße, da wo man jetzt die neue Synagoge sieht, stand früher auf einem nicht besonders ansehnlichen Schrebergartengelände ein vereinzeltes, kleines Steinhaus. Hier wohnte **Gerhard Vohwinkel** mit Weib und Kind. Sein nach Australien ausgewanderter älterer Bruder soll es selbst gebaut und ihm hinterlassen haben. Ein Besucher mußte sich mit dem Hausherrn immer auf den Punkt genau verabreden, denn die Parzelle war abgeschlossen, und Gerhard mußte über holprige, matschige Wege zur Straßentür dem Gast entgegengehen. Man konnte auch im Ernstfall und wenn es spät wurde über den Hof einer Schule in der Bundesstraße schleichen und dann über den Zaun auf der anderen Seite das Gelände entern.

Dieses Hexenhaus war jahrelang das theoretische Zentrum des Hamburger Jazz. Hier versammelten sich die Getreuen, hörten historische Aufnahmen mit *Punch Miller*, *Roy Palmer* und verwandten, halb anonymen Gestalten aus der frühen Geschichte des Jazz. Meereskundliche Aufnahmen nannte ich diese Platten, weil man oft nur das Rauschen hörte.

Er hat (Entschuldigung für die feierliche Wendung) auf uns alle geschmacksbildend gewirkt und uns davon überzeugt, daß nicht nur die wüste Abziehmasche, das Sichaustoben der improvisierenden Musikanten allein seligmachend ist im Jazz; er hat für Arrangement und Ordnung plädiert und bei vielen seiner Schüler Erfolg gehabt.

Mir schwebt immer noch der kleine Raum vor. An allen Wänden hingen Instrumente, die Neuankömmlinge vom Haken herunterholten, um gleich einsteigen zu können. Immer wieder drückten sich nachts Nasen von draußen am Fenster platt, späte Gäste waren über den Zaun gejumpt. Ich glaube, das Kind schrie immer dann gereizt, wenn mal keine Musik war.

Gerhard lebt jetzt in Berlin und ist Berufsmusiker geworden. Henning hat ihn nicht getroffen. Am Freitag ist er in die Staaten zurückgeflogen, um wieder bei Frau und Kindern zu sein.

Eigentlich heißt er Jost, aber da sein Nachname Münster ist, hat man ihn wohl schon auf dem Schulhof Addi genannt, und er hat keinen seelischen Schaden davon zurückbehalten. Als ich ihn kennenlernte, war er angehender Finanzinspektor, fortgeschrittener Amateur-Jazz-Posaunist und perfekter Segler.

Segeln ist bei ihm kein Hobby, wie es so manchem Künstler von einem gewiegten Presseagenten zudiktiert wird (ich denke da an Salzwasseraquarien und Laubsägearbeiten), Segeln ist bei ihm eine Leidenschaft, die ihn schon länger beherrscht als die Liebe zum Jazz, und die wahrscheinlich sogar länger andauern wird. Kaum eine Regatta läßt er aus. Auf der Kieler Woche feiert er Triumphe, und wenn wir damals, als wir im Sharpie (!) vier Tage auf der Elbe Richtung Glückstadt segeln wollten, nicht über Stadersand hinauskamen, so lag das nicht an Addis mangelhaften Segelkünsten, sondern an einer beharrlichen Spätsommerflaute. Eine Nummer des „Spiegel", die wir unbegreiflicherweise als einzige Lektüre mit an Bord hatten, konnten wir uns zum Schluß gegenseitig abfragen wie Vokabeln.

Addi entstammt der Jazz-Metropole Eimsbüttel, die zwar nicht ganz so berühmt ist wie New Orleans und Kansas City, die aber ganz eigene Käuze und eine ganz eigene Sprache hervorgebracht hat. Der Jargon der Eimsbütteler Jazzer hat nichts mit dem knalligen Slang zu tun, den feinnervige Feuilletonisten glossieren, um ihren Lesern zu beweisen, daß sie doch ein gewisses Verhältnis zum Leben haben.

Der Humor aus der Gegend um den Heussweg ist ein trockener und labt sich etwa daran, statt „Band" immer treudeutsch „Kapelle" zu sagen. Ein Arrangement spielen heißt „ein Stück vom Zettel herunterpusten". Doch wie bei all solchen Schnäcken: Wenn man sie zu Papier bringt, spricht schon keiner mehr so.

Sie haben fast alle das Musizieren im Kirchenchor gelernt. Dort erhielten sie ihre Instrumente, die sie pflegen mußten, und ihre Ausbildung. Das kostete nichts, nur mußten sie immer zu den verblüffendsten Zeiten – zum Beispiel morgens früh – sich von den Kollegen und Freunden verabschieden und Choräle vom Turm herabblasen. Damit wir uns nicht mißverstehen: Sie taten das keineswegs lustlos.

Ein wenig verrückt, aber auf sympathische Weise, waren sie alle.

Zuerst muß natürlich **Gerhard Vohwinkel** genannt werden, bärtiger Vater der Jazzbewegung, aber kein Beatnik, denn er tat nichts der Pose wegen; dann Petze und Baars, die keine Nachtvorstellung ausließen, und vor allem **Rolf Roggenbuck**. Zuerst spielte er eine leuchtende Klarinette im Stil von *Johnny Dodds*. Dann vergeistigte er sich, und wenn man ihn besuchte, übte er auf dem frisch erstandenen Cembalo Bach-Partiten.

Oft malte er auch. Das tat er auf eine sehr seltsame Art. Er veränderte das Bild, an dem er arbeitete ununterbrochen und bewahrte alle Zwischenstadien als Fotografien auf. Ich erinnere einen Turmbau zu Babel, der passenderweise auf diese Art nie fertig wurde. Dann entwarf er Umschlaghüllen für die Schallplattenindustrie: düster, kühn und umsatzhemmend.

Die **OLD MERRY TALE JAZZBAND** spielte 1957 im Gerichtskeller neben dem Heiligengeistfeld. Robuster Frohsinn war schon damals ihre stärkste Seite. Virtuosität wurde etwas kleiner geschrieben. Das war auch später noch so, und als ich Addi neulich mal wieder in der Sauna traf, erinnerte er sich: »Weißt du, ich bin eigentlich immer schamrot geworden, wenn ich auf Tournee war und nach den Konzerten die Kritiken gelesen habe. Da stand dann was von „atemberaubender Brillanz" und „rasanter Technik". Mensch, war mir das peinlich.«

Mitreißendes, überrumpelndes Zusammenspiel – damit hat die Kapelle sich ihren Erfolg erjazzt.

»Mittwochs spielten wir in der TAVERNE«, erzählt Addi und meinte das umgetaufte ZERO. »Da war es voll und schmutzig. Freitags spielten wir draußen in Blankenese in der „Johannesburg". Da war es auch voll, aber man konnte anschließend immer noch baden gehen.«

1958 und 1959 hatten wir dann ‚Sputnik' als Trompeter. Der hatte bei „Jacobs" Koch gelernt, war dann in einer Behörden-Kantine in der Innenstadt. Doch eines Tages konnte er es nicht mehr ab, täglich Hunderte von Frikadellen zu drehen und ist Berufsmusiker geworden. Im Herbst 1959 ging dann **Gerhard Vohwinkel** von den Papa-Bue-Leuten weg und kam zu uns.«

Gerhard Vohwinkel gab auch dieser Band den Schliff. Schrieb kompakte, wirkungsvolle Arrangements, und alles sah so rosig aus, so daß die Jungs 1960 den großen Schritt wagten: Sie wurden Berufsmusiker.

Sie kündigten bei Vater Staat, bei der Bank oder wo immer sie wirkten und zogen durch die Lande. Zuerst war es ein Siegeszug, denn man hatte – Wunder über Wunder! – einen Hit aufgenommen, der nicht nur die Jazzfreunde vom Stuhl riß: *Am Sonntag will mein Süßer mit mir segeln geh'n*, und es ist nicht schwer zu raten, wer diesen alten Schlager in das Repertoire der Band eingemeindet hat.

Es war ein kurzes Glück, und zwar aus zwei Gründen. Einmal ist es wohl doch nicht dasselbe, ob man zweimal die Woche aus Hingabe und aus Liebe zur Sache musiziert, oder ob man täglich bis morgens früh spielen muß, auch wenn man müde ist, mal keine Lust hat und nur noch ein einzelner später Gast im Laden rumhockt. Zum anderen verlor ja auch gerade 1961 bis 1962 das breitere, saalfüllende, jugendliche Publikum das Interesse am Dixieland und wandte sich erst dem Rock 'n' Roll und dann dem Twist zu.

Im Frühjahr 1962 kehrte die ganze Band reumütig, durchweg verheiratet, brav in die alten Berufe zurück.

Nur ‚**Addi' Münster** hat die Fronten gewechselt: Er wurde Steuerberater.« Soweit Werner Burkhardt.

Die Vespa war damals eines der beliebtesten „Fortbewegungsmittel" der Hamburger Jazzer

Die CANAL STREET JAZZ BAND in Originalgründungsbesetzung (v. l.): Gregor Majer, Udo Schümann, Michael Wulff, Jobb Schöning, Klaus Nockemann, Peter Bohn, Rudi Rindermann, Christiane Nockemann, Etlef Jacobsen

CANAL STREET JAZZ BAND, 1982 (v. l.): Peter Pries, Hans-Jürgen Wittmann, Andreas Clement, Klaus Nockemann, Dietrich Kleine-Horst, Peter Bernhard, Petra Nockemann, Günter Helms

CANAL STREET JAZZ BAND

REAL CREOLE JAZZ

Die Geschichte der Hamburger Jazzmusik kann nicht geschrieben werden ohne ein umfangreiches Kapitel über die **CANAL STREET JAZZ BAND**:

1961 gegründet, verfolgte diese Kapelle von Anfang an ein klares Konzept, das sie, allen Zeitläufen zum Trotz, bis heute durchgehalten hat. Hier gibt es kein Anbiedern an einen modischen Trend oder einen bestimmten Publikumsgeschmack, sondern statt dessen aber ein bewußtes Eintreten für eine Musik, die zwischen 1910 und 1925 in New Orleans gespielt wurde, angefangen bei den frühen schwarzen und weißen Marschkapellen und den ersten eigentlichen Jazzbands.

Es ist schwer, für diese Band eine stilistische Schublade zu finden. Ist es „New-Orleans-Musik" oder „Creolischer Jazz" (was immer das sein mag)? Und den Begriff „Stil" sollte man besser durch „Sound" ersetzen. Denn der Sound ist eines der herausragenden Merkmale dieser Gruppe. Er entsteht aus der Besetzung mit vier oder (wenn man die Tuba hinzunimmt) fünf Bläsern und dem Arrangement. Gewöhnlich, und das wiederum ist das Ungewöhnliche, spielen ein Cornet und die Klarinette unisono, das heißt einstimmig, aber im Oktavabstand das Thema. Das andere Cornet spielt eine zweite Stimme. Darunter liegen die Posaune mit einer dritten Stimme und die Tuba mit den Grundtönen. Häufig spielen jedoch auch Posaune und Tuba zweistimmig eine eigenständige Melodie. Das Repertoire enthält aber ebenfalls Titel, die ganz konventionell gesetzt sind. Viele Stücke sind von der ersten bis zur letzten Note notiert.

Werner Burkhardt schrieb einmal über die Band: »Man muß schon einen Sinn für das Malerische und liebenswürdig Skurrile besitzen, wenn man die buntscheckigen Klänge von damals auch heute noch ins Zentrum seines Repertoires rückt. Die **CANAL STREET JAZZ BAND** aus Hamburg besitzt ihn.«

Wer kennt schon Nummern wie *The Armbreaker*, *Portuguese Rag*, *Excelsior* oder gar das fast unaussprechliche *Razzazza Mazzazza*? Und es ist kein Zufall, daß gerade diese Stücke heute ihren Platz in der Hamburger Jazzlegende einnehmen, nachdem sie über 15 Jahre lang Freitag für Freitag in der berühmten (inzwischen abgebrannten) SEGLERBÖRSE erklangen.

Trotz vieler Änderungen und Bewegungen, eines blieb immer gleich: die Musik der **CANAL STREET JAZZ BAND** mit ihrem eingehenden Viererrhythmus. Sie versetzt den Zuhörer zurück an den Ursprung des Jazz: zurück zum Mississippi mit seinen gleichmäßig sich bewegenden Schaufelraddampfern, zurück zu *Buddy Bolden*, dem legendären ersten Kornettisten, dessen Horn angeblich durch ganz New Orleans zu hören war – „back to the roots of Jazz".

Die **CANAL STREET JAZZ BAND** ist regelmäßig in der Gaststätte ZUR ROTBUCHE, Tannenweg 4, zu hören. Mit großer Sicherheit trifft man dann dort ihre große, seit vielen Jahren treue Fan-Gemeinde. Ein stimmungsvoller Abend ist garantiert. Und wenn man Glück hat, bekommt man noch eine der zwei Schallplatten, die die Band produziert hat. Wenn nicht: Eine CD wird sicherlich bald fertig sein. Also, viel Vergnügen mit dem „RARE RAZZ MATAZZ JAZZ".

CANAL STREET JAZZ BAND

Besetzung:
Günter Helms (co, kzo), Peter Pries (co, kzo, alt-horn), Hans-Jürgen Wittmann (tb, sl-whs, voc), Wolfgang John (p), Edgar Voigt (tu), Uwe Lütgen (cl, as), Rainer Rubink (bj)

Kontakt:
Peter Pries, Haynstraße 9, 20249 Hamburg,
Telefon: 0 40 - 46 54 03

CANAL STREET JAZZ BAND, 1990 (v. l.): Wolfgang John, Rainer Rubink, Günter Helms, Peter Pries, Edgar Voigt, Uwe Lütgen, Hans-Jürgen Wittmann

Peter Wehrspann schreibt in seinem „Jazzarchiv" über die **CANAL STREET JAZZ BAND**:

»Die Marschmusik war um die Jahrhundertwende in New Orleans die einzige Form musikalischer Darbietung, der die Schwarzen zugänglich waren, da sie in der Öffentlichkeit, auf Straßen, Plätzen etc. dargeboten wurde, während ihnen bekanntlich die Tanzlokale oder gar Konzertsäle verschlossen blieben. Schon Instrumentierung und Harmoniegerüst der Urformen des Jazz deuten auf die starke Anlehnung an die genannten Vorbilder hin und finden sich in keiner anderen „Volksmusik" rund um den Erdball wieder. (Man denke nur an orientalische Klänge.)

Die **CANAL STREET JAZZ BAND** hat sich der Epoche jazzmusikalisch angenommen, in der dieses Ringen des

Nachempfindens vorgegebener europäischer Klangbilder mit dem wahrscheinlich unbewußten Bedürfnis, sich rhythmisch und melodisch zu „befreien", erreicht in der Improvisation, deutlich zutage tritt.

Denjenigen, die erklären, das habe mit Jazz nichts zu tun, sei entgegengeschleudert: Ohne diese Phase der Entwicklung würde es den Jazz wahrscheinlich gar nicht geben! Es gilt also dem Begründer dieser Band, **Michael Wulff**, und allen, die sich ihm anschlossen, Dank dafür, dieses „missing link" entdeckt und gepflegt zu haben. Daß das Publikum diese Art der Musik keineswegs als „fossil" empfindet, zeigt unter anderem die phantastische Stimmung, die bei Liveauftritten dieser Band immer wieder zu erleben ist."

Peter ‚Pisi' Pries, CANAL STREET JAZZ BAND

BUDDY BOLDEN

Klirrende Märsche,
Schottländer, Walzer,
Mazurkas, Polkas,
Ragtimegeklimper,
sizilianische Hochzeitsweisen,
Rhythmen aus der Karibik,
schwitzende Worksongs
von Railroads, Deichen,
Field Hollers aus den Baumwollplantagen Louisianas,
Hymnen und Psalmen
vom River Jordan,
tröstlich und verheißungsvoll,
Calinda, Bamboula
vom Congo Square,
den Kiesellaut der Kalebassen,
Rasseln und Gongs,
den Low Down Blues,
die Ton gewordene Klage,
neu formuliert:
Buddy Bolden,
Bandleader, Kornettist
und Entertainer,
Zuhälter, Mythos, Ladykiller,
auf Fotos eher
unbedarfter Friseurgehilfe,
aber er brach sein Herz,
wenn er spielte,
und hatte ein Stöhnen
in seinem Kornett,
das die Frauen verrückt machte,
niemand
konnte sich dem Zauber
seines Spiels entziehen,
sein Horn trug meilenweit
Botschaft, Beschwörung, Kunde
durch die Gassen von New Orleans,
den Dämmer der Flußniederung:
unwiderstehlicher Sirenengesang;
wie verhext
strömte alles zusammen,
wenn Buddy zum Tanze aufspielte.
Seine Band stürmte als erste
den Himmel von Dixieland.
Die Götter wurden neidisch:
während einer Straßenparade im Jahre 1907
verwirrten sie seine Sinne,
und er landete im East Louisiana State Sanatorium,
wo er 1931 gestorben sein soll.
Buddy,
stecke Dein Horn
noch einmal durch das Loch im Bretterzaun
vom Lincoln Park,
pumpe Dich voll mit Luft bis in die Zehenspitzen
- Du hast noch Lunge -
preß Dich in das alte Messingrohr
und rufe die Kinder heim!
Abbi Hübner

STEAMBOAT STOMPERS

WORKING MAN BLUES

Motor und herausragende Figur dieser Truppe war zweifellos ‚Zotto', mit bürgerlichem Namen **Otto Spindler**, der nicht nur eine hinreißende Trompete blies, sondern zur Erheiterung des Publikums auch so manchen gekonnten Chorus auf den Fingern pfiff, von seinen gepfefferten Ansagen ganz zu schweigen.

Fiete Westendorf, 1956 mit seiner ersten und letzten Zigarette

Zu Entstehungsgeschichte und Werdegang der Band sowie allerlei Ereignissen in der damaligen Szene soll ‚Zotto' selbst zu Wort kommen:

»Ich kam erst so 1958/59 in die Szene und gehöre insofern eigentlich erst zur zweiten Generation, kenne daher Lokale wie HANDTUCH und CAPTAIN'S CABIN nur aus Erzählungen. Die **STEAMBOAT STOMPERS** waren ursprünglich eine Fusion aus der 5-Mann-Kapelle **STRAGGLERS BRASS BAND** – wobei wir uns damals unrettbar der Musik von *Lu Watters* verschrieben hatten und sklavisch dessen Arrangements nachspielten, und von denen ich als Mit-Musiker nur noch **Niko Broschek** (bj), und **Peter Fraemke** (tb) erinnere, der seinerseits aus der **TRADITIONAL ATTIC CREW** gekommen war – und einer Abspaltung von **LES ENFANTS DU JAZZ** mit damals unter anderem **Peter Lettow** (dr), **Claus Stave** (cl), **Hannes Giese** (tp), und vor allem natürlich **Jan Rasmus Mahler** (b). Wir spielten unter anderem einen ganzen Monat ohne jeden freien Tag, ich glaube für 25 Mark pro Nacht, im **NEW ORLEANS** auf der Großen Freiheit, wobei ich der einzige Musiker war, der die ganze Zeit ohne Aushilfe auskam. Es war eine entsetzliche Telefoniererei, jeden Abend eine komplette Kapelle auf die Bühne zu bringen, zumal wir ja kein etabliertes Orchester wie **Abbi Hübner**, **Gerd Vohwinkel** oder **Heinz Junghans** waren, sondern ganz einfach Emporkömmlinge, die sich nun mit einem Mal in der Szene

STEAMBOAT STOMPERS, 1960: Peter Wulff (tb), Gerd Selle (b), Zotto (tp), Fiete Westendorf (cl), Martin Freise (bj), Horst ‚Kasper' Mete (dr), Hermann Lotzing (bj)

breitmachten. So war natürlich auch die Unterstützung durch das Establishment gleich null.

Der glückliche Effekt dieses Engagements auf der Großen Freiheit war schließlich der, daß eines abends ‚**Fiete'** **Westendorf**, der für uns ja auch einer der ganz Großen aus dem Hamburger Jazz war, bei uns einstieg, und nach etwa drei Wochen lief es dann ja auch einigermaßen bei uns. ‚Fiete' sagte jedenfalls: »So, jetzt könnt Ihr tatsächlich jazzen, und wenn Ihr wollt, spiele ich ab sofort bei Euch mit.« Mann, das war unser Ritterschlag! Jetzt waren wir tatsächlich wer. Ich war im siebten Himmel! ‚Fiete' hatte sich mit seinem bisherigen Bandleader **Heinz Junghans** überworfen und wurde dann für die **STEAMBOAT STOMPERS** ein enorm wichtiger Mann.

Von besonderem Interesse dürfte in diesem Zusammenhang sein, daß genau zu unserer Zeit auf der anderen Straßenseite im „Star-Club" die *Beatles* spielten, die damals noch im Schatten von *Tony Sheridan* segelten.

Die **STEAMBOAT STOMPERS** hatten immer den Ehrgeiz, einerseits zu den besten Kapellen zu gehören und andererseits auf jeden Fall die lustigste zu sein! Das ist uns ja auch fast immer gelungen, und das hat letztlich einen großen Teil unseres Erfolges ausgemacht.

Ein weiteres Charakteristikum der Band war die Doppelbesetzung des Banjos. Die Duos rekrutierten sich im Laufe der Zeit aus dem Pool **Andreas von der Meden**, **Björn Jensen**, **Martin Freise** und **Hermann Lotzing**. Als Swing-Garant am Schlagzeug war **Horst ‚Kasper' Mete** schon frühzeitig in das blau-grün-rot gestreifte Bandhemd geschlüpft.

Nach dem Einstieg von **Gerd Selle**, Baß, und **Peter Wehrspann**, Posaune, als Nachfolger von **Peter Wulff**, der auch ein bißchen Arrangement in die Musik brachte, stand die 62er Besetzung der **STEAMBOAT STOMPERS** für alle Schandtaten bereit – bis hin zu *Frau Wirtin hatte einen* ... oder *Hämmerchen hin, Hämmerchen her* ..., ob in Hamburger Jazzclubs, auf Riverboat Shuffles, beim „Jazz im Stadtpark" oder in Pansdorf an der Ostsee im „Hotel zur Leiche" – Verzeihung – „Eiche" (O-ton ‚Zotto').

STEAMBOAT STOMPERS, 1960 in der „Aktuellen Schaubude", gleiche Besetzung wie vorherige Seite

Hamburger Jazzkeller
Bekannt für moderne Jazzbands
Täglich geöffnet von 20 – 4 Uhr
Hamburg 36, Colonnaden

GALERIE BLUE

Täglich abwechselnd spielen in der
GALERIE BLUE
Hamburgs beliebteste Oldtime Formationen.
Geöffnet ist von 20.00 bis 4.00 Uhr morgens.
Sonntags tagt der bekannte
BLUE JAZZ CLUB
von 17.00 – 24.00 Uhr.
Gäste sind herzlich willkommen.

GALERIE BLUE
Reeperbahn 140

ROMMY BAKER BIG BAND

IN THE MOOD

Rommy Baker, mit richtigem Namen **Dieter Beckers**, kam wie viele andere über die Sender AFN und BFN zum Jazz. Er erinnert sich:

»Anfang der 50er Jahre gab es ein Konzert im „Theater an der Mundsburg" – *Graeme Bell and his Australian Jazzband*. Niemals zuvor hatte ich solche Klänge gehört, dieser Drive, das Kollektiv, urwüchsig – einfach einmalig! BFN brachte *Sid Phillips and his Band*, arrangierter Dixieland der Spitzenklasse. AFN spielte *Muggsy Spanier's Ragtimeband*, *Benny Goodman*, *Kid Ory* und „King" Armstrongs *Westend Blues* war damals für mich das Größte. Es war klar, wie sich alles entwickeln sollte: Die Jazz-Musik bestimmte von nun an mein Leben.

Mit 17 Jahren, damals war ich noch Lehrling, kaufte ich mir von meinem ersten Geld eine alte Messing-Trompete für 129,50 DM. In zehn Monatsraten bezahlte ich das Instrument ab, und hatte so meine liebe Not damit. Aber unverdrossen wurde geübt und nochmals geübt.

1954 gründete ich die **ROMMY BAKER'S DIXIELAND WANDERERS**. Die Band wurde im Laufe der nächsten Jahre immer wieder verändert und langsam immer größer. Irgendwann nannten wir uns aus diesem Grund **ROMMY BAKER BIG BAND**. Jeder, der wollte, konnte in meinem 18-Mann-Orchester mitspielen. Da ich immer mehr Musiker zur Verfügung hatte, als ich für den nächsten Auftritt brauchte, hatte ich nur relativ wenig Probleme. Es wurde fleißig und intensiv geprobt, und wir hatten eine ganze Anzahl guter Auftritte. So an die 500 Amateurmusiker und viele Profis spielten bis 1989 in meiner Band. Es waren viele Musikstudenten darunter, die später Musiklehrer wurden. In vielen Schulen gab es eine größere Schülerband. Vielleicht ein Verdienst meiner Arbeit?

Ab circa 1985 erneuerte ich die Band, und wir traten erstmalig als Profiband auf. Unter der Devise „For Professionals Only" swingte das Orchester besser denn je. Von *King Oliver's Sugar Foot Stomp* über *Frank Sinatra's New York – New York* bis *Stan Kenton's Intermission Riff* – jetzt hatten wir den „Drive", den wir immer wollten. „What's Swing?" Meine Musiker wußten es. In dieser Zeit hatte ich interessante Musiker als Gäste in meiner Band: **Herb Geller** (as), **Joe Sydow** (b), **Lady Geisler** (g), **Horst Lubitz** (as) und noch einige mehr. Wir swingten uns mit recht gutem Erfolg von Auftritt zu Auftritt. In der Presse wurde unser Sound sogar mit dem der großen Showorchester aus Las Vegas oder vom Broadway verglichen. Es war schon eine unvergeßlich schöne Zeit!

Irgendwann gab es während meiner Abwesenheit – ich war häufig in Spanien – Unstimmigkeiten, wichtige Musiker verließen die Band, und ich stand vor der Frage, wie es weitergehen sollte. Da sich in dieser Zeit dann auch noch andere Big Bands in gleicher Besetzung und mit gleichen musikalischen Zielen gründeten, wollte ich einen Neuanfang nicht wagen. Ich verlagerte meine ganzen Aktivitäten nach Spanien. Hier hatte ich schon seit vielen Jahren ein Haus – und was für mich sehr wertvoll war – recht gute Kontakte zu dortigen Musikern.

ROMMY'S SPEAKEASY JAZZ SPOT SOCIETY

Die Suche nach begeisterungsfähigen Musikern war dann auch erfolgreich. Nach nur dreimonatigen Proben hatten wir am 17. Dezember 1991 unseren ersten Auftritt in „Rory's Casanova Night Club" in Calpe vor etwa 200 begeisterten Gästen. Nach drei Stunden wischten wir uns den Schweiß von der Stirn. Der Beifall hatte es bewiesen: Generalprobe bestanden!

Wir hatten weiterhin recht gute Auftritte vor immer sehr begeistertem, überwiegend internationalem Publikum. Es swingte wieder wie in den alten Hamburger Zeiten. Wir spielten die gleichen Arrangements wie einst im REMTER.

Doch leider kam für diese internationale Band – sie bestand aus spanischen, englischen, schweizer und deutschen Musikern – wieder ein frühes Ende. Wegen fehlender Arbeitsgenehmigungen einzelner Musiker mußten wir aufgeben. Auch meine zweite Band, die **MOONLIGHT SERENADERS**, mit der ich Dixieland spielte, mußte aus den gleichen Gründen aufhören. Da ich aber nicht aufgeben werde, wird es sicherlich bald einen neuen Anfang geben.

Erst einmal konzentrierte ich mich auf meinen großen Traum von einem eigenen Jazz-Club. Meine ganze Kraft und Konzentration widmete ich dieser neuen Aufgabe. Am 3. Oktober 1995 um 19.30 Uhr war es dann soweit: die Eröffnung von „Rommy's Speakeasy – The world's smallest Jazz Spot". Der Anfang ist gemacht, die Stimmung ist gut, und Musiker und Bands sind genügend vorhanden. Ich freue mich, daß auch noch gute Kontakte zu Hamburger Musikern bestehen. Ich würde mich riesig freuen, wenn der eine oder andere im Urlaub „zufällig" sein Instrument dabei hätte, und im „Speakeasy" swingen würde.«

Kontakt:

Dieter Beckers, Castillo Rommy's, Calpe-Carrio Alto, Prov. de Alicante/Espana, ROMMY'S SPEAKEASY JAZZ SPOT, Sunset Boulevard 3 F, Carrio Alto, 03710 Calpe/Alicante / Espana

ROMMY'S SPEAKEASY JAZZ SPOT SOCIETY in Calpe, Spanien

ROMMY BAKER BIG BAND 1985 im Festzelt auf dem Rathausmarkt

ÜBER DEN UMGANG MIT JAZZERN

Christa Brüske, aus „DER JAZZER" 5/60: »Bedächtig verpackt der Schlagzeuger seine Becken und Trommeln. Für heute hat es sich ausgejazzt. Auf dem Podium des fast leeren Lokals putzt der Trompeter gelassen und liebevoll sein Instrument. Der Jazzkritiker steht vor ihm – im Mantel. Sie unterhalten sich.

»Kinder, was soll ich dazu sagen?« Der Jazzexperte spricht leise aufgebracht. »Eine Band erzählt mir beispielsweise, ‚Wir haben unseren Pianisten rausgeschmissen, war das nicht richtig?' Äußere ich mich nun dazu, komme das nächstemal hin, da ist er wieder da! Ich bin blamiert! Sag selbst, wo käme ich da hin?!«

Wie recht dieser Mann hat! Und wie schwer ist es für einen Jazzkritiker, gleichermaßen mit Jazzern gut befreundet zu sein und richtige Kritiken über sie zu schreiben!

Die Worte „rausschmeißen" und „im Stich lassen" kommen in Jazzkreisen übrigens häufig vor. Das fällt auf, wenn man etwas in das Leben und Agieren der Bands hineingeschnuppert hat. „Hinausgeschmissen" werden echte oder vermeintliche Spielverderber. Leute also, denen mangelndes Können oder fehlender Bandgeist vorgeworfen werden. „Im Stich lassen" tut jemand eine Band meistens, um anderswo entweder lieber zu spielen oder mehr zu verdienen oder beides.

Und dann liest man, fifty-fifty belustigt-erstaunt, daß es in den alten Zeiten der Neuen Welt auch nicht anders war! Dazu noch die Kompetenzstreitigkeiten damals (ist es heute besser?) Wer hat das Wort „Jazz" erfunden, wer zuerst mit Dämpfer gespielt, wer ist „besser", wer der „Größte"?! Ja, *Jelly Roll Morton* behauptete sogar: „den ganzen Jazz, der heute gespielt wird, habe ich geschaffen!"

Tja, mit dem Urheberrecht im Jazz ist das so eine Sache.

Viel leichter atmet es sich, liest man von *Red Nichols*: »Die Jazzmusiker waren in jenen Tagen eine Art Bruderschaft – alle arbeiteten zusammen und hatten nur ein Ziel: Sie wollten die Musik fördern und sich gegenseitig helfen. Das ist jetzt ganz anders.«

»Hallo, Tom!« – »Hallo, wie geht's? Wo warst du denn vorige Woche?« – »Bei den ‚Breeze-Mail'-Leuten!« sage ich vergnügt und ziehe den Mantel aus. »Mußte mich vom Oldtime Ozon mal wieder 'n bißchen durchpusten lassen!«

Tom reagiert cool. Murmelt etwas von »Bauern, Krachmachern!« oder ähnlich. Aber ich grinse nur. Tom spielt nämlich „modern", deswegen. All diese kleinen oder größeren Differenzen sind offenbar vergessen, wenn gespielt wird. Sonderbar, wie ausschließlich die Musik hier im Mittelpunkt steht. „Hier", das ist überall, wo junge Leute Jazz zusammen machen. Etwas, worauf man sich verlassen kann, ohne daß es die präzise Kälte von Technik hat. Etwas, das man nicht zerreden kann. Man schmeißt zwar raus, läßt im Stich und diskutiert über Stile und Qualität, aber alles das ist zweitrangig hinter dem Zusammenspielen.

Wie anders doch die vorige Generation damals hierzulande: nächtelange Diskussionen in Kaffeehäusern, reden, reden, reden – und im Hintergrund Musik.

Oh ja, sie können auch ernsthafte Gespräche führen – meistens außerhalb des Jazzkellers. Je nach Interesse über Literatur, Malerei, menschliche Probleme. Der eine liebt und kennt Dostojewski und Bach, der andere keine Noten. Spielt alles keine Rolle beim „Jazzen".

Für Gespräche längerer Güte ist in Jazzkellern auch gar keine Zeit. Die Pausen sind munter von Stücken umgeben. Und zur gleichen Zeit gut zuzuhören und ein Gespräch zu haben, ist ungefähr so schwer, wie eine Treppe gleichzeitig hinauf- und herunterzulaufen.

Und bei den „Krachmachern" angele ich mir den Klarinettisten und will den Unterschied zwischen Jazzamateuren und Berufsjazzern wissen. Er fischt eine Zigarettenpackung aus der Hosentasche. »Ja«, sagt er schlicht, »wir sind Amateure.« – »Und werdet bezahlt«, ergänze ich. »Ja natürlich«, sagt er, »und die Berufsjazzer auch, aber besser. Sie spielen ja auch besser.«

Das ist kein befriedigender Unterschied, finden wir beide und denken gemeinsam nach. Dann hat er es.

»Sieh mal, die meisten von uns müssen morgens früh um sechs oder sieben aufstehen und arbeiten. Oft abends jazzen. Wir kommen zu gar nichts anderem mehr. Manchmal bin ich am Abend eine Viertelstunde zu Haus und muß dann wieder los! Was glaubst du, wie sauer uns das oft wird!« – »Und die Berufsmusiker spielen jeden Abend und können am Tag schlafen. Ob's dann wohl noch Spaß macht?«

»Weiß ich nicht«, sagt er versonnen, »man sollte es mal ausprobieren« – »Sagt mal, was quatscht ihr denn da so lange herum?« fragt der Banjomann. »Das ist doch Zickenkram, ist das doch. Komm! Abziehen!«

Und da scheppert auch der Schlagzeuger schon dreimal und sie spielen – warum auch nicht – einen Blues.

Und wenn die Götter gnädig sind (sie sind es nicht immer!) und alles stimmt: Drive, Feeling, Swing, und alle sind bei der Sache, dann hört, fühlt und weiß man eben nur noch: „BLUES" – und sonst gar nichts in diesem Augenblick. Und dazu sollte man ja auch hingehen.«

HOT OWLS

VON HOT JAZZ BIS HARDBOP

Jürgen Recke schreibt über die **HOT OWLS**:
»Die **HOT OWLS** hatten sich damals – zusammen mit **Chris Herrmanns BRUNO'S SALONBAND** – in **Peter Marxens** legendärem ONKEL PÖ als „Hausband" festgesetzt und waren im Sommer 1973 als **HOT OWLS DIXIELANDGEBLÄSE** dabei, als **Udo Lindenberg**, der in Vorjahren noch bei „Jazz Band Battles" getrommelt hatte, für die „Teldec" seine erste Erfolgsscheibe als Rocksänger produzierte (*Alles klar auf der Andrea Doria*). Mitte 1976 wechselte der Hot-Owls-Trompeter **Volker Reckeweg** zur kommerziell erfolgreichen **DAMPFKAPELLE** des Banjovirtuosen **Heinz-Peter Meyer**. Musikalisch bewegten sich die **HOT OWLS** nachfolgend Richtung Bebop und fanden damit in der Oldtime-Hochburg Hamburg wenig Anklang – was faktisch Ende 1981 zur Bandauflösung führte. In der letzten – nur durch Tonbandaufnahmen belegten – Phase von Mitte 1979 bis Ende 1981 bestand die Besetzung aus **Barry Johnson** oder **Titus Küper** (tp), **Matthias Kruse** (as, ts), **Pete McCrory** oder **Kay Weirup** (g), **Cord Boy** (b), **Horst Mehte** (dr) und mir am Fender-Rhodes. Meist waren an unseren Auftritten aber auch Gastmusiker beteiligt – zum Beispiel **Benny Alvers**, **Helmar Matuschek** (ts), **Hendrick Moerkens** (vibes, harmonica). **Thomas Altmann**, **Ulrich ‚Miele' Miletschus** (dr).

Parallel zur Betätigung bei den **HOT OWLS** war ich etwa seit 1977 bei den **BLACKBIRDS OF PARADISE** als Pianist und Arrangeur tätig. Bis dahin hatte **Peter ‚Zinker' Cohn** die Tasten gedrückt, der jedoch häufig fehlte, weil er als „Berufsjazzer" – besser bezahlte – Auftritte mit **ABBI HÜBNERS LOW DOWN WIZARDS**, **MEYERS DAMPFKAPELLE** oder **REINER REGELS REEDS & RHYTHM** wahrnehmen wollte.

Für mich war es Ende 1988 Zeit, etwas Neues zu probieren, da die **BLACKBIRDS OF PARADISE** nur noch selten in Stammbesetzung auftraten, vorwiegend mit Aushilfen spielten und dadurch ihr Repertoire stark einschränken mußten. Zudem gelang es kaum noch, Übungstreffen durchzuführen und mit neuen Titeln dem Frust routinemäßiger Auftritte zu begegnen.

Als daher **Volker Reckeweg** im Herbst 1988 – zum wiederholten Male – ausstieg, nahm ich die Umsetzung eines schon seit längerem gewachsenen Planes in Angriff und gründete mit **HARLEM JUMP** eine am gleichnamigen Jazzstil der 40er Jahre orientierte Swingcombo. Zur ersten Besetzung gehörten: **Volker Reckeweg** (tp, voc), **Gunter Wiedecke** (tb), **Andreas Brinck** (as, bs), **Henning Plote** (ts, as, cl) – sämtlich Ex-„Blackies" – **Michael Däumling** (b), **Thomas Streckebach** (g), **Peter ‚Plauschi' Burmester** (dr) und ich am Klavier. Nach mehrmonatiger Vorbereitung traten wir ab Februar 1989 auf. Das seitdem ständig erweiterte Programm der Band besteht größtenteils aus von mir oder **Volker Reckeweg** arrangierten Titeln, die im Original etwa zwischen 1940 und 1955 von kleinen Formationen um *Johnny Hodges*, *Louis Jordan*, *Bennie Carter* oder *Charlie Shavers* verewigt worden sind. Für **Gunter Wiedecke**, der wegen fehlender Notenkenntnisse nach einigen Monaten das Handtuch warf, stieg der NDR-Posaunist **Arnold Schön** ein. **Rüdiger Tresselt** ersetzte zeitweise **Michael Däumling** am Baß, und für **Thomas Streckebach** (g) kam 1990 **Ulrich Hermann**.

Jeweils im Oktober 1990 und 1992 wurden Studioaufnahmen für eine Ende 1993 erschienene CD (Summer-Records CD 9318, 17 Titel – unter anderem *Swing that music*, *Choo Choo Ch' Boogie*, *Opus 5*, *Something to pat your foot to*, *Malibu*) eingespielt. Anfang 1994 verstarb **Arnold Schön**. Für ihn sprang der Ex-NDR-Posaunist **Günter Fuhlisch** ein. Seit Anfang 1995 schlägt **Robby Schön** (Sohn von **Arnold Schön**) die Trommeln.

Mehr möchte ich zu **HARLEM JUMP** im Moment nicht sagen, an anderer Stelle mehr über diese Band. Statt dessen möchte ich ein paar Worte über meinen Einstieg in die „Jazzwelt" und zur Entstehung der **HOT OWLS** verlieren:

Ich bin 1958 als Vierzehnjähriger mit meinen Eltern nach Hamburg gezogen, wohnte im Stadtteil Hamm und besuchte ein Gymnasium in Eimsbüttel. Meine Mutter war und ist an klassischer Musik interessiert und „verordnete" mir für einige Jahre (von 8 bis 12) Klavierunterricht. Diese Aktion schlief schließlich ein, da in mir weder Interesse am Instrument, noch an der Musikrichtung geweckt wurde. Im Herbst 1960 kam ich mit einigen Jungs zusammen, die an Wochenenden auf Privatfeten als **CHARLY'S SKIFFLE RAMBLERS** auftraten. ‚Charlie' war ein banjospielender Knabe namens **Detlef Hertz**, der auch „Jazzer" kannte, die auf seinen eigenen Partys gelegentlich mal „einsteigen" durften – besonders dann, wenn ihn sein Cousin *Reimer von Essen* (*Barrelhouse Jazzband*) aus Frankfurt besuchte, der Klarinette spielte und nur auf „New-Orleans-Jazz" stand. Aufgrund dieser Kontakte entschloß ich mich, Banjo zu lernen und beim „Skiffeln" etwas mitzumischen. Kaum hatte ich mir aber eine „Pfanne" besorgt und erste Harmoniegriffe „draufgeschafft", wurde ich auf einer der samstäglichen „Jam-Parties", die stets mit einer Überzahl von Banjos abliefen, dazu überredet, mich an die vorhandene Klimperkiste zu setzen. Ich hatte leichtsinnigerweise einschlägige Vorkenntnisse zugegeben.

Erste Single HOT OWLS, 1967 von Peter Wehrspann produziert. Besetzung: **Günter Helms** (co), **Eberhard Nolte** (tb), **Jürgen Dreffein** (as), **Helmut Kaltschmidt** (ts), **Jürgen Recke** (p), arr, **Gerhard Hinz** (bj), **Klaus Einfeldt** (tu, managm.), **Gerhard Tenzer** (dr)

Es folgte die Gründung einer „Dixie-Tanzkapelle", der **ALBIS RIVER JAZZBAND**, Leader war ein Klarinettist namens **Peter Gosch** – ich habe nie mehr von ihm gehört – und am Banjo „lömmerte" **Walter Peleikis**, der meines Wissens in späteren Jahren auf Gitarre umstieg. Diese Gruppe löste sich zwar nach einigen Monaten wieder auf, aber ich hatte den Einstieg in die „Jazzerszene" gefunden und lernte Mitte 1961 über den Klarinettisten **Jürgen Dreffein** eine Billstedter Clique um **Uwe Heinecke** (co) und **Peter ‚Zinker' Cohn** (p) kennen. ‚Zinker' war kurz zuvor bei den **JAILHOUSE JAZZMEN** eingestiegen, lebte von deren Jobs und hatte kaum noch Zeit, um in Uwes unbekannter Vorstadttruppe mitzuspielen. Die Konsequenz war klar: Ich wurde als Pianist angeworben und von ‚Zinker' im stilgerechten Tastendrücken unterwiesen. Monatelang wurden nun Titel von *King Oliver* und *Armstrong/Dodds*-Besetzungen eingeübt, bis wir öffentlich aufzutreten wagten. Bandmitglieder waren **Uwe Heinecke**, **Detlef Conrath** (co), **Jürgen Gotthardt** (tb), **Jürgen Dreffein** (cl), **Manfred Rutzen** (bj), **Udo Schütt** (dr) sowie ich am Klavier. Anfang 1962 stand auch unser Name fest: **ANTEX JAZZCARDINALS** – in Anspielung auf **Uwe Heineckes** Spitznamen ‚Antec'. Wir traten freitags im „Storyville"-Bunker am Hellkamp und mittwochs in der **JAILHOUSE TAVERNE** auf, außerdem in Schulen, Jugendheimen und auf Privatveranstaltungen.

HOT OWLS, 70er Jahre

Anfang 1963 gründeten **Heinz-Peter Meyer** (bj) und **Gert Goldenbow** (tb) eine neue Formation: die **NEW ORLEANS HOT OWLS**. **Jürgen Dreffein** wechselte im Februar dorthin und holte mich einige Wochen später nach. Die Besetzung: **Günter Helms** (co), **Jürgen Dreffein** (cl), **Gert Goldenbow** (tb), **Peter Meyer** (bj), **Albert Tamm** (tu) und ich am Piano. Die sämtlich von **Peter Meyer** gelieferten „Head-Arrangements" – Noten konnten die Bläser ohnehin kaum lesen – knüpften an Vorbilder wie *King Oliver*, *Jelly Roll Morten*, *Clarence Williams* und an den Stil kleiner Besetzungen aus dem

New York oder Chicago der 20er Jahre an. **Peter Meyer** profilierte sich zudem als Banjovirtuose mit einer aus ihm, **Albert Tamm** und mir bestehenden „Band in the Band", den **DIZZY STRINGS**, und gelangte dadurch in kurzer Zeit zu einiger Bekanntheit als „Hamburger Banjopabst". Die Band tourte vorwiegend in Norddeutschland aber auch in der Gegend um Frankfurt, da uns die *Barrelhouse Jazzband* dort einige Jobs verschaffte. Im September 1964 nahmen wir am „1. New Orleans Jazz Festival", der von *Reimer von Essen* mitgegründeten „Gesellschaft zur Förderung des New Orleans Jazz" (GFN) in Frankfurt teil. Mit dabei war **Claus Badekow** als zweiter Klarinettist. Den inzwischen ausgeschiedenen **Albert Tamm** hatte **Klaus Einfeldt** (tu) ersetzt.

Im November 1964 stellten sich die **NEW ORLEANS HOT OWLS** erstmals der, alljährlich in Hamburg stattfindenden „Jazz Band Battle", mit **Abbi Hübner** am Kornett und zusätzlich verstärkt durch **Wilm Dose** am Schlagzeug. Wir erreichten immerhin Platz drei in der Gunst des Publikums, hinter dem **MODERN SWING QUINTETT** und den **JAILHOUSE JAZZMEN**, den unumstrittenen Platzhirschen. Unmittelbar danach taten sich **Peter Meyer**, **Abbi Hübner** und **Gert Goldenbow** zwecks Gründung der **LOW DOWN WIZARDS** zusammen.

Die **NEW ORLEANS HOT OWLS** machten weiter mit **Günter Helms** (co), **Jürgen Dreffein** (as, cl), **Joachim ‚Aggi' Rohlfs** (tb), **Gerhard Hinz** (bj), **Klaus Einfeldt** (tu) und mir am Klavier. Ab Februar 1965 kamen **Gerhard Tenzer** (dr) und – für einige Monate – **Etlef Jacobsen** (bs) dazu. Domizil war weiterhin die JAILHOUSE TAVERNE. Das Programm wurde nun von mir gestaltet, da keiner der Kollegen ausreichende Noten- resp. Harmoniekenntnisse besaß. So pflegte zum Beispiel **Jürgen Dreffein** die ihm diktierten Melodie- oder Satzlinien als eine von Taktstrichen unterbrochene Buchstabenabfolge in einem kleinen Oktavheft zu vermerken. Die genaue Phrasierung der Tonfolgen war dann eine Frage des „Feelings" – oder auch des musikalischen Gedächtnisses, denn überwiegend wurden Originaltitel „abgekupfert", das heißt möglichst genau nachgespielt.

Etwa ab 1966 ließen wir uns bei Auftritten nur noch als **HOT OWLS** ankündigen, da unser Repertoire nicht mehr am New-Orleans-Stil orientiert war. Inzwischen standen Titel der frühen Swingbands – zum Beispiel von *Ellington*, *Hendersen*, *Russel* – oder der gerade zu einiger Popularität gelangten englischen Band *Hot Temperance Seven* im Programm. Weitere stilistische Entwicklungen ergaben sich durch ein vorübergehendes Ausscheiden

HOT OWLS

von **Günter Helms** und den Abschied von ‚**Aggi' Rohlfs**, der im August 1966 für ein Jahr nach Südafrika gehen wollte, wo er dann letztlich hängen blieb.

Als Posaunist kam **Wolfgang ‚Schleicher' Schmitz**, der im September 1967 von **Eberhard Nolte** ersetzt wurde. Bis zur Rückkehr von **Günter Helms** im Frühjahr 1967, stieg der auf *Beiderbecke* fixierte Kornettist **Jobb Schöning** ein. Anfang 1967 holten wir uns mit **Wolfgang Kaltschmidt** einen Tenorsaxophonisten dazu. Anläßlich der „Jazz Band Battle" 1967 wurden zwei Titel dieser **HOT OWLS** - Besetzung von dem rührigen „Szene-Archivar" **Peter Wehrspann** für eine Single (WAM CJ 0 168 – *Coquette*, *Struggle Buggy*) mitgeschnitten.

Für das Jahr 1968 und bis Mitte 1969 liegen mir leider keine Aufzeichnungen vor, weshalb ich nicht sagen kann, wann die nächste Umbesetzung stattfand. **Wolfgang Kaltschmidt** verließ während dieser Zeitspanne die Band. Für ihn kam **Klement Pries** (as, cl). **Jürgen Dreffein** stieg auf Tenorsax um, und für **Gerhard Tenzer**, der nach Berlin zog, trommelte **Jimmy Henderson**. Trotz dieser Wechsel gelang den „Heißen Eulen" ein Formanstieg, so daß sie weiterhin bei allen größeren Jazzveranstaltungen im Raum Hamburg vertreten waren. Im September 1970 nahmen die **HOT OWLS** im Tonstudio von **Peter Wehrspann**, einem „umgerüsteten" Kuhstall in Schellerten bei Hildesheim, ihre erste LP auf (WAM MLP 15 404, 13 Titel, unter anderem *East St. Louis Toodleoo*, *Japanese Dream*, *Sunday*, *Malinda's Wedding day*). Dazu reiste **Gerhard Tenzer** aus Berlin an.

Danach ging es auf zu neuen Ufern: für **Günter Helms** und **Jürgen Dreffein** stießen **Volker Reckeweg** (tp) und **Wolfgang ‚Bolle' Burmeister** (cl, ts) zu uns. Als Drummer kam **Hajo Commes**. Diese Besetzung spielte im Sommer 1973 eine zweite LP bei **Peter Wehrspann** ein (WAM MLP 15 483), 12 Titel, unter anderem *King Porter Stomp*, *Rent Party Blues*, *Prince of Wales*, *Honululu Blues*, *Rhythm King*).

Wie schon drei Jahre zuvor, führten auch diese Plattenaufnahmen zu Umbesetzungen. Es zeigte sich, daß unter den Bandmitgliedern keine Einigung über die künftige stilistische Entwicklung der **HOT OWLS** zu erzielen war. **Eberhard Nolte** (tb) zog es vor, sich fortan ausschließlich den **MOUNTAIN VILLAGE JAZZMEN** zuzuwenden, ‚**Bolle' Burmeister** (cl, ts) wechselte zu **BRUNO'S SALON BAND**, und **Klaus Einfeldt** (tu) stieg bei den **LOUISIANA SYNCOPATORS** ein. Die restlichen „Eulen" wollten sich weiter Richtung „Swing" der enddreißiger Jahre bewegen, dazu Banjo und Tuba durch Gitarre und Baß ersetzen. Rechtzeitig zur „Jazz Band Battle" im Herbst 1973 fand sich folgende Besetzung zusammen: **Volker Reckeweg** (tp, voc), **Detlef Staack** (tb), **Klement Pries** (as, cl), **Thomas Gramatzki** (ts, bs, cl), **Gerhard Hinz** (bj), **Rüdiger Tresselt** (b), **Hajo Commes** (dr) und weiterhin ich am Piano. Ende 1973 schied **Gerhard Hinz** aus, der berufsbedingt ins Ruhrgebiet verzog. Für ihn kam **Peter Neb** (g), und **Rüdiger Tresselt** wurde durch **Peter Weber** (b) ersetzt.

1974 und 1975 war dann die erfolgreichste Zeit der **HOT OWLS**. Im Zuge der Trend- und Kommerzwelle jener Jahre wurde Hamburg mit der Hilfe von Fernsehen und Presse zur Pop-/Rock-/Jazzmetropole des Kontinents gekürt. Die FABRIK in Altona und vor allem ONKEL PÖ'S CARNEGIE HALL in Eppendorf galten bald auch international als absolute „IN"-Läden der Musikszene. Dort ließ die Plattenindustrie ihre Stars antreten: von den *Les Humphries Singers*, **Udo Lindenberg**, *Otto Walkes* bis zu *Peter Herbolzheimers Rhythm Combination & Brass*, *Al Jarreau* und Jazzlegenden wie *Art Blakey*, *Dizzy Gillespie*, *Horace Silver*, *Chet Baker*, *Woody Shaw*, *Gary Burton* oder *Pat Metheny*. Vom Sog dieser Entwicklung wurden auch die „Eulen" und einige andere Amateurbands der „Top-Szene Hamburg" erfaßt. Auf einer vom Magazin „Stern" 1974 produzierten Sampler-LP (Teldec 6.22193 AK), die immerhin über 140.000 Käufer fand, waren unter anderem Klänge der **HOT OWLS** zu hören, und 1975 erschien sogar eine Doppel-LP unter dem Namen der Band (Teldec 6.28325, 24 Titel, unter anderem *Undecided*, *Hodge Podge*, *Dizzy Atmosphere*, *Bei mir bist Du schön*, *Caravan*, *It don't mean a thing*). Es gab reichlich Jobs – zwischen 10 und 15 pro Monat – vorwiegend in Hamburg und im norddeutschen Umfeld, aber auch in Berlin (West), in Dänemark und Schweden. Im Frühjahr 1975 führte uns eine zweiwöchige Tour unter anderem nach Malmö, Växjö, Stockholm und Göteborg.

Nach dem schon erwähnten Wechsel **Volker Reckewegs** zur **DAMPFKAPELLE** Mitte 1976, verließen auch **Klement Pries** (as, cl), **Peter Neb** (g) sowie **Hajo Commes** (dr) die Band. Ersatz fanden wir in **Bernd Dieckmann** (tp, fl-horn), **Etlef Jacobsen** (ss, as, ts) und **Norman Tchilinghiryan** (dr). Auf eine Gitarre wurde verzichtet, da es stilistisch in Richtung „Hardbop" weiterging. Zum Programm gehörten nun auch Titel von *Art Blakey*, *Theloneus Monk* oder *Horace Silver*. Erstmals arbeiteten wir mit einer Sängerin, **Antje Dahm**, die bis zum Frühjahr 1979 dabeiblieb.

Der Rest der Hot-Owls-Geschichte ist bereits erzählt. Für mich ging es bei den **BLACKBIRDS OF PARADISE** weiter, wenngleich stilistisch zurück zum „Hot-Swing", dem sich auch meine jetzige Band **HARLEM JUMP** verschrieben hat.«

Marcel Horst (tp), **JAILHOUSE JAZZMEN** erinnert sich an die **HOT OWLS**: »Ende der 60er Jahre konnte man an den Mittwochabenden verschiedene Bands in der JAILHOUSE TAVERNE hören. Eine davon war die von den Frankfurter Jazzfestivals her bekannte **HOT OWLS**. Es hatte zu diesem Zeitpunkt in der Melodiegruppe einige Umbesetzungen gegeben. Neu hinzukommen war Tenorist **Wolfgang Kaltschmidt** und Posaunist **Eberhard Nolte**. Geblieben waren **Jürgen Dreffeln** mit seinem melodischen Altsaxophonspiel und der wackere **Günter Helms** am Kornett. Die **HOT OWLS** machten zusammen eine wohlklingende, gut organisierte Musik. Sie klangen oft wie eine kleine Bigband. Der tiefe, volle Sound der Band ergab sich aus der Verwendung von Tenorsaxophon, Posaune und Tuba. Trotz der Tuba – sie wurde von Norddeutschlands wohl bestem Tubisten **Klaus Einfeldt** geblasen – klang alles sehr leicht und durchlaufend. Das lag zum guten Teil an dem sehr feinfühlig und überlegt spielenden Drummer **Gerd Tenzer**. Stilistisch schätzte man zu dieser Zeit bei den **HOT OWLS** alles, was kurz vor dem Swing dran war, aber auch zum Beispiel die Musik der englischen Charlestonband *Hot Temperance Seven*.«

Peter ‚Banjo' Meyer, Mitbegründer der **JAZZ LIPS**, schreibt über die ersten Jahre: »Ein Zeitungsausschnitt aus meiner Rumpelkiste legt unwiderruflich den Januar 1963 als Gründungsdatum der **HOT OWLS** fest. Damals nannte man sich noch **NEW ORLEANS HOT OWLS** und orientierte sich hauptsächlich am Jazz der 20er Jahre, an *Clarence Williams*, *Louis Armstrong*, *Joe King Oliver* und *Jelly Roll Morton*.

Gegründet wurden die NOHO von dem Posaunisten **Gerd Goldenbow** (‚Goldi') und von mir, und ich erinnere mich noch gut und gern an die ersten gemeinsam verbrachten Jahre. Wir spielten regelmäßig mittwochs in der damaligen JAILHOUSE TAVERNE (heute COTTON CLUB). Die Zeiten waren für Jazz-Musiker mehr als schlecht. Gagen von 2,50 DM, in Worten: zwei Mark und fünfzig Pfennige, waren keine Seltenheit. Oft legte Lotti, die Wirtin, noch einen Fünfziger drauf, »damit's 'ne runde Summe gibt«, wie sie sich auszudrücken pflegte. Und wie oft haben wir einen obskuren Veranstalter namens ‚Goofy' (er machte seinem großen Vorbild allzuviel Ehre) durch den Harburger Stadtpark gejagt, weil er wieder einmal mit der Kasse durchgebrannt war.

In dieser ersten Besetzung spielten noch der heute schon legendäre Tuba-Bläser **Albert Tamm**, der später von **Klaus Einfeldt** abgelöst wurde, ferner **Günter Helms** (co), **Jürgen Recke** (p) und **Jürgen Dreffein** mit seiner berüchtigten Kautschuk-Klarinette (»Alle Klarinetten sind aus Kautschuk«, hatte ihm sein Musikalienhändler glaubhaft versichert). Nur Jürgen am Klavier war noch dabei.

Die Band hatte im Laufe der Jahre viele Änderungen in ihrer Besetzung verkraften müssen. **Klement Pries** (cl, as) stieß dazu, **Aggi Rohlfs** (tb) ging nach Südafrika, **Eberhard Nolte** nahm seinen Platz ein.

Zusammen mit ‚Bolle' stellten sich dann auch der jetzige Trompeter **Volker Reckeweg** und **Hajo Commes** am Schlagzeug in die Reihen der „Eulen". Erstaunlich eigentlich – und für die Hamburger Jazz-Szene höchst erfreulich – ist die Tatsache, daß trotz aller Wechsel immer wieder ein neuer Anfang gefunden wurde. So sind auch nach den Aufnahmen für die zweite LP wieder Umsetzungen erfolgt. Doch auf der Jazz-Band-Battle 1973 im CCH standen die **HOT OWLS** schon wieder aufrecht, und wir alle konnten uns davon überzeugen, daß auch wirklich nichts verlorengegangen war, ja, daß sogar etwas hinzugewonnen wurde. Eine bisher nicht gekannte Großzügigkeit und Freimütigkeit war an die Stelle der, bisher oftmals etwas starren Auffassung getreten. Man setzte jetzt neben den guten alten *Kansas City Man Blues*, neben den Ellington-Klassiker *Rent Party Blues* Swingnummern wie *Hocus Pocus* und den *Rug Cutter's Swing*. Die beiden letztgenannten Stücke wiesen dann auch schon die Richtung, aus der die **HOT OWLS** künftig blasen würden. Gegenüber der ersten Hot-Owls-LP (WAM) war der Schritt nach vorn jedenfalls unüberhörbar.

Zollen wir also Respekt einer Band, die es immer geschafft hatte, das zu bewahren, was ihnen so viele Freunde gemacht hat: Hot-Owls-Qualität.«

HOT OWLS, 1973, Volker Reckeweg (tp), Eberhard Nolte (tb), Clement Pries (cl, as), Wolfgang ‚Bolle' Burmeister (cl, ts), Jürgen Recke (p), Gerhard Hinz (bj), Klaus Einfeldt (tu), Hajo Commes (dr)

MARCEL'S TOTAL BLUES COMPANY

EVERY DAY I HAVE THE BLUES

‚Marcel' Horst (tp), JAILHOUSE JAZZMEN: »Gerhard ‚Marcel' Horst und seine TOTAL BLUES COMPANY spielen Rhythm 'n' Blues im Stil der 40er bis 60er Jahre. Schon 1960 stellte der Bandleader der bekannten JAILHOUSE JAZZMEN seine Bluesformation zusammen, die etwa zwölf Jahre bestand. Die Rhythmusgruppe der JAILHOUSE JAZZMEN hatte schon immer eine Neigung zum Blues. Zuerst unter anderem wohl auch deshalb, weil die Bläser mal eine Pause einlegen wollten, dann aber immer mehr aus dem Bedürfnis, gelegentlich einmal den „King-Oliver-Trott" oder die „Jelly-Roll-Morton-Pfade" zu verlassen. ‚Marcel' selbst ist einer der am „schwärzesten" singenden Blues- und Jazzsänger Deutschlands. Der Mann, der alles liebt, „was den Blues in sich hat", wurde in den 70er Jahren neben **Knut Kiesewetter** zum beliebtesten Sänger gewählt. Mit ihm spielten unter anderem die Gitarristen **Rainer Baumann**, **Peter ‚Banjo' Meyer**, **Abi Wallenstein** und **Hans Hartmann** am Baß ebenso wie die Pianisten **Vince Weber**, **Gottfried Böttger** und Schlagzeuger **Udo Lindenberg**. Die TOTAL BLUES COMPANY war jahrelang mittwochs im Hamburger JAZZHOUSE zu hören. „Einsteiger" wurden damals häufig zu Dauergästen. So gab Tiny, TINY'S BLUES LTD., mit seiner Mundharmonika dem Blues den ländlichen Touch, wenn es der Song verlangte. **Ingeborg Thomsen**, als stimmgewaltige Attraktion in ABBI HÜBNER'S LOW DOWN WIZARDS großgeworden, verkörperte mit den City Blues, oft mit ‚Marcel' im Duett gesungen. Obgleich sie im Volumen und im Timbre an die „Blues-Fürstinnen" der 20er Jahre erinnerte, moch-

Single Gerhard Marcel' Horst and the Blue Rhythm Comp. und Bläsergruppe ST. JOHN'S JAZZBAND, 1967 von Peter

te sie das Archaische nicht zu ihrem alleinigen Wohnsitz machen. Ihre Seele dürstete auch nach Soul.

Nach einer langen Pause gibt es nun wieder die TOTAL BLUES COMPANY, und ‚Marcel' Horst singt wieder oder immer noch den Blues wie in alten Zeiten. Zur Gitarre und dem Banjo sind nun auch Trompete, Kornett, Flügelhorn und Tenorsaxophon dazugekommen. Er entschloß sich nach dieser Pause, in der er weiterhin mit den „Jailhäuslern" jazzte, seiner alten Liebe zum Big City Blues nachzugeben und die TOTAL BLUES COMPANY neu zu beleben. Und das Erfreuliche ist: Seine

Stimme hat nichts von ihrer alten Dynamik und Ausstrahlung verloren. Daß der Blues weder ein Pseudonym für schwermütige Klagegesänge noch für gefälliges Selbstmitleid ist, beweist das facettenreiche Programm der „Company". Diese engagiert vorgetragene und kraftvoll gespielte Musik hat der Band wieder große Erfolge eingebracht und sorgt überall, wo sie zu hören ist, für eine erfrischende Abwechslung.

‚Marcels' Sidemen damals wie heute sind: **Peter Cohn**, Piano, auch bei **ABBI HÜBNER'S LOW DOWN WIZARDS** und **REINER REGEL'S AIR MAIL** zu hören. ‚Marcels' langjähriger Weggefährte ist bekannt für sein besonders rhythmisches und bluesgetränktes Klavierspiel. Die Saxophone bedient **Etlev Jacobsen**, der vor den **JAILHOUSE JAZZMEN** bei der ersten deutschen Soulband, den „FABS" war. Seine funky Spielweise, gepaart mit einem sehr guten Ton, hat viele Anhänger. Die Gitarre spielt **Mathias ‚Matze' Gerhard**. Dieser Gitarrist der Extra-Klasse hat auch in einer anderen Hamburger Band, **LONDON-PARIS-NEW YORK**, viel Erfolg. Dort spielt er unter anderem auch sehr gekonnt Zigeuner-Swing. **Wolfgang ‚Wibbel' Luschert**, Baß, ist ein Ex-Mitglied der **MICHAEL NAURA COMBO** und jetzt bei **AIR MAIL**. Er spielt einen sehr swingenden und klingenden Kontrabaß. Motor der Band, ein Schlagzeuger mit enormen Drive: **Charlie Krüger**. In seiner bewegten Vergangenheit war er unter anderem Trommler der **RENTNERBAND**. Er ist ein gefragter Studiomusiker und spielt fest bei den **JAILHOUSE JAZZMEN** und **AIR MAIL**.

Es werden Bluesnummern des Kansas-City-Barden *Joe Turner* ebenso gespielt wie originelle R & B-Stücke von *Mr. „Blues" Wyonnie Harris*, *Louis Jordan* und *‚Cleanhead' Vinson*, dazu Ray-Charles-Kompositionen und Lou-Rawls-Titel. Zum Repertoire gehören Bluesstandards und eigene „Werke". Die Band bereitet ihren Freunden rundum bluesige, rockige und swingende Abende mit einer Musik, die nicht so häufig zu hören ist.

Kontakt:
Gerhard Horst, Aldenrathsweg 5, 22307 Hamburg,
Telefon: 0 40 - 6 91 47 06 und 0 48 36 - 81 36

Große Ehre, kleine Gage für **Walther Curth** (am Bass, ALSTER VILLAGE JAZZBAND), als Begleitmusiker für George Lewis, 29. 9. 1961 „Aktuelle Schaubude"

Donnerstag, 5. Oktober 1967,
20 Uhr, im
AUDITORIUM MAXIMUM

JAZZBAND-BATTLE 1967

Es wirken mit:

Abbi Hübner's Low Down Wizards
Ballroom Orchestra
Bop Cats
Canal Street Jazzband
District Jazz Orchestra
Hot Owls
Jailhouse Jazzmen
St. John's Jazzband

Am Schluß des Konzertes findet eine Jam-Session statt.
Die diesjährige Jazzband-Battle wird als Konzert durchgeführt nicht als
Wettbewerb, also ohne Publikumsentscheid.

Karten ab DM 1,— bei den bekannten Vorverkaufsstellen
und bei den teilnehmenden Bands.

Gemeinschaftsveranstaltung der teilnehmenden Amateur-Bands
Arrangement: Karsten Jahnke, Hamburg 19

JAZZBAND BATTLE '70

Donnerstag, 15. Oktober 1970, 20 Uhr
AUDITORIUM MAXIMUM

Es wirken mit:
Abbi Hübner's Low Down Wizards – Black Birds of Paradise
Canal Street Jazzband – Harald Eckstein Sextett
Heinz Junghans Jazzmen – Hot Owls – Jailhouse
Jazzmen – St. John's Jazzband
Ansage: Jost Münster

Karten: Ab DM 2,— (auch bei den teilnehmenden Bands)

JAZZBAND BATTLE

Wer ist Hamburgs Jazzband Nr. 1? Diese Frage stellte in den 60er und 70er Jahren Konzertveranstalter **Karsten Jahnke** und organisierte alljährlich die große Schlacht um die „goldene Trommel", einmal in der ehrwürdigen MUSIKHALLE, dann wieder im AUDIMAX, später auch in der FABRIK. Die beste – besser gesagt, die beliebteste – Hamburger Jazzband wurde durch Publikumsentscheidung gewählt.

> **wer ist hamburgs jazzband nr.1?**
> WER erhält die goldene TRIXON TROMMEL?
> Ermittlung erfolgt durch Publikumsentscheid!

Für mich war diese Veranstaltung immer ein absolutes „Muß", und sicherlich war sie auch die erfolgreichste Jazzveranstaltung zu dieser Zeit. Häufig waren schon im Vorverkauf alle Karten vergriffen. Diese traditionsreichen Konzerte, die fast immer durch ihr professionelles Niveau bestachen, hatten einen ganz besonderen Reiz, der die Massen der Jazzfreunde in Hamburg anzog.

Während die meisten Jazz-Festivals nichts anderes beabsichtigten, als bereits arrivierte Musiker und Bands vorzustellen, ging man in Hamburg völlig andere Wege. Es war die Präsentation neuer und alter Amateurkapellen, die auch noch um die Gunst des Publikums kämpfen mußten.

Hier wurden nicht nur Bands und Musiker vorgestellt, sondern hier mußte sich das Talent wirklich beweisen; ein jährliches Treffen der besten Hamburger Bands und die Gelegenheit, sich einmal außerhalb der verräucherten Clubs einen Überblick über den steigenden Leistungsstand zu verschaffen.

Für diese Musiker und Bands war es die Möglichkeit, vor einem zahlreichen, lebhaft interessierten und vor allen Dingen kritischen Publikum zu spielen. Man wollte glänzen und schaffte sich mindestens drei schwere, anspruchsvolle Titel „rauf". Überwiegend spielte man den altvertrauten, seligmachenden Hot Jazz in seiner Vielfalt von Tönen und Ausdrucksformen. Die manchmal sehr individuell aber immer sehr gekonnt konzentriert und präzise vorgetragene Musik kam an und riß die Fans jedes Mal zu Begeisterungsstürmen hin. Moderne Stilrichtungen hatten oft nur eine leider geringe Chance, die Gunst des Publikums zu erlangen.

Einer Band gelang es immer wieder, den Saal regelrecht zum Kochen zu bringen: den **JAILHOUSE JAZZMEN**. Viele Jahre hintereinander schaffte es die Gruppe, den Sieg an sich zu reißen. Gegen diese kompakte und stilsichere Musik hatten andere kaum eine Chance. Niemand konnte sie von ihrem Thron vertreiben, bis es dann problematisch, besser gesagt langweilig wurde, von vornherein zu wissen, wer der Sieger sein würde.

Und noch einer trug dazu bei, die Jazzfreunde zu begeistern: Jost ‚Addi' Münster von der **OLD MERRY TALE JAZZBAND**. Stets gut gelaunt und mit seiner hervorragenden Moderation schaffte er es immer, eine Verbindung zwischen Publikum und Musikern herzustellen.

In den späteren Jahren verlor die Veranstaltung dann ihren kämpferischen Charakter und gestaltete sich immer mehr zu einem geselligen, swingenden Familienfest, ohne dabei etwas von ihrer Anziehungskraft zu verlieren. Man sah dabei immer wieder dieselben Gesichter, und für ein interessantes Gespräch gab es häufig eine gute Gelegenheit. Als Musiker habe ich zweimal an einer Battle teilgenommen und zähle diese Auftritte mit zu meinen musikalischen Highlights. Vor diesem kochenden Saal zu stehen, kann ein Jazzerherz ganz schön in Wallung bringen.

Leider wurde diese beliebte Veranstaltungsreihe eingestellt. Warum eigentlich? An mangelndem Publikum hat es sicher nicht gelegen! Eine andere, nicht minder beliebte Veranstaltung, das Hamburger HOT JAZZ MEETING hat bis heute – zwar in völlig anderer Form – überlebt und erfreut sich alljährlich einer stets steigenden Beliebtheit. Über 6000 Besucher feiern jedes Mal im CCH das große Jazz-Ereignis.

Ähnliche Rekorde verzeichnet der, ebenfalls einmal im Jahr stattfindende JAZZ MARATHON, der wohl als Ersatz für die JAZZBAND BATTLE anzusehen ist. Obwohl ich häufig Gast dieser Veranstaltungen bin und mich freue, daß es den Organisatoren immer wieder gelingt, mit diesen sehr guten Programmen so viele Jazzfreunde anzulocken, vermisse ich doch die alte, vertraute Atmosphäre. Unbehagen bereiten mir die immer weiter fortschreitende Kommerzialisierung und die meiner Meinung nach zu hohen Preise. Was mich aber am meisten stört, ist die Tatsache, daß es mir bei diesen Livekonzerten häufig nicht möglich ist, meine bevorzugte Band zu sehen, weil es wieder einmal nicht möglich war, in den Saal zu gelangen.

Vielleicht entschließt man sich in den nächsten Jahren, wieder kleinere Konzerte durchzuführen. Das ist sicherlich sehr schwierig. Wenn das Hamburger Publikum erst einmal eine Veranstaltung angenommen hat, läßt es sich so leicht nicht wieder davon abbringen. Die Bemühungen und das große Engagement der **OLD MERRY TALE JAZZBAND** und der **JAZZ LIPS** in den vergangenen Jahren, interessante Konzertreihen unter einem bestimmten Motto ins Leben zu rufen, haben leider nicht immer den gewünschten Erfolg gezeigt.

SOLO FÜR ABBI

1
Jetzt das Gesicht auf dem Bildschirm in Großaufnahme
das blitzende Messingblech der Trompete, Lippen
an das Mundstack gepreßt & plötzlich
wieder dieses Wissen um die Anstrengung, die
hohen Tönen zugrunde liegt, das
heraufdämmernde Gefühl („den kenne ich") der innere Film
: Der Posaunenchor (irgendwo noch ein Foto)
einer mit dem Kornett, das
Intraden Choräle leuchten ließ, Finger-
übungen für ihn, wo wir
uns mühten, sein Herz damals längst
unterwegs nach New Orleans, Oldtime-Jazz in
verräucherten Kneipen. Dann
frühe Bilder, schemenhaft -
die Vorstadt (das „Nachtjackenviertel") Kinderspiele
unter dem schwanen Schlagschatten des Krieges, Bier-
flaschen mit Karbid & Wasser gefüllt, die platzten
Räucherdosen, in denen die Stunden abbrannten wie Laub
wenn wir herumtobten & Bewunderung
lief um eines Tags unter uns Jüngeren
:   Der
*   bläst Trompete*
*   Abbi*
2
Du hast also durchgehalten, folgend
deinem belächelten Traum, ich höre, du
seist Arzt geworden, ertragen die Doppelexistenz, als
Trompeter einen langen Atem haben, einen
langen Atem bewiesen in all den Jahren.
Die Wege zwischen uns längst verschüttet &
die Straßen unserer Kindheit nicht wiederzuerkennen, die
Kopfsteine begraben unter Asphalt, auch wir
jeder in anderen Sätzen zu Haus zwischen den
täglichen Wänden.
Doch da ist er noch einmal, der Traum, leicht
wie der Swing Exactly Like You &
glänzend wie darin deine Improvisation für
Trompete solo

      Aus dem Band Landvermessung
      von Wolfgang Rischer
      (Davids Drucke, Göttingen 1988)

ORIGINAL BARRELHOUSE ORCHESTRA, 1955, Riverboat Shuffle nach Glückstadt (v. l.): Abbi Hübner, Gerhard Vohwinkel, Peter Strohkorb, Henning Höhne, Walther Curth

Die ersten LOW DOWN WIZARDS, 1955, in der CAPTAIN'S CABIN (v. l.): Marcel Horst, Manfred Herbst, Ole Sievers, Henning Höhne, Abbi Hübner, Walther Curth, Albert Tamm, Günther Lehnig

ABBI HÜBNER'S LOW DOWN WIZARDS

SWING THAT MUSIC

In den 70er Jahren versäumte ich kaum ein „Hot Jazz Meeting" oder eine „Jazzband Battle". In diesen Jahren wurde ich dann ein erklärter „Abbi-Fan". Zu sehr hatten sich die **JAILHOUSE JAZZMEN** stilistisch von dem entfernt, was mich ursprünglich so angezogen hatte. Hier konnte ich einer Band lauschen, die mehr meiner Anschauung über den klassischen Hot Jazz, wie ich ihn hören wollte, entsprach. Mich beeindruckten weiterhin die Disziplin und das professionelle Auftreten dieser Band. Für mich hatte diese Gruppe immer eine gewisse Vorbildfunktion, von der meine persönliche musikalische Entwicklung über die nächsten Jahre stark geprägt wurde. Hier versuchte man, eine Ideologie zu praktizieren, die ich in vielen anderen Bands bis dahin vermißt hatte.

1960 in der „Keksfabrik" Wandsbek (v. l.): George Lewis, Abbi Hübner, Mogens ‚Basse' Seidelin, Arne ‚Papa Bue' Jensen

Was mich besonders faszinierte, war die noch vitalere und kraftvollere Musik, die viel menschlicher war als alles das, was ich bis dahin von einer Hamburger Band gehört hatte. Für mich war diese Gruppe damals schon die eindrucksvollste Formation in Europa. In Deutschland wohl die einzigen Vertreter des klassischen Hot Jazz, der uns von den Aufnahmen der Chicago-Zeit bekannt ist. Also Hot Jazz klassischer Prägung mit dem Schwergewicht auf der freien Kollektivimprovisation. Kurze arrangierte Passagen, insbesondere Klarinettensätze, die nur als Glanzlichter verstanden werden und nie im Mittelpunkt stehen. Man konnte die intensive Auseinandersetzung mit dieser Musik hören. Diese Fähigkeit, sich im musikalischen Rahmen frei zu bewegen und auszudrücken, war schon sehr beeindruckend.

Möglich war das aber nur, weil immer Musiker in der Band waren, auf die Abbi sich verlassen konnte. Die seine Auffassung von dieser Musik immer lebendig und mit menschlicher Wärme verinnerlicht hatten. Jeder von ihnen war stets ein ausgeprägter Individualist, der sich mit seiner ganz persönlichen Spielweise in die Band einbrachte. Egal, in welcher Besetzung diese Band auf der Bühne steht, sie ist immer eine spannende Variante zu dem bisher Gehörten, immer eine Botschaft über die große Zeit des Jazz, immer Musik von Menschen für Menschen. Immer sind es Musiker, von denen jeder einzelne etwas ganz besonderes zu sagen hat. Wenn sie ihre Musik spielen, tun sie das immer mit einer Verbeugung vor ihrer Geschichte.

Über den Beginn seiner musikalischen Laufbahn schreibt Abbi unter anderem:

»Ich lernte Anfang der 50er Jahre den Jazz durch die Programme der Soldatensender AFN und BFN kennen. Das Unheil nahm seinen Lauf, als mir meine Mutter 1951 eine alte tschechische Trompete zum Weihnachtsgeschenk machte. Im Turm der Petri-Kirche zeigte mir der Küster, wie man Trompete spielt. Von da an war Musik mein Leben. Später verdarb ich durch sogenannten Unterricht eine ganze Generation von jungen hoffnungsvollen Musikern in den 50er und 60er Jahren. Die Liste meiner bedauernswerten Opfer reicht von **Uwe Heinicke** über **Günter Helms** bis zu **Wolfram Gliffe**, bei hoher Dunkelziffer.

1954 begann alles mit **ROMY BAKER'S DIXIELAND WANDERERS**. Noch im selben Jahr, Dezember 1954, wurden die ersten **LOW DOWN WIZARDS** gegründet. Ab September 1955 bis März 1956 mit **Gerhard Vohwinkel** Mitglied im **ORIGINAL BARRELHOUSE ORCHESTRA**. Von 1956 bis 1964 dann die für mich unvergeßlichen Jahre bei den **JAILHOUSE JAZZMEN**. Im Dezember 1964 folgte dann die zweite Gründung der **LOW DOWN WIZARDS**.«

Obwohl Abbi in den acht „Jailhouse-Jahren" dieser Band in vielerlei Hinsicht seinen Stempel aufgedrückt hat und unter seiner Regie wohl allein dafür verantwortlich zeichnete, daß der Jazz in Hamburg lebendig blieb, trennte er sich von seinen **JAILHOUSE JAZZMEN**.

Er glaubte fest daran, mit einer neuen Band seine Vorstellungen vom klassischen New-Orleans-Jazz besser verwirklichen zu können. Er hat diesen Entschluß nie bereut, obwohl er mit den **LOW DOWN WIZARDS** zunächst einmal eine lange Talsohle zu durchmessen hatte, bevor Eindringlichkeit und Ursprünglichkeit des klassischen Jazz vom Publikum wiederentdeckt wurden.

Heute sind die **LOW DOWN WIZARDS** schon lange ein Markenzeichen der Europäischen Jazzszene, und **Abbi Hübner** gilt im Wortlaut der Presse als „die dominierende Persönlichkeit der Hamburger Jazzszene seit mehr als 30 Jahren" – „Hamburgs King of Jazz" – Vaterfigur des Hamburger Jazz" – „Motor und Haupttriebkraft der Jazzstadt Hamburg". Am 15. Dezember 1994 wurde er in der Hamburger Presse sogar schon als „Jazz-Legende" und als „Meister des schwarzen Jazz" beschrieben.

Werner Burkhardt schrieb am 2. Mai 1970 in „Die Welt": »… schließlich ein Moment in der NEW ORLEANS MEMORY HALL am Alten Steinweg. Hier scharrten sich plötzlich alle um die Band, hörten alle konzentriert zu. *Albert Nicholas*, der Klarinettist noch aus *King Oliver*s seligen Zeiten und nun bald siebzig, musizierte mit **Abbi Hübner** zusammen. Und siehe da, Abbi spielte ganz leise, locker, in sich gekehrt. Er trat, ganz Begleiter, so auffällig in den Hintergrund, als wollte er sagen, »daß ich Kraft und einen Mordsstrahl habe, weiß hier im Keller jeder. Aber dem ehrwürdigen, immer noch musikalisch verehrungswürdigen alten Herrn, muß geholfen werden. So viel Luft hat er nicht mehr, und kürzere Phrasen spielt er auch schon. Da schenke ich mir die Gipfeltöne am Schluß. Der Abend soll Albert gehören. Merkt ihr nicht, wie schön er immer noch spielt?« Eine Kleinigkeit vielleicht, doch wie gewinnend als Geste von Verehrung und Bescheidenheit.«

Am 21. Dezember 1994 dann das große Jubiläumskonzert zum 30jährigen Bestehen der Band. Für alle, die dabei waren, ein unvergeßlicher Abend. Die Band war wie immer in Höchstform und riß die Zuhörer zu wahren Begeisterungsstürmen hin. Kein geringerer als *Ikey Robinson* sagte einmal: »Ihr dürftet bei uns in den USA in keinem weißen Laden auftreten. Denn ihr spielt „schwarzen Jazz"." Und *Champion Jack Dupree* meinte: »Ich liebe eure Band, weil keiner von euch seine eigene Show abzieht.«

Anläßlich dieses Jubiläumskonzertes hat Abbi in einer Broschüre sehr anschaulich und humorvoll diese 30 Jahre mit seinen „bösartigen, niederträchtigen und hinterhältigen Zauberern" (wörtliche Übersetzung des Band-Namens) geschildert:

»Seit 1962 traten **Gert Goldenbow**, als Mitternachts- und Reiseposaunist für den müde gewordenen **Rudgar Mumssen**, und **Heinz Peter Meyer**, mit leichter Hand das Banjo bedienend, als Urlaubsvertretung für **Gerhard ‚Marcel' Horst**, bei den **JAILHOUSE JAZZMEN** in Erscheinung, und es entwickelten sich zwischen ihnen und mir freundschaftliche Beziehungen, die sich zwangsläufig anläßlich gemeinsamer Poker- und Würfelabende (Maxen) verfestigten. So spielte im Februar 1963 eine Formation für Friedrich Schütters „Junges Theater" die Begleitmusik zu O'Neills „Alle Kinder Gottes haben Flügel" ein, die sich bereits ganz unbefangen **PAPA ABBIS LOW DOWN WIZARDS** nannte, in der ich sehr öffentlich zusammen mit **Gert Goldenbow**, **Claus Jürgen Möller**, **Heinz Peter Meyer**, **Peter ‚Zinker' Kohn** und **Albert Tamm** musizierte. Unsere Stücke: *Jet Black Blues*, *Lonesome Road* und *Coffin Blues* waren wochenlang allabendlich im „Jungen Theater" in der Marschnerstraße zu hören, und **Gert Goldenbow** ging ungeniert an Stelle des beruflich verhinderten **Rudgar Mumssen** im Herbst des gleichen Jahres mit den **JAILHOUSE JAZZMEN** auf Österreichtournee. Dann gab es – abgesehen von unseren gemeinsamen mitternächtlichen Jamsessions in der **JAILHOUSE TAVERNE**, die mir immer mehr Freude bereiteten als die Auftritte mit meinen **JAILHOUSE JAZZMEN** – im Februar des Jahres 1964 Schallplatteneinspielungen für die „Gesellschaft zur Förderung des New-Orleans-Jazz in Deutschland". In der gleichen Besetzung wie oben angegeben und unter dem Bandnamen: **ABBI HÜBNER'S LOW DOWN WIZARDS**. Daß es dann fast noch ein Jahr dauerte, bis sich die Band als eigenständige Gemeinschaft öffentlich präsentieren konnte, ist weniger betulichem Beharrungsvermögen als vielmehr meinem Staatsexamen, bzw. den hierzu notwendigen Vorbereitungen zuzuschreiben, die alle meine Energie aufbrauchten und mich von der Musik fernhielten. Aber dann!«

1964-1970

Zunächst in Hamburg ohne feste Bleibe ständig auf Achse. Lange, gefährliche und beschwerliche Reisen an Wochenenden wurden zur Routine. Einen Autounfall auf dem Weg nach Aachen überlebten wir nur dank der Stabilität des Möllerschen Daimlers. Teilnahme an den internationalen Festivals von Wien, Linz, Preßburg, Comblain la Tour – hier wurden wir natürlich auf französisch vorgestellt: »Abbi Uebneeeer, Gerarr Goldenböw, Claus Jürgen Mühleeeer und Trevor Amilton Richaar«, dieser an der »batttriiiie!«, und das alles nach *Benny Goodman*, der im Regenmantel und mit Gummistiefeln über den aufgeweichten Campus rutschte! Frankfurt/Main, Breda und Hamburg. Resultat: ein erster Preis auf dem Internationalen Niederrheinischen Jazzfestival in Viersen 1968, viele Freunde allerorten und gute Geographiekenntnisse. Häufig zu Gast in kleineren Clubs im Westen: Bügeleisen (Mönchengladbach), South Border Jazz Club (Bad Honnef), Jazzkeller (Solingen) fallen mir sofort ein. Schallplattenaufnahmen für Jazz Crusade, WAM und die „Gesellschaft zur Förderung des New-Orleans-Jazz in Deutschland". Unser *Red Onion Blues* auf der Schallplatte „Traditional Jazz around the World" erhielt im Down Beat (sic!!) 3½ von 5 möglichen Punkten!! Letztendlich, Mitte der 60er Jahre, doch eine Bleibe gefunden: den BLUE NOTE JAZZ CLUB in der Paul-Rosen-Straße mitten im Red Light District St. Pauli gelegen. 1968 spielten wir hier mit dem großen Klarinettisten *Albert Nicholas* vor 50 Zuhörern. Gage gab es nie, dafür lud uns Clubchef **Günther ‚King' Heide** einmal im Monat zum Chinesen ein. Herrliche Zeiten!! Regelmäßige Jazzgroßveranstaltungen in Hamburg blieben die Jazzbandbattle – bei der für uns zweimal (1965 und 66) ein 2. Platz heraussprang – ab 1967 Hot Jazz Meeting (ohne Wettbewerbscharakter) genannt. Hier waren wir 1969 mit dem Wiener Ernst Machacek am zweiten Kornett á la *King Oliver's Creole Jazzband* nicht die schlechtesten!

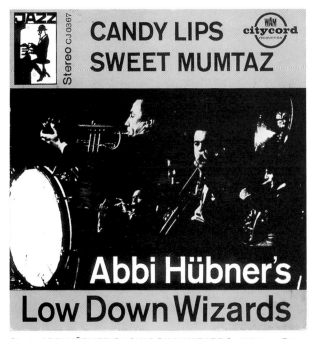

Single ABBI HÜBNER'S LOW DOWN WIZARDS, 1967 von Peter Wehrspann produziert. Besetzung: Abbi Hübner (co), Gert Goldenbow (tb), Claus Jürgen Möller (cl), Heiner Ranke (as), Heinz Peter Meyer (bj), Lorenz Schwegler (p) Hemuth Rodeck (tu) und bassax, Wilm Dohse dms

Abbi Hübner's Low Down Wizards, 1964 (v. l.): Gert Goldenbow, Claus Jürgen Möller, Abbi Hübner, Peter Meyer, Wilm Dohse, Lorenz Schwegler

1970-1980

Hot Jazz war zur Überraschung aller plötzlich ‚in'. Die Medien entdeckten eine „Szene Hamburg", was gut, später eine „Top-Szene Hamburg", was Hochstapelei war. Jazzclubs schossen aus der Erde wie Pilze nach einem Sommerregen. Selbst so ehrwürdige Institutionen wie das Hotel Atlantik und das Schauspielhaus inszenierten Jazzveranstaltungen. Kein Betriebsausflug, keine Weihnachtsfeier ohne Jazzband. *Ice Cream* löste *Stadt Hamburg an der Elbe Auen* als heimatliche Hymne ab, man sprach von der „Freien und Jazzstadt", vom „Swinging Hamburg", vom „New Orleans an der Elbe". Wir konnten uns die Bühnen aussuchen: BARETT, REMTER, NEW ORLEANS MEMORY HALL (heute: COTTON CLUB), WINTERHUDER FÄHRHAUS, SCHAUSPIELHAUS, MALERSAAL des Schauspielhauses, FABRIK, FRAPANT,

ONKEL PÖ, SEGLERBÖRSE, SCHLOßHOF BERGEDORF, TRUCK STOP (heute: MON MARTHE), MARKTHALLE und Gerda Gmelins „Theater im Zimmer"! Auftrittsmöglichkeiten ohne Ende! Wir machten Schallplattenaufnahmen für „Teldec" und „Acant" in echten Studios ohne Selbstbeteiligung, und die meisten Wizards waren auch an einem Unternehmen beteiligt, das sich **HAMBURG NEW ORLEANS ALL STARS** nannte. Es gipfelte in einem wunderschönen Konzert in der MUSIKHALLE im März 1975. Für mich gab es einen ersten Platz als Trompeter im Abendblattpoll 1974. Fernsehauftritte in der „Schaubude", der „Drehscheibe", dem „Musikladen", dem „Nordschaumagazin", dem „Freitagsmagazin", der „Berliner Umschau" und „Sport am Sonntag" häuften sich. Mein Jubiläumskonzert 1976 „25 Jahre Abbi Hübner" wurde vom NDR aufgezeichnet und als fünfteilige Serie von fast allen Fernsehanstalten der BRD übernommen und ausgestrahlt. Sämtliche Hamburger Tageszeitungen berichteten ausführlich über alle wichtigen und unwichtigen Jazzereignisse auf den ersten Seiten! Herrliche Zeiten!!

Dabei ist mir bis heute unklar geblieben: Durften wir im Fernsehen auftreten, weil wir in den Zeitungen standen oder umgekehrt? Die Medienberichterstattung entwickelte eine merkwürdige Eigendynamik. Am Domstammtisch der „Bild Zeitung" saßen wir neben Anthony Quinn und Hans Ulrich Klose, dem Bürgermeister, der Autogramme auf unseren Schallplattenhüllen gab. Wir spielten in Prominentenmannschaften Fußball! »Niemand kennt meinen Vater«, schluchzte meine Tochter Susanne, als sich anläßlich eines solche Spieles bei der Vorstellung nach meiner Namensnennung kaum eine Hand zum Applaus regte und die Zuschauer irritiert und fragend die Schultern hochzogen. So prominent waren Jazzmusiker nun auch wieder nicht! Otto Waalkes war der Mann der Stunde! Aber ich habe wenigstens die Tore geschossen! **Karsten Jahnke** veranstaltete auf dem altehrwürdigen Viktoria-Platz an der Hoheluftchaussee alljährlich Jazzmeetings, deren Höhepunkte Fußballspiele zwischen Jazzmusikern und Prominenten aus Entertainment und Sport waren. Wir spielten mit oder gegen – je nachdem – Bubi Hönig, Graf Werner von Moltke, Horst Szymaniak, Otto Waalkes, Les Humphries, Gerlach Fiedler, Dieter Nachtigall, Claus Schiprowski und Fritze Klein.

Angesichts eines derartigen Booms nimmt es sicherlich niemanden Wunder, daß wir in diesen zehn Jahren Hamburg seltener verließen als in den Jahren davor. Teilnahmen an internationalen Jazzfestivals in Nizza, Breda, Amsterdam, Enkhuizen, Dentermonde und Tilburg blieben die Ausnahmen. 1977 haben wir unsere Vaterstadt in Danzig vertreten. Wir wurden als „Abbi Hübnera" auf farbigen Transparenten angekündigt. In Hamburg spielten wir mehrfach mit *Ikey Robinson*, dem legendären Banjospieler aus der großen Zeit des klassischen Hot Jazz im REMTER zusammen, unvergeßliche Momente! Das Goethe-Institut wollte uns sogar auf eine Süd-Ost-Asien-Tournee schicken, aber wir winkten dankend ab: Die Vorstellung, von Anopheles verfolgt im Dschungel *Just a little while to stay here* spielen zu müssen, entbehrte für uns jeglichen Reizes!

ABBI HÜBNER'S LOW DOWN WIZARDS 1971 (v. l.): Gert Goldenbow, Günther Feige, Ernst Machacek, Abbi Hübner, Claus Jürgen Möller, Lutz Jordan

1980-1990

Aus und vorbei! Wie abgeschnitten! Den zehn fetten 70er Jahren folgten zehn dürre. Zwar erfuhren wir zunächst noch Anerkennung aus allerhöchstem – und berufenen – Munde: »Jungs, Ihr seid faaa-belll-haft!« brüllte Bundeskanzler und Musikerkollege **Helmut Schmidt** mit befehlsgewohnter Stimme begeistert, als wir im Partykeller des Innensenators Alfons Pawelczyk *Lady be good* intonierten. Aber das war auch schon alles! Der Abriß des REMTERS, die Schließung der RIVERKASEMATTEN, die geborstenen Säulen des WINTERHUDER FÄHRHAUSES: unheilvolle Zeichen voll düsterer Symbolik. Vorbei die Zeiten, in denen sonntägliche Frühschoppen zu beliebten und fröhlichen Familientreffs gerieten. Vorbei die Zeiten, in denen Hamburger Jazzmusiker von dem Portier in Admiralsuniform bedenkenlos in das Hotel Atlantik zum Auftritt im „La Ronde" gelassen wurden. Auch das SCHAUSPIELHAUS hatte keine Verwendung mehr für Jazzbands, und im MALERSAAL gleich nebenan wollte offenbar keiner mehr den *Mahogany Stomp* hören. Alle Musiker hatten den „Lombardsbrücken Blues" und trauerten den Zeiten nach, während derer in Hamburg die Nächte lang gewesen waren. Alle vermißten den bunten Jahrmarkt, die Vielzahl und die Vielfalt der Erscheinungen, das wogende Gedränge auf der Szene Hamburg. Nur einige berufsmäßige Bedenkenträger, die grundsätzlich ein Menetekel dort an der Wand zu erblicken vermeinten, wo Nachbars Waldi kurz zuvor ein Bein gehoben hatte, sahen sich in ihren finsteren Prognosen bestätigt. Hatten sie nicht schon immer gesagt: Das kann nicht lange gut gehen? Aber sie hatten nicht mit dem Stehvermögen einiger Hamburger Musiker gerechnet, die dafür Sorge trugen, daß der Jazz auch während der achtziger Jahre lebendig blieb, als lange Zeit für regelmäßige Auftritte nur noch der COTTON CLUB im Alten Steinweg und **Pops Suhrs JAZZ FORUM** in Bergedorf zur Verfügung standen.

Und es gab auch in den achtziger Jahren immer wieder mutige Unternehmer, die wild entschlossen waren, Schallplatten notfalls nur für die eigene Sammlung zu produzieren, so Mathias Döring und Bob Erdos, die dafür verantwortlich zeichneten, daß wir auf den Labels „Happy Bird", „Magic Music" und „Stomp Off Records" musikalische Selbstdarstellungen abliefern konnten, die kaum noch jemand hören wollte. 1983 letzte Fernsehauftritte in der Talkshow des NDR 3 und Max Schautzers „Alles oder Nichts"-Serie, als es um *Louis Armstrong* ging. 1984 feierten wir unser zwanzigjähriges Jubiläum ganz bescheiden in der FABRIK mit unseren Freunden von der Frankfurter *Barrelhouse Jazzband* – ohne daß eine Fernsehanstalt dieses Ereignis aufzeichnete, versteht sich. Dabei ist mir eines bis heute unklar geblieben: Durften wir nicht mehr im Fernsehen auftreten, weil wir nicht mehr in den Zeitungen standen oder umgekehrt? Die Berichterstattung in den Medien hatte eine merkwürdige Eigendynamik entwickelt.

Teilnahme an mehreren internationalen Festivals, darunter Hengelo, Breda, Kerpen, Frankfurt und an zwei Kreuzfahrten durch das Mittelmeer (1987 und 1988), die als internationale Jazzfestivals auf See ausgezeichnet und hochkarätig besetzt waren. Wir schlossen Freundschaft mit den *New Yorker All Stars*, den Musikern der *Maryland Jazzband* aus Köln und *Günther Boas*, dem „alten Dessauer" und deutschen Urjazzer, der in der Nachkriegszeit die erste deutsche Dixieland Jazzband, die *Two Beat Stompers* (Frankfurt) ins Leben gerufen hatte. Seit 1984 bin ich freier Mitarbeiter bei **Michael Naura** in der Jazzredaktion des NDR mit regelmäßigen Sendungen im Nachtclub. („Trompeter im Schatten des Giganten", „Hot Jazz") 1986 ließ Hark Bohm uns in seinem Film „Der kleine Staatsanwalt" mitmachen, der 1987 in Hamburg uraufgeführt wurde. Ich kannte Bohm damals nicht und muß bekennen, daß ich seine Pläne, die er mir in einem Telefongespräch unterbreitete, zunächst für die Hirngespinste eines paranoiden Hochstaplers in der Rolle eines Filmregisseurs hielt und kein Wort von dem glaubte, was er mir erzählte. Ich fiel aus allen Wolken, als mich tatsächlich wenig später die Produktionsleitung des NDR anrief und unser Engagement bestätigte. So kamen wir zum Film. 1988 spielte ich zusammen mit *Reimer von Essen*, *Trevor Richards* und *Art Hodes* als *Art Hodes Blues Serenaders* für Bob Erdos Firma „Stomp Off Records" eine LP unter dem Motto: „The Music of Lovie Austin" ein, die sehr gelobt, aber kaum verkauft worden ist. Live-Auftritte mit der Jazzlegende *Art Hodes* in Hamburg und Plön folgten.

Im gleichen Jahr veröffentlichte der Holländer Gerard Bieldermann die „Abbi Hübner Discographie" in seiner Reihe „Eurodixie Discos, Zwolle", und es erschien das Gedicht „Solo für Abbi" in dem Gedichtband „Landvermessung" von Wolfgang Riescher. 1989 Auftritt mit *Gene Conners*, dem Großmeister der Posaune, im Interconti. Immer häufiger wurde mein Name in Verbindung mit Begriffen wie: Altmeister, Großvater und Veteran des Jazz genannt. War ich wirklich schon so alt? Dabei wurde unsere Musik immer jünger!

Ende der achtziger Jahre hatten wir in unsere Musik alles integriert, was uns vom Swing brauchbar erschien und spielten für unsere Verhältnisse so modern, daß wir vor dreißig Jahren, mit unserem puritanisch strengen Musikverständnis der sechziger Jahre, sicherlich erhebliche Schwierigkeiten mit dieser Art Jazz gehabt hätten. (Verzeihen Sie bitte diesen schwer verständlichen Anachronismus.)

1990-1997

Die Tendenz der achtziger Jahre setzt sich fort. Ich neige zwischenzeitlich zu der Annahme, daß die Zeitungen nicht über uns schreiben, weil wir nicht im Fernsehen auftreten. Oder verhält es sich doch umgekehrt? Die Medienberichterstattung bewahrt sich ihre merkwürdige Eigendynamik. 1992 allerdings gibt es für meinen Pianisten **Peter Cohn** und mich mit *Blueberry Hill* einen Kurzauftritt im Frühstücksfernsehen des WDR als es – wen wundert es – wieder einmal um *Louis Armstrong* ging. Aber: der Rundfunk! In der Jazzredaktion des NDR feierte ich 1994 mein zehnjähriges Jubiläum als freier Mitarbeiter bei **Michael Naura**, und **Nagel Heyers** Privatsender Jazzwelle plus ließ Hamburger Jazzmusiker ebenfalls regelmäßig zu Wort und Ton kommen. Das muß ausdrücklich erwähnt werden. Bedauerlicherweise überlebte die Jazzwelle plus das Jahr 1995 nicht.

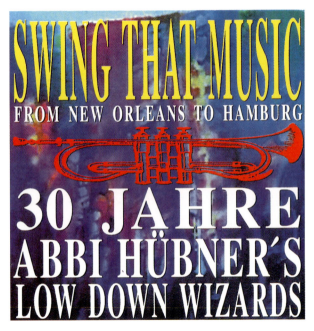

Auftrittsmöglichkeiten in Hamburg nach wie vor: COTTON CLUB, **JAZZ FORUM** Bergedorf. Neu (seit 1993): das FEUERSCHIFF, am Baumwall. Hier spielen wir monatlich zweimal: an jedem zweiten Freitag (abends) und letzten Sonntag (Frühschoppen). Internationale Festivals: Plön, Gronau, Frankfurt, Ascona. 1992 spielte ich in einem der zahllosen Projekte *Reimer von Essens* in Offenbach/Main eine tragende Rolle und überzeuge das Publikum als deliranter *Buddy Bolden* mit hirnorganischem Psychosyndrom. 1993 erste CD für Heinz Schmieds Promotionfirma GHS, eingespielt in **Claus Möllers** Wohnzimmer.

Im Oktober 1994 erschien mein erstes Buch „Louis Armstrong, sein Leben, seine Musik, seine Schallplatten" im Oreos Verlag. Ich erfreute mich also fürderhin bei Musikern als Autor, bei Autoren als Arzt und bei Ärzten als Musiker eines ausgezeichneten Rufes. Am 21. Dezember des gleichen Jahres fand unser Jubiläumskonzert „30 Jahre Abbi Hübner's Low Down Wizards" in der Musikhalle statt. Im Vorfeld des Konzertes kam es dann doch zu einem längeren Artikel von Horst Lietzberg im Hamburger Abendblatt unter der Überschrift „Die Meister des schwarzen Jazz". Daß ein postkartengroßes Foto in der Zeitung mit dem Begleittext „Bandleader und Arzt aus Leidenschaft: Abbi Hübner (61)" dann unseren Posaunisten **Gert Goldenbow** als Mittdreißiger zeigte, tat unserer Freude keinen Abbruch und wurde anderentags auch von der Redaktion als „Eine Episode aus Pleiten, Pech und Pannen" richtiggestellt; und es gab – dank des Einsatzes von Michael Jud – einen sehr werbewirksamen Fernsehauftritt im Hamburg Journal des NDR 3 am Vorabend unseres Konzertes. Als das Konzert mit einem furiosen Finale und dem hohen C um 23.15 Uhr zu Ende gegangen war, hatte ein Publikum, das eher aus Storyville und Harlem, als aus Eimsbüttel, Langenhorn und Altona zu stammen schien, uns über drei Stunden lang mit ungebrochener Lust so hingebungsvoll und dankbar den Himmel über New Orleans auf Erden bereitet, daß es auf der Bühne schon aller hanseatischen Beherrschung bedurfte, um sich von den unweigerlich aufkommenden Gefühlen nicht überwältigen zu lassen. Noch völlig unter dem Eindruck des Ereignisses schrieben wir unserem Publikum am 30. Dezember folgende Danksagung in das Hamburger Abendblatt: „Ein wunderbares Publikum verwandelte am 21. Dezember 1994 die altehrwürdige Hamburger Musikhalle in eine swingende Harlemer Music Hall und bescherte uns ein einmaliges, bewegendes und unvergeßliches Ereignis. Wir danken allen, die dabei waren!"

Lutz Lesle beschrieb in der „Welt" vom 23. Dezember 1994 den Auftritt unseres Stargastes *Gene Conners* im Rahmen des Konzertes folgendermaßen: „Wer teilte nicht das Glück mit der Jubiläumsband, die sich nie um des schnöden Mammons willen echauffierte, wenn ein – sagen wir es ruhig – Begnadeter sich gastweise solistisch mit ihnen verbündete. Diesmal war es der schwarze Posaunist *Gene Conners* im sandfarbenen Zweireiher, der – kaum erschienen – die Musik so artistisch und behende von der Erde in die Wolken hob, daß sich sogleich ein Engel durchs Publikum schlich."

Im Januar 1995 gab es – nach 25 Jahren!!! – endlich wieder einmal einen Auftritt in der „Aktuellen Schaubude" des NDR 3 mit dem Titel *When my Dreamboat comes Home*. Im gleichen Jahr nahmen **Thomas Streckebach** (bj, g) und ich an einem der zahllosen Projekte *Reimer von Essens* teil, der sich mit einer englisch-deutschen Connection an der Musik *King Olivers* versuchte. Das Ergebnis – nicht alles ist völlig mißlungen! – kann auf der CD Bellaphon 40033 „King Oliver Heritage Jazzband" gehört werden.

Im Juni 1995 erschien der Mitschnitt unseres Jubiläumskonzertes unter dem Titel „Swing that Music from New Orleans to Hamburg" bei Pastels als CD 20.1645.

Das Jahr 1996 war überschattet vom Tode unseres Freundes und meines „Bruders im Jazz", des Wiener Kornettisten *Ernst Machacek*, der am 4. Februar – meinem Geburtstag! – einem vertrackten Unglücksfall zum Opfer fiel. Kaum von einer Memorial Session mit der Wiener *Storyville Jazzband* in Axel Melhards „Jazzland" für den verstorbenen Freund im April aus Wien nach Hamburg zurückgekehrt, mußte ich **Walther Curth**, dem Posaunisten der ersten **LOW DOWN WIZARDS**, der Ostern während eines Konzertes auf Schloß Wotersen einem Herzinfarkt erlegen war, einen Blues als letzten Gruß über den Sarg blasen.

Eine angenehme Erinnerung an das vergangene Jahr: unsere Teilnahme am Festival in Ascona, wo wir neue Freunde gewannen und 1997 erneut auftreten durften. Das war's. Bis jetzt.«

Und ich wünsche mir, allen „Abbi-Fans" und natürlich seiner Band, daß es noch recht lange weitergeht. Weitergeht mit einer Musik, deren bestechendes Merkmal neben dem großen solistischen Können der einzelnen Musiker die Kollektivimprovisation ist, von der *Reimer von Essen*, Klarinettist der *Barrelhouse Jazz Band* aus Frankfurt und Musikpädagoge, einmal sagte: »Die starke Seite der „Wizards" ist nun einmal das herzliche, kräftige Kollektiv, das in diesem Stil in Deutschland keine Band besser bringt. Hier gibt es die seltene Mischung aus „Schaffe" und „Relaxedheit", die so schwer zu erzielen ist, hier steigern sich die Solisten, ohne sich gegenseitig zu überschreien, hier hört man die Reife und das große Können, die die „Wizards" zu so einer guten Band machen.«

Besetzung:
Abbi Hübner (tp, voc), Gert Goldenbow (tb), Claus Jürgen Möller (cl), Wolfgang Schulz-Coulon (cl, ts), Peter Cohn (p), Thomas Streckebach (bj, g), Peter Dettenborn (b), Norman Tchilinghiryan (dr)

Kontakt:
Dr. Abbi Hübner, Lehmkoppel 29, 22149 Hamburg, Telefon: 0 40 - 6 72 36 17

ABBI HÜBNER'S LOW DOWN WIZARDS, 1996 (v. l.): Wolfgang Schulz-Coulon, Claus Jürgen Möller, Peter Dettenborn, Abbi Hübner, Gert Goldenbow

Abbi Hübner, 90er Jahre

Gert Goldenbow, 90er Jahre

Es ist nicht alles Trübsal, was ABBI HÜBNER'S LOW DOWN WIZARDS blasen!

Kid John's erste Band, entweder DIPPERMOUTH JAZZ BAND oder SUGAR FOOT STOMPERS, 1959. Stehend links Kid John. Der Schlagzeuger ist Werner Ketels von den BLACK MOUNTAIN WANDERERS. Alle anderen Musiker sind nicht mehr bekannt.

Kid John, 1965

JOHANNES KUNIBERT ‚KUNI' ‚KID JOHN' ROSOLOWSKI

A MONDAY DATE

An einem Montag im Jahr 1995 war ich mit ‚Kuni' zu einem Interview verabredet. Circa fünf Stunden lang zeigte er mir aber nur die vielen Fotos aus seinem musikalischen Leben. Er versprach mir, daß eine ausführliche Lebensgeschichte folgen sollte. Dazu ist es dann leider nie gekommen.

Wie wohl kaum ein anderer Trompeter hat dieses „musikalische Original" sein großes Vorbild *Louis Armstrong* verinnerlicht. Über keinen anderen Musiker erzählt man sich so viele Geschichten. Da ich nicht weiß, ob sie alle der Wahrheit entsprechen, möchte ich auf eine Wiedergabe an dieser Stelle verzichten.

Kid John 1989

Ich selbst bin ‚Kuni' sehr häufig begegnet. Einige Male hatte ich das Vergnügen, auch mit ihm zusammen zu spielen. Immer war ich angenehm überrascht von seiner Beliebtheit beim Publikum. Einmal ist es sein ganz besonderer Ton, dann wieder sein Gesang, den man kaum beschreiben kann. Ein anderes Mal waren es seine informativen, humorvollen Ansagen oder seine freundliche, menschliche, manchmal etwas skurrile Art, die immer für ein gutgelauntes, stimmungsvolles Publikum sorgte.

Ich meine, dieser sympathische Musiker ist häufig völlig zu Unrecht belächelt worden. Leider konnte er in seinem Leben nicht alles verwirklichen, was er sich vorgenommen hatte. Vieles ließ sich wohl so auch nicht realisieren. Auf jeden Fall gehört er mit zum „Urgestein" der Hamburger Jazz-Geschichte.

Er hat in seinem Leben viele Bands gegründet. Einige waren sehr erfolgreich, aber häufig war ihnen nur eine kurze Lebensdauer beschert. Eine Zeitlang bemühte er sich recht erfolgreich um den jungen musikalischen Nachwuchs in Hamburg. Seit circa 12 Jahren spielt er nun mehrmals die Woche mit der Band **NEW ORLEANS QUARTER** im Hotel Elysee, Hamburg. Ich habe ‚Kuni' dort zweimal erlebt und die urwüchsige, traditionelle Musik sehr genossen.

‚Kuni' wird in meinen Erinnerungen immer einen großen Platz einnehmen, und damit alle seine Freunde sich genauso erinnern können, gibt es hier statt einer Biographie wenigstens ein paar Fotos aus seinem Leben.

Marcel Horst (tp), JAILHOUSE JAZZMEN: »Ich erinnere mich gern an die Begegnungen mit ‚Kuni'. Schon in den 60er Jahren gab es um Mitternacht an unseren Spieltagen in der JAILHOUSE TAVERNE meistens eine kleine Extra-Serie, wenn ‚Kuni' mit seinem Pianisten auftauchte. ‚Kuni' war und ist nämlich immer spielbereit und wohl einer der größten Jazzanhänger- und kenner in Hamburg. Seine Verehrung für *Louis Armstrong* drückt sich nicht nur in Gestik und Tonfall, sondern auch in der Phrasierung auf seinem Kornett aus. Was früher oft belächelt wurde, nämlich seine bewußt oder unbewußt negroide Aussprache, hat sich, seit wir in der Taverne eine Mikrofonanlage stehen hatten, bei seinen Vocals und besonders bei seinen Ansagen im Satchmo-Stil als großer Vorteil erwiesen. Ich kenne eigentlich niemanden, der so gut im Südstaaten-Slang spricht bzw. singt.«

KID JOHN'S DEEP SOUTHLAND STOMPERS, 1976 im REMTER (v. l.): Erhard ‚Burte' Neussert, Henner Schmidt (?), Dieter Trines, ‚Kid John', der 14jährige Thorsten Zwingenberger, Kurt Tomm

Joseph ‚Cornbread' Thomas und ‚Kid John' am Rothenbaum, 1976

⚜ LILIOM ⚜

Am Soldatenfriedhof 5, 2100 Hamburg 90

Provisorischer Programmzettel für die nächsten Veranstaltungen.

Sa 17.3.79	2o Uhr 3o	JOE LUGA, LILLI WALZER, RYA BENDORFF Kabarett von hohem literarischen Rang !	Entree DM 5,00
So 18.3.79	1o Uhr	Jazzfrühschoppen mit dem "DREAMLAND ORCHESTRA" Hot - Jazz der 2oer Jahre	Entree DM 4,00
	2o Uhr 3o	"JERRY", KARL THIEL + FREUNDE Lieder zwischen "Witz und Wirklichkeit", zum Kaputtlachen und Mitmachen, Döntjes und Literarisches	Entree DM 3,00
Do 22.3.79	2o Uhr 3o	LOTHAR FOLLMER Lieder zwischen " Gut und Böse "	Entree DM 4,00
Fr 23.3.79	2o Uhr 3o	FRANKIE HAMMER + " COWPOKE " Country Speziel und Western a la Jonny Cash	Entree DM 3,00
Sa 24.3.79	2o Uhr 3o	" KIPUS " Herrliche südamerikanische Folklore, alte Lieder der Inkas. Neben der Gitarre sind seltene Instrumente wie das "Kena", eine Flöte ohne Mundstück, dem "Charango", ein zehnsaitiges Instrument, deren Körper aus einem Gürteltier besteht und die "Bombo-Trommel" zu hören	Entree DM 3,00
So 25.3.79	1o Uhr	Jazzfrühschoppen KID JOHN Unerreichter Meister der Growl-Trompete and his DEEP SOUTHLAND STOMPERS	Entree DM 4,00
	2o Uhr 3o	Programm in Vorbereitung	
Mi 28.3.79	2o Uhr 3o	PAPA TOM& LAMENTATION JAZZBAND New Orleans Jazz der Extraklasse	Entree DM 4,00
Fr 3o.3.79	2o Uhr 3o	RAGTIME UNITED Etwas für Kenner	Entree DM 4,00
Sa 31.3.79	2o Uhr 3o	SWING GIPSY ROSE Zigeuner-Jazz a la Django Reinhardt und ungarische Folklore.	Entree DM 4,00
So 1.4.79	1o Uhr	Jazzfrühschoppen in Verbereitung	
		An den veranstaltungsfreien Tagen sporadisches Programm anwesender Künstler.	Ohne Entree

VORSCHAU

So 8.4.79	1o Uhr	Jazzfrühschoppen "FRANCI's ROYAL GARDEN SERENADERS"	
Do 12.4.79	2o Uhr 3o	Rock& roll goes on ! Elvis Memorial mit "FRANNY AND THE FIREBALLS"	
Fr 2o.4.79	2o Uhr 3o	" TO BE " Rock - Jazz	
Sa 5.5.79	2o Uhr 3o	Ein Weltstar in Harburg ! HERB GELLER !	

JAZZ-CLUBS IN HAMBURG

Alle Jazz-Clubs und Musikkneipen ausführlich vorzustellen, die in Hamburg einmal eine Rolle gespielt haben, würde den Rahmen dieses Buches sprengen. Damit sie aber nicht ganz in Vergessenheit geraten, sollen sie wenigstes erwähnt werden. Manch einer wird sich beim Lesen sicherlich wieder an stimmungsvolle Nächte in dem einen oder anderen Club erinnern. Vielen war nur eine kurze Lebensdauer vergönnt, andere gab und gibt es schon Jahrzehnte. Alle hatten eines gemeinsam: Sie waren Treffpunkte für alle, die den traditionellen Jazz bevorzugten. Viele Bands konnten hier das erste Mal vor Publikum spielen, einige fanden in dem einen oder anderen Club ein festes Domizil, in dem sie regelmäßig zu hören waren. Einige erlangten sogar eine gewisse Berühmtheit und waren so bekannt wie die Alster oder die Reeperbahn. Sie haben ihren festen Platz in der Erinnerung derer, die von Anfang an dabei waren.

Ich meine, daß das ZERO und DAS HANDTUCH die ersten richtigen Jazzclubs in Hamburg waren. Dann folgte die CAPTAIN'S CABIN. Hier konnte man Abbis erste **LOW DOWN WIZARDS** 1954-1956 hören. 1955 wurde das NEW ORLEANS auf der Reeperbahn eröffnet. Hier traten die ersten internationalen Musiker wie *Ken Colyer*, *Fatty George*, *Eggy Ley* und *Papa Bue* mit ihren Bands auf. Mir fällt der „Bunker" im Poelchaukamp und vor allen Dingen der MUMMEKELLER im Großen Burstah ein, wo die **JAILHOUSE JAZZMEN** ihr erstes festes Zuhause hatten, bevor sie 1959 in die JAILHOUSE TAVERNE, Alter Steinweg, umzogen. Bevor die JAILHOUSE TAVERNE zum heutigen COTTON CLUB wurde, firmierte der berühmte Jazzkeller 1969 noch einmal unter NEW ORLEANS MEMORY HALL.

Kräftig gejazzt wurde in der RÖHRE im Tiefbunker am Eppendorfer Marktplatz. **Gerhard Vohwinkels** AMANDA-KELLER soll nicht unerwähnt bleiben, genauso wie die Bahrenfelder Rennbahn-Gaststätten und die Schule am Mittelweg, wo in der Aula einige Jahre Jazzkonzerte veranstaltet wurden.

Es folgten dann das RAILROAD'S END in der Fischersallee, wo man bald nach ihrer Gründung die **BLACKBIRDS OF PARADISE** regelmäßig hören konnte. Ebenfalls in der Fischersallee gab es für kurze Zeit eine Musik-Kneipe, die sich nach dem großen Berliner Vorbild EIERSCHALE nannte. Berühmt waren die RIVERKASEMATTEN am St. Pauli Fischmarkt mit dem Wirt **Willi Breuker**. Das **JAZZ HOUSE** in der Brandstwiete war ein weiteres Highlight unter den Live-Clubs. Hier fanden die **JAILHOUSE JAZZMEN** ein drittes Mal ihr festes Domizil. Ebenfalls sehr bekannt und beliebt war die SEGLERBÖRSE.

Im BLUE NOTE JAZZ CLUB in der Paul-Rosen-Straße mit dem Chef **Günther ‚King' Heide** konnte man ab Mitte der 60er Jahre Abbis wieder neu gegründeten **LOW DOWN WIZARDS** zuhören. Es gab das BARETT in den Colonnaden, das PIGALLE in der Spitaler Straße, GALERIE ZWO 4 im Mittelweg, das HEIDEHAUS in Rissen, das REMTER in der Neuen Rabenstraße, ONKEL PÖ'S CARNEGIE HALL, auch „Kanickelhalle" genannt, im Lehmweg. Hier konnte man lange Zeit **BRUNOS SALON BAND** erleben. Und es gab natürlich die große Begegnungsstätte, die FABRIK in der Barnerstraße.

Im WINTERHUDER FÄHRHAUS, im MALERSAAL des Schauspielhauses, im OPERETTENHAUS, in der MARKTHALLE, im CURIO HAUS, in der ehrwürdigen MUSIKHALLE, überall fanden große Jazzveranstaltungen statt wie das „Hot Jazz Meeting", die „Jazz Band Battle" und „Carneval Of Jazz".

Das **DREAMLAND ORCHESTRA** spielte regelmäßig im TRUCK STOP in der Tarpenbekstraße. Nach dem Aus für die SEGLERBÖRSE fand die **CANAL STREET JAZZ BAND** hier auch eine neue feste Bleibe. Ich erinnere mich noch an den KANISTER, an das LILIOM in Harburg, ZILLE in Norderstedt, POM in der Osdorfer Landstraße und IM EIMER, Elbchaussee.

Im SCHWENDER'S, Großneumarkt, und im REBSTÖCK'L in der Wexstraße gab es jahrelang regelmäßig Live-Auftritte verschiedener Bands. Auch im BIERDORF in der Milchstraße und im KLEIN KLECKERSDORF im Großen Burstah war eine lange Zeit Jazz im Programm.

Mitte der 80er Jahre spielten – leider nur für kurze Zeit – die am Rödingsmarkt wieder neu eröffneten RIVERKASEMATTEN eine Rolle. In Volksdorf hatte sich das LÜTT HUUS als Jazzkneipe fest etabliert. Im AUERHAHN in der Walddörfer Straße veranstaltete ‚Mike', der Wirt, recht lange Jazzkonzerte. **Steve Mason** hatte dort für viele Jahre sein kleines Domizil.

Bis auf den COTTON CLUB hat keiner überlebt. Hier swingt es nun schon über 35 Jahre. Aber wo kann man heute noch regelmäßig Jazz hören? Etwas im Verborgenen, aber nicht weniger heftig swingt es regelmäßig dienstags und freitags im JAZZ FORUM, Weidenbaumsweg 13 (Suhrhof). Über 30 Jahre sorgt nun **Rolf Suhr**, selbst Musiker, dafür, daß man in seinem kleinen, aber urgemütlichen und liebevoll ausgestatteten Privat-Club alle bekannten Bands hören kann. Im Sommer werden im schönen Suhrhof sonntags Open-Air-Frühschoppen veranstaltet, die schon viele Jahre Tradition haben. Ich meine, daß dieser gut geführte Jazz-Club mehr Beachtung verdient hat. Eine halbe Stunde Fahrt ab Stadtzentrum ist sicherlich nicht zu weit.

Recht stimmungsvoll geht es zu in der Gaststätte ZUR ROTBUCHE, Tannenweg 4. Hier kann man jeden Freitag ab 20.30 Uhr Hamburger Bands hören. Einmal im Monat spielt dort die **CANAL STREET JAZZ BAND** vor ihrer großen Fan-Gemeinde. Noch mehr Stimmung erlebt man jeden Sonntag von 18.00 Uhr bis 21.00 Uhr in der TSCHAIKA (vormals UHLENSPIEKER), Großneumarkt. Dieser Dämmerschoppen hat nun auch schon Tradition und ist sehr beliebt.

Wer es etwas uriger mag, und wem der Weg nicht zu weit ist, sollte einmal das Theaterschiff BATAVIA in Wedel besuchen. Hier im Auehafen versucht der Wirt **Hannes Grabau** an den Wochenenden, mit Jazz seine Gäste zu unterhalten. Abende, an denen die Wogen so hoch schlagen, daß das Schiff zu kentern droht, soll es immer wieder geben. Ebenfalls auf einem Schiff, dem FEUERSCHIFF im City-Sporthafen, finden seit einigen Jahren freitags und sonntags Jazzkonzerte statt. Auch dieser Weg lohnt sich, wenn man in stimmungsvoller, uriger Atmosphäre guten Jazz hören will.

Ein weiteres Restaurant ist das KÖNIGLICHE PROVIANTAMT in der Bahrenfelder Chaussee 49. Hier kann man häufig am Wochenende gute Jazzbands hören.

Wer es etwas moderner mag, findet seine Musik im BIRDLAND, Gärtnerstraße 122, im DENNY'S SWING CLUB, Papenhuderstraße 25 und im JAZZ CULTURE ENTREE in der Juliusstraße 13.

Peter Hunck (bj), RIVERSIDE JAZZ BAND: »Im Februar 1955 eröffnete im Gebäude des ehemaligen „Trichters" am Anfang der Reeperbahn Mörschels Jazzlokal NEW ORLEANS seine Tore. Stilecht aufgemacht, mit großen Jazzfotos an den Wänden und Gary-Cooper-Schwingtüren. Und das Tollste war, daß jeweils ein bis zwei Monate eine ausländische Band jeden Abend bis zum frühen Morgen zu hören war. Die Eröffnung machten *Ken Colyer's Jazzmen*, die damals schon sagenumwobene New Orleans Band. Es bedarf wohl keiner weiteren Erläuterung. Das war mal wieder etwas! Die Band spielte in schwarzen Jeans und Westen, die Stücke wurden angesagt, keine langen Pausen, und die Musik ging sagenhaft los. Ken hatte den Laden im Griff. So oft wir konnten, saßen wir und lauschten. Er spielte mit *Ian Wheeler* (cl), *McDuncan* (tb), *Dis Disley* (bj), einem mir unbekanntem Baß und *Stan Greig* (dr). Die zweite Formation war die nicht minder populäre *Ken Colyer's Skiffle Group* mit den so bekannten Stücken *Take This Hammer*, *Down By The Riverside*, *Nobody Knows The Trouble*, usw. In dieser Formation spielte Ken zu seinem unnachahmlichen Gesang eine Metallgitarre mit Resonator, ein in den Südstaaten oft gespieltes Instrument. Dazu der Baß, und *Bill Colyer*, der auch als Roadmanager fungierte, saß am Washboard. Schon bei den Ansagen ging oft ein Raunen durchs Publikum. Fast alle Stücke wurden vom Publikum mitgesungen oder gesummt, und es herrschte eine nicht zu beschreibende Atmosphäre; wir waren alle eine Familie. Zu fortgeschrittener Stunde, wenn sich Ken auch einmal verpusten wollte, gab es noch eine hochinteressante Kombination: Ian packte sein Altsaxophon aus, Dis setzte sich mit seiner Django-Reinhardt-Gitarre an das Klavier. Er spielte auch im Django-Stil, und der große Stan setzte sich an das Klavier, sein eigentliches Instrument. Er spielte so eine Mischung aus *Teddy Wilson* und *Count Basie*, sehr gekonnt, und dann gab es Hot Jazz vom Feinsten.

Eine weitere Band, die uns und speziell mir viel gab, war die Band von *Eggy Ley*. Harald hatte sie gleich in den ersten Tagen gehört und sagte nur: »Alter, die haben einen Banjospieler, der macht einen Break, da bin ich vom Stuhl gefallen. Und der hat ein Banjo mit einem wahnsinnig langen Hals.« Also, ich natürlich auch bald hin, und es war nicht übertrieben. *George Baron* hieß der große Meister, und er spielte, auch für uns wieder neu, kein Tenorbanjo mit 56 cm, sondern ein Plectrumbanjo mit 67,5 cm Saitenlänge und entsprechend mehr Bünden. Er spielte nicht nur Begleitung, sondern auch ganze Melodien alleine, manchmal in kleiner Formation. Wie gut, daß Gerd ihn auf einem Tonbandgerät mitgeschnitten hat. Ich stellte mich der Band vor, hatte auch mein Instrument mit und durfte ihn häufig eine Serie lang vertreten. Eggy war sehr nett und mochte „Einsteiger". Bevor die Band Hamburg wieder verließ, verkaufte George mir sein zweites Banjo, ein „Windsor", mit dem seine Mutter lange Jahre bei der BBC gespielt hatte. Es hatte allerdings einen kleineren Felldurchmesser, aber immerhin.

Im Frühjahr 1956 fuhr ich nach London. Ich besuchte die Colyerband und durfte im Bandbus mit durch die Lande fahren, traf auch *Stan Greig* wieder, der bei *Sandy Brown* am Klavier saß, und konnte auch nach langem Suchen George wieder auftreiben, er spielte in einem der vielen kleinen Clubs. Am Abend vorher war *Artie Shaw* dagewesen, ich durfte mein Banjo, also sein ehemaliges, auspacken, und wir spielten einige Abende im Duett. Es war damals sehr schwer, Plectrumbanjos zu bekommen, so wurden George und ich uns am letzten Abend handelseinig, und ich konnte sein Instrument erwerben. Welch eine Freude. Eggy spielte später auf

Werner Mörschel

Früher ● BOX ● NEW ORLEANS ● TRICHTER ● LIDO ●

OFT KOPIERT — NIE ERREICHT

Jetzt wieder **NEW ORLEANS**

ST. PAULI · GROSSE FREIHEIT NR. 10

Der Boß empfängt Sie persönlich
Der Boß sorgt für Ordnung!
Der Boß macht auch Stimmung!

Das Lokal der Hamburger Jugend, solide, anständig und immer gut!

● Das Lokal der Hamburger Töchter ●

⟶ **NEW ORLEANS**

▶ NEW ORLEANS ◀

Reeperbahn 1 ✶ TRICHTER ✶ Tel. 31 45 64

GASTSPIEL aus KOPENHAGEN

Skandinaviens populärste Jazzband

Papa Bue's New Orleans Band

Montag: Jazzband-Ball

Coca-Cola DM 1.—

— bis 21 Uhr von montags bis donnerstags —

Täglich ab 20 Uhr

Phönix-Druck Hamburg 4

einigen Konzerten mit uns. Am 14. 5. 1956 nahm Frank Honeyman für den BFN, der in einer Kaserne im Hochkamp untergebracht war, sechs Stücke unter dem Titel „Eggy Meets The Riverside" mit uns auf, in der Besetzung *Eggy Ley* (ss), **Rolf Roggenbuck** (cl), **Petze Braun** (tu) und **Peter Hunck** (bj).

Ich konnte noch mit weiteren Bands im NEW ORLEANS spielen, da aus finanziellen Gründen oft der 7. Mann, Banjo oder Gitarre, nicht mit engagiert war. Besonders gut ist mir noch *The Big Chief Jazzband* aus Oslo mit *Gerhard Aspeim* (tb, ld) in Erinnerung. *Ole Sveren* spielte im Jelly-Roll-Morton-Stil, und wir spielten viel in dieser und in der Armstrong-Richtung.«

Wolf Delbrück (p), **JAZZ LIPS**: »Zwei Freunde von **Gunther Andernach**, **Broder** und **Thoms Drees**, hatten gleich um die Ecke der „Memory Hall" eine gemütliche alte Hamburger Kneipe übernommen: „Buhbe's Weinstuben". Glücklicherweise stand dort auch ein Klavier, und wir lieferten uns oft nach Auftritten in anderen Clubs hier noch mitreißende After-Hour-Sessions. Broder und Thoms füllten uns mit ihrer Spezialität ab, nordfriesischem Teepunsch – ein Gebräu aus Tee und Kümmel – jeder achte war umsonst! Günther und Peter waren immer dabei, und häufig stieß auch ‚Kuni', besser bekannt als ‚Kid John', mit seinem Kornett hinzu. Damit war obligatorisch verbunden, daß wir bis in die frühen Morgenstunden Musik machen würden.

Einige Impressionen aus den Weinstuben-Tagen haben sich mir unauslöschlich eingeprägt: Unmittelbar neben dem Klavier stand ein großer runder Tisch, an dem unermüdliche Fans bis zum letzten Ton durchhielten. Hier saß auch ‚Kuni' in den wenigen, kurzen Pausen und löffelte seine Gulaschsuppe, während die Hauskatze so manches Mal genüßlich den Tellerrand ableckte.

Ein eindeutig feuchtes, aber zumindest für mich nicht gerade fröhliches Erlebnis bescherte mir ein stark alkoholisierter Gast, während ich einen Boogie-Woogie spielte: Er hatte offensichtlich die Klaviertastatur nur schemenhaft als weiße Rinne wahrgenommen, öffnete seinen Hosenschlitz und tat, was er tun mußte. Meine linke Hand wechselte jäh von der swingenden Baßfigur zu einem harten Schwinger.

Die Gegend um den Großneumarkt war zu jener Zeit ein reines Arbeiterviertel mit noch weitgehend ursprünglichem Milieu. Aber schon sehr bald sprach sich herum, daß dort „etwas los sei". Neue Kneipen wie das SCHWENDER'S und die GÖÖLE wurden eröffnet, und jeder Wirt versuchte, den Erfolg der „Weinstuben" zu kopieren. Natürlich kam dann auch die sogenannte Hamburger Schickeria und belegte die Lokale um den Großneumarkt mit Beschlag. Wir spielten auch noch im SCHWENDER'S, doch das neue Publikum lag uns nicht so recht. So zogen wir weiter, denn es gab ja damals genug Kneipen, in denen ein Klavier für uns bereit stand.«

Peter Meyer (bj), **JAZZ LIPS**: »In Hamburg jobbten sich die **JAZZ LIPS** von Club zu Club. Mit schöner Regelmäßigkeit traten sie im alten ONKEL PÖ auf – noch in Pöseldorf am Mittelweg gelegen – und spielten auch nach dessen Umzug ins Hamburger-Szene-Viertel Eppendorf am Eröffnungsabend der neuen ONKEL PÖ'S CARNEGIE HALL.

Es lag eine Aufbruchstimmung in der Luft. Man hörte wieder Jazz, und der kleinen Gemeinde treuer Jazz-Fans schlossen sich viele neue Freunde an. Erst ein bißchen skeptisch, dann aber voller Enthusiasmus, wuchs die Anhängerschar des traditionellen Jazz. Es kam den Bands vor, als hätte man das Rad neu erfunden. Ein traditionsreicher Jazz-Club, das BARETT, im Keller der berühmten „Moritz-Bar" in den Colonnaden gelegen, öffnete wieder seine Pforten. Hier hatten schon die Altvorderen der Hamburger Jazz-Szene gespielt, **Heinz Junghans**, **Gerd Vohwinkel**, **Abbi Hübner** und wie sie alle hießen. Bereits in den dreißiger Jahren bat in diesem Keller „Meister Kück an zwei Klavieren" zum Tanz.

Die **JAILHOUSE JAZZMEN** waren ins neue **JAZZ HOUSE** an der Brandstwiete umgezogen. **Gerd Eggers** hatte die JAILHOUSE TAVERNE übernommen und in NEW ORLEANS MEMORY HALL umbenannt, wo allabendlich der Bär tanzte. Gerd hatte beim Aufräumen in einem Abstellraum noch alte Schnapsvorräte entdeckt und verkaufte diese unter dem Motto „3 für 'ne Mark", das hieß, man bekam für eine Mark eine Kollektion bunter Getränke, zum Beispiel „Danziger Goldwasser", „Escorial Grün" und „Mocca-Likör".

Alle Hamburger Bands rissen sich natürlich darum, in diesem Club aufzutreten. **HEINZ JUNGHANS JAZZMEN** spielten dort regelmäßig am Dienstag mit **Werner Böhm** am Piano, der später als „Gottlieb Wendehals" Karriere machen sollte, und für längere Zeit spielte **Peter Meyer** auch in dieser Band das Banjo. Die **BLACKBIRDS OF PARADISE** des Trompeters **Uwe Heinicke** tranken den Laden leer, **BRUNOS SALON BAND** und die **JAZZ LIPS** waren dabei, kurz, alles was Rang und Namen im Hamburger Jazzleben hatte, trat bei **Gerd Eggers** in der NEW ORLEANS MEMORY HALL auf.

Die „Memory Hall" – das waren noch Zeiten! Man hatte dort als Musiker seine zweite Heimat. **Gerd Eggers** schloß gegen 1.00 Uhr nachts seinen Laden ab (von innen!), stellte ein paar Flaschen Schlehengeist und Whisky auf den Tresen – »schreibt Eure Getränke selbst auf« – und dann wurde in schöner Regelmäßigkeit Nacht für Nacht gefeiert. Im Hinterzimmer knüpften wir uns beim Poker gegenseitig die Gage ab, die Mädels tanzten auf den Tischen, und irgendwann in den frühen Morgenstunden fand man gleich neben dem Podium eine Schlafstelle. Um 8.00 Uhr morgens wurden wir von Gerd mit Pfannkuchen und frischen Brötchen geweckt, man steckte einmal kurz den Kopf unter kaltes Wasser – und ging ins Büro, um am nächsten Abend weiterzufeiern.

Es konnte einem auch schon mal passieren, daß man vor verschlossener Tür stand: Gerd war Fußball-Fan, und wenn am Mittwochabend ein besonders spannendes Europapokal-Match im Fernsehen gezeigt wurde, dann machte er seinen Club einfach nicht auf. Gelegentlich saß man auch gemütlich bei Kerzenschein, wenn die Hamburgischen Elektrizitätswerke ihm wieder mal wegen unbezahlter Rechnungen den Strom abgedreht hatten. Diese lockere Geschäftspolitik ging natürlich nicht lange gut, und im Sommer 1971 übernahm **Dieter Roloff** den Laden und benannte ihn um in COTTON CLUB.«

Marcel Horst (tp), JAILHOUSE JAZZMEN: »Im JAZZ-HOUSE, Brandstwiete, hörte man damals, Ende der 60er Jahre, vornehmlich Modern Jazz. Die Besitzer **Fred** und **Egon Christmann**, beides Studio- und Jazzmusiker beim NDR, engagierten oft namhafte Solisten und kleinere Gruppen wie *Art Farmer, Sahib Shibab, Leo Wright,* **Albert Mangelsdorf** oder ihre Kollegen vom MICHAEL NAURA QUINTETT für ein- oder mehrtägige Gastspiele. Ein Freund etwas älterer Stilarten konnte hier aber auch *Ben Webster* hören. Wurde vom Dienstag bis Sonnabend gejazzt, so gastierte sonntags Deutschlands erfolgreichste Folklore-Gruppe, die „CITY PREACHERS". Für einen Hot-Jazz-Anhänger am erfreulichsten war die Besetzung, in der Chef und Sologitarrist *Brian Docker* mit drei Gitarren, Baß und Schlagzeug Swing á la *Django Reinhardt* abzog. Die „Sägestimme" der Sängerin Inga war mit Big-City-Bluestiteln zu hören. In dieser Zeit habe ich regelmäßig mit meiner **TOTAL BLUES COMPANY** und der Sängerin **Ingeborg Thomsen** dort gastiert. Davor war das JAZZHOUSE viele Jahre das feste Domizil der JAILHOUSE JAZZMEN.«

Sonntags immer
Jazz und Klassik Frühschoppen
in
SCHWENDER'S
Etablissement
Groszneumarkt Nº 1
Telefon o4o / 34 54 23
Frühschoppen 11 oo
Neu: man kann morgens ein Frühstück zu sich nehmen

Entreé

Di.	1. Jan. 1980	Neujahrs - Konzert 1980 Beginn 12 oo Übertragung a. d. Sophia-Saal zu Wien.	
So.	6. Jan. 1980	Jazz - O - Maniacs Alle Herren erscheinen persönlich	5.—
So.	13. Jan 1980	Lusiana - Syncopators – fröhlicher Jazz –	5.—
So.	20. Jan. 1980	Bruno's Salon Band – flotter Jazz –	5.—
So.	27. Jan. 1980	Benthin Quartett ein Programm der Kulturbehörde Bekannt v.d. Salzbg.-Festspielen	frei

Um das Programm vielfältiger zu gestalten, suche ich Musiker, die gerne bei mir auftreten möchten. Bevorzugt klassisch.   – Walter –

LOUISIANA SYNCOPATORS, 1967 in der Gründungsbesetzung (v. l.): Heinrich Otto Leopold, Edgar Voigt (verdeckt), Erich Nieswand, Claus Dittmann, Horst Pantel

LOUISIANA SYNCOPATORS, 1969 (v. l.): Edgar Voigt, Uwe Lütgen, Peter Lorenz, Wolfgang Becker, Erich Nieswand, Dieter Haupt, Ernst Pohanke, Günter Feige (liegend)

LOUISIANA SYNCOPATORS

HAPPY FEET

Diese Band hat in den 30 Jahren ihres Bestehens viele Musikerwechsel hinnehmen müssen. Von den heute neun Musikern ist, so glaube ich, keiner von Anfang an dabei. So lag es in der Natur der Sache, daß es unmöglich war, einen Musiker zu finden, der die Geschichte dieser so beliebten Hamburger Band erzählen könnte. Einer Schallplattenhülle von 1979 kann man entnehmen, daß die Band recht humorvoll mit ihrer Geschichte umgeht:

»Guten Tag, wir sind die **LOUISIANA SYNCOPATORS** – Luise wie? – SYNCOPATORS, LOUISIANA – Auch schön. Und was, bitte, machen Sie? – Musik. Jazz der zwanziger Jahre – Ach, wie nett. Charleston und so? – So ungefähr – Na, dann macht mal. – Meine Damen und Herren: Die Luise ... Luisa ...? – LOU-I-SI-ANA SYNCO-PA-TORS – Meine Damen und Herren: Für Sie, hier und heute, die Luisahne Synocropeters aus Hamburg !!!?? – Genau.«

Folgendes ist überliefert: Hervorgegangen ist diese Band Ende der 60er Jahre aus **CARLOS JAZZ-GERMANEN**. **Wolf Dieter Haupt** (co), heute **HOT JAZZ UNION** und **Heinrich Otto ‚Poldi' Leopold** (cl, sax), heute **SCHNELSEN STOMPERS**, waren die ersten Gründungsmitglieder. Die anfänglich noch fünfköpfige Band mauserte sich schnell zu einem Orchester von neun Herren. Spielte man zu Beginn noch eine stilistisch weniger begrenzte Musik, änderte sich dieses sehr schnell. Der klassische Jazz um das Jahr 1925 herum, so wie er von den farbigen Bands wie zum Beispiel *Louis Russel* überliefert war, wurde bevorzugt gespielt. Das Besondere an dieser Band war die saubere Satzarbeit und solistische Leistung der Bläsergruppe, die sich bis heute erhalten hat. Zu den vielen Musikern, die in den ersten Jahren daran beteiligt waren, gehörten unter anderem **Ernst Bohanke** (tb), **Wolfgang Becker** (cl, as), **Uwe Lütgen** (ts, as, bs), **Claus Badekow** (cl) und **Hans-Georg Paap** (tb). Auch die Rhythmusgruppe war immer begeisternd, mit so hervorragenden Musikern wie **Günter Feige** (p), **Peter Lorenz** (bj), **Edgar Voigt** (tu) und **Erich Nieswand** (dr) kein Wunder.

Bis heute sind die **LOUISIANA SYNCOPATORS** der Swingmusik der frühen Bigbands treu geblieben. Es klingt jetzt etwas anders, aber nicht weniger schwungvoll als damals. Drei bandeigene Arrangeure sorgen dafür, daß die Titel von *Ellington, Armstrong, Bennie Moten, Tommy Dorsey* u. v. a. für die Besetzung der Band spielbar werden.

Zwei Dinge sind dieser Band nach wie vor wichtig: Sie wollen eine facettenreiche Jazzmischung präsentieren, die dem Publikum und den Musikern gleichermaßen Spaß bereitet. Außerdem soll die Musik, so wie damals, tanzbar sein und dazu einladen. Damit das so bleibt, wurde musikalischer Puritanismus rigoros aus der Formation verbannt.

Die mir zuletzt bekanntgewordene Besetzung besteht aus:

Jochen Nolte (tp), Emil Mosonyi (tb), Jo Clausen (cl, as), Peter Heider (as, ss, sopranino), Uwe Lütgen (ss, ts, bs), Joachim W. Krumsiek (p), Harald Löffler (bj), Klaus Einfeldt (tu), Harald Auls (dr, voc)

Kontakt:

Ilse Auls, Chrysanderstraße 75, 21029 Hamburg, Telefon: 0 40 - 7 21 93 47

LOUISIANA SYNCOPATORS

LOUISIANA SYNCOPATORS, 70er Jahre (v. l.): Dieter Haupt, Dietrich Kleine-Horst, Peter Heider, Joachim Krumsiek, Harald Löffler, Harald Auls, Gregor Majer

Dieter Haupt, 1980

Uwe Lütgen 80er Jahre

LOUISIANA SYNCOPATORS, 80er Jahre (v. l.): Joachim Krumsiek, Harald Löffler, Uwe Lütgen, Klaus Einfeldt, Peter Heider, Harald Auls, Jochen Nolte, Emil Mosonyi

MEINE MUSIK IST SCHWARZ

Hans Schwenkkros: »Meine Liebe zum alten Jazz begann spät, nämlich erst 1962, als ich schon 18 war. Ich hörte „meine" Musik erstmals im Rundfunk, das heißt, obwohl ich natürlich schon vorher *Chris Barber* und *Ken Colyer* kannte und sogar 1960 *Louis Armstrong's All Stars* in der MUSIKHALLE lauschen durfte, war es die ganz andere Musik, der Hot Jazz und der Blues, die mich sofort gefangennahm – in diesem Falle *Fletcher Henderson* mit *Louis Armstrong* 1924/25.

Meinem Verwaltungskollegen, **Ingo Bernör**, damals schon aktiver Jazzer, erzählte ich von meiner Begeisterung, und er schickte mich gleich in die JAILHOUSE TAVERNE, wo Abbi mit seinen Mannen King Olivers Musik spielte – und auch das großartige *Copenhagen* – mein Gott, welch ein Sound! Jeden Freitag und Sonnabend war ich von nun an da und wollte gleich Kornett spielen lernen.

Hans Schwenkkros mit Albert Nicholas im BLUE NOTE, 1968

1963/64 ging ich dann in Abbis „Schule" und lernte zwar nicht Kornettspielen (ich habe bei kleinen Mundstücken keinen Ansatz), doch die Harmonielehre blieb hängen.

Nachdem ich einige Zeit nicht in Hamburg geweilt hatte, wurde ich 1967 gleich von meinen Freunden im **HÜHNERHAUS JAZZ ORCHESTER** gefragt, ob ich nicht den verwaisten Platz des Tubaspielers **Thomas Leonhardt** einnehmen wolle. Sofort kaufte ich mir bei Harald Wetzel eine alte „Falttuba", und zwei Wochen später trat ich öffentlich auf, nachdem die Kornettisten Uwe und Igel mir noch einige Ratschläge gegeben hatten.

Im Rückblick waren die ersten zwei Jahre meines Musikerdaseins die spannendsten, denn ich spielte in vier Bands (1967 im **HÜHNERHAUS-** und **DISTRICT JAZZ ORCHESTRA**), 1968 bei den **BLACKBIRDS OF PARADISE** als Gründungsmitglied und gleichzeitig bei den **LOW DOWN WIZARDS**. Tubaspieler waren nämlich damals sehr rar gesät.

So kam es, daß ich im Spätsommer 1967 (bei dem **HÜHNERHAUS JAZZ ORCHESTER** gab es schon gewisse Auflösungserscheinungen) an einem Sonnabend gefragt wurde, ob ich zum Proben mit dem **DISTRICT JAZZ ORCHESTRA** im Bunker Poelchaukamp (damaliger COTTON CLUB) kommen könne. Ich sagte die Hühnerhaus-Probe in Reinbek ab und begab mich mit der Straßenbahn Richtung Hofweg zur „District"-Probe. Am Sonntag wurde ich zur Rede gestellt, weil mich ein Pianist aus Winterhude beim Aussteigen aus der Straßenbahn beobachtet hatte, als er gerade zur **HÜHNERHAUS**-Probe fahren wollte – **Wolf Delbrück**. Jedenfalls konnte ich mich rausreden, weil das **DISTRICT JAZZ ORCHESTRA** die Stücke für die Battle im Audimax und für die Teilnahme am Deutschen Jazz Festival in Düsseldorf einübte.

Unvergessen wird mir das letzte Stück in der vollbesetzten Rheinhalle in Düsseldorf bleiben, das als Zugabe (außer Konkurrenz) geboten wurde. Nach über zehn Minuten *Cake Walkin' Babies* meinten die meisten in der Band, der letzte Chorus wäre wohl angeblasen und hörten auf, während drei Musiker einfach weitermachten und erst nach und nach „aufgaben". Das Publikum dankte mit brüllendem Gelächter, und bei der Band gab es statt Anmache einen Heidenspaß.

1968 hatten wir gerade die **BLACKBIRDS OF PARADISE** gegründet, als ich bei Abbi in Braunschweig aushelfen sollte. Ich wurde dort gleich fest engagiert und hatte nun das große Vergnügen, in zwei guten Bands zu spielen, allerdings nur für wenige Monate, weil sich natürlich die Jobs überschnitten und es immer wieder Ärger gab. Damals durfte man nicht in mehreren Bands spielen.

LOW DOWN WIZARDS, 1968 (v. l.): Hartwig Pöhner, Manfred Kowalewski, Abbi Hübner, Hans Schwenkkros, Peter Cohn, Gert Goldenbow

Eines Sonnabends sollte es mit den Blackbirds nach Göttingen gehen, Abbi hatte einen Auftritt im BARETT. Ich hatte inzwischen ein wunderbares Conn-Sousaphon, leider aber kein Auto. So begründete ich bei Abbi meine Absage im BARETT damit, daß ich für den Göttingen-Auftritt von Kollegen abgeholt würde, und verabschiedete mich gleichzeitig von den **LOW DOWN WIZARDS**. Für andere mag es unverständlich sein, daß ich die noch jungen, relativ unerfahrenen **BLACKBIRDS OF PARADISE** bevorzugte, aber im nachhinein muß ich sagen, daß es dort mit den Freunden und dem jungen Elan wahnsinnig viel Spaß machte, besonders auf der „Gründungsreise" nach Schweden, wo das Grundrepertoire eingeübt wurde.

Im BLUE NOTE spielten wir sogar mit *Albert Nicholas* unter anderem den *Deep Henderson* und *Snag it*, die Albert in den zwanziger Jahren mit ‚King' Oliver aufgenommen hatte. Da waren wir schon mächtig stolz! In der NEW ORLEANS MEMORY HALL (vormals JAILHOUSE TAVERNE) bei **Gerd Eggers** und schon vorher im RAILROAD'S END kamen alle Musiker nach Konzerten in der MUSIKHALLE oder so zum Einsteigen und zum Trinken.

1970 erweiterten wir die Band um **Wolfram Gliffe** (co) und **Hartwig Pöhner** (cl, ts, ss, as) aus dem **DISTRICT JAZZ ORCHESTRA** und hatten sagenhafte Erfolge, machten bald zwei Platten und verbrachten sogar den Urlaub in Kärnten zusammen, wo wir Wolfram das eine oder andere Mal gepudert oder „gebuttert" bei Uschi ablieferten. Alfons, ein Gast, der jeden Abend in der Schankwirtschaft saß, antwortete auf die Frage, was seine Frau wohl dazu sagt: »Die sagt gar nichts mehr – seit zwei Jahren – seit sie ein' Schlag bekommen hat.« – Und das in schönstem Kärntner Dialekt. Als wir auf Wunsch eines dortigen „Neufans" auf einem Kirchweihfest mit Erfolg auftraten, meckerte ständig ein Gast: »Spuits a Waltz – dös könnts ja gar net.« Diese Störung paßte nun unserem Freund gar nicht, so daß er dem anderen Schläge anbot – schon war eine schöne Dorfklopperei in Gange. 1973 besuchte ich Chicago und New Orleans. Eine Street Parade über neun Stunden wird mir unvergessen bleiben.

Hans Schwenkkros und Gerd Schymanski, 1987

Im gleichen Jahr fand bei den **BLACKBIRDS OF PARADISE** ein Besetzungs- und Stilwechsel hin zum Swing statt, am Piano saß nun ‚Zinker' Cohn, und es wurde gleich ein Doppelalbum bei der Teldec produziert (nach Feierabend Montag bis Donnerstag). Dann ging es mit der Bummelbahn nach Warschau zum Festival in den Kulturpalast. Denkwürdig war der sternförmige Einmarsch aller Akteure mit den „Saints", wo wir uns schließlich nach vielen, vielen Takten über Tonart und Metrum einig wurden. In Warschau war Konrad für alles zuständig – das materielle, psychische und leibliche

Wohl. Er konnte wirklich alles besorgen, von Devisen über Getränke bis hin zu ... na ja! Es gab Wodka – 200 Flaschen für 100 Gäste – auf einer Musikerhochzeit, zu der wir natürlich eingeladen waren.

1975 – die Blackbirds machten inzwischen hauptsächlich Swingmusik – wurde ich von den **JAZZ O'MANIACS** geholt und konnte wieder Hot Jazz machen. Nach einer längeren Durststrecke kam 1979 der Durchbruch: 1. Platz bei der „Breda-Competition" (16 Teilnehmer aus 7 Nationen) und die erste Langspielplatte. In der Folgezeit wurden wir viel eingeladen, insbesondere nach Holland, wo wir auf mindestens zehn Festivals spielten, nach Belgien, Dänemark und Schweden. Gleich zwei LP's wurden für „Stomp Off" in den USA aufgenommen.

In Bochum hatten wir das große Vergnügen, mit dem Drummer *Tommy Benford* zu spielen (zwanziger Jahre bei *Jelly Roll Morton*, später bei *Fats Waller*, von dem er mir einige launige Geschichten erzählte. Von *J. R. Morton* sprach Tommy mit großer Hochachtung).

Eines Abends hatten wir einen Termin in Bremen (und sollten am Sonntagmorgen auf der Waldbühne antreten). Wir wurden – irgendwo in der Innenstadt (?) – privat untergebracht und fuhren hintereinanderher in dieses Viertel. Heiner und ich gingen noch einmal kurz zu seinem Auto, um die teure „Pfanne" aus dem Kofferraum zu holen. Währenddessen waren leider alle anderen in einem der großen Wohnblocks verschwunden. Uns hatten sie einfach vergessen. Wir riefen laut durch die Nacht, und sehr viele ärgerliche Bürger schauten aus den Fenstern, nur unsere Leute reagierten nicht. So mußten wir uns ein Hotel suchen – und die Waldbühnengage war weg.

1985 war für mich die Jazz O'Maniacs-Zeit abgelaufen. Ich wollte zusammen mit einigen anderen eine neue Band gründen – das ging leider schief. Es folgten einige Jahre ohne besondere musikalische Höhen und Tiefen für mich in der Frisco-Band von **Steve Mason**.

Seit 1994 spiele ich nun wieder „meine Musik", und zwar bei **BLACK JASS**. Mit dieser Band kamen wir beim Festival in Saint Raphael, Südfrankreich, auf den 6. Platz (von 53 teilnehmenden Bands), obgleich die Band noch gar nicht lange besteht. Im März 1995 erhielten wir eine Einladung aus New Orleans und werden im Februar 1996 eine Woche lang dort auftreten.«

BLACKBIRDS OF PARADISE, 1974 im MALERSAAL (v. l.): Uwe Lütgen, Claus-Günther Winkelmann, Peter Cohn, Uwe Heinecke, Peter Meyer, Ullo Bela, Hans-Jörg Fockele, Hans Schwenkkros

DISTRICT JAZZ ORCHESTRA

BLACK BOTTOM STOMP

Harald Postel (tp) erinnert sich an das DISTRICT JAZZ ORCHESTRA: »Vorweg sei gesagt, daß ich mich für nur einen mäßig begabten Jazztrompeter halte. Und hierfür gibt es schmerzliche Beweise. In den Sechzigern war ich natürlich Kornettist, denn eine Trompete wurde ja von kaum einem unserer großen Hamburger Vorbilder gespielt. So fand ich mich eines Tages – nach frustrierenden Unterrichtsbemühungen durch **Abbi Hübner** – im Gewerkschaftshaus am Besenbinderhof ein.

DISTRICT JAZZ ORCHESTRA, 60er Jahre

Irgendwie sollte gejazzt werden – und so trafen sich dort in einem großen Saal **Wolfgang ‚Bolle' Burmeister**, **Hermann Lotzing** und ich. ‚Bolle' war bereits damals ein ganz hervorragender Klarinettist, der jedes Stück in verschiedenen Tonarten vorwärts und rückwärts spielen konnte, und Hermann spielte ein solides Banjo. Dagegen waren meine Fähigkeiten auf dem Horn so dürftig, daß dies die erste und zugleich letzte Zusammenkunft dieser Art blieb. Erst etwa 1964 traf ich auf eine Band um **Hartwig Pöhner**: das DISTRICT JAZZ ORCHESTRA. Dies waren **Hartwig Pöhner** (cl), **Jochen Bettaque** (tb), **Christoph Stettner** (as), **Michael Steffens** (p), **Thomas Niese** (b), **Peter Horn** (dr) und **Michael Krüger** (bj). Kurze Zeit spielten wir mit zwei Kornetts, **Peter (?) Körner** und ich.

Wir spielten damals auf lokalen Veranstaltungen im Raum Wellingsbüttel und Poppenbüttel sowie auf Schul- und Schützenfesten. Später dann, als unser Repertoire ausreichend groß war und die Altersstruktur einer Schülerband dies erlaubte, folgten die ersten Auftritte im RAILROAD'S END in Ottensen, im Jazzkeller in der Paul Roosen-Straße und gelegentlich in der JAILHOUSE TAVERNE. Stilistisch waren wir klar an ‚*King' Oliver's Creole Jazz Band* orientiert, woraus auch erste Spannungen innerhalb der Band erwuchsen, denn während Hartwig und Jochen sehr gut *Johnny Dodds* und *Kid Ory* nachempfanden, so waren meine Dämpfersoli und Kollektivbeiträge weniger begeisternd.

Zu dieser Zeit fanden jährlich von der Jugendbehörde geförderte Wettbewerbe statt. In regionalen Ausscheidungen qualifizierten sich Bands, die dann im Audimax bei einem Schlußkonzert aufeinandertrafen. Eine fachkundige Jury wählte dann den Sieger.

Das **DISTRICT JAZZ ORCHESTRA** hatte sich in den Vorausscheidungen erfolgreich durchgesetzt und nahm so 1966 am Finale im Audimax teil. Die fünf restlichen Bands waren: **BOP CATS, BALLROOM ORCHESTRA, HOT OWLS, CARLOS JAZZ GERMANEN** und die **RAT CATCHERS JAZZBAND**.

DISTRICT JAZZ ORCHESTRA, 1966 (v. l.): Harald Postel, Christoph Stettner, Etlef Jacobsen

Inzwischen hatte sich die Band verstärkt. Mit **Etlef Jacobsen** (as), **Ferdinand Blötz** (ts) und **Dieter Herrmann** (b) wurde das Finale im Audimax gewonnen, und wir fuhren auf Kosten der Jugendbehörde zum internationalen Festival nach Düsseldorf. Dort belegten wir noch den 5. Platz der Gesamtwertung, was dem Selbstbewußtsein der Band großen Auftrieb verlieh.

Sicher wurde auch die Qualität der Musik immer besser. Wir spielten in Braunschweig, Neumünster, Bielefeld und anderen Orten. Für mich allerdings war dies nur eine kurze Phase, denn die Ziele waren hochgesteckt, und meine Fähigkeiten für die Band nicht mehr ausreichend. So wurde – ohne mein Wissen – **Wolfram Gliffe** engagiert

Single DISTRICT JAZZ ORCHESTRA 1968 von Peter Wehrspann produziert. Besetzung: Wolfram Gliffe (co), Jochen Bettaque (tb), Claus Badekow (as), Michael Krüger (bj), Thomas Niese (b), Christel ‚Kille' Strieter (voc), Peter Horn (dr), Michael Steffens (p), Hartwig Pöhner (cl)

und ich über Nacht rausgesetzt. Ein Vorgang, der in dieser Zeit nicht einmal so selten war, mich aber doch lange Zeit sehr verletzt hatte. Offensichtlich war dies aber für die Weiterentwicklung der Band hilfreich und nützlich, denn es folgten Jahre erfolgreicher Bandgeschichte. 1968 wurde die Band Sieger des Nordwestdeutschen Jazzfestivals in Münster. Im selben Jahr wurde auch die erste Schallplatte mit der hervorragenden Sängerin **Christel ‚Kille' Strieter** produziert. Es gab noch einige Umbesetzungen: Ende der 60er Jahre spielte noch **Claus Badekow** Altsaxophon, und **Rolf Klingelhöfer** übernahm das Kornett. Nachdem Wolfram und Hartwig zu den **BLACKBIRDS OF PARADISE** und Rolf zu den **JAZZ LIPS** wechselten, wurde es ruhig um diese beliebte Hamburger Jazzband.«

DISTRICT JAZZ ORCHESTRA, 1966 auf dem 2. Internationalen Amateur-Jazz-Festival in Düsseldorf

BLACKBIRDS OF PARADISE, 1968 im RAILROAD'S END (v. l.): Uwe Heinecke, Harald Auls, Ullo Bela, Hans Schwenkkros, Peter Ruts, Ditzi Reinhold, Michael Schmidt

BLACKBIRDS OF PARADISE, 1971 in der NEW ORLEANS MEMORY HALL (v. l.): Uwe Lütgen, Hans Schwenkkros (verdeckt), Ullo Bela, Uwe Heinecke, Wolfram Gliffe, Harald Auls, Hartwig Pöhner, Owe Hansen, Peter Ruts

BLACKBIRDS OF PARADISE

RHYTHM IS OUR BUSINESS

Werner Burkhardt schrieb 1970 über diese Band: »Die schwarzen Paradiesvögel – sie haben sich fest auf der Hamburger Jazz-Szene eingenistet, und kaum will es einem in den Kopf, daß sie erst seit zwei Jahren so unüberhörbar vor sich hinzwitschern.

BLACKBIRDS OF PARADISE, 1975

Es war im April 1968, da versammelte sich eine erste, noch nicht endgültige Schar um den Trompeter **Uwe Heinecke**, und fast ein Jahr lang – so wird berichtet – musizierte die Band fast nur auswärts, erntete sie im Raum Bielefeld ihre ersten swingenden Lorbeeren. Doch bald galt der Prophet auch etwas im eigenen Lande. Man machte beim Ball des Hamburger Hot-Jazz-Meetings im WINTERHUDER FÄHRHAUS auf sich aufmerksam und spielte fest im damaligen BLUE NOTE in der Paul-Rosen-Straße, sammelte musikalische – vor allem musikalische – Erfahrungen in Reeperbahn-Nähe, durfte einen so erlauchten Gast wie *Albert Nicholas* begleiten und wurde immer wieder von flipperfreudigen Kollegen aus anderen Kapellen besucht. Hier festigte sich auch das musikalische Konzept der Gruppe und nahm dann im nächsten Domizil, im RAILROAD'S END, einer urgemütlichen Kneipe im Hamburger Stadtteil Bahrenfeld, immer klarere Konturen an. Im „Rail", wo auch der Wirt urgemütlich war, schälte sich dann heraus, was die Jungs – Restbestände der Kieler *Jazz O'Maniacs* waren darunter, verstärkt und aufgeputzt durch **Hartwig Pöhner**, den Klarinettenstar des **DISTRICT ORCHESTRA** – in Wahrheit vorhatten: Sie wollten ihren eigenen traditionellen Jazz; wollten weder das Golden Age um *Jelly Roll Morton* und den frühen *King Oliver*, noch den archaischen Jazz um *Bunk Johnson* oder *Ken Colyer* wieder lebendig machen. Sie hatten sich ihren eigenen Ton ausgedacht, und der klingt ein wenig nach den frühen Swing-Aufnahmen der dreißiger Jahre, nach *Don Redman* und *Bennie Moten*. Und vor allem: Was diese Vögel singen, das hat nichts mit tierischem Ernst und asketischer Stiltreue zu tun. Übermut ist Trumpf, und wählerisch ist man nicht, wenn man Stimmung machen will. Typisches Beispiel: Fast alle singen. Uwe, der Posaunist Ullo, der Pianist, der Trommler – sie alle haben ständig ein Lied auf den Lippen, gönnen sich auch klangschöne Mehrstimmigkeit und bewahrheiten einmal wieder das bekannte Wort: Wie die Alten swungen, so zwitschern die Jungen.

Inzwischen sind sie mit **Gerd Eggers**, dem Wirt, in die ehemalige JAILHOUSE TAVERNE im Alten Steinweg umgezogen, gehören da mit Abbi zu den Hauskapellen und haben nun auch eine Platte gemacht. Auf der ist alles drauf, was die Musik der acht auszeichnet; schöne Duette zwischen gestopfter Trompete und Posaune, zwischen Altsaxophon und Klarinette in *Meanest Kind Of Blues*; leise schaukelnde Bluesgitarre á la *Lonnie Johnson* in *Paducah* und all der herrliche Scat-Blödsinn und Charleston-Quatsch, der den Singsang dieser stets gut gelaunten Paradiesvögel ziert.«

Ich habe diese Band 1972 das erste Mal erlebt. Erlebt im wahrsten Sinne des Wortes. Denn so, wie diese Musiker mit ihren durcharrangierten Kompositionen das Publikum mit in das Geschehen einbezogen, war es schon ein großes Erlebnis. „Einheizen" ist sicherlich eine gute Umschreibung für den gekonnt vorgetragenen Klamauk, der sich da auf der Bühne abspielte. Aber trotz, oder gerade wegen der riesigen Stimmung, die schon nach den ersten Takten auf die Zuhörer überging, wurden die hervorragenden Arrangements so gekonnt und routiniert vorgetragen, daß einem die Luft wegblieb. Die „Blackies" gehörten zu diesem Zeitpunkt wohl schon zum Renommiertesten, was die traditionelle deutsche Jazz-Szene zu bieten hatte.

Was sich da um den Trompeter und Chef der Band **Uwe Heinecke** an Musikern versammelt hatte, gehörte sicherlich zu den besten, die man in Hamburg finden konnte. Auch bei späteren Umbesetzungen hat Uwe es immer wieder verstanden, gute und engagierte Musiker mit dem nötigem Humor zu verpflichten. All die Namen derer zu nennen, die beim fast 30jährigen Bestehen in dieser Band mitgewirkt haben, würde den Rahmen sprengen.

So war denn auch der große Erfolg dieser Gruppe vorprogrammiert. In den 70er und 80er Jahren gab es wohl kaum ein Jazz-Festival in Europa, auf dem die „Blackies" nicht zu hören waren. Tourneen durch Österreich, Schweden, Spanien und die damalige DDR waren genauso selbstverständlich wie unzählige Gastspiele in ganz Deutschland. Es wurden diverse Schallplatten produziert, wobei die erste mittlerweile zu einem begehrten Sammlerstück geworden ist. Die Presse war in diesen Jahren genauso begeistert wie die vielen eingefleischten Freunde der „Schwarzen Paradiesvögel" aus Hamburg. Auf jedem Konzert waren die „Spaßvögel vom Dienst", die „Jungs von der Waterkant", diejenigen, die mit ihrem rasanten Big Band Swing den Saal zum Kochen brachten.

BLACKBIRDS OF PARADISE, 1976: Uwe Heinecke (tp), Volker Reckeweg (tp), Harald Kropp (tb, sax), Uwe Lütgen (sax), Edward Rykaczewski (cl, sax), Peter Cohn (p), Owe Hansen (bj), Günther Oldhaber (tu), Hans-Jörg Fockele (dr)

Abbi Hübner schreibt anläßlich der Veröffentlichung ihrer letzten CD „The Blackbirds fly right":

»Die struppigen, häßlichen jungen Entlein, die seit den späten achtziger Jahren mit rauhen Klagelauten auf ständiger Futtersuche über die norddeutsche Tiefebene flatterten, haben sich nun offenbar zu den exotischen Vögeln gemausert, die, gelassen ihre Kreise ziehend, endlich ein dem Bandnamen entsprechendes Erscheinungsbild an den Tag legen: **BLACKBIRDS OF PARADISE**. Sie haben sich aber nicht darauf beschränkt, gelassen ihre Kreise zu ziehen und hier wie dort ihren munteren Gesang erschallen zu lassen, nein, sie haben ein dickes Ei gelegt und auf den Markt gebracht. Das haben die „Blackies" – wie der Volksmund sie nennt – in der Vergangenheit schon des öfteren getan, aber diesmal handelt es sich um ein ganz besonderes Ei. Was meine Freunde von den „Blackbirds" – und wer solche Freunde hat, braucht keine Feinde mehr – unter dem Motto „querbeet durch den Swing" gespielt haben, muß schon als Kraftei angesprochen werden. Das soll ihnen erst einmal eine andere Band nachmachen!

Pfiffige Arrangements von **Uwe Heinecke**, dem Gründer der „Blackies" und Freund „hochprozentiger Lösungen", **Volker Reckeweg** und **Jürgen Recke** bilden den Rahmen, innerhalb dessen sich die Kapelle quirlig und mit jenem Schuß lockerer Professionalität bewegt, den man auf unserer Jazzszene nur selten findet, wo häufig finster entschlossen Trübsal geblasen und dem Ernst des Lebens in angemessener Form Tribut gezollt wird, als sei nicht ohnehin alles schwierig und verquer genug. Die „Blackbirds" haben als eine der wenigen Bands hierzulande begriffen, daß heitere Gelassenheit nicht als Degenerationsmerkmal anzusehen ist, ein legerer Vortrag nicht Ernsthaftigkeit und Anliegen von vornherein ausschließt. So braust der *9.20 Special Diga diga Doo* von der Basinstreet in New Orleans nach Harlem, New York durch die gesamte Swinglandschaft, daß es nur so eine Art hat, dieweil *Duke Ellington*, *Fletcher Henderson*, *Count Basie*, *Woody Herman* und sogar *Louis Jordan* alle Lichter auf „freie Fahrt" stellen und die *Andrew Sisters* »Vorsicht an der Bahnsteigkante« trällern!

Keinerlei befremdende Großväterei, Zick oder falsche Sentimentalität trüben den großartigen Gesamteindruck, keinerlei Marotten oder Manirismen bedrängen das Gemüt. Das drohende „weh' Dir, daß Du ein Enkel bist", das so häufig die munteren Versuche anderer bundesdeutscher und europäischer Orchester dieser Stilrichtung in krampfhaftes Bemühtsein umschlagen läßt, scheint hier überwunden. Nicht zuletzt durch eine gehörige Portion Selbstironie, die die „Blackbirds" augenzwinkernd überall durchblicken lassen.

Wenn die „Blackbirds Brothers" gesangsmäßig in Erscheinung treten, kann man nur noch wimmern – aber vor Begeisterung! Und da die Paradiesvögel begriffen haben, daß „Swing" nicht nur ein Verhütungsmittel der gehobenen Mittelklasse, sondern eine unabdingbare Voraussetzung von Jazz schlechthin ist und diese Erkenntnis auch umzusetzen wußten – selbst in den schnellsten Stücken – weiterhin in jeder Fraktion über einen gediegenen Solisten verfügen, der sich auch hören lassen kann, ist ihnen hier, abseits von Klischee

und Klamotte, ein origineller Wurf gelungen: eine vom ersten bis zum letzten Ton interessante und aufregende Platte auf der – dank der Soli von **Benny Alvers**, **Volker Reckeweg** und **Gunther Wiedecke** – auch die „i-Tüpfelchen" nicht fehlen. Gesamturteil:
Uneingeschränkt empfehlenswert!«

Ich schließe mich diesem Urteil ohne Vorbehalt an und wünsche mir und allen Freunden dieser Musik, daß die „schwarzen Vögel" noch lange die Szene bevölkern. Durch Uwes Krankheit ist es zwar zur Zeit etwas ruhiger um diese Band geworden, aber ich bin sicher, daß es noch manches Lied zu singen gibt.

Zum Schluß noch ein paar Zeilen über Uwes Zeit vor den **BLACKBIRDS OF PARADISE**:

1959 begann die musikalische Laufbahn von **Uwe Heinecke**. Unterricht bei **Abbi Hübner**, dann erste Gehversuche in der **HUNTIN' HOUSE JAZZ BAND**, unter anderem mit **Peter Cohn** (p). Es folgten die **ANTEX JAZZCARDINALS**, dann die **GEORGIA BOWLER HATS**. Bevor Uwe 1968 die **BLACKBIRDS OF PARADISE** gründete, noch zwei Jahre im **HÜHNERHAUS JASS ORCHESTER**, unter anderem mit **Harwig Pöner** (cl, ss, ts), **Hans Schwenkkros** (tu), **Jürgen Recke** (p), und **Jürgen Dreffein** (cl). Da Uwe seine Liebe zu den älteren Jazzstilen nie verloren hat, ist er seit Jahren immer wieder gern gesehener und gehörter Aushilfstrompeter in diversen Hamburger Bands. Nebenbei spielt er noch mit großer Begeisterung bei den **SOUTHLAND SERENADERS**.

Kontakt:
Uwe Heinecke, Kurfürstenstraße 9, 22041 Hamburg,
Telefon: 0 40 - 6 56 03 52

BLACKBIRDS OF PARADISE, 1983 (v. l.): Jürgen Recke, Thomas Altmann, Henning Plothe, Benny Alvers, Peter Weber, Uwe Heinecke, Andreas Brink, Gunther Wiedecke, Peter Jensen, Owe Hansen

Uwe Heinecke

Für mich ist Jazz ausgesprochen interessant, bahnbrechend und gesund.
Pablo Casals

DIE SCHÖNSTE NEBENSACHE DER WELT

Für **Peter Kaiser**, einen großen Jazzfan, ist diese Musik „die schönste Nebensache der Welt":

»Eigentlich bin ich erst sehr spät mit dieser Musik in Berührung gekommen. So um 1962 muß das gewesen sein. Ich war gerade arbeitslos, und zu allem Überfluß hatte mich auch noch meine damalige Freundin verlassen. Ich hing also ganz schön durch und war mehr als verzweifelt. Eines Abends rief mich wieder einmal mein guter Freund Werner an. Um mich auf andere Gedanken zu bringen, überredete er mich zu einem Besuch in der JAILHOUSE TAVERNE. Lust hatte ich zwar keine, aber schaden konnte es ja auch nicht. Bis dahin hatte ich kaum etwas von diesem Jazz-Club gehört und war gespannt, was mich dort erwarten würde. Ich war auch an Musik so gut wie gar nicht interessiert, also ein richtiger „Musik-Banause".

Das erste, was ich beim Betreten des Kellers wahrnahm, war ein „Höllenlärm". Offensichtlich schien man sich köstlich zu amüsieren. Der Rest ist schnell erzählt: Die erste Stunde war ich von dem Geschehen auf und vor der Bühne einigermaßen irritiert, aber dann hatte es mich voll erwischt. Was die Musiker da abzogen, riß mich total vom Hocker. Benommen ging ich weit nach Mitternacht nach Hause und stellte erstaunt fest, daß ich meine Sorgen völlig vergessen hatte. Ich war im „Jazz-Fieber".

Bis heute bin ich diese Krankheit nicht mehr losgeworden. Für mich wurde diese Musik mit einem Mal zur schönsten Nebensache der Welt. Sie ging mir sofort unter die Haut. Ich hatte das Gefühl, etwas ganz Besonderem begegnet zu sein, und dieser Geist, der dort immer zu spüren war, zog mich magnetisch an. Es war einfach die Sprache dieser Zeit, die ich sofort verstand.

Von nun an war ich Stammgast in der JAILHOUSE TAVERNE. Was mich am Anfang besonders beeindruckte, war das große Engagement dieser Musiker, wie sie die Botschaft des Jazz begierig aufnahmen und versuchten, die Inhalte neu zu beleben. Dieser spürbare missionarische Eifer, verbunden mit der Suche nach der eigenen musikalischen Identität, verursachte eine starke Anziehungskraft auf mich. Später wurde daraus eine gewisse Verbundenheit, aus der immer wieder neue Freundschaften entstanden. 1966 lernte ich bei einem dieser Konzerte sogar meine jetzige Frau kennen. Meine Welt war zu diesem Zeitpunkt einfach in Ordnung. Aus den anfänglich sporadischen Schallplattenkäufen wurde, zum großen Leidwesen meiner Frau und zum Schaden unserer Finanzen, eine Sucht, die manchmal nur schwer zu befriedigen war. Heute bin ich stolzer Besitzer einer recht ansehnlichen Plattensammlung.

Diese Musik nimmt in meinem Leben einen großen Raum ein und ist daraus einfach nicht mehr wegzudenken. Leider habe ich nie ein Instrument spielen gelernt. In der Schulzeit machte mir meine Musiklehrerin nicht viel Hoffnung, daß derartige Bemühungen Erfolg haben würden. Später, als ich mich besser einschätzen konnte, ließ mein Beruf es nicht zu. Ich habe dieses immer sehr bedauert, aber solange der Blues in meinem Kopf ist, läßt es sich auch ohne Instrument ganz gut leben.

Natürlich habe ich das musikalische Geschehen in Hamburg immer sehr aufmerksam verfolgt. Die 70er Jahre, als die ganze Stadt swingte, waren für mich mit die schönste Zeit. Heute swingt es zwar nicht mehr ganz so heftig, aber die alte Freude ist erhalten geblieben. Darauf kommt es an. Wichtig ist, daß der Jazz keine Alterserscheinungen zeigt. Glücklicherweise sorgen dafür immer noch die vielen Musiker und Bands, die in immer wieder neuen und interessanten Besetzungen zu hören sind. Älter geworden sind sie, ruhiger und gelassener, aber die alte Spielfreude ist für mich immer noch spürbar. Nur beim gleichfalls gealterten Publikum habe ich manchmal das Gefühl, daß es nur noch musikalische Jugenderinnerungen auffrischen will. Ab und zu vermisse ich schon die ganz große Begeisterung und die intensive Auseinandersetzung mit dem, was heute zu hören ist. Ich glaube, es fehlt einfach der Nachwuchs, der frischen Wind in die etwas zur Routine erstarrte Jazz-Szene bringen könnte. Vor einigen Jahren habe ich mir zu meinem 50sten Geburtstag eine Reise nach New Orleans gegönnt. Hier traf ich viele junge Musiker und hatte das Gefühl, etwas von einer neuen Aufbruchstimmung zu spüren. Oder war es nur diese ganz besondere Atmosphäre, die mich so beeindruckte?

Zum Schluß möchte ich mich bei all denen bedanken, die mich in meinem Leben bisher musikalisch begleitet haben. Dank auch an alle Veranstalter und Clubbesitzer, die weiter unermüdlich dafür sorgen, daß wir diese wunderbare Musik weiterhin erleben dürfen. Bitte weiter so!

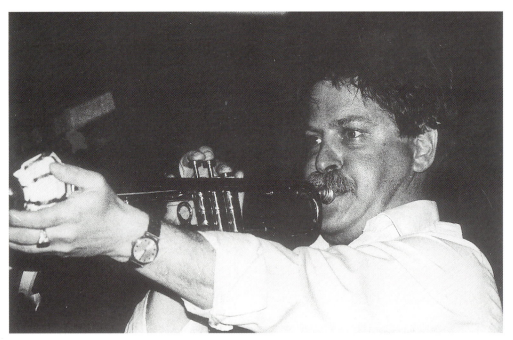
Volker Reckeweg, 80er Jahre

Volker Reckeweg und Uwe Heinecke, COTTON CLUB, 80er Jahre

VOLKER RECKEWEG

IMMER AUF DER SUCHE

Einen der vielseitigsten und, wie ich meine, auch einen der besten Trompeter in Hamburg vorzustellen, ist eine Aufgabe, der ich besonders gern nachkomme. Ich habe Volker 1966 das erste Mal in dem schon damals legendären **BALLROOM ORCHESTRA** gehört. Als ich ihn dort zwischen all den fröhlichen Musikern und Fans erlebte, war mir klar, diese lärmende Charleston-Seligkeit konnte nur der Anfang einer vielversprechenden und interessanten Musikerkarriere sein.

Diese Karriere begann so wie viele andere: Die ersten musikalischen Schritte als Sänger in einem Kirchenchor, dann Mitglied im Posaunenchor. Das erste Instrument war ein Schlagzeug, dann der Wechsel zu Flügelhorn, Tuba, Posaune, Kornett und endlich die Trompete.

Anfang der 60er Jahre war er Stammgast in der JAILHOUSE TAVERNE, die Volker als Keimzelle für seine spätere musikalische Entwicklung bezeichnet. Die Musik der **JAILHOUSE JAZZMEN** und die Gespräche mit den Musikern beeindruckten ihn derart, daß der Wunsch, selbst diese Musik zu spielen, immer größer wurde.

Der „Schicksalstag" war dann ein Mittwoch, an dem das **BALLROOM ORCHESTRA** dort spielte. Diese Musik gefiel ihm so gut, daß er den damaligen Trompeter und Leiter der Gruppe **Peter ‚Jacques' Haß** um eine Unterrichtsstunde bat. Er muß dann beim Vorspielen einen so starken Eindruck hinterlassen haben, daß er innerhalb einer Woche festes Mitglied dieser Band wurde. 1963 spielten unter anderem schon **Friedrich ‚Fiete' Bleyer** (cl), heute **APEX JAZZ BAND** und **Thomas Streckebach** (p), heute **LOW DOWN WIZARDS**, in der Band. Bis 1970 gemeinsam mit vielen anderen bekannten Musikern sorgte er in diesen sieben Jahren für den berühmten „Ballroom-Sound", der vielen Jazzfreunden von damals noch lebhaft in Erinnerung geblieben ist. Lange vorbei waren die Zeiten, in denen er mit seiner Trompete in Cuxhaven hinter dem Deich eine ganze Schafherde erschreckte und eine regelrechte Stampede auslöste.

Von 1969 an ging es dann eigentlich Schlag auf Schlag. Viele bekannte Hamburger Bands hat dieser Musiker mitgeprägt. Ob mit seinem, wie ich finde, vortrefflichen Trompetenspiel oder als Arrangeur, ob in einer Dixieland-Kapelle oder einer Swing-Band, immer ist **Volker Reckeweg** eine herausragende Persönlichkeit. Beeindruckend ist auch seine enorme Kenntnis von Jazztiteln. Anläßlich vieler Aushilfen in der **APEX JAZZ BAND** konnte ich feststellen, daß es trotz eines nicht gerade kleinen Repertoires dieser Band kaum ein Stück gibt, das er nicht spielen kann. Sein Humor und seine stets gute Laune haben sicherlich zusätzlich mit dazu beigetragen, daß er als Freelance-Musiker überall gern gesehen und gehört ist.

Volker Reckeweg, 1978

Ab 1969 war Volker fünf Jahre Mitglied der **ST. JOHN'S JAZZBAND**, bis 1974 gleichzeitig bei den **HOT OWLS**, bis er dann 1980 seine erste eigene Band **EINE KLEINE JAZZMUSIK** gründete. Von 1966 bis 1968 spielte er in der **CANALSTREET JAZZ BAND**. In der Zeit von 1975 bis 1980 und 1983 bis 1985 feierte er stürmische Jahre bei den **BLACKBIRDS OF PARADISE**. Einige Zeit spielte er in **MEYER'S DAMPFKAPELLE** und in der *Foggy Town Jazz Band* (Kiel). Von 1982 bis 1987 tauschte er den Platz mit **Rolf Klingelhöfer** bei den **JAZZ LIPS**. 1987 wurde er festes Mitglied der *Salt City Seven* unter der Leitung des Lüneburger Pianisten *Pieke Bergmann* und ab 1989 in der hervorragenden Swing-Band **HARLEM JUMP**. Neben seiner **KLEINEN JAZZMUSIK** spielt er auf kleineren Veranstaltungen mit der reduzierten Besetzung **SWING UP**.

Wie ich **Volker Reckeweg** kenne, wird er in Zukunft weiterhin „auf der Suche" nach neuen musikalischen Ufern sein. Ich bin sicher, daß wir von diesem talentierten, sympathischen Musiker noch viel hören werden. Man kann ihm nur wünschen, daß er dabei weiterhin so gute Musiker an seiner Seite hat wie bisher.

JAZZ LIPS, 80er Jahre im COTTON CLUB (v. l.): Rudger Mumssen, Hendrik Jan Tjeerdsma, Christoph Cringle, Volker Reckeweg, Gunther Andernach, Günther Liebetruth, Wolf Delbrück

Volker hat mit fast allen Bands, in denen er gespielt hat und noch spielt, Schallplatten aufgenommen. Sie alle dokumentieren sehr schön seine musikalische Entwicklung, sein Können und seine Vielseitigkeit als Musiker und Arrangeur. Die zweite CD von seiner **KLEINEN JAZZMUSIK**, die 1995 erschienen ist, halte ich für eine seiner besten Produktionen.

Abbi Hübner schreibt im Begleittext zu dieser CD: »Bereits in den 70er Jahren, als man von einer „Freien und Jazzerstadt Hamburg" sprach, als *Ice Cream* und nicht *Stadt Hamburg an der Elbe Auen* heimatliche Hymne war, zog es **Volker Reckeweg** in die moderneren Gefilde des Hot Jazz, wurde *It don't mean a Thing, if it ain't got that Swing* sein Leitmotiv, das er beharrlich pfiff. Als wir noch nicht an die Kraft verhalten vorgetragener Noten glaubten und dezentes Spiel für ein bedauernswertes Degenerationsmerkmal hielten, bastelte Volker schon an Arrangements, deren Wirkung Dynamik voraussetzte. Denn neben der Trompete war schon früh die Band sein zweites Instrument geworden, mit dessen Hilfe er seine musikalischen Ideen realisierte, seine Auftritte abseits der ausgetretenen Pfade inszenierte. So prägte er die Musik der **HOT OWLS**, **BLACK BIRDS OF PARADISE**, von **HARLEM JUMP** und der **KLEINEN JAZZMUSIK**.

Wir hören auf der vorliegenden CD – Tribut und Erinnerung an den allzu früh verstorbenen **Arnold Schön** – Arrangements und Bearbeitungen von vier Musikern: den Posaunisten **Arnold Schön** und **Günter Fuhlisch**, von Volker selbst und dem Bassisten **Frank Lehre**. Womit wir beim Thema wären: **EINE KLEINE JAZZMUSIK** still going strong, Combo-Swing at it's best. Ein musikalischer Nachruf von Format – Requiem und Jubilee – ehrt sowohl den Verstorbenen, als auch die Hinterbliebenen. Neben Soli aus echtem Schrot und Korn, genießt man ausgetüftelte Klangmalereien, bei denen die Arrangeure immer und überall eng beieinanderliegende Stimmen finden, die sie den Instrumenten so wohltuend zuordnen vermögen, daß man in Form einer akustischen Illusion fortwährend ein Instrument mehr zu hören glaubt als tatsächlich vorhanden. Es überrascht der Formenreichtum, die Vielzahl und Vielfalt der musikalischen Einfälle, immer ist für Abwechslung gesorgt, nie wird es langweilig.

Alles hat Hand und Fuß, alles klingt beschwingt, mühelos, wie aus dem Ärmel geschüttelt, eher nach Stegreif als nach harter Arbeit, die nichts dem Zufall überläßt. Das spricht für die Professionalität aller Beteiligten. Wenn man schon noch einen Namen nennen will: **Günter Fuhlisch**, heute mit über siebzig Jahren ein mit allen musikalischen Wassern gewaschener, springlebendiger grauer Panther, der in jedem Zusammenhang den richtigen Ton findet und ein um das andere Mal eindringliche Phrasen bläst, die wie nichts ins Ohr gehen. **Shaine Dorsey** entschließt sich vor ständig wechselnder Kulisse – von verschwenderischer Klangfülle bis hin zum einfachen Akzent – erfolgreich zu schlichtem, liedhaften Vortrag. Recht so!«

Neben seiner Arbeit als Trompeter, Sänger und Arrangeur betreibt Volker seit ein paar Jahren noch eine kleine, aber feine Künstleragentur.

MOUNTAIN VILLLAGE JAZZMEN, 1965 (v. l.): Bernd Wirth, Rolf Suhr, Rainer Robeck, Shelly Lüders, Walter Putfarcken, Fiete Westendorf, Henry Styjakowski

MOUNTAIN VILLAGE JAZZMEN, 1965 (v. l.): Bernd Wirth, Gitta Kiene, Rolf Suhr, Walter Putfarcken, Shelly Lüders, Rainer Robeck, Fiete Westendorf

MOUNTAIN VILLAGE JAZZMEN

RIVERBOAT SHUFFLE

Der Hamburger Villen-Vorort Bergedorf gab dieser Band den Namen. **Rolf Suhr** (tp), heute **FORUM STOMPERS**, beschloß 1964, eine Band nach seinen eigenen Vorstellungen aufzubauen.

Rolf, der bis dahin zu den **GEORGIA BOWLER HATS** gehörte, konnte den Posaunisten **Bernd Wirth** sowie den Schlagzeuger **Jörn Eckermann** für die neue Gruppe gewinnen. Vom **HÜHNERHAUS JASS ORCHESTER** kamen **Walter Putfarcken** (b, tu), sowie **Rainer Robeck** (bj) dazu. Kurze Zeit später stieß noch **Henry Styjakowski** (cl) zur Band. **Harald Auls** löste Jörn am Schlagzeug ab. Beide Musiker kamen damals von den **TIN TUBE JAZZMEN**. Das besonders erfreuliche Schlußlicht bildete dann **Gitta Kiene** (p).

1965 kam noch ein Wechsel am Schlagzeug. Der „dienstälteste" und wohl erfahrenste Musiker an diesem Instrument war **Shelly Lüders**, der bis dahin bei den **JAILHOUSE JAZZMEN** getrommelt hatte. Man versprach sich von ihm eine kräftige Belebung der Rhythmusgruppe, was sich auch gleich mit seinem Eintritt in die Band bestätigte. Aber nicht nur in musikalischer Hinsicht machte die Band einen großen Schritt nach vorn. Durch seine guten Beziehungen zu Veranstaltern gab es auch in punkto Jobs einen gewaltigen Aufschwung.

Die **MOUNTAIN VILLAGE JAZZMEN** gewannen immer mehr Routine und waren recht schnell auch weit über die Grenzen Bergedorfs bekannt.

Weitere Umbesetzungen blieben den „MVJ" auch in den folgenden Jahren nicht erspart. Mit ‚Fiete' **Westendorf** (cl), **Eberhard Nolte** (tb) und **Kurt Tomm** (b) kamen drei sehr erfahrene Musiker in die Band. **Rolf Suhr** wurde durch ‚Charly' **Rittig** ersetzt.

In dieser Besetzung waren die „MVJ" viele Jahre sehr erfolgreich und „tourten" von Auftritt zu Auftritt, hauptsächlich in Norddeutschland. Die regelmäßigen Auftritte in ihrem Domizil, im JAZZ FORUM, waren immer ein Heimspiel. Vor stets ausverkauftem Haus spielte man die Musik von *Duke Ellington*, *Louis Armstrong*, *Bix*

MOUNTAIN VILLAGE JAZZMEN, 70er Jahre (v. l.): Uwe Raabe, Eberhard Nolte, Klaus Albrecht, Jürgen Gehrt, Fiete Westendorf, Rainer Birkefeld. Im Vordergrund Audrey Motaung

Beiderbecke und *Muggsy Spanier*. Beeinflußt wurde die Musik der „MVJ" aber auch von den Musikern der englischen Jazz-Szene wie *Chris Barber*, *Kenny Ball* und *Mr. Acker Bilk*. Diese Mischung und der ganz eigene Sound waren das Markenzeichen dieser beliebten Hamburger Formation.

Der locker vorgetragene, froh swingende Jazz, zum großen Teil von ‚Fiete' und Eberhard arrangiert, ist auch auf einigen Schallplatten verewigt worden. Die schon 1967 von **Peter Wehrspann** produzierte Single mit der Eigenkomposition *Willow-Tree-Road 13* und dem *Weary Blues* dürfte nur noch den alten Fans von damals bekannt sein.

Leider gibt es diese engagierte und über viele Jahre so erfolgreiche Band nicht mehr. Fünf ehemalige Musiker der „MVJ", **Rolf Suhr**, **Harald Auls**, **Eberhard Nolte**, ‚**Fiete' Westendorf** und **Walter Putfarcken** haben sich wieder zusammengefunden und spielen heute bei den **FORUM STOMPERS**.

Eine Stimme, die unter die Haut geht. Audrey Motaung. Diese kleine Person hat wirklich eine große Stimme, die sie engagiert und mit großem Feeling einsetzt. Ihre musikalische Ausdruckskraft überträgt sich auf Anhieb auf ihre Zuhörer. Audrey lebt schon seit vielen Jahren in Hamburg. Die gelernte Lehrerin ist am 21. Mai 1952 in Südafrika geboren. Vor ihrem Wechsel nach Hamburg hat sie lange in England gelebt. Sie ist verheiratet und hat drei Kinder, die sie liebevoll „Banditen" nennt.

Als Sängerin hat sie sich zunächst mit einer eigenen Rockgruppe „OMNIBUS", als Solistin bei den MOUNTAIN VILLAGE JAZZMEN und in der OLD MERRY TALE JAZZBAND vorwiegend in Hamburg und Umgebung einen Namen gemacht. Daneben ist sie eine erfahrene und vielbeschäftigte Studio-Sängerin, deren große Liebe die Soul-Music ist. Schallplatten erschienen unter ihrem eigenen Namen. In den letzten Jahren fiel sie durch großes soziales Engagement in verschiedenen Bereichen auf. Es gab Benefizkonzerte usw. Hoffentlich ist diese erstklassige und in ihrem ganzen Wesen sehr bescheidene Sängerin noch lange in Hamburg zu hören!

MOUNTAIN VILLAGE JAZZMEN

MOUNTAIN VILLAGE JAZZMEN mit Audrey Motaung

JAZZ FORUM BERGEDORF

Seit den 60er Jahren ist Bergedorf mehr als ein „Geheimtip" für Jazzfreunde. Das lag in der Vergangenheit zum einen an den zahlreichen guten Bands, die in diesem Stadtteil zu Hause waren (**TIN TUBE JAZZMEN, HÜHNERHAUS JASS ORCHESTER, GEORGIA BOWLER HATS, MOUNTAIN VILLAGE JAZZMEN, FORUM STOMPERS** usw.), zum anderen lag es an den vielen Jazzkonzerten, die hier stattfanden (in der Fachhochschule, im Lichtwarkhaus, die Schloßkonzerte etc.). Den wohl größten Anteil aber hat der Trompeter **Rolf Suhr** mit seinem kleinen Club JAZZ FORUM.

Suhrhof Bergedorf

Seiner unermüdlichen Arbeit ist es zu verdanken, daß es kaum noch eine bekannte Band gibt, die noch nicht im JAZZ FORUM gespielt hat. »Wir haben selten ein so verständiges Publikum wie hier im JAZZ FORUM!« Das ist die einstimmige Meinung der aktiven Jazzer. Und so wird denn auch jeden Freitag auf der Kleinen Bühne „gejazzt", bis die alten Mauern wackeln.

Die Vorgeschichte des JAZZ FORUMS ist bunt und schnell erzählt. 1925 existierte ein alter Pferdestall am Weidenbaumsweg. Bis Anfang der 60er Jahre war er dann Hinterhof mit Kleinstadtromantik. Zu dieser Zeit wurde das alte Gemäuer als Fahrrad-Schuppen genutzt. 1963 hatte **Rolf Suhr** die Idee, einen Jazz Club zu gründen. Gleichzeitig bekam seine neue Band, die **MOUNTAIN VILLAGE JAZZMEN** ein festes Domizil.

Inh. Rolf Suhr

Suhrhof
Weidenbaumsweg 13
21029 Hamburg

Telefon 724 36 61
Privat 724 05 66

Geöffnet:
Dienstag bis Freitag ab 20:30 Uhr

Heute erreicht man das **JAZZ FORUM** über den romantischen und wunderschön gestalteten SUHRHOF. Auf den ersten Blick erscheint der Club wie eine Kreuzung aus „Western Saloon" und „English Pub". Die Atmosphäre entsteht durch einen liebevoll dekorierten Raum, in dem man sich sofort wohlfühlt, angereichert mit vielen Erinnerungsstücken, alten Fotos, Instrumenten und ähnlichem. Dadurch entsteht eine zwanglose Begegnung –

vieles erscheint improvisiert. Allem voran gibt es den großen Einsatz aller Beteiligten. Für besondere Leistungen wird eine Glocke, die über der Theke hängt, geschwungen: Eine Runde gratis für die Musiker. Gepflegte Getränke. Und immer gibt es ein besonderes Angebot: Einmal sind es Schmalzbrote, dann wieder ein typisches Getränk aus New Orleans. Die Musiker finden hier optimale Bedingungen vor: von der gut eingestellten Verstärkeranlage über ein gestimmtes Piano bis hin zu einem Ventilator über der Bühne. Eine freundliche Betreuung ist hier genauso selbstverständlich wie ein stets gutgelauntes und sachverständiges Publikum.

An dieser Stelle möchte ich **Rolf Suhr** meine Hochachtung aussprechen, und Dank sagen für seine vorbildliche Arbeit in über 30 Jahren. Er hat auch in schlechten Zeiten diesen wichtigen Club häufig mit finanziellem Risiko weiter am Leben erhalten. Ich bin als Musiker viel herumgekommen und habe mich in kaum einem Club so wohl gefühlt.

Das Programm ist sehr vielseitig. Alle Stilrichtungen sind vertreten. Neben allen bekannten Hamburger Bands spielen immer wieder auch internationale Gruppen im JAZZ FORUM.

Große Tradition haben im Sommer die Open-Air-Frühschoppen im SUHRHOF, die immer gut besucht sind, und die jedes Jahr stattfindende Riverboat-Shuffle, die immer sehr stimmungsvoll und fast jedesmal ausverkauft ist.

Für die Zukunft hoffe ich, daß uns dieser Jazz Club noch lange erhalten bleibt und wir Musiker dort noch viele Jahre unser „Forum" haben werden.

JAZZ FORUM

FREITAG, 20.00 UHR

Archiv Jazz Forum Bergedorf:

»Der mit viel Holz, alten Instrumenten, Bildern und Plakaten gestaltete Raum ist noch steril. In der Luft hängt statt Tabaksqualm noch der Reinigungsduft. Einige Musiker der Band stehen genauso herum wie die ersten Gäste. Zugerufene Begrüßungen erreichen unnatürlich hart das Ohr.

Noch lohnt sich die Überlegung, welcher Tisch, welcher Sitzplatz. Auf der Bühne wird die Verstärkeranlage installiert, Kabel werden entwirrt und Mikrofone verbunden.

Die ersten Töne der Klarinette erklingen, ein Gefühl der Unvorstellbarkeit auslösend, daß die sieben Jazzer mit ihren Instrumenten sich jemals musikalisch vereinigen, sich gegenseitig steigern, anfeuern, mitreißen und diese Funken noch auf die Zuhörer übertragen könnten.

Langsam bildet sich vorne eine Formation. In der Ecke herrscht reges Leben, Banjo und Schlagzeug gehen in Stellung. Im langsam ansteigenden Stimmengewirr wird der „Countdown" spürbar.

Die Fußspitze des Trompeters schlägt den Takt auf dem Boden, zweimal langsam, viermal schnell, und im selben Moment ist überall Jazz im Raum. Eine andere Zeit setzt ein, Rhythmen und Töne bestimmen, verändern, beschleunigen, wechseln und wiederholen sich.

Aufnahme und Berührung vermitteln einen intensiven Niederschlag, Bewegungen lösen sich von den Körpern, geschlossene Augen riegeln Fremdes ab, und die zwischen den Fingern verglimmende Zigarette macht den abstrakten Zeitablauf sichtbar und das Schweben in einer anderen Sphäre.

Improvisationen ranken sich um Melodien, mächtig pumpt die Posaune die Hauptlinie, um kurz danach zärtlich zu begleiten. Brechende Kaskaden und Stakkato hinterlassen die Finger des Trompeters. Wendig, springbrunnengleich und voll sprudelnder Lebendigkeit fließt es aus der Klarinette. Verläßlichkeit und auch Gleichmäßigkeit assoziierend, bewegen sich die Hände des Pianisten und flattern über die Tasten.

In der Pause bringt er durch einen Boogie-Woogie als Sondereinlage einen nicht alltäglichen Höhepunkt. Perlende Akkorde, klingende Höhen, gewaltig rollende Bässe, ein mit- und hochreißendes Tempo, verlängernde Triller, scheinbares Ausklingen, im Ansatz steckenbleibender Applaus – und Neueinsatz. Zwischenbeifall. Wieder unzählige Finger auf den Tasten, virtuos Baßfigurationen hervortretend und den Raum mit Inhalt in gleichmäßige Bewegung versetzend. Summiert ergibt sich eine Aneinanderreihung von Erlebnissen, die keine Schallplatte vermitteln kann.

Später ein Blues, schluchzend, langsam und mit einer nicht zu überbietenden Traurigkeit. Menschlich bestätigend und Schwermut auslösend, die weite Sprache des Jazz sichtbar machend. Danach erklingt eine Marschkomposition. Statt der Posaune spielt eine zweite Klarinette. Eine sich überschlagende und akustisch überschneidende Lustigkeit setzt ein, ein fallendes und steigendes Jubilieren im Duett. Nur durch die Trompete unterbrochen und gesteigert, bewußter und fertiger gemacht.

Ein Fest mit Drive. Das ist New-Orleans-Jazz, Hot Jazz in höchster Musikalität. Pause vor dem Finale. Feuchter Rauch quillt aus der geöffneten Tür, und die Aschenbecher laufen fast über.

Zum Schluß noch einige Stücke mit Höhenflug, das Einmalige der Situation des ganzen Abends ins Bewußtsein rufend. Nur Spiel, und aus der Ecke ein Rhythmus-Sound zum Hineinkriechen. Überall ist Takt und Bewegung, Band, Gäste, Körper und Hände – alles ist einbezogen.

Danach ein träges Auflösen und Verabschieden. Gehörtes wird besprochen in einer sich aufklarenden Luft, Instrumente werden verpackt und Flaschen abgesammelt. Leise kommt Jazz vom Tonband und macht deutlich, daß diese Musik neben der volkstümlichen Komponente auch im höchsten Grade eine künstlerische Ausdrucksmöglichkeit beinhaltet.«

brunos salon-band!!!
HAMBURG

AUF **WAM** SCHALLPLATTEN   Exclusiv im Vertrieb der DEUTSCHEN AUSTROPHON GMBH

BRUNO'S SALON BAND

SMILES

Auf einer älteren Plattenhülle fand ich eine Beschreibung der Band, die ich treffender nicht hätte formulieren können:

»Natürlich gibt es Bruno nicht, keiner in der Band heißt so, aber, daß die Kapelle sich einen so alt-väterlich gravitätischen Namen zugelegt hat, deutet auf den Humor der Musikanten, im Grunde auch schon auf ihre Musik. Denn die Jazzfreunde, die hier von einer jungen deutschen Old-Time-Kapelle die vertrauten Stücke der klassischen Jazz-Ära, die heiligen Kompositionen aus dem Dunstkreis *King Olivers* oder *Jelly Roll Mortons* erwarten – sie werden nicht bedient, sie können hier nicht auf ihre Kosten kommen. Denn Chris, Trompeter, Gelegenheitsgeiger und nicht zuletzt Arrangeur und Komponist der Sechs, hat dieser, seiner Band einen Stempel aufgedrückt, dessen Bild verwandte Züge trägt mit jener Formation, die er vor **BRUNO'S SALON BAND** geleitet hat: dem in Hamburg unvergessenen **BALLROOM ORCHESTRA**. Was bei Bruno musiziert wird, ist eine Entwicklung dessen, was schon das **BALLROOM ORCHESTRA** einen so erfolgreichen Haufen gemacht hat. Die Band ist nämlich – und das muß ja mal gesagt werden – vor allem eine Stimmungskapelle, die sich den Teufel um puristische Stilfragen kümmert. Nicht an den schwarzen Jazz des amerikanischen Südens knüpfen sie an, sondern an die weißen Kapellen der endzwanziger und dreißiger Jahre. Vor dem „Zickigen" haben sie keine Angst. Vor der Albernheit weichen sie nicht aus. Skurrile Gags sind ihr tägliches Brot, und wenn Chris zur Geige greift, wenn der Bass-Saxophonist **Helmut Rodeck** die slide-whistle herausholt und um saubere Intonation ringt, dann bleibt kein Auge trocken.

Und diesen fröhlichen, unbeschwerten, heiter-kaputten Klängen lauschen die Leute in der FABRIK. Sie hören **Wolfgang Schmitz**, bei Freund und Feind besser unter dem Namen ‚Schleicher' bekannt, mit seinem schönen Ton auf der Posaune, mit seinen so ganz aus dem Geiste des Instruments herausentwickelten Einfällen in den Soli. Sie hören **Wolfgang Burmeister**, ‚Bolle', mit seinen feurig-beseelten Klarinetten-Chorussen und **Peter Mettes** stilvoll sich einfügendes Piano. Während ich gestern da so auf meiner Holzbohle saß, und die Band eine Pause machte, kam Chris zu mir und sagte: »Rainer will sich ein zweites Banjo kaufen. Ich glaube, er hat vor, ein ernsthafter Musiker zu werden.«

Doch **Rainer Rubink** selbst leugnet das ab und meint, er möchte doch nicht in die Gilde der Banjo-Spieler eingereiht werden, die hinter dem Rücken der Kollegen heimlich üben.«

'Bolle' Burmeister, 80er Jahre

Auf einer anderen Plattenhülle schreibt **Werner Burkhardt** unter anderem weiter über diese Band:

»Das ist nämlich eine Kapelle des Miteinander, des Aufeinander-Hinhörens. Da spielen Menschen, denen der Kontakt innerhalb der eigenen Reihen und hinüber zum Publikum wichtiger ist als der grelle, der allzu spektakuläre Effekt. Damit will ich Ihnen, aufmerksame Leserin, mißtrauischer Leser, natürlich nicht weismachen, daß man es hier mit scheuen Introvertierten zu tun hat. Die Jungs wollen schon, daß der Funke überspringt, und das tut er ja auch seit vielen Jahren und vor einer unverminderten treuen Zuhörerschaft. Nur eben: krawallig soll es nicht werden, geschmackvoll soll es bleiben, und allein über die Tatsache, daß Bruno nun schon so viele Jahre erfolgreich des Schlagzeugers entraten kann, ließe sich lange nachsinnen, ließen sich lange Essays schreiben.«

Und an anderer Stelle:

»Gusto und satztechnische Handschrift von ‚Chris‘ prägen denn auch das Repertoire und die Interpretation. Die Stücke stammen so gut wie überhaupt nicht aus der laut knarrenden und morschen Dixieland-Kiste. Nicht aus den inzwischen schon etwas matt-goldenen zwanziger, sondern eher aus den dreißiger Jahren wurden sie in unsere Zeit herübergenommen, und dies hat zunächst einmal das Gute, daß ‚Bolle‘ sich ausführlich und ausdrucksvoll mit seinem Tenor-Saxophon beschäftigen kann, diesmal kaum – leuchtende Ausnahme: *Dardanella* auf der Klarinette jubiliert, sondern meisterhaft auf dem Tenor balzt, wirbt und siegt.

Genießen kann man den ganz spezifischen Charme, die Fred-Astaire-Ginger-Rogers-Atmospäre dieser Großstadt-Melodien aus Manhattan, vom Loop in Chicago. Aber auch lernen läßt sich was, zum Beispiel, daß der Tanzboden-Evergreen *You can depend on me* wahrscheinlich so und nicht viel anders geklungen hat, ehe er Leuten wie *Count Basie* und *Lester Young* in die nachschöpferisch verwandelnden Hände fiel.«

Ich habe das Gefühl, daß sich **BRUNO'S SALON BAND** in letzter Zeit etwas rar macht. Leider! Beim „Jazz-Marathon" 1994 hatte ich das letzte Mal Gelegenheit, diese Band zu erleben, und sie klang noch genauso frisch und fröhlich wie am ersten Tag. Hoffentlich bleibt sie den Hamburger Jazzfreunden und ihren vielen Fans noch lange erhalten!

Besetzung:
Christoph ‚Chris' Herrmann (co), Wolfgang ‚Bolle' Burmeister (cl, ts), Wolfgang ‚Schleicher' Schmitz (tb), Peter Mette (p), Rainer Rubink (bj, g), Edgar ‚Eddie' Voigt (tu)

Kontakt:
Christoph Herrmann, Hindenburgstraße 68, 22297 Hamburg, Telefon: 0 40 - 51 85 72

Chris Herrmann, 80er Jahre

Hamburg 20 · Lehmweg 44

Tel. 48 26 84

ONKEL PÖ's CARNEGIE HALL

präsentiert:

Der Jazzfrühschoppen findet jetzt auch in Eppendorf statt, in der Carnegie Hall von 12.00 - 14.00 Uhr. - Demnächst auch Kasperle-Theater und Filme. Frühschoppen im Dezember am 5.12 & 12.12. & 19.12.

Mi.	1.12.	Louisiana Syncopators	Do.	16.12.	Otto mit verrückten Liedern
Do.	2.12.	Manque, Mike & Marcel			
Fr.	3.12.	Hannes Wader (Berlin)	Fr.	17.12.	Black Birds of Paradise
Sa.	4.12.	Gastspiel H.Wader	Sa.	18.12.	Hot Owls
So.	5.12.	Christian Kaiser (Bremen) bek. norddt. Konzertgittarist	So.	19.12.	Horst Koch (Berlin)
			Mo.	20.12.	Vampir Gesänge &
Mo.	6.12.	Otto mit verrückten Liedern	Di.	21.12.	lustige Lieder zu Laute,
Di.	7.12.	Volkers Blues Quartett	Mi.	22.12.	Maultrommel & Triangel.
Mo.	8.12.	Werner Böhm Trio	Do.	23.12.	Bunter Abend mit Pö-Gästen. Es spielt die Hausband & Kleinkünstler
Do.	9.12.	Fla: Fuz: (Pop)			
Fr.	10.12.	Brunos Salon Band			
Sa.	11.12.	Schobert & Black (Berlin)	Fr.	24.12.	`Heiligabend ! (geschl.)
So.	12.12.	Schobert & Black (Berlin)	Sa.	25.12.	Werner Böhm Trio.
Mo.	13.12.	Thomas Friz (Stuttgart)	So.	26.12.	Otto, Arno, Los Saltas, südamerika.
Di.	14.12.	Gastspiel Thomas Friz	Mo.	27.12.	
Mi.	15.12.	Manque, Mike & Marcel	Di.	28.12.	Survival Kit.
			Mi.	29.12.	Eckart Kahlhofer.

Frühschoppen:
So. 5.12. Tramps and Hawkers.
So. 12.12. Hot Owls

Do.	30.12.	Tramps and Hawkers
Fr.	31.12.	Werner Böhm Trio.

221

SHAVI QUARTETT, 1957 (v. l.): Werner Leidhoff (vib, g), Rolf Härig (p, g), Kurt Hotze (dr), Hans Steffens (b)

AVALON QUARTETT (Urbesetzung) (v. l.): Werner Krogmann (p), Freddie ????? (g), Hans Steffens (b), Klaus Maibaum (dr)

PAPA HANNES JAZZMEN, 60er Jahre

COOPERS JAZZBAND (v. l.): Hans Steffens, Klaus Nerger, Hans Prinz, Mario Scarperi, Emil Böttcher

BOURBON STREET PARADERS (v. l.): Cord Boy (tu), Eberhard Eike (tp), Holger Eckeling (bj), Hans Steffens (b), Willie Dickert (cl), Klaus Maibaum (dr), Veranstalter Arthur Dunker

HANS STEFFENS

SWING FOREVER

Es ist mir ein besonderes Vergnügen einen Musiker vorzustellen, der nun schon seit über 45 Jahren in Hamburg für den richtigen Rhythmus sorgt, und, wo auch immer er mitspielt, die Band zum swingen bringt. **Hans Steffens** kenne ich schon viele Jahre, persönlich bin ihm aber erst Anfang der 90er Jahre begegnet. Schon bei dieser ersten Begegnung war eine gewisse Nähe zwischen uns zu spüren. Mich beeindruckte nicht nur seine große

AVALON TRIO, 1970 (v. l.): Werner Krogmann (p), Rüdiger von Schütz (dr), Hans Steffens (b)

Musikalität und sein Spiel, sondern auch seine verbindliche und menschliche Art. 1994 hörte er von meinen Recherchen und ich war nicht verwundert als er anrief und mir ganz spontan anbot, dieses Buch zu drucken. Zu diesem Zeitpunkt meiner Recherchen dachte ich noch gar nicht an ein Buch, und da er meine finanziellen Bedenken sofort zerstreute, kann man getrost sagen: Ohne **Hans Steffens** gäbe es dieses Buch nicht.

Seine musikalische Laufbahn begann sehr früh. Seine ersten Instrumente waren das Akkordion und die Gitarre. Mit 14 Jahren entdeckte er sein Interesse für Jazz-Musik und schnell wurde ihm klar, daß sein bevorzugtes Instrument der Baß sein würde. Als er dann Ende der 40er Jahre die ersten Swing-Orchester in Hamburg erlebte, war auch klar: diese Art von Musik würde fortan sein Leben bestimmen.

Seit jener Zeit ist er dieser Stilrichtung treu geblieben, von wenigen Ausnahmen einmal abgesehen. Bis 1956 erfolgten erste musikalische Versuche in verschiedenen kleinen Swing-Combos – danach gründete sich, 1957, seine erste gute Swing-Band: das SKAVI-QUARTETT. 1970 wurde er Mitglied in der Band PAPA HANNES JAZZMEN, in den 80er Jahren bei den HEDGEHOG STOMPERS aus Buxtehude. 1988 wechselte er zu SWING LTD. und spielte endlich wieder seine geliebte Swing-Musik – bis heute. Ich habe ihn einige Male in dieser hervorragenden Formation erlebt und meine, daß es an der Zeit ist bald eine CD einzuspielten.

Hans Steffens ist seit vielen Jahren als Gastbassist in unzähligen Hamburger Bands sehr gefragt – immer gern gesehen und natürlich gern gehört. Er selbst bezeichnet sich als „Hans Dampf" in der Szene und „Dampf" macht er ja auch. Möge es noch lange so bleiben.

HEDGEHOG STOMPERS, 70er Jahre, Hans Steffens am E-Bass

FRANK SEIFERT SWING COMBO (v. l.): Werner Krogmann (p), Frank Seifert (vib), Caspar Methe (dr), Etlef Jacobsen (cl, sax), Hans Steffens (b)

FRANK SEIFERT SWING COMBO (v. l.): Iris Moore, Hans Steffens, Harold Smith

SWING LTD. (v l.): Klaus Rinne (p), Heiner Brandt (cl, as), Bärbel Lorenz (voc), Peter Neb (g), Walter Pickert (ts), Hans Steffens (b), Heinz Bröker (tp), Jens Sülzenfuß (dr)

AVALON QUINTETT (v. l.): Werner Krogmann (p), Rüdiger von Schütz (dr), Patrik Pagels (g), Etlef Jacobsen (sax), Hans Steffens (b)

AVALON QUINTETT mit Audrey Motaung

AVALON QUARTETT (v. l.): Werner Krogmann, Siegfried Schaumann "am Gebläse", Rüdiger von Schütz, Hans Steffens

SWING LTD. (v. l.): Gerd Höll (ts), Klaus Rinne (p), Bärbel Lorenz (voc), Rolf Petroll (dr), Hans Steffens (b)

SWING LTD. (v. l.): Robert Schön (dr), Hans Steffens (b), Norbert Böttger (p), Gerd Höll (ts)

SWING LTD.

FOR UNLIMITED SWING

Hans Steffens schreibt über diese Band: »Unter diesem Motto betrat die **SWING LTD.** vor jetzt 30 Jahren die Hamburger Jazz-Szene. Die Gruppe ist damit ein veritables Mitglied der 68er Generation, wenn auch heute nur noch einer der Gründer dabei ist.

Erstes festes Domizil wurden die RIVERKASEMATTEN am Fischmarkt. Nachdem das Hochwasser immer häufiger Gäste und Musiker verdrängte, ging es Mitte der 70er in den COTTON CLUB, in dem die **SWING LTD.** seither regelmäßig auftritt.

Um die Musik von *Count Basie*, *Benny Goodman*, *Duke Ellington*, *Lester Young*, *Lionel Hampton* und all den anderen Swinggrößen möglichst weit zu propagieren, hatte die Gruppe Engagements in Hamburger Jazzlokalen wie dem LÜTT HUUS (alt und neu) und PÖDINGSMARKT, beim Jazzmarathon im CCH, auf Riverboat-Shuffles, in der Anstalt Neuengamme und über die Landesgrenzen der Hansestadt hinaus in Norddeutschland und Dänemark; dazu Auftritte im „Deutschland-Spiegel" der Bundesregierung und im NDR 3-Fernsehen.

„Ladies first" gilt auch bei der **SWING LTD.**: **Bärbel Lorenz** singt und swingt mit viel Verve mit gelegentlichen Anleihen bei *Ella Fitzgerald* und *Sarah Vaughan*. **Sönke Tegen** an Trompete und Flügelhorn und **Walter Pickardt** am Tenorsaxophon bilden die Frontline. Am Klavier regiert **Klaus Rinne** und lockert von dort mit Vokaleinlagen á la *Satchmo* auf. **Hans Steffens** formuliert rhythmisch konsequent die Bass-Linien, läßt sich beim Solo von *Slam Stewart* inspirieren, und am Schlagzeug sorgt **Rolf Petroll** für federnden Fourbeat-Swing und die dynamischen Impulse.«

Kontakt:
Hans Steffens, Lademannbogen 24a, 22339 Hamburg, Telefon 0 40 - 5 38 69 75 oder 0 40 - 5 38 81 91
Bärbel Lorenz, Telefon 0 40 - 87 51 65

Bärbel Lorenz (voc), Sönke Tegen (tp), Walter Pickardt (ts), Klaus Rinne (p), Rolf Petroll (dr), Hans Steffens (b).
Zeichnung: Cornelia Klintzsch

Diether Kressel

FÜR COLEMAN HAWKINS, 1984, Zeichnung und Gouache, 57 × 79cm

Musik ist Deine eigene Erfahrung,
Deine Gedanken, Deine Weisheit,
Wenn Du es nicht lebst,
kommt es nicht aus Deinem Horn.
Charlie Parker

DIE 70er JAHRE

Ja, die Siebziger! Es hat in Hamburg keine Dekade gegeben, die so viel diskutiert, ergründet und analysiert wurde. Eine flüchtige Darstellung dieser vitalen zehn Jahre Hamburger Jazzgeschichte genügt, um eine verwirrende Mischung von visuellen und musikalischen Eindrücken hervorzurufen. Eine Periode, angefüllt mit viel Lebensfreude und einer nicht enden wollenden Begeisterung auf allen Seiten. Es sollte die größte und bunteste Sause dieser Geschichte werden.

Elke Hendersen, die in den 70er Jahren viel mit den SUBWAY JAZZMEN unterwegs war.

Peter Meyer (bj), **JAZZ LIPS** erinnert sich an die ersten Jahre: »New Orleans, Chicago-Style, Dixieland und auch der Jazz der Big Bands der späten 20er Jahre schwammen zu dieser Zeit wieder auf einer Welle von Popularität, ließen die ganz jungen, die bis dahin zu dieser Musik keine Beziehung hatten, aufhorchen und begeisterte in zunehmendem Maß auch die ältere Generation. Man hatte wohl doch endlich erkannt, daß der Oldtime-Jazz – seine Väter in New Orleans und Chicago, die zumeist alle schon über siebzig Jahre alt waren, trugen noch immer ihre Botschaft um die Welt – keine „Hau-Ruck-Musik" jugendlicher Rowdies war, sondern das Bemühen ernstzunehmender Idealisten, voll Freude ihrem Publikum Freude zu bereiten. Und dieses Publikum bemerkte dankbar, daß es nicht nur Konsument war, daß es in das Spiel einbezogen wurde, und daß erst eine Kommunikation zwischen Musikern und Zuhörern die Interpreten zur Höchstleistung befähigte.«

Nun tummelten sich also mittlerweile Dutzende mehr oder – inzwischen auch – weniger gute Jazzbands in der musikalischen Landschaft. Die einen hatten ihren kreativ-künstlerischen Prozeß in Bezug auf Weiterentwicklung bzw. Veränderung abgeschlossen, die anderen waren noch dabei. Man besann sich wieder auf frühere Ideale und erinnerte sich an die historischen Vorbilder. Hier und da war sogar eine gegenseitige Befruchtung zu spüren. Und irgendwie lag eine gewisse Aufbruchstimmung in der Luft. Man interessierte sich immer mehr für diese Musik, und die bis dahin gar nicht einmal so kleine Gemeinde von Jazzfreunden wurde langsam immer größer. Man merkte, daß die Pfade, die von der Elbe zum Mississippi führten, noch lange nicht so ausgetreten waren wie es den Anschein hatte. Hier und da entdeckte man am Wegesrand, daß man noch Neues finden, besser gesagt hören konnte.

Einen maßgeblichen Anteil an dieser neuen Situation hatten neben den mittlerweile etablierten Bands sechs interessante Neugründungen: 1970 die **JAZZ LIPS**, die eigentlich gleich vom ersten Auftritt an – mit ihrer Vorstellung vom Hot Jazz – das Publikum begeisterten. 1971 die **HOT SHOTS** und die **REVIVAL JAZZ BAND**. Die eine erinnerte wieder an die wunderbare Musik von *King Oliver*, die man zu diesem Zeitpunkt in Hamburg fast für verschollen glaubte, und die andere verdankte ihre

Publikumswirksamkeit neben der unbändigen Musizierfreude und hervorragenden Solistik nicht zuletzt ihrer unmittelbaren Ansprache der „Fan-Gemeinde". 1972 kamen die **JAZZ O'MANIACS** dazu, die im Stil der schwarzen Small Bands der 20er Jahre das Publikum sofort überzeugen konnten. 1973 kam dann noch das **DREAMLAND ORCHESTRA** mit seinem mitreißenden Ballroom-Sound dazu, und 1974 gründete **Ferdinand Blötz** seine Band **NEW ORLEANS QUARTER**. Hier waren mehr die leisen, aber um so hörenswerteren Töne angesagt. Bis auf das **DREAMLAND ORCHESTRA** sind alle Gruppen heute noch existent und swingen wie am ersten Tag.

Es waren nun fast alle Stilrichtungen vertreten, in einer Vielzahl, die wohl einmalig war. Die neuen musikalischen Konzepte bewährten sich und konnten sich beim Publikum immer mehr durchsetzen. Dieser Wandel in der Qualität der dargebotenen Musik, das immer größer werdende Interesse der Jazzfreunde und die immer rasantere Entwicklung der Popularität der einzelnen Bands und Musiker blieb den Medien natürlich nicht verborgen.

»Hamburg '75, Jungs, war das gemütlich.
Da schien noch ein richtiger Mond in der Nacht,
die Musik haben wir noch mit der Hand gemacht.
So was gibt es ja heute nicht mehr,
's ist verdammt lange her.«

So war es Mitte der 70er Jahre zu hören. Und auf einmal war es da – das Schlagwort von der „Hamburger Szene".

„In Hamburg sind die Nächte wieder lang", meldete der „Stern" im Mai 1974. Fernsehteams reisten an, leuchteten die FABRIK, ONKEL PÖ'S CARNEGIE HALL und andere Jazz-Lokalitäten der Hansestadt aus. Für den „Spiegel" war die Zweimillionenstadt an Elbe und Alster die „lebendigste Popmetropole" des Kontinents, für den „Playboy" war München „out" und Hamburg „in".

Das Klischee von den muffigen ungeselligen Hanseaten gehörte damit wohl endgültig der Vergangenheit an – gestimmt hatte es freilich noch nie. Denn die vielen Hamburger Rock- und Jazzbands hatten ja nicht erst seit gestern ihr Publikum. Schon vor Jahren hielt **Udo Lindenberg** seinen Daumen in den Wind, spielte **Gottfried Böttger** seinen Ragtime, spielten **Abbi Hübner**, die **HOT OWLS** und alle anderen ihre Musik.

Für das, was sich musikalisch zwischen den Stadtteilen Altona und Eppendorf tat, wurde nun der einprägsame Sammelbegriff geschaffen: „Top-Szene Hamburg"; Symbol: ein grinsender „Hamburger", der die Zähne fletscht. Unter diesem Zeichen sollte annonciert, angekündigt und vertrieben werden, was die Waterkant-Talente so zu bieten hatten.

Der frische Wind, der, von Elbe und Alster kommend, über die deutsche Musikszene fegte, hatte das (unhanseatische) Schlagwort entstehen lassen, Hamburg sei „in". Und deutlich mußten viele zur Kenntnis nehmen, daß Unterhaltung aus Hamburg mehr war als „Hummel-Hummel", Ohnsorg-Theater, Striptease oder Shanties. Das Schlagwort „Top-Szene Hamburg", geprägt vom „Stern", traf manchmal zu, überwiegend wurde es natürlich mißbraucht und mißdeutet.

Diese künstlich hochgepushte Trendwelle, die von der Schallplattenindustrie noch zusätzlich angeheizt wurde, interessierte die Hamburger Jazzmusiker nur am Rande. Endlich gab es Auftrittsmöglichkeiten in Hülle und Fülle. Das allein zählte. Mit einem Mal waren die Clubs bei jeder Veranstaltung brechend voll. Man entdeckte den Jazz-Frühschoppen als neue Art der Veranstaltung – und die Clubs machten gern Gebrauch davon. Mit einem Mal waren die Terminkalender mehr als voll. Manche Bands hatten bis zu 25 Auftritte im Monat. Wochenenden mit bis zu vier Auftritten waren keine Seltenheit. Die **JAZZ LIPS** zum Beispiel hatten im Jahr 1973 um 180 Engagements. Die Schallplattenfirmen entdeckten eine Marktlücke, und kaum eine der bekannten Bands, die nicht regelmäßig ins Studio ging. Und was niemand erwartet hatte: Es wurden teilweise ganz beachtliche Mengen verkauft.

Einige Musiker gaben ihre erlernten Berufe auf und entschlossen sich, Profimusiker zu werden. Aber es gab auch einige, die nicht folgen konnten oder wollten. Sie stiegen aus und hängten ihr Instrument an den Nagel.

1974 gab es die erste Wahl der beliebtesten Hamburger Musiker durch das „Hamburger Abendblatt". Es wurden die **HAMBURG NEW ORLEANS ALL STARS** gewählt. Als Konkurrenz dazu wurden die **HAMBURG OLD TIME ALL STARS** und die **HAMBURG DIXIELAND ALL STARS** von der Schallplattenfirma „Teldec" ins Leben gerufen. **Karsten Jahnke** brachte die ersten HOT JAZZ MEETINGS und ließ die traditionellen JAZZ BAND BATTLES wieder richtig aufleben. Das große und von allen so sehr geliebte Kommunikationszentrum, die FABRIK, war 1971 eröffnet worden und bot nun den richtigen Rahmen für manche stimmungsvolle Veranstaltung.

Hamburg swingte also, daß es nur so seine Art hatte. Einmal mehr mußten alle feststellen, daß der Jazz nicht kaputtzukriegen war. Alle Jazz-Stile der 20er Jahre waren wieder angesagt. Das ermutigte dann auch viele, trotz des Überangebots, es noch zusätzlich mit einer neuen Band zu versuchen.

CAKE WALKIN' BABIES 1978 in den RIVERKASEMATTEN (v. l.): Harald Grochowy, Jochen Masch, Hilmar Jacobs, Hardy Schiffler, Christoph Frauboes, Udo Krüger, unten: Wolfgang Becker

1974 gründete **Peter ‚Banjo' Meyer MEYER'S DAMPFKAPELLE**, die mit ihrem „Fließband"-Song in den deutschen Charts und in über 50 TV-Shows vertreten war. Ebenfalls in diesem Jahr: die **KID JOHN'S DEEP SOUTHLAND STOMPERS** mit dem Trompeter **Johannes Kunibert Rosolowski**, der vor allem jungen Musikern zu einer Auftrittsmöglichkeit in seiner Band verhalf. 1976 die **CORNER'S JAZZBAND**, 1979 dann wieder **KID JOHN'S HOT FIVE**, die sich später in **NEW ORLEANS HOT FIVE** umbenannten. Im gleichen Jahr die **CHICAGO FEETWARMERS** mit **Günter Winkelmann** (cl, sax), die sich ganz der Musik von *Sidney Bechet* verschrieben hatten. Weitere neue Bands waren die **CAKE WALKING BABIES, TRAVELLIN JAZZMEN, OLDTIME TWEEDLERS, FRANCIS ROYAL GARDEN SERENADERS**, später **FRANCIS HOT ACES, JAZZ BEES, HAPPY STREET JAZZ BAND, BJÖRN JENSEN'S HIGH BROWS** und noch einige mehr.

Ende der 70er Jahre, nach fast 10 Jahren Jazzboom und fünf Jahren „Hamburger Szene", ließ das Interesse langsam nach, und die Zeiten sollten sich gewaltig ändern:

Am 11. Februar 1977 brannte die FABRIK bis auf die Grundmauern nieder. Mit vielen Hilfsaktionen, Benefizkonzerten und 4,6 Millionen DM Aufbauhilfe gab es im September 1979 eine Wiedereröffnung. Trotz aller intensiven Bemühungen wollte sich das alte, vertraute Feeling nicht wieder einstellen. Irgendwie war diese Begegnungsstätte nicht mehr das, was sie einmal war.

Am Donnerstag, den 30. März 1978 brannte dann auch die von allen so geliebte SEGLERBÖRSE ab. Das REMTER mußte wegen Baufälligkeit schließen, und das WINTERHUDER FÄHRHAUS, schon seit 50 Jahren beliebter Treffpunkt der Hamburger Jazzfreunde, wurde abgerissen. Zu allem Überfluß mußten auch noch die RIVERKASEMATTEN neuen Flutschutzmaßnahmen weichen.

Innerhalb kurzer Zeit gab es für die mehr als zahlreichen Jazzbands kaum noch Auftrittsmöglichkeiten. Die Medien und die Schallplattenfirmen hielten sich bedeckt. Für viele Musiker und Gruppen kamen jetzt die mageren Jahre. Die große Party war erst einmal zu Ende.

Gunter Andernach (wbd), **JAZZ O'MANIACS**: »Die frühen „Hot Jazz Meetings" hatten noch den Charakter von Familienfesten. Hamburger Bands und ausländische Gruppen trafen sich zu Konzerten, großen Jazz-Band-Balls im altehrwürdigen WINTERHUDER FÄHRHAUS, das stets bis auf den letzten Platz gefüllt war, und auch zu Filmabenden mit alten Jazz-Filmen. 1973 wurde auf dem Sportplatz des SC Victoria Hamburg sogar ein besonderes Fußballspiel ausgetragen. Es spielte nämlich eine Hamburger Jazzerauswahl gegen eine Mannschaft, die aus Londoner Musikern zusammengestellt war. Um es vorweg zu nehmen: Wir haben klar mit 5:3 gewonnen. Nach dem Schlußpfiff bedankte sich **Abbi Hübner** artig bei *Max Collie* und raunte ihm noch verschmitzt zu: »Siehst Du, auch im Fußball sind wir besser!«

Es kamen sehr gute Bands zu diesen Meetings, *Max Collie And His Rhythm Aces* und *Basse Seidelin & His New Orleans Band*. *Humphrey Lyttleton* war ein ständiger Gast, nicht zu vergessen auch die Bands aus dem Ostblock, allen voran die *HAGAW* aus Warschau. Natürlich waren auch alle guten Hamburger Bands mit dabei. Das waren noch großartige Festivals.«

Hamburg '70 vom 29. April bis 3. Mai 1970

Ein Leckerbissen für die JAZZ- und BLUES-FREUNDE

Veranstalter: JAZZBANDBALL & RIVERBOAT-SHUFFLE:
GFN — Gesellschaft zur Förderung des New Orleans Jazz e. V., Frankfurt
in Verbindung mit dem Amt für Jugendförderung
FILM-ABEND: Amt für Jugendförderung
KONZERTE: Karsten Jahnke — Konzertdirektion — Hamburg 19, Heußweg 70, Tel. 49 68 66

Veranstalter Karsten Jahnke,
Konzertdirektion, Hamburg 11,
und Kulturring der Jugend

7. Internationales Hot Jazz Meeting

Hamburg '74 vom 4. bis 11. Mai

Sonnabend, 4. Mai 1974, 18 bis 23 Uhr
RIVERBOAT-SHUFFLE
Abfahrt 18 Uhr - St. Pauli Landungsbrücken - Brücke 5/6

auf Dampfer „Bürgermeister Mönckeberg" spielen:
PAPA BUE'S VIKING JAZZBAND (Kopenhagen) —
BLACK BIRDS OF PARADISE — JAZZ-O-MANIACS

auf Dampfer „Altona" spielen:
HAGAW ASSOCIATION (Warschau) — HOT OWLS —
REVIVAL JAZZBAND —
BOURBON SKIFFLE COMPANY (Hannover)

Vorverkauf DM 16,- / Abendkasse DM 20,-

Sonntag, 5. Mai 1974, 15 bis 18 Uhr
STREET-PARADE Start 14.30
U-Bahn Hoheluft zum Viktoria Sportplatz

und **JAZZER-Fußballspiel**
auf dem Viktoria Sportplatz (Hoheluftchaussee)
Es spielt eine Auswahl Hamburger Jazzmusiker gegen eine
Prominenten-Elf verstärkt durch internationale Jazzer

und
OPEN-AIR JAZZ KONZERT
(15 bis 18 Uhr)

es jazzen u. a. ABBI HÜBNER'S LOW DOWN WIZARDS,
OLD MERRY TALE JAZZ BAND,
PAPA BUE'S VIKING JAZZBAND (Kopenhagen)

Vorverkauf DM 6,- (Kinder bis zu 10 Jahren haben freien
Eintritt) / Tageskasse: DM 10,-

Mittwoch, 8. Mai 1974, 20.30 Uhr, Malersaal
Humphrey Lyttelton & his Band
(Englands King of Swing)   Karten: DM 10,-

Freitag, 10. Mai 1974, 20 bis 4 Uhr
JAZZBAND-BALL
im Winterhuder Fährhaus

u. a. mit Abbi Hübner's Low Down Wizards, Bourbon Skiffle
Company (Hannover), Brunos Salon Band, Dreamland Orchestra,
Happy Jazz & Co (Hannover), Jazz Lips, Jailhouse Jazzmen,
MAX COLLIE'S RHYTHM ACES (London), Mountain Village
Jazzmen, PAPA BUE'S VIKING JAZZBAND (Kopenhagen),
Rod Mason - Ian Wheeler Band (London), Red Hot Hottentots
(Frankfurt), Traditional Jazz Studio Prag

Vorverkauf DM 15,- / Abendkasse DM 20,-

Sonnabend, 11. Mai 1974, 20 Uhr, CONGRESS CENTRUM -
Saal 1

Abschlußkonzert mit
LIONEL HAMPTON & his
All American Orchestra (USA)
(Der Welt bester Vibrafonist, endlich wieder in Deutschland)
SONNY TERRY & BROWNIE McGHEE (USA)
(Die beiden Blues Giganten)
THE HAMBURG ALL STARS
(Ermittelt durch den Jazz-Poll des Hamburger Abendblatt)
THE NEW ORLEANS RAGTIME ORCHESTRA (USA)
(Die Sensation des Jazz Festival 1971 in New Orleans)

Karten: DM 10,- bis DM 18,-

——— Festival-Karte: DM 45,— (Gültig für alle Veranstaltungen mit einer DM 14,— Konzertkarte) ———

Karten: Theaterkasse Schumacher, Colonnaden 37, Tel. 34 30 44 / 45, Theaterkasse Central, Lilienstr. 24, Tel. 33 71 24, und in allen Hamburger Konzert- und Theaterkassen. Für Mitglieder des Kulturrings der Jugend gibt es ermäßigte Karten in den Geschäftsstellen des Kulturrings der Jugend.

Wir schicken Ihnen auf Wunsch die Karten auch zu. Schriftliche Bestellungen nur bei: Karsten Jahnke, 2 Hamburg 11, Zippelhaus 3, bei gleichzeitiger Überweisung des Betrages für die gewünschten Karten auf das Postscheckkonto Hamburg 43 09 - 205.

Gottfried Böttger

 LUTZ JORDAN

BACK TO THE SOUTHSIDE

Ich hatte in der Vergangenheit einige Male das Vergnügen, mit **Lutz Jordan** zusammen Musik zu machen. Seine große Musikalität und Vielseitigkeit, seine humorvolle, menschliche Art und seine Offenheit haben mich dabei immer sehr beeindruckt.

So, wie **Abbi Hübner** in einer Kurzbiographie über ihn schreibt, habe ich Lutz selbst erlebt:

»Lutz weiß, wo es im Jazz langgeht! Und nicht nur im Jazz. Lutz hält es mit *Louis Armstrong*, für den es auch nur zwei Arten von Musik gab: gute und schlechte! Gute hört sich Lutz gerne an, ganz gleich, aus welcher Richtung sie kommt. Eine umfangreiche Sammlung von erlesenen Tondokumenten macht ihn jedenfalls unabhängig und garantiert Qualität bis ans Lebensende. Musikalisch orientiert er sich an den Altmeistern des klassischen Hot Jazz, vor allen an *Sidney Bechet*, *Johnny Hodges* und *Coleman Hawkins*. Er bevorzugt eine entspannte Spielweise in gemäßigter Lautstärke bei einheitlicher stilistischer Auffassung aller Mitwirkenden.

Lutz ist Ingenieur für Feinwerktechnik und Gewerbeschullehrer. Sein Hobby außer Jazzmusik ist „Die Deutsche Reichsbahn", hier aber besonders Dampflokomotiven. Außerdem ist er begeisterter Hobbyfilmer und Fotograf.«

Lutz Jordan: »Geboren 1943, wuchs ich in einem nicht sehr musikalischen Haushalt auf, meine Mutter spielte etwas Mundharmonika (auf BDM-Niveau) und zeigte mir deren Geheimnisse in meinem 10. Lebensjahr; als Kind stürzte ich mich dann noch auf eine alte Ziehharmonika und lernte Blockflöte in der Schule. Als ich 17 war, hatte ich mir schon etwas Gitarre beigebracht und nervte meine Eltern, mir eine Klarinette zu schenken – weil doch *Monty Sunshine* damals so „in" war. Gleichzeitig wollte sich aus meiner Klasse an der Hebbelschule in Kiel eine zweite(!) Jazzband gründen. Das war Ende 1960, es klappte, und ich brachte mir Klarinette bei. Später (1962) kaufte ich mir ein Sopransaxophon und 1965 ein Alto. Die frühen sechziger Jahre waren schlecht für den Jazz, besonders in Kiel. Es gab ein paar Musiker, die Dixieland spielten – aber keinen Menschen, der ihn hören wollte. Auf einem der wenigen Gigs, die wir damals erhielten (*Chielonean Hot Six* hieß die Band, und der 1994 verstorbene **Erich ,Iller' Schulz** spielte Posaune) traf ich **Roland Pilz** mit einer kleinen Truppe, zu der **Ullo Bela** und **Dizzi Reinhold** gehörten. Etwas später mehr darüber.

Schon seit 1965 hatte ich öfter auf dem Sopransax bei **Abbi Hübner** für **Claus Jürgen Möller** ausgeholfen. Als ich einigermaßen Altosax spielen konnte, wurde ich dann von Abbi fest „engagiert" und als vierter Melodiker und Ersatzmöglichkeit für Claus eingesetzt, der oft Gigs nicht wahrnehmen konnte und wollte, Spielorte verwechselte oder schlicht Termine vergaß. Das war für mich manchmal sehr unbefriedigend, da ich nie wußte, welchen Part ich in der Band bei der nächsten Mucke spielen sollte. Ich konnte mich damals oft auch der Musik nicht mit der erforderlichen Hingabe zuwenden, da ich nebenbei noch auf dem zweiten Bildungsweg meinen Ingenieur und dann ein Gewerbelehrerstudium machte. Dennoch spielte ich immerhin 25 Jahre bei Abbi mit, und es kamen auch ganz gute Ergebnisse zustande, wie zum Beispiel die Doppel-LP 1985 (zum Teil auch als CD auf dem Markt).

Aber auch hier, bei dieser Platte, zeichnete sich etwas ab, was zunehmend bei den Musikern, (beileibe nicht nur bei mir) Unwillen erzeugte. Das Motto „Einer für alle, alle für einen", von Abbi auf unzähligen Plattencovers postuliert, wurde zur Farce, »endlich ist es mir gelungen, die anderen Musiker vom Frontbild der Platte zu verscheuchen« (Hübner). Seine Selbstherrlichkeit, verbunden mit der Feigheit, seine personalpolitischen Entscheidungen auch zu artikulieren, ließen mich dann im Herbst 1992 die Segel streichen, und ich fing bei **STEVE MASON'S FRISCO JAZZBAND** als Klarinettist an. Da aber auch diese Band zu einseitig auf einen „Star" ausgerichtet war und mir neben dem musikalischen Konzept auch anderes nicht gefiel, setzte ich mich im Sommer 1994 ab. Zusammen mit **Ullo Bela** wurde ich im November des Jahres von den **JAZZ O'MANIACS** verdungen (und fange sozusagen wieder von vorn an). Zwischendurch spiele ich ab und zu mit **Michael Däumling** in seiner Telefonkapelle *Jive*, bei der so illustre Leute wie *Bent Persson*, *Keith Nichols* oder *Göran Eriksson* mitspielen.

Aber zurück zu **Roland Pilz** und meiner Zeit bei den *Jazz O'Maniacs* in Kiel:

Die Geschichte der *Jazz O'Maniacs* begann im Frühjahr 1966. Ich spielte in einer Band mit dem unaussprechlichen Namen *Chielonean Hot Six* auf dem Kieler Muthesius-Faschingsfest – dem Hamburger LILABE durchaus vergleichbar. Dort lernten wir eine Eutiner Jazzkapelle kennen, die sich mit wahrem Kampfgeist an Jelly Roll Morton-Stücke und Nummern von *Armstrong's Hot Five* heranmachte – ungeachtet einiger offensichtlicher Schwächen, vor allem in der Rhythmusgruppe (zwei Banjos und ein Waschbrett). Der Kornettist **Roland Pilz** gefiel uns, und wir brachten es fertig, ihn für unsere Band anzuheuern. Roland mußte dies auf dem Kieler Abendgymnasium mit einer „5" in Latein bezahlen, weil ihn sein Nachbar nicht mehr abschreiben ließ – es war unser rausgeschmissener Trompeter.

Innerhalb der nächsten drei Monate brachen dann die *Chielonean Hot Six* wegen stilistischer Differenzen auseinander. Inzwischen nämlich hatte sich bei einigen unserer Musiker die Vorliebe für den alten Jazz herausgebildet. Wir kamen überein, eine neue Band zu gründen. Roland brachte seine ehemaligen Eutiner Mitbläser **Hermann Dieter ‚Dizzi' Reinhold** (cl) und **Ullo Bela** (tb) ein. Von den „Chieloneans" kamen **Roland Pilz** (co), **Manfred ‚Keese' Kowalewski** (bj), **Rolf ‚Peppone' Strobel** (sou) und ich (saxes, cl). Von einer weiteren Kieler Band warben wir den Banjospieler **Owe Hansen** ab, der dann bei uns Klavier spielte. ‚Dizzi' und ich brachten dann schließlich unseren Ingenieurschuldozenten **Walter Drunk** (dr) noch mit in die Band. (Sooft wir ihm einschenken ließen – die Klausurfragen verriet er uns nie!)

Wir arbeiteten ein Vierteljahr im Verborgenen (Stillen kann man nicht sagen) und paßten uns musikalisch und tonal aneinander an. Das gleichförmige Aussehen wurde noch durch die nächtelangen Saufereien verstärkt, in deren Kulminationspunkten Roland zu seiner Effilierschere griff und allen die Haare schor. Der Wermutstropfen der Gruppentherapie war, daß es auch zu Zwangshaarschnitten kam.

Musikalisch eiferten wir den klassischen Aufnahmen von *Dodds*, *Noone*, *Armstrong*, *Oliver*, *Morton* und anderen nach, Musiker, die in der Chicago South Side bzw. in Harlem (New York) während der 20er Jahre das produzierten, was man heute schlicht HOT JAZZ nennt: Eine bluesbezogene Musik mit starken tonalen Ausdrucksmitteln wie Vibrato, Growl- und Wa-Wa-Effekten, wobei bei aller Vitalität relaxed musiziert wird. Mit diesem Konzept hoben wir uns von dem damals in Kiel üblichen Hau-Ruck-Dixieland ab (Originalton **Ullo Bela**: »Schneller, lauter, falscher«), der immer nur von *Bill Bailey* nach *Ice Cream* über *Tiger Rag* und zurück spielte.

Mit großem Erfolg traten wir im Kieler „Riverside" auf.

Wir lebten und musizierten über ein Jahr als eine versch(w)orene Gemeinschaft (Roland schneidet mir noch heute die Haare), wurden immer besser, nahmen am Frankfurter Jazzfestival teil und waren auch sonst viel auf Achse. Ende 1967 verließen Manfred und ich die *Jazz O'Maniacs* und folgten **Abbi Hübners** Ruf nach Hamburg zu seinen **LOW DOWN WIZARDS**.«

Lutz Jordan, 1994

JAZZ O'MANIACS, 1967 (v. l.): Manfred ‚Keese' Kowalewski, Ullo Bela, Walter Drunk, Roland Pilz, Rolf ‚Peppone' Strobel, Lutz Jordan, Owe Hansen, Hermann Dieter ‚Dizzi' Reinhold

JAZZ O'MANIACS, 1981 (v. l.): Gerd Schymanski, Wolfgang John, Roland Pilz, Heiner Diedrichsen (verdeckt), Hans Schwenkkros, Gregor Majer

JAZZ O'MANIACS

ECHOES OF THE SOUTH SIDE

»… **JAZZ O'MANIACS**, im Hamburgischen angesiedelte Jazzband, deren Mitglieder ihre Liebhaberei, die ursprüngliche Jazzmusik der 20er Jahre, mit einer Leidenschaft betreiben, die man zeitweilig schon als übersteigerte Besessenheit bezeichnen kann.« So habe ich es auf einer Plattenhülle dieser Band gelesen. Sicherlich humorvoll gemeint, kommt es der Wahrheit wie so oft sehr nahe. Wie sollte man sonst erklären, daß diese Band um **Roland Pilz**, egal in welcher Besetzung sie in den letzten 30 Jahren gespielt hat, immer dem klassischen Jazz der 20er Jahre treu geblieben ist. Der Musik aus der Chicago South Side, die ihren Höhepunkt in den Jahren 1927/28 erreichte.

Ob ich mir die erste oder die letzte von bisher fünf veröffentlichten Schallplatten anhöre – und beides kommt häufig vor – stelle ich fest, daß sich die stilistische Qualität kaum verändert, eher verbessert hat. Diese Musik ist inzwischen zu ihrer eigenen, unverwechselbaren Sprache geworden. Mittelpunkt ist die Kollektiv-Improvisation, eingerahmt von kleinen Arrangements. Ein ungemein freies, lockeres gemeinsames Zusammenspiel. Also, wenn Sie einmal die Musik aus dieser Zeit ohne Rauschen und Kratzer hören wollen – unbedingt empfehlenswert!

Auch wenn Roland jetzt in seiner zurückhaltenden Art abwinken wird, für mich hatte diese Band von Anfang an eine gewisse Vorbildfunktion und zählte immer zu den Bands, die in Deutschland ganz vorn mitgewirkt haben.

»Ich behaupte einfach, wenn man diese Aufnahmen vor über fünfzig Jahren für irgendein Schallplattenlabel eingespielt hätte, wären sie heute gesuchte Sammlerstücke.« Diese und ähnliche Kritiken aus verschiedenen angelsächsischen Jazz-Zeitschriften über Schallplatteneinspielungen der **JAZZ O'MANIACS** machen die Band mit Recht stolz und glücklich und werden sie motivieren, so wie bisher weiterzumachen. Hoffentlich noch viele Jahre!

Roland Pilz erzählt, wie es mit dieser Band weiterging: »Na klar! Wir machten mit dem gleichen Schwung weiter. Owe wechselte vom Klavier ans Banjo – **Helmut Lungershausen**, der schon bei den „Chieloneans" das Klavier bearbeitete und inzwischen in der Brassband der Howaldtswerke Deutsche Werft auf Posaune „umschulte", übernahm seinen Platz. Musikalisch verfolgten wir unsere bisherigen Vorstellungen konsequent weiter, wenngleich einige unserer „schärfsten" Nummern, zum Beispiel *Copenhagen*, *Go Long Mule* und *Too Late* wegen der fehlenden Saxophon- bzw. Klarinettenstimme von Lutz nicht mehr aufgeführt werden konnten.

Nach den Sommerferien 1968 verließen Ullo und Owe Kiel, um in Hamburg weiterzustudieren. ‚Dizzi' zog es nach bestandenem Ingenieurexamen ebenfalls nach Hamburg. Alle drei waren maßgeblich an der Gründung der **BLACKBIRDS OF PARADISE** beteiligt.

Die **JAZZ O'MANIACS** waren jetzt nicht mehr spielfähig. Ich nutzte die mir nunmehr reichlich zur Verfügung stehende Freizeit für schulische Zwecke. Nach bestandenem Abitur zog es mich Ende 1969 ebenfalls nach Hamburg. Getreu der Jazznummer *I Ain't Gonna Play No Second Fiddle If I Can't Play The Lead*, ging ich als erster Kornettist zu den **SPEAKEASY BLUE BLOWERS** und nicht als zweiter Kornettist zu den **BLACKBIRDS OF PARADISE** – wie dies ursprünglich einmal geplant war.

Inspiriert durch **Walter Drunks** alljährlich zur Kieler Woche organisierte REUNION JAZZ O'MANIACS, wo wir mit unseren altbekannten Hits das Publikum jedesmal zu Begeisterungsstürmen hinrissen, reifte bei mir der Entschluß, die **JAZZ O'MANIACS** in Hamburg neu zu gründen. Wenngleich mir klar war, welch ein schwieriges Unterfangen dies in der festgefügten Hamburger Jazzgemeinde werden würde, war ich doch davon überzeugt, in einer neuen Formation meine Vorstellungen vom alten Jazz besser verwirklichen zu können. Nach der Sommerpause 1972 ging es dann los.

Bis sich die heutige Besetzung herauskristallisierte und Jazzer für die Band gewonnen werden konnten, die über die Musik hinaus miteinander harmonieren, war es ein langer Weg. **Heiner Diedrichsen** (bj) kam von der **CANAL STREET JAZZBAND** und war von Anfang an mit dabei. **Hans Schwenkkros** (sou) wechselte 1975 von den „Blackbirds" zu uns. Ihm folgte 1976 **Gerd Schymanski** (cl, ss, as). Gerd jazzte vorher bei den **HOT SHOTS**. **Wolfgang John** (p) kam Anfang 1978 von der **CANAL STREET JAZZBAND** zur Band. Als „Einstand" brachte er **Gregor Majer** mit, der vorher bei den **LOUISIANA SYNCOPATORS** spielte und bei uns den seit einem Jahr verwaisten Platz des Posaunisten ausfüllte.

In bester Erinnerung ist uns **Helmut Lungershausen** geblieben, Mitstreiter aus alten Kieler Tagen. Nicht nur als Posaunist, sondern auch als stilsicheres Gewissen hat er 1972 bis 1977 entscheidend unsere heutigen Erfolge mit vorbereitet. Die regelmäßigen Fahrten Kiel – Hamburg – Kiel wurden ihm schließlich zu aufwendig.

Natürlich hat es in den folgenden Jahren aufgrund privater oder beruflicher Verpflichtungen unvermeidbare Wechsel in der Besetzung gegeben. Diese wurden jedoch nie zu einer Frage der Stilrichtung oder der musikalischen Qualität. Im Gegenteil: Die neuen Musiker haben immer im Rahmen der stilistischen Vorstellungen für frischen Wind gesorgt und die **JAZZ O'MANIACS** vor musikalischer Vergreisung bewahrt.

Neben einer Vielzahl an Rundfunk- und Fernsehauftritten stehen ungezählte ausländische Clubauftritte und Festivals – verbunden mit unauslöschlichen Eindrücken – in unserer Chronik: Schweden, Dänemark, Niederlande, Belgien, Frankreich und USA. Die spannendsten Augenblicke durchlebten wir sicherlich 1979, als wir im Rahmen des Breda Jazz Festival (Niederlande) bei einer international besetzten Jazz Band Battle den ersten Preis gewannen.

Fünf veröffentlichte Langspielplatten geben einen repräsentativen Querschnitt aus unserem Repertoire. In Planung sind eine CD mit einer Auswahl von Live-Mitschnitten aus den Jahren ab 1977 und eine Neuproduktion.«

Seit Herbst 1994 spielt folgende Besetzung:
Roland Pilz (co, voc), Ullo Bela (tb, voc), Christoph Ditting (cl, as, ts, voc), Lutz Jordan (cl, ss, as, voc), Andreas Clement (p, voc), Owe Hansen (bj, g, voc), Dietrich Kleine-Horst (tu), Gunther Andernach (dr, wbd)

Kontakt:
Roland Pilz, Grillenweg 48, 22523 Hamburg,
Telefon: 0 40 - 57 38 14

JAZZ O'MANIACS

Roland Pilz, 1. Platz JAZZ O'MANIACS, Jazzfestival Breda, 1979

JAZZ O'MANIACS, 1995 im COTTON CLUB (v. l.): Ullo Bela, Gunther Andernach, Owe Hansen, Roland Pilz, Andreas Clement, Christoph Ditting, Lutz Jordan

JAZZ O'MANIACS, 1996 (v. l.): Lutz Jordan, Owe Hansen, Dietrich Kleine-Horst, Gunther Andernach, Roland Pilz, Christoph Ditting, sitzend Andreas Clement, Ullo Bela

Dietrich Kleine-Horst, 1995

Owe Hansen, 1995

Andreas Clement, 1995

Roland Pilz, 1995

Gunther Andernach, 1995

Ullo Bela, 1995

FREDDIE KEPPARD

Freddie,
Kornettist,
für den selbst „Jelly Roll" Morton
lobende Worte fand,
King der Straßenparaden, Galonen und Unterröcke,
wenn seine „Olympia Band" „Panama" abzog
oder „Home, sweet Home",
bekamen die kleinen Creolinnen
feuchte Hosen
- sofern sie überhaupt Hosen trugen.
Freddie,
sein vielleicht größter Tag,
als er in der Canal Street
Papa „Mutt" Carey
mühelos aus den Socken pustete.
Manchmal klangen seine Breaks
zwar straff-ragtimehaft
oder schmissig wie Militärsignale,
aber von seinem Spiel in Achteln
über einem Vier-Viertel-Takt
und seinen „Off Beat" verschobenen Akzenten
profitierte eine ganze Generation von Jazzmusikern.
Freddie,
blase noch einmal
Rausch und Resignation,
Brunst und Bitternis
durch das stumpfe Messingrohr,
bevor es dich
in den Sielen von Chicago
für immer zu Boden gehen läßt.
Abbi Hübner

JAZZ-FRÜHSCHOPPEN
31. Mai

vatertag!!!!

Viktoria Sportplatz Hbg-Lokstedt
Lokstedter Steindamm 11:00 Beginn

MAX COLLIE & HIS RHYTHM ACES
ASSOZIATION HAGAW
OLD MERRY TALE JAZZBAND
JAZZ LIPS
ABBI HÜBNER'S L.D.W.

13 Uhr Fußballspiel

Hamburger Jazzer contra Auswahl
Jazzer London & Warschau.

Moderation: Carlheinz Hollmann
und weitere Prominente.

Karten bei den bekannten Vorverkaufstellen **5,– DM**
Eintritt **6,– DM** Kinder frei!!!

Fußballspiel Hamburger Jazzmusiker gegen eine Prominentenauswahl im Mai 1976 auf dem Viktoria-Sportplatz obere Reihe (v. l.): Rolf Klingelhöfer, Gerlach Fiedler, unbekannt, Gunther Andernach, unbekannt, Bubi Hönig (HSV), unbekannt, Thomas Danneberg, Werner Graf von Moltke (Europameister 10-Kampf), Dieter Zimmer, unbekannt, Horst Szymaniak (Fußball Nationalspieler), unbekannt, untere Reihe (v. l.): Claus Winkelmann, Helmut Rodeck, Dieter Ebeling, Manfred Kowalewski, Schulze-Ladbek, Otto Waalkes, Claus Schiprowski (Olympia-Zweiter 1968 Stabhochsprung), Abbi Hübner, Jost Münster, Les Humphries

MICHAEL GREGOR

THE ENTERTAINER

Den folgenden Musiker vorzustellen, ist mir ein ganz besonderes Vergnügen. Denn mit Vergnügen, oder besser gesagt mit einer großen Begeisterung bin ich diesem unerbittlich gutgelaunten Musiker einige Male begegnet. Seine starke Persönlichkeit und seine große Musikalität haben mich jedes Mal sehr beeindruckt. Nur wenige Musiker kann man zum Urgestein der Hamburger Jazz-Szene zählen. **Michael Gregor** gehört auf jedem Fall dazu. Wie kaum ein anderer bringt er sich in das jeweilige Geschehen mit ein. Vehement, voller Kraft und Temperament verlangt er sich und seinem Instrument bei den Auftritten – ob als Alleinunterhalter oder im Kollektiv – das Letzte ab. Den Umgang mit seinen Musikern habe ich als vorbildlich und sehr verbindlich empfunden. Seine Publikumswirksamkeit nicht nur bei seinen Ansagen ist unumstritten. Michael ist ein ganz wichtiges Mitglied unserer großen Jazzfamilie.

Er berichtet: »In einer Musikerfamilie aufgewachsen (geboren 13.10.1941), fand ich bereits Ende der 40er Jahre zu meinem Instrument, dem Klavier. Mein Vater ist Gerhard Gregor, seinerzeit bekannt als Organist und Pianist beim Hamburger Rundfunk. Der mir verordnete klassische Unterricht stieß bei wechselnden Klavierlehrern wegen meines unzureichenden Übefleißes zunehmend auf die Grundsatzfrage nach dem Sinn ihrer Bemühungen. Dennoch konnte nicht verhindert werden, daß sich eine gewisse Fingergeläufigkeit bei mir einstellte. Zum Abspielen mir vorgelegter Noten habe ich bis heute ein gestörtes Verhältnis. Die geradezu rauschhafte Freude am spontanen Improvisieren zeigte sich in den Folgejahren zunehmend, wobei bereits im Schüleralltag die Nachfrage nach meinen solistischen Darbietungen hartnäckig anhielt. Als ich meinem letzten, sehr verständnisvollen Klavierlehrer im Alter von 15 Jahren den Abschied gab, schien es mir trotzdem selbstverständlich, daß aktives Musizieren wohl mein Leben wesentlich bestimmen würde. Wenn meine Eltern mir auch einen Zugang zur klassischen Musikliteratur vermitteln konnten, wurde mir in der Folgezeit bewußt, daß ich die persönlichen Voraussetzungen zur Erlernung des Musikerberufs im Sinne eines gründlichen Musikstudiums (denkbares Ziel: Nachfolge meines Vaters als Allroundmusiker) nicht erbringen konnte. Bei aller Musikalität fehlte es mir immer an der zwingend notwendigen Selbstdisziplin, um ein langes Musikstudium etwa überdurchschnittlich erfolgreich durchzustehen.

Als mein Vater meine bald unübersehbar werdende Hinneigung zur klassischen Jazzmusik bemerkte, bestärkte er mich mit liebevoller Hingabe auch dadurch, daß er mir aus dem Rundfunk Musterschallplatten mit jazziger Country & Western-Musik mitbrachte, die den Grundstein meiner lebenslang andauernden Plattensammelleidenschaft (Jazz und Blues) legten. Auch mußte er zur Kenntnis nehmen, daß mein Weg zum Abitur durch eben diese Leidenschaft und das damit verbundene Kennenlernen der Musik von *Armstrong*, *Barber* und *Colyer* (schon damals ein besonderer Favorit) – neben vielen anderen – nicht gerade zielstrebig verlief! Nach dem Schulunterricht ging es regelmäßig in die „Palette" (ABC – Straße) und danach in einschlägige Plattenläden. Um 1956 herum formierten sich auf dem Gymnasium erste Schülerbands, die an meiner Mitwirkung interessiert waren. Wenn wir bei Klassenfesten spielen konnten, bedeutete mir dies sehr viel, da ich so feststellen konnte, wie wichtig mir der unmittelbare Kontakt zum beifallsfreudigen Publikum war. Zunehmend fand ich Möglichkeiten, bei Partys als Alleinunterhalter am Klavier erste Fans zu gewinnen (und einen Taschengeldzuschuß für den Erwerb von Schallplatten durch erste „Gagen" zu erzielen, die sich bis zu 25,00 DM hinaufbewegten!)

1960 lernte ich im Bismarck-Gymnasium den Banjospieler **Mathias Lotzing** kennen, mit dessen Formation ich erste Erfolgserlebnisse als Mitglied einer Jazzband im New Orleans-Revival-Stil hatte. **Mathias Lotzing** war es auch, der mich im Jahre 1971 in die gerade gegründete **NEW ORLEANS REVIVAL JAZZBAND** einlud, die sich im COTTON CLUB zum ersten Kennenlernen und lustvollen Musizieren traf – zugleich ein vorentscheidender Wendepunkt in meinem Jazzerleben.

Zuvor – so etwa Mitte der 60er Jahre – hatte ich Gelegenheit, mit einem Quartett unter Leitung des begabten, lyrisch-weichtönigen Trompeters ‚Charly' Rittig in den legendären RIVERKASEMATTEN swingende Musik zu machen, wobei ich unter anderem den fabelhaften Posaunisten **Gunter Wiedecke** schätzen lernte und im Umfeld des Wirtes **Willi Breuker** intensive alkoholische Grenzerfahrungen machen durfte.

1959 hatte ich im Rahmen einer Klassenreise nach London *Ken Colyer* in seinem damaligen Club (Studio 51 in Soho) getroffen und einen unauslöschlichen Eindruck von diesem Musiker erhalten, den ich erstmalig 1958 im CURIO-HAUS gehört hatte. Zwischenzeitlich hatte ich eine Vielzahl von Jazzkonzerten besucht und hierbei auch mein Interesse für die Musik der Swingzeit im Geiste *Goodmans* und *Basies* entdeckt. Ein weiterer London-

Besuch im Jahre 1964 ergab die beglückende Erfahrung des näheren Kennenlernens der Musikerpersönlichkeit *Ken Colyers*, in dessen Band ich einige Male einsteigen durfte. Vertiefende persönliche Kontakte mit *Colyer* (längere Gespräche und Briefwechsel) während der Folgejahre haben mir viel gegeben.

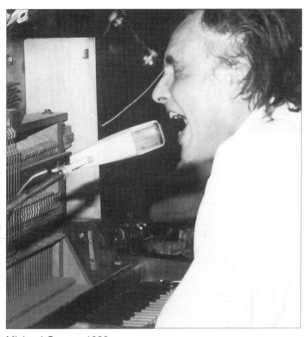

Michael Gregor, 1990

1969 traf ich zufällig in der Bremer „Lila Eule" eine schwungvoll aufspielende Dixieland-Formation, die **JIMMY HENDERSON JAZZBAND**. Spontan stieg ich ein und erhielt wenig später die Einladung, dort fest mitzuwirken, was für mich eine tiefe Befriedigung bedeutete. Bis zur Auflösung dieser Band – die mit guten Musikern besetzt war und im übrigen auch menschlich harmonierte – zu Beginn des Jahres 1971 gehörte ich ihr an, wobei wir im norddeutschen Raum unser Publikum fanden. Jimmy hat nach Jahren der „Verschollenheit" später eine neue Band gegründet, in der ich gelegentlich als Gast mitwirkte. Jimmy und ich mochten uns sehr; so war er vor seiner späteren Übersiedlung nach England mein bevorzugter Schlagzeuger als „Aushilfe", zumal er nicht nur gewaltig swingen konnte, sondern zudem eine komödiantische Persönlichkeit mit skurriler Humorbegabung war. Wie mancher Komödiant, so hatte auch Jimmy (ein geborener Schotte, den es zeitweilig nach Norddeutschland verschlagen hatte) eine nachdenklich-melancholische Seite, die er insbesondere im Zustand des Betrunkenseins offenlegte. Ich erinnere mich an gelegentliche Jobs, die ich mit ihm allein bestritt. Auftritte, die ich als Orgien der Lebensfreude bezeichnen möchte. Wir hatten eine sehr offensive Art, unser Publikum unmittelbar zu erreichen. Eine Persönlichkeit von Jimmys Zuschnitt habe ich kaum jemals wiedergetroffen. In Jimmys Band hatte ich erstmals Gelegenheit, einen persönlichen Stil (bluesnah und in der Bemühung, auch zu swingen) auszuprägen und persönliche Fans zu gewinnen, die mir in der sich anschließenden Revival-Jazzband-Zeit wieder begegneten. Eine äußerst befriedigende Erfahrung!

Ich erinnere mich aus der Zeit mit Jimmys Band gern an profilierte Kollegen wie etwa die Posaunisten **Manfred Zaubitzer** und **Nadir Ibrahimoglu** sowie den heute leider nicht mehr aktiven, guten Trompeter **Hans-Joachim Hüper**, den ich später den **JAILHOUSE JAZZMEN** empfahl. Auch ein wundervoller Vibraphonist, Markus (der Nachname ist mir entfallen), gehörte dieser Band an. Ich traf ihn bei meinen späteren Auftritten in Bad Segeberg wieder, worüber ich mich sehr freute.

Doch nun zurück zur **REVIVAL JAZZBAND**: Der oben erwähnte **Mathias Lotzing** hatte die damalige **NEW ORLEANS REVIVAL JAZZBAND** gemeinsam mit dem fabelhaften Klarinettisten **Ferdinand Blötz** (heute **NEW ORLEANS QUARTER**) mit dem ausdrücklichen Ziel gegründet, die Musik von *George Lewis* (bedeutender New Orleans-Revival-Klarinettist) nachzuempfinden, was wir mit Enthusiasmus versuchten. Ganz zu Beginn spielten wir ohne Schlagzeug und unter anderem mit dem sehr guten Tubaspieler **Klaus Einfeldt**. Der ursprüngliche Posaunist **Dieter Schminke** wurde bald abgelöst durch **Erich ‚Iller' Schulz**, der unserer Band lange Jahre hindurch mit seiner rustikalen Posaunenstimme eine wichtige Farbe verlieh. Er ist inzwischen verstorben; seine warmherzige Persönlichkeit bleibt in Erinnerung. Der ausgezeichnete und temperamentvolle Bassist **Rüdiger Tresselt** trat Ende 1971 ebenso hinzu wie der Schlagzeuger **Erich Nieswand**, der bis heute unverändert der **REVIVAL JAZZBAND** angehört. In diesem Zusammenhang erinnere ich mich an den Schlagzeuger **Hajo Commes** (inzwischen aus Hamburg verzogen), der mir als Erichs kurzzeitiger Vorgänger gut gefallen hat. Unsere Musik fand in unverbrüchlicher Treue unterstützende Förderung durch **Wolf-Dieter Roloff** (COTTON CLUB). **Roloff** ist mir bis heute in seiner Geradlinigkeit, absoluten Zuverlässigkeit und seiner nicht hoch genug einzuschätzenden Bedeutung auch für andere Hamburger Bands der engste Vertraute, wenn es gilt, meiner regelmäßigen Jazzaktivität eine kontinuierliche Auftrittsplattform von öffentlicher Breitenwirkung zur Verfügung zu stellen. Ihm gilt meine freundschaftliche Hochachtung, zumal meine Art, mich auch als Jazz-Entertainer zu verstehen, in der Vergangenheit nicht von allen Veranstaltern und Jazzfreunden sofort richtig als völlig natürlicher Bestandteil meiner Selbstdarstellung eingeordnet wurde. **Dieter Roloff** hat über die zurückliegenden 25 Jahre offenbar immer an mich geglaubt und meine persönliche Eigenart so gewürdigt, daß sich mein liebes Publikum heute zugleich mehrheitlich aus Cotton-Club-Fans rekrutiert.

Als sich **Mathias Lotzing** und **Ferdinand Blötz** um 1973 von der Band trennten, war das etwas einengende Konzept der reinen Nachschöpfung von George-Lewis-Musik schon ansatzweise aufgegeben worden, was sich in der neuen Namensgebung REVIVAL JAZZBAND niederschlug. **Mathias Lotzing** hatte mich seinerzeit ermutigt, auch zu singen, wofür ich ihm Dank schulde – ist doch meine Freude, mich auch in Gesangsdarbietungen zu verwirklichen, seit Jahren unmittelbar mit meinem Anklang gerade als solistischer Alleinunterhalter verbunden. Mathias war auch verantwortlich dafür, daß seit 1973 der hervorragende Klarinettist und Saxophonist **Reiner Regel** für einige Jahre zu uns kam und die gesamte Präsentation unserer Band nachhaltig prägte. Schließlich „verdanke" ich **Mathias Lotzing** auch die von ihm übernommene Aufgabe, die Bandgeschicke zu leiten, was mir viel Freude bereitet. Für eine längere Interimsphase war später der hochsensible und ausdrucksstarke Klarinettist **Claus Badekow** für uns tätig. Auch hatte sich der mir bis heute eng verbundene Trompeter **Bernd Dieckmann** (ein hervorragender Musiker und lieber Freund) aus der Band zurückgezogen, um sich vorübergehend dem Posaunenspiel zuzuwenden. Der liebenswerte **Jürgen Günther** hatte **Mathias Lotzing** erstmalig im COTTON CLUB abgelöst. Ausgehend von unserem Cotton-Club-Erfolg hatten wir nunmehr im gesamten norddeutschen Raum ausreichende Spielmöglichkeiten.

Durch **Claus Badekow** hatte ich **Rudolf Kammrath** kennengelernt, einen menschlich und musikalisch gleichermaßen ausgeglichenen Kollegen mit konsequent traditioneller Trompetenspielweise, den ich sofort zu schätzen lernte. Er gehörte kurz der REVIVAL JAZZBAND an und sorgte für eine geschmackssichere Melodieführung. Wir begegnen uns noch heute gelegentlich. **Rudolf Kammrath** ermöglichte meine Wiederbegegnung mit dem begabten Showman und großartigen Posaunisten **Werner Gürtler**, den ich später in der CLAMBAKE SEVEN wiedertreffen sollte. Diese in unregelmäßigen Abständen auftretende Formation fand auf Initiative des liebenswerten Schlagzeugers **Charly Zöllmer** zusammen; auch ihr Domizil ist der COTTON CLUB. Charly war mir seinerzeit im Umfeld des COTTON CLUBS begegnet, wobei ich auch den von mir geschätzten Klarinettisten **Emil Böttcher** kennenlernte. Beide gehörten seinerzeit zur damaligen CORNER'S JAZZBAND, mit der ich einige Zeit hindurch manche vergnügliche Session als Gastmusiker hatte. Unser Anliegen in der CLAMBAKE SEVEN ist es, gelegentlich Musiker aus unterschiedlichen Hamburger Formationen zusammenzuführen und beim gemeinsamen Musizieren abseits unserer jeweiligen Bands gegenseitige Inspiration und geballten Spaß zu erleben.

Die herzliche menschliche Verbundenheit dieser Kollegen untereinander verdient neben der musikalischen Harmonie recht markanter Persönlichkeiten besondere Erwähnung. Den mir über die Jahre als großartiger Multiinstrumentalist bekanntgewordenen Klarinettisten/Saxophonisten **Siegfried Schaumann** lernte ich in diesem Kontext noch weiter schätzen. Wir verstehen uns musikalisch und menschlich in beglückender Weise, was ich im übrigen auch von dem unverwechselbaren Hamburger Jazzveteran, dem Klarinettisten ‚**Fiete' Westendorf** berichten darf. ‚Fiete' ist mein bevorzugter Gast, wenn ich eine geeignete Vertretung auf der Klarinettenposition benötige. Zur CLAMBAKE SEVEN gehörte für längere Zeit der äußerst versierte englische Kornettist **Steve Mason**, mit dem ich ein gutes musikalisches Einvernehmen hatte. Weitere Musiker dieser Band: der unvergleichliche, oben erwähnte **Werner Gürtler**, der routinierte und in seiner aufgeschlossenen, humorvollen Wesensart mir nahestehende Banjospieler **Jochen Masch**, die hervorragenden Bassisten **Dieter Teichmann** und zuletzt **Peter Dettenborn**. Als Trompeter wirkt nunmehr der ambitionierte, etwas moderner phrasierende **Joachim Peters** mit, wenn nicht der vorerwähnte **Rudolf Kammrath** einspringt. Ein früher, unvergessener Höhepunkt der **CLAMBAKE SEVEN** war ein Auftritt in Caracas (Venezuela), wobei sich **Charly Zöllmer** als Organisator erster Ordnung bewähren konnte, hatte er doch einen Sponsor gefunden, der sämtliche Reisekosten einschließlich des gigantischen Getränkeverzehrs abdeckte! Von diesem Sponsor haben wir später nie wieder etwas gehört. Ich gehe davon aus, daß er sich inzwischen finanziell wieder konsolidieren konnte!

Als **Rudolf Kammrath** und **Werner Gürtler** ihr kurzzeitiges Gastspiel in der **REVIVAL JAZZBAND** im guten Einvernehmen mit mir beendeten, um sich ihrer Band **RAGTIME UNITED** zu widmen, standen der anpassungsfähige, langjährig erfahrene Posaunist **Detlef Staack** sowie **Holger Christiansen** als kraftvoll agierender Trompeter zur Verfügung. Es sei kurz angemerkt, daß ich auch diese Kollegen im **COTTON CLUB** (wo sonst?) kennengelernt hatte. Nach **Claus Badekows** und **Rüdiger Tresselts** Ausscheiden aus persönlichen Gründen hatte ich das Glück, im Jahre 1979 **Henner Petersen** als Klarinettisten sowie **Reinhard Seyer** als Baßspieler verpflichten zu können, der später durch **Klaus Thomforde** abgelöst wurde. Die Frontlinie **Holger Christiansen, Henner Petersen, Detlef Staack** wuchs zu einer recht homogenen und dynamischen Bläsergruppe zusammen, die den weiteren Erfolg der **REVIVAL JAZZBAND** maßgeblich mitbestimmte. Unser heutiger Posaunist **Henning Cuda** begegnete mir erstmals Ende der 80er Jahre, als der frühere Revival-Trompeter **Bernd Dieckmann** die Idee entwickelte, eine Swing- und Dixielandformation zu gründen, die wir schließlich **JAZZTERDAYS** nannten. Hierbei festigte ich unter anderem die Bekanntschaft mit dem hervorragenden Saxophonisten **Etlef Jacobsen**, wie ich im Folgezeitraum auch die Banjospieler/Gitarristen **Manfred Kowalewski** (langjährig in **Abbi Hübners** Band) und **Ulrich Herrmann** (dieser überaus sensitive Musiker ist inzwischen unter tragischen Umständen verstorben) liebgewinnen konnte. Im Zuge des leider nicht allzu lange andauernden Bestehens dieser musikalisch höchst erfrischenden Formation, traf ich zu meiner Freude auch die hochtalentierten Kollegen **Peter Weber** (b) sowie **Norman Tchilinghyrian** (dr), die zu meinen Lieblingsmusikanten im Amateurlager zählen. Neben gelegentlichen Cotton-Club-Jobs hatten wir reizvolle Auftritte bei privaten Veranstaltern, wobei mir wiederum eine musikalische Hauptrolle und bezüglich der Präsentation dieser Band die mir inzwischen so vertraute Funktion des Plauderers zufiel. Ich darf bei dieser Gelegenheit anfügen, daß es mir bei meinen Ansagen und sonstigen verbalen „Schnurren" wesentlich darum geht, die jeweiligen Mitmusiker in angemessener Weise herauszustellen. In der Tat lege ich Wert darauf, bei solchen Gelegenheiten meine Kollegen in ihren zuweilen erstaunlichen Talenten so zu würdigen, daß auch mein ausdrücklicher Dank für ihre beständige Leistung dem Publikum gegenüber hinreichend deutlich wird. Für rhetorisch gewandte Bandleader sollte dies nach meiner Überzeugung eigentlich selbstverständlich sein! Zu den wenigen Bandleadern, die ihre Ansagen bewußt publikumswirksam anzulegen vermögen, gehören etwa der großartige *Reimer von Essen* (*Barrelhouse Jazzband* – wir spielen gelegentlich mit Freude zusammen), **Addi Münster** bzw. **Reinhard Zaum** von den beiden Old Merry Tale Bands und nicht zuletzt der fabelhafte Banjospieler **Peter Meyer** (**JAZZ LIPS**).

Der schon erwähnte Posaunist und Sänger **Henning Cuda** gefiel mir von Beginn an in seiner kompromißlosen, stets jazzgerechten Ausdrucksstärke und Bluesnähe so gut, daß es sich wenig später (Ende der 80er Jahre) wie selbstverständlich ergab, ihn in meine **REVIVAL JAZZBAND** einzugliedern – als **Detlef Staack** mich gebeten hatte, ihn für **Steve Masons** Band freizustellen.

Seit Mitte der 60er Jahre habe ich ein inniges Verhältnis zum Blues als unverzichtbares Strukturelement des Jazz, auch und gerade in der spezifischen Ausprägung des „Rhythm & Blues". Auch in dieser Beziehung haben Henning und ich parallele Neigungen. Der Blues prägt gerade meine Soloauftritte in besonderer Weise, was jedoch nicht ausschließt, daß ich mich als Musiker ebenfalls der klassischen Swingmusik (Mainstream) verpflichtet fühle.

In der Gemeinschaft meiner Musikerfreunde, der Jazzterdays-Formation, hatte ich in befriedigendem Ausmaß Gelegenheit, gerade meine Freude an der Swingmusik darzustellen. Leider ergaben sich für diese anspruchsvolle Band insgesamt doch zu wenige Auftrittsmöglichkeiten, zumal für mich stets außer Frage stand, mein Hauptinteresse auch weiterhin der **REVIVAL JAZZBAND** zu widmen. Vom COTTON CLUB ausgehend, hatte sich für diese Band zwischenzeitlich ein festes Stammpublikum herausgebildet, das heißt gezielte Hörerwartungen waren vorrangig auf locker vorgetragene Oldtime-Charakteristik gerichtet. Die Zuneigung dieses Publikums durch zuverlässige Präsentation meiner **REVIVAL JAZZBAND** zu erwidern, ist mir ein zentrales Anliegen. Hierbei ist erneut die von **Wolf-Dieter Roloff** bereitgestellte regelmäßige Spielmöglichkeit dankbar zu unterstreichen. Ein weiterer treuer Clubbetreiber ist in seiner Loyalität zu loben: **Rolf Suhr** vom JAZZ

CLUB FORUM in Bergedorf. Ein spezieller Dank gebührt dem Produzenten unserer inzwischen fünf LP- bzw. CD-Veröffentlichungen, um deren Verkauf ich mich bekanntermaßen auf meine Weise nicht völlig erfolglos bemühe. Der hochmusikalische und kluge **Peter Wehrspann**, auch er auf seine Weise ein Pionier des traditionellen Hamburger Jazz, ist ein umfassend gebildeter Musikidealist der besonderen Art.

Der vorerwähnte **Henning Cuda** (ich nenne ihn ‚Mr. Blues') ist seit Jahren Mitglied der **HEINZ JUNGHANS JAZZMEN**, die zweimal monatlich im COTTON CLUB auftreten. Circa 1990 erhielt ich Gelegenheit, dieser robust swingenden Band beizutreten, wobei ich auch meinem alten Weggefährten **‚Fiete' Westendorf** wiederbegegnete. Zugleich lernte ich in **Heinz Junghans** einen bemerkenswerten Kollegen kennen, der bekanntlich bereits in den 50er Jahren Hamburger Jazzgeschichte mitgeschrieben hat und in seiner heute noch souveränen Leistung als immer noch strahlender Trompeter, (trotz nur begrenzter Spieltätigkeit) sowie in seiner sympathischen Bescheidenheit meine uneingeschränkte Wertschätzung genießt. Seine kraftvolle Dixieland-Musik, swingend akzentuiert durch den mir auch menschlich verbundenen Schlagzeuger **Wolfgang Brinker** (geist- und humorvoller Hamburger Jazzveteran mit eigenständiger Prägung) und den routinierten Bassisten **Heinz Matthies** (den alle ‚Fuzzy' nennen), hat mir durchaus Freude gemacht. Während der folgenden Jahre mit der Junghans-Band fiel es mir durch meine sonstigen Jazzaktivitäten zunehmend schwerer, der Mitwirkung bei **Heinz Junghans** die nötige Befriedigung abzugewinnen, da dies mich zeitlich wie kräftemäßig zu überfordern drohte.

Meiner jazzmusikalischen Grundeinstellung entspricht zwingend die Neigung, mich so intensiv wie möglich einzubringen, was naturgemäß auch physische Kraft abverlangt. Da ich tagsüber weiterhin meinen bürgerlichen Beruf als Sozialpädagoge ausübe, sehe ich mich als alleinerziehender Vater zweier Kinder genötigt, mir auch Grenzen zu setzen. Als ich **Heinz Junghans** den Sachverhalt erklärte, stieß ich sofort auf Verständnis. Mit **Dieter Roloffs** Hilfe konnte ich eine reibungslose Nachfolgelösung sicherstellen; als Gastpianist bin ich gern weiter dabei. Auch von anderen Bands werde ich gelegentlich als Gastpianist herangezogen, worüber ich mich jeweils freue, da ich so meine Anpassungsfähigkeit erproben kann und musikalisch wie menschlich bereichert werde. Die Hamburger Musiker, denen ich nun seit über 25 Jahren immer wieder durch meine Musikertätigkeit begegne, sind vielfach ähnlich verschrobene Individualisten wie ich selbst. Der mitmenschliche Aspekt unserer Zusammentreffen hat mir stets viel bedeutet.

So manchem begabten Amateurjazzer gilt mein Dank auch dafür, daß er meine Möglichkeiten als eigenwilliges Mitglied unserer Jazzerfamilie zu erkennen vermag. Ohne **Dieter Roloff** und seine Wertschätzung indessen wäre mir meine Tätigkeit als publikumsbewußter Jazz-Entertainer über viele Jahre nicht in dieser „Krisenfestigkeit" möglich gewesen.

Mein halbes Leben hindurch war es schließlich von entscheidender Wichtigkeit, große, stilbildende Jazzmusiker in ihrer Konzerttätigkeit hautnah zu erleben sowie Plattenaufnahmen fast aller Stilrichtungen zu sammeln, um jene Musik bewußt und genußvoll nachzuerleben.

Als lebenslanger Jazzfanatiker, ja Jazzverrückter liebe ich den Bebop/Hard Bop ebenso wie den Chicago Blues, den New-Orleans-Jazz wie swingende Musik in jeder denkbaren Spielart, sofern sie von guter Qualität ist und in mir rhythmische Schwingungen auszulösen vermag. Bis zu meinem (hoffentlich noch fernen) Lebensende werde ich dieser in leidenschaftlicher Hingabe zugetan sein. Meine Musikertätigkeit für ein aufgeschlossenes Publikum wird das Zentrum meines Lebens bleiben.

Abschließend darf ich einige Musiker nennen, die mich durch persönliches Kennenlernen besonders faszinieren konnten:

Armstrong, *Basie*, *Ellington*, *Goodman*, *George Lewis* und andere Veteranen des N.O.-Jazz wie auch jüngere N.O.-Musiker, etwa *Dr. John*. Der alte Saxophonist *Benny Waters* konnte mich ebenso begeistern wie im Bluesbereich *Eddie ‚Cleanhead' Vinson*, *Jack Dupree* oder *Memphis Slim*. Nicht zu vergessen *Oscar Peterson*!

Im europäischen Raum haben mich neben *Colyer* die Bands von *Barber*, *Bilk* und *Humphrey Lyttelton* durch häufiges persönliches Erleben stark beeindruckt.«

REVIVAL JAZZBAND

WANTED
IN CONCERT REVIVAL JAZZBAND
ECHOES OF NEW ORLEANS

New Orleans music in popular Jazz ensemble style and piano - ragtime

Bernd Dieckmann, trumpet – Iller Schulz, trombone – Reiner Regel, clarionet and alto-sax – Michael Gregor, piano and vocal – Jürgen Günther, banjo – Rüdiger Cresselt, string-bass – Erich Nieswand, drums and traps

Date	Venue	Price
6. 6. 74	Top Ten	20,00
8. 6. 74	Cotton Club	”
13. 6. 74	Stadtpark, Freilichtbühne	”
15. 6. 74	Concert in Mölln	.
19. 6. 74	Wohltätigkeits-Concert, Malersaal	”
20. 6. 74	Top Ten	20,00
23. 6. 74	Jazz-Frühschoppen in Ossdorf, Rugenberg 1	11,30
29. 6. 74	Riverboat-Shuffle Brücke 5/6	20,00
5. 7. 74	Cotton Club	”
12. . 74	Forum	”

Sisters and brothers

we like to remember that you can still buy our record „ECHOES OF NEW ORLEANS" wam mlp 15.464

Corrine, Corrina / goin home / red wing / cradle song / Dinah / the girls go crazy / jazz me blues / tight like that / some of these days / savoy blues / St. Philip street breakdown / walking with the king / all of me / Nobody knows you / over in the gloryland / Wild cat blues!

Rags, stomps, marches, blues, gospel and spirituals.

Lovely New Orleans music
for weddings, funerals etc.

Information: 59 09 80

REVIVAL JAZZBAND, 1972

REVIVAL JAZZBAND, 1983 (v. l.): Holger Christiansen, Jürgen Günther, Michael Gregor, Detlev Staak, Reinhard Seyer, Erich Nieswand, Henner Petersen

Revival Jazzband
mit Michael Gregor

REVIVAL JAZZBAND

REVIVAL DAYS

Michael Gregor schreibt über seine Band: »FRÖHLICHE DIXIELAND-REVIVAL-SHOW, das ist die Visitenkarte der seit 1971 bestehenden **REVIVAL JAZZBAND**. Sie gilt zu Recht als eine der populärsten Hamburger Jazzbands, die sich durch eine temperamentvolle, variantenreiche und mit viel Humor aufbereitete Musik – überwiegend im Dixielandstil – auszeichnet. Die stilistische Bandbreite umfaßt inzwischen, nach einigen stets in Freundschaft vollzogenen Personalwechseln, wie sie sich naturgemäß über die Jahre ergaben, insgesamt die musikalischen Bereiche „New Orleans", „Swing" sowie „Rhythm & Blues". Die außerordentlich stabile Beliebtheit der **REVIVAL JAZZBAND** erklärt sich wesentlich aus ihrer erfolgssicheren, eigenständigen Präsentation:

- Unbändige Spielfreude
- Hervorragende Solistik
- Äußerst schwungvolle (auch tanzbare) Vortragsweise
- Unterhaltsame Akzente durch spezielle Kleinformationen innerhalb der Band
- Garantierte Publikumswirksamkeit nicht zuletzt durch unmittelbare Ansprache der „Fan-Gemeinde" (keine Scheu vor spontanen Show-Einfällen)

Der Erfolgsweg der **REVIVAL JAZZBAND** wird durch mehrere Langspielplatten und eine aktuelle CD sowie durch Funk- und Fernsehauftritte überzeugend markiert.

Live kann man die **REVIVAL JAZZBAND** regelmäßig in und um Hamburg herum erleben (auch zu Gastspielen im weiteren nordwestdeutschen Raum). Ihr eigentliches Domizil indessen ist nach wie vor Hamburgs traditioneller Jazzclub Nr. 1, der COTTON CLUB, in dem auch die letzten Schallplatteneinspielungen vor begeistertem Publikum entstanden.

Einschlägige Hamburger Clubs und Konzertbühnen wie die FABRIK, das JAZZ FORUM Bergedorf sowie die Jazz-Marathon-Veranstaltung im CCH haben die **REVIVAL JAZZBAND** immer wieder eingeladen zu Gastspielen, die den Ruf der Band nachhaltig zu festigen vermochten (daneben etwa Hermann Bärthels „Jazz & Platt" sowie Auftritte in mehr privatem Rahmen zu Festlichkeiten aller Art).

Seinen Vater hörte man früher fast täglich an der Funkorgel im NDR: **Michael Gregor** ist als Pianist, Sänger und Showtalent der Motor dieser Band. Als Leiter legt er auch die Auftrittstermine der Band fest. Er ist ausgesprochen froh darüber, nunmehr seit mehreren Jahren eine unveränderte Gruppe trefflicher und freundschaftlich verbundener Kollegen um sich zu wissen.

Erich Nieswand ist seit 1972 am Schlagzeug dabei – sein Frohsinn trägt neben seinem einfallsreichen Spiel wesentlich zum Erfolg der Band bei.

Klaus Thomforde ist ein erfahrener Musiker der „Hamburger Szene"; seine frühere Mitwirkung in manchen bekannten Formationen unterschiedlicher Stilrichtung spricht für die Vielseitigkeit dieses anpassungsfähigen Musikanten, der nach Gregors Aussage bereits im Kleinkinderalter mit der Tuba verwachsen war.

Jürgen Günther, ein ebenso versierter wie beständiger Kollege, gehört als Banjo-Solist der jüngeren Musikergeneration an.

Henning Cuda ist eine Musikerpersönlichkeit besonderer Prägung; stilsicher tritt dieser vitale, sich durch langjährige Musiziererfahrung auszeichnende Posaunist auch als Bluessänger hervor.

Holger Christiansen verfügt über einen strahlenden Trompetenton und ist als ausdrucksstarker Solist seit 1978 in der Band zu Hause.

Seit damals gehört auch der eindrucksvolle Klarinettist **Henner Petersen** zur **REVIVAL JAZZBAND**. Sein flüssiges Spiel erinnert die Fans zuweilen an *Benny Goodman*. Wahrhaft einmalig sind seine nahezu unglaublichen Blockflötendarbietungen!!«

Aktuelle Besetzung:
Michael Gregor (p), Holger Christiansen (tp), Henner Petersen (cl, fl), Henning Cuda (tb), Jürgen Günther (bj, g), Klaus Thomforde (b, tu), Erich Nieswand (dr)

PAPA TOM'S LAMENTATION JAZZBAND

THIS LOVE OF MINE

Norbert Susemihl erinnert sich an diese hervorragende Hamburger Band: »**Susi l'Etienne, Thomas l'Etienne** und **Norbert Susemihl** gründeten die Band am 25. November 1970. Das *Golden Gate Quartet* war die erste Inspiration, und so war es kaum verwunderlich, daß man zunächst Gospels und Spirituals mit Gitarrenbegleitung sang.

PAPA TOM'S LAMENTATION JAZZBAND, 1982, stehend (v. l.): Orla Petersen, Thomas l'Etienne, Kristian Barfoed, Kurt Tomm sitzend: A. Holm, Norbert Susemihl, Jan Feldthusen

Doch schon nach einem Jahr kamen neue Instrumente in die Band: **Norbert Susemihl** spielte Trompete, **Thomas l'Etienne** Klarinette und **Susi l'Etienne** das Banjo. Es kam auch ein Schlagzeuger dazu: **Manfred Rieper**. In dieser Besetzung wurden die ersten Gehversuche in Richtung Jazzmusik gemacht. Ein weiteres Jahr ging ins Land, bis der erste Bassist gefunden war: **Holger Faklam**. Die Band wuchs weiter mit dem ersten regulären Posaunisten **Peter Hindle** aus England.

Am 21. Mai 1975 spielte die Band das erste Mal im COTTON CLUB und trat bald regelmäßig jeden 2. Mittwoch hier auf. Sie erspielte sich einen großen Fan- und Freundeskreis. Die Band spielte natürlich auch überall in Hamburg und in vielen Hamburger Clubs wie zum Beispiel dem REMTER oder den RIVERKASEMATTEN.

PTLJ fand Mitte der 70er Jahre den Weg zur authentischen New Orleans-Musik, wie sie in den 50er, 60er und 70er Jahren in New Orleans gespielt wurde, und war damit fast die einzige Band in Norddeutschland, die diese Spielauffassung pflegte. Schon deshalb machte sie sich bald einen Namen.

Diese stilistische Ausrichtung war auch der Grund für die ersten Umbesetzungen: **Klaus Anders** wurde neuer Bassist, und so wie es ein volles Wochenende erlaubte, wurde der Posaunist **Kristian Barfoed** aus Kopenhagen „eingeflogen". Endlich wurde auch der Pianostuhl besetzt: **Jan Feldthusen**, auch ein Däne, war fast bei allen Auftritten der Band dabei. Mit dieser Besetzung und auch später mit Musikern wie **Kurt Tomm** am Baß, **Orla Petersen** oder **Gerhard Tenzer** am Schlagzeug und **Ulli Falk** am Banjo erreichte die Band ihren musikalischen Höhepunkt (1976 bis 1984).

1977/78 machte die Band einige Tourneen mit *Sammy Rimington*, der einen überragenden Einfluß auf die Band und ihre weitere musikalische Entwicklung hatte. Durch *Rimington* inspiriert, besuchte **Norbert Susemihl** 1978 das erste Mal New Orleans. Er reiste von da an jedes Jahr für drei bis vier Monate dorthin und machte so New Orleans zu seinem zweiten Wohnsitz. 1979/80 fuhr dann fast die ganze Band in die Geburtsstadt des Jazz und trat dort auch auf. Es folgten immer wieder Reisen einzelner Bandmitglieder nach New Orleans zur Zeit des dortigen Jazzfestivals.

In dieser Zeit begann PTLJ auch in Europa auf musikalische Reisen zu gehen: Auftritte auf Festivals und in Clubs in Holland, Belgien und Norwegen waren sehr regelmäßig. Schließlich wurden auch zwei Live-LPs eingespielt. Eine in Holland (1982) und eine im COTTON CLUB (1983).

Die Krönung waren dann Auftritte bei der Festa New Orleans Music in Ascona/Schweiz im Jahre 1985. Bis 1983 bestand die Band in ihrer Original-Besetzung. Im Frühjahr 1983 wurde **Thomas l'Etienne** Mitglied bei *Lillian Boute and her Music Friends*. **Wolfgang Schulz-Coulon** wurde der neue Saxophonist und Klarinettist.

Norbert Susemihl spielte seit 1978 auch zum Teil beim **NEW ORLEANS QUARTER** mit **Ferdinand Blötz** und 1983 wurde er dort festes Mitglied.

1986 gründete **Norbert Susemihl** dann sein eigenes Quartett **ARLINGTON ANNEX** (siehe dort).

In dieser Zeit nahmen die Aktivitäten von PTLJ langsam ab, und 1986 endeten dann auch die regulären Auftritte im COTTON CLUB.«

Discographie:

Feel the Jazz Vol. 6: Papa Tom's Lamentation
  Jazzband, SPRONK RECORDS (RCS 489)
  Niederlande 7.3.1982
Cotton Club Live: Papa Tom's Lamentation Jazzband
  SUMMER RECORDS (SL 8305) Hamburg
  26.1.1983

PAPA TOM'S LAMENTATION JAZZBAND

PAPA TOM'S LAMENTATION JAZZBAND, 1985 in Ascona / Schweiz von links: Kurt Tomm (verdeckt), Louis Nelson (New Orleans), Orla Petersen, Norbert Susemihl, Susi Knittermeier, Jan Feldthusen, Thomas l'Etienne

JAZZ LIPS

THE OLD MUSIC MASTERS

Meister sind sie tatsächlich, aber alt sind sie beileibe nicht. Ihre Musik klingt nach über 25 Jahren noch genauso frisch und lebendig wie in den ersten Jahren. Um die Geschichte dieser heißen „Lippen" vollständig und lückenlos zu erzählen, müßte man – wie übrigens auch über manch andere Hamburger Band – ein ganzes Buch schreiben. In diesem Fall ist das aber schon geschehen. Im Sommer 1995 erschien das Buch „JAZZ LIPS – THE FAMILY ALBUM 1970 – 1995" auf dem Markt (siehe Anhang).

JAZZ LIPS, ca. 1980, mit vier „Ehemaligen", (v. l.): Helmut Rodeck, Volker Reckeweg, Christoph Cringle, Gunther Andernach, Günther Liebetruth, Wolf Delbrück

In hervorragender Weise haben die Musiker und **Juliane Klingelhöfer** anschaulich, spannend und sehr humorvoll die Geschichte dieser einmaligen Band dokumentiert. Allen Jazzfreunden, nicht nur den Jazz-Lips-Fans sei dieses Buch unbedingt empfohlen. Da man diese Geschichte nicht besser erzählen kann und auch nichts ausgelassen wurde, fällt es mir natürlich schwer, dem noch etwas hinzuzufügen. So möchte ich mich dann auch nur auf die Schilderung meiner persönlichen Begegnungen mit dieser Band beschränken und den Empfindungen, die ich dabei hatte. Zusätzlich habe ich mich dann auch der einen oder anderen kleinen Story aus dem Buch bedient, einfach deswegen, weil sie so gut in den Rahmen passen.

In vielen Konzerten in der SEGLERBÖRSE, im COTTON CLUB, im CCH oder wo auch immer – ich war immer fasziniert und völlig begeistert von diesen sieben Musikern. Was ist aber das Besondere an dieser Band, was macht sie, zumindest in meinen Augen, so einmalig?

Als erstes habe ich jedes Mal das Gefühl, eine völlig neue Band zu erleben. Diese Gruppe versteht es, aus ihrem unendlichen Repertoire von Titeln, Gags und Showeinlagen, verbunden mit einer unvergleichbaren, humorvollen Moderation, immer wieder ein anderes Programm aus dem Hut zu zaubern.

Das allein reicht natürlich nicht aus. Das saubere Kollektivspiel, die geschmackvollen Soli und der leichte, enorm swingende Rhythmus sind die Hauptbestandteile, die den besonderen Reiz dieser Band ausmachen.

Und noch etwas zeichnet diese Formation aus. Die mal mit eigenem (manchmal sehr eigenwillig), mal in nahezu authentischen Arrangements dargebotenen Titel sind jedesmal ein Erlebnis. Mehrmals gehört, klingt keines dieser Stücke gleich.

Was für mich als Musiker diese Band so anziehend macht, ist das „komplexe kollektive Gebilde", wie es *Reimer von Essen*, Klarinettist der *Barrelhouse Jazzband*, in der Einleitung zum Jazz-Lips-Buch so treffend schreibt. Dies kann nur einem Gleichklang der Seelen entspringen. Ich bin mir deswegen so sicher, weil ich dieses auch bei meinen Aushilfen in der Band immer deutlich spüren konnte.

Da haben sich nun sieben ausgezeichnete Solisten 1970 zusammengefunden, um den Hot Jazz der 20er Jahre zu spielen. Es waren genau die richtigen Musiker zum richtigen Zeitpunkt. Obwohl es eine Zeit war, in der es in Hamburg kaum noch einen Platz für eine neue Band gab. Trotzdem ist es ihnen schnell gelungen, sich gegen die vielen guten Kapellen durchzusetzen und zu überzeugen. Auch das hatte natürlich seine guten Gründe. Ich zitiere noch einmal *Reimer von Essen*: »… dieser positive, lebensbejahende, frohe Ausdruck, der von ihrer Musik ausgeht und den Hörer sofort erreicht.« Und an anderer Stelle: »… das kommt, weil viel Sachverstand, Gefühlstiefe, Bühnenerfahrung, Selbstkritik und hörbare, also bewußte Orientierung an den großen schwarzen Vorbildern in diesem Ausdruck mitschwingt«

Der große Erfolg war also vorprogrammiert. Viele Tourneen und Gastspiele – kaum ein Ort, an dem man nicht dieser fröhlichen Musik lauschen konnte – und natürlich die regelmäßigen Auftritte in den Hamburger Clubs machten die **JAZZ LIPS** schnell zu einem festen

Zwischen diesen beiden Fotos liegen 25 Jahre. JAZZ LIPS, 1970 (v. l.): Gunther Andernach, Michael ‚Ede' Wolff, Günther Liebetruth, Wolf Delbrück, Rolf Klingelhöfer, Peter ‚Banjo' Meyer, Rudgar Mumssen

JAZZ LIPS, 1995 (v. l.): Günter Liebetruth, Norbert Wicklein, Wolf Delbrück, Rudgar Mumssen, Hendrik-Jan Tjeerdsma, Rolf Klingelhöfer, Peter ‚Banjo' Meyer

Bestandteil der traditionellen Jazz-Szene. Wenn es die **JAZZ LIPS** nicht gäbe, man hätte sie erfinden müssen!

Fünf der sieben Gründungsmitglieder spielen heute noch zusammen, auch das ist eine Besonderheit. **Gunther Andernach**, dieser Zauberkünstler auf dem Waschbrett, ist leider nicht mehr dabei. Das bedauere ich sehr. War er doch viele Jahre das Markenzeichen dieser Band und für mich selbst das große Vorbild. Ich habe live noch keinen besseren Waschbrettspieler erlebt. Dieser eigene, unverwechselbare Stil, der sich an den klassischen Vorbildern orientiert, ist für mich immer Ansporn und Motivation gewesen. Außerdem verdanke ich Gunther, daß ich damals beim Waschbrett geblieben bin und nicht wieder zum Schlagzeug wechselte. Heute spielt er genauso erfolgreich bei den **JAZZ O'MANIACS** und bei *Klaus Jacobis Bottomland Orchestra*. Obwohl er in diesen Bands stilistisch viel besser aufgehoben ist, hat er mir bei den **JAZZ LIPS** besser gefallen. Sein Nachfolger **Norman Tchilinghiryan** verließ die Band nach fünf Jahren. Für ihn sitzt nun **Norbert Wicklein** am Schlagzeug, ein erfahrener und sympathischer Musiker, der sicherlich in Zukunft für neue musikalische Akzente sorgen wird.

Rudgar Mumssen, 90er Jahre

Ein weiterer exzellenter Rhythmiker ist leider auch nicht mehr dabei. Das Tuba spielende Original **Michael ‚Ede' Wolff** war der Musiker, der viele Jahre dafür sorgte, daß der Humor nicht zu kurz kam. Nach einigen Wechseln an diesem Instrument spielt heute **Hendrik-Jan Tjeerdsma** die Tuba. Für mich einer der besten Nachwuchsmusiker, für die **JAZZ LIPS** ein absoluter Glücksgriff, und mit seinem großen Talent aus der Szene nicht mehr wegzudenken.

Zu den „Alten", den Gründungsmitgliedern, gehört **Rolf Klingelhöfer** (co). Mit seiner stilsicheren Spielweise ist er der strahlende Mittelpunkt der Frontline. Es gibt nur wenige Musiker, die ihre Geschichten so „hot" erzählen können.

Rudgar Mumssen (tb), der „Multi-Instrumentalist", sorgt mit seinem temperamentvollen, vitalen, aber dennoch einfühlsamen Spiel und ausgefeilten Arrangements genauso für den guten Ton wie **Günther Liebetruth** (cl). Seine Vorbilder *Johnny Dodds* und *Sidney Bechet* sind nicht zu überhören. Mit seinem mittlerweile berühmt gewordenen „Liebetrophon", einer Trompetenimitation, seinem Scat und vor allen Dingen seinem einmaligen Creolischen Gesang bringt er garantiert jedes Publikum zur Raserei.

Um den Banjospieler **Peter ‚Banjo' Meyer** vorzustellen, muß man schon eine völlig eigene Geschichte erzählen. Schon zu Lebzeiten eine Legende, kann man sehr lange nach vergleichbaren Musikern suchen, die ihr Instrument so virtuos und brillant beherrschen.

Bleibt noch **Wolf Delbrück** (p), der die harmonischen Glanzlichter setzt. Mit Ragtime, Boogie und einem hervorragenden Stride-Piano zeigt er der Band, wo es rhythmisch langgeht.

Die **JAZZ LIPS** haben ihren musikalischen Werdegang auf bisher 10 Schallplatten sehr gut dokumentiert. Außerdem sind einige Solo-Platten einzelner Musiker veröffentlicht worden.

Aktuelle CD der JAZZ LIPS:
„The Old Music Masters" – Pastels Nr. 20.1602

Kontakt:
Juliane Klingelhöfer, Riep 13, 25573 Beidenfleth, Telefon: 0 48 29 / 10 12, Fax: 0 48 29 / 17 92

Günther Liebetruth (cl), JAZZ LIPS: »Ich war damals ziemlich frustriert von den **JAILHOUSE JAZZMEN**. Wir spielten viel arrangiertes Zeug, und die Meinungen gingen über das, was und wie wir es spielen wollten, ganz schön auseinander. Da bin ich ausgestiegen und habe meine eigene Band gegründet. Den Pianisten **Wolf Delbrück** kannte ich bereits. Ich traf den Waschbrettspieler **Gunther Andernach**, der noch mit dem Pianisten **Hartmuth Steen** jazzte, und holte dazu **Peter Quindel** am Kornett und **Heiner Gellersen** am Banjo. Später stieß der Saxophonist **Michael Schmidt** hinzu, und wir nannten uns **SOUTHSIDE WASHBOARD KINGS**. Die **CANAL STREET JAZZBAND** spielte damals jeden Freitag in der SEGLERBÖRSE, und ich überredete Moni und Hans, die Wirte, uns zusätzlich den Mittwoch als Auftrittsabend zu geben.

Wie bei fast allen Bandgründungen waren auch bei uns sehr schnell Umbesetzungen angesagt. Aus Marburg war ein neuer Kornettist in die Stadt gekommen, der sehr talentiert sein sollte: **Rolf Klingelhöfer**. Er hatte bereits Anschluß an das **DISTRICT JAZZ ORCHESTRA** gefunden. Es war gar nicht so einfach, ihn da wieder loszueisen. Die Band war zwar nicht sehr bekannt, feierte aber dafür um so mehr fröhliche Haschparties. So haben wir Rolf mit einer großen Portion „Schwarzer Afghane" zu uns locken können!

In der NEW ORLEANS MEMORY HALL – der ehemaligen JAILHOUSE TAVERNE – die **Gert Eggers** von den Fleschners übernommen hatte, traf ich mehr oder minder zufällig **Peter Meyer**. Er hatte sich nach dreijähriger Abstinenz von der Jazz-Szene gerade wieder ein Banjo zugelegt. Auf meine Anfrage hin sagte er ganz spontan zu und ersetzte **Heiner Gellersen**.

Michael Schmidt am Saxophon stieg aus, und ganz behutsam versuchte ich, den Posaunisten **Rudgar Mumssen**, meinen Weggefährten bei den **JAILHOUSE JAZZMEN**, zu uns herüberzuziehen, was mir auch bald gelang. Die Band bestand nun aus **Rolf Klingelhöfer** (co), **Rudgar Mumssen** (tb), **Wolf Delbrück** (p), **Peter Meyer** (bj), **Gunther Andernach** (wbd), ich spielte Klarinette, und später kam noch der Bassist **Volker ‚Botte' Jung** hinzu. Mit nur wenigen Ausnahmen ist es bei dieser Besetzung auch bis heute geblieben! Allerdings mußten wir bald feststellen, daß unser Publikum sich den sehr umständlichen Namen **SOUTHSIDE WASHBOARD KINGS** nur schlecht merken konnte, und so beriefen wir im Spätsommer 1970 eine außerordentliche Bandsitzung ein, um über einen neuen Namen zu beraten. Jeder durfte einen Zettel mit seinem Wunschnamen in den Hut werfen. Rudgars Vorschlag wurde einstimmig und begeistert angenommen: **JAZZ LIPS**. Das war's dann, jetzt konnte es richtig losgehen.«

JAZZ LIPS mit Bill Ramsey

Peter ‚Banjo' Meyer, 90er Jahre

Rolf Klingelhöfer, 90er Jahre

WIE DIE JUNGFRAU ZUM KINDE ...

... ODER WIE MAN EINE SCHAR ENTEN ÜBER EINE BELEBTE KREUZUNG FÜHRT!

Als ich 1986 die **APEX JAZZ BAND** gründete, übernahm ich auch die Aufgabe, mich um die Geschicke der Band zu kümmern. Heute teile ich mir diese Arbeit mit unserem Bandmitglied **Alfred Pelzer**, der sich in mehr als vorbildlicher Weise engagiert für die Belange der **APEX JAZZ BAND** einsetzt. Mir hat diese Tätigkeit, obwohl sie nicht immer ganz einfach war, stets große Freude bereitet. In der folgenden Geschichte von **Juliane Klingelhöfer** habe ich einige Parallelen zu unserer Tätigkeit entdeckt.

»Jazz war für mich als Teenager – bei zwei älteren Brüdern – kein Fremdwort, interessierte mich damals aber überhaupt nicht, bis ich Anfang 1970 von Freunden in die Hamburger NEW ORLEANS MEMORY HALL (dem heutigen COTTON CLUB) „geschleppt" wurde. Der erste Abend mit Live-Jazz – es war die **HEINZ JUNGHANS BAND** – brachte den Kick! Ich rannte jeden Abend zu jeder möglichen Veranstaltung und liebte diese Musik, ohne etwas davon zu verstehen.

Unmusikalisch, wie ich war, bin und wohl auch bleiben werde, blieb mir nichts anderes übrig, als zuzuarbeiten: Ich kassierte, servierte Getränke, beseitigte Müll und schlafende Musiker – meine Lehre zur Buchhändlerin litt doch beachtlich unter meinem Enthusiasmus.

Im September 1970 traf ich während dieser Aufräumarbeiten **Peter Meyer**, **Gunther Andernach** und **Günther Liebetruth**, die nach einem der ersten JAZZ-LIPS-Gigs auf ein Bier in die „Memory Hall" hereingeschaut hatten. Ziemlich schnell entdeckte ich meine Vorliebe für diese neue Band, und aus dieser Vorliebe für die **JAZZ LIPS** wurde dann eine echte – im besonderen zum Kornettisten.

Ein Jahr später heirateten Rolf und ich. 1974 kam ein JAZZ-LIPS-Junior zur Welt, dem 1976 noch eine Schwester folgte. Höchst eifersüchtig verfolgte ich von zu Hause aus weiterhin die zahlreichen Aktivitäten der Band, und jede sich bietende Möglichkeit mitzugehen wurde von mir wahrgenommen. Verständlicherweise hielt sich dies aber in Grenzen.

1983 konnte ich wenigstens ein Bandtreffen bei uns ausrichten, und mehr aus Neugier setzte ich mich dazu. Die Lippen machten damals ihre Buchungen selbst, und einer der Tagesordnungspunkte war die Schwierigkeit, jemanden zu finden, der sich als Kontakt für Anfragen zur Verfügung stellte. Die Wahl fiel dann auf mich, denn ich war ja sowieso die meiste Zeit zu Hause!

So bin ich nun schon seit Anfang 1984 „das Mädel fürs Grobe" bei den **JAZZ LIPS**:
– Günther bekommt jeden Terminzettel – mindestens zweimal.
– Rudgar bekommt jede Abzweigung auf der Landkarte erklärt.
– Wolf bekommt Entscheidungshilfe, ob das geforderte weiße Hemd auch hellblau sein darf.
– Henne bekommt Anfragen für Gefälligkeiten, und er erledigt sie auch.
– Norbert bekommt eine neue Tasche für seine Schlagzeugständer genäht.
– Peter bekommt – fast immer – sein Catering, sonst erscheint seine bedrohliche Stirnfalte, und er ist weg.
– Rolf bekommt Druck, er kann sich aus nichts „herausschummeln", der arme!

Ich habe viel erlebt mit diesen Knaben in den fünfundzwanzig Jahren, habe viel gelernt in den zehn Jahren Management, habe mich geärgert, war genervt und gestreßt, habe viele Menschen kennengelernt, habe viel Spaß gehabt, habe es nie bereut, daß ich meinen Platz im Hintergrund gefunden habe. Ich liebe meinen Job und die **JAZZ LIPS** noch immer.«

NEW ORLEANS LIEGT IN EUROPA.

Holen Sie sich den unvergleichlichen Sound
der City Of Jazz - für Ihre Veranstaltungen:
Festivals * Theatershows * Kongresse * Jazzclubs
Paraden * Kirchenkonzerte * Private Parties

JAZZ LIPS
LILLIAN BOUTTÉ - THOMAS L'ETIENNE MUSICFRIENDS
SPIRIT OF LOUISIANA TOUR
Jazz & Gospel, mit Jazz, Rhythm & Blues, Zydeco, Gospel, Brassband (...und Schulprogramm)
ROCKIN' THE CRADLE OF JAZZ
A New Orleans Musical Review
JOHN BOUTTÉ & BAND

THE CHARMAINE NEVILLE BAND
CYNTHIA SAYER
KEITH NICHOLS
and his COTTON CLUB ORCHESTRA
SOULFUL HEAVENLY STARS
THE LEROY JONES QUARTET
TREVOR RICHARDS TRIO
PETER »BANJO« MEYER

JULIANE KLINGELHÖFER
RIEP 13 · 25573 BEIDENFLETH · GERMANY
PH (49) 4829 - 1012 · FAX (49) 4829 - 1792
SPECIAL BOOKINGS

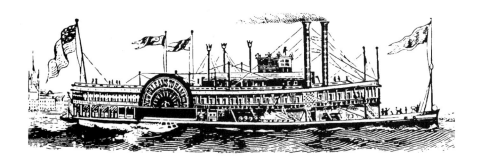

DIE SEGLERBÖRSE

1976 hatte es mich rein zufällig das erste Mal in die SEGLERBÖRSE verschlagen. Was dort von der Band, ich glaube, es waren die **JAZZ LIPS**, und vom Publikum über mich hereinbrach, verschlug mir den Atem. Ich war vor der Bühne von lärmenden, begeisterten Fans derart eingekeilt, daß es mir nicht möglich war, mein Bierglas unbeschadet zum Mund zu führen oder gar die Toiletten aufzusuchen.

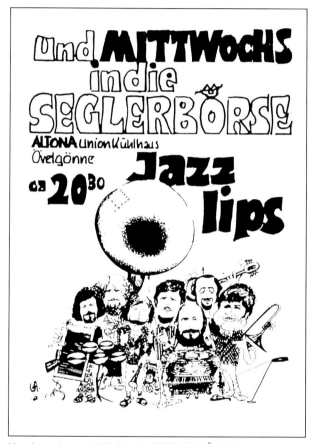

Handzettel, ca. 1972 für die SEGLERBÖRSE, von Gunther Andernach liebevoll gezeichnet.

Am 14. 1. 1978, ich werde den Tag nie vergessen, war es mir dann selbst vergönnt, mit dem **DREAMLAND ORCHESTRA** vor eben diesem Publikum zu spielen. Kurze Zeit später brannte die Jazzkneipe aus, und zwei Hamburger Bands verloren ihr Domizil.

Werner Burkhardt: »In diesem herrlich urwüchsigen Laden, in dem die Luft immer wie von selbst den Charakter der Atmosphäre annahm, sind vor allen Dingen die **JAZZ LIPS** und die **CANAL STREET JAZZ BAND** großgeworden.

Dieses Lokal war wirklich kein Aufenthaltsort für Frischluftfanatiker – im Gegenteil. Den besten traditionellen Jazz, den man sich vorstellen kann, erlebten die Hamburger in der schlechtesten Luft, die sich denken läßt.

Die SEGLERBÖRSE machte tagsüber einen unscheinbaren Eindruck: vor der Tür das Kühlhaus und die Elbe, lag sie halb noch in Altona, halb schon in der blankgescheuerten Idylle der wunderschönen kleinen Häuser, die in vergangenen Jahrzehnten von stolzen Kapitänen bewohnt wurden. Abends jedoch und vor allem an bestimmten, dem Jazz vorbehaltenen Wochentagen, lebte er plötzlich auf, dieser eher unauffällige Schippertreff, und dann ging es los: am Freitag, wenn die **CANAL STREET JAZZ BAND** spielte, und vor allem am Mittwoch, wenn die **JAZZ LIPS** ihren festen Tag hatten.

Dann öffneten sich die Türen zu jenem Hinterzimmer, in dem sonst nichts, an diesen Abenden alles passierte. Da kriegte man keinen Fuß auf die Erde; da war es so voll, daß einige auf den Tischen standen; da war die Luft zum Zerschneiden; da konnte man den Zigarettenqualm nur dadurch ertragen, daß man gegenanqualmte. Da wurde mit Bierflaschen und Halbliter-Gläsern der Rhythmus auf die Tische gehämmert. Da wurde mitgesungen, und im Sprechchor wurden die Lieblingslieder gefordert. Mit einem Wort: Da gaben Musikanten und Publikum ihr Bestes, um zu beweisen, daß der Hamburger sich nicht nur im Börsenanzug und in seinem Tennisclub wohlfühlt.«

Rudgar Mumssen (tb), **JAZZ LIPS**: »Der Erfolg der **JAILHOUSE JAZZMEN** gründete sich nach dem Ausscheiden von **Abbi Hübner** und **Claus Möller** zunehmend auf die ausgeklügelten, oft mitreißenden Arrangements. Obwohl ich selbst eifrig an ihnen mitgestrickt hatte, entbehrte ich doch – ähnlich wie **Günther Liebetruth** – mehr und mehr das freie Kollektivspiel mit all seinen überraschenden Ereignissen und spontanen Interaktionen. So fiel es Gunther nicht allzu schwer, mich zu einem Seglerbörsen-Besuch zu überreden.

An einem Mittwoch fuhr ich also nach Övelgönne zum Union-Kühlhaus und ging durch die frische Hafenluft hinüber zu der beschaulichen Kneipe hinter den Linden. Einige Meter vor dem Eingang prallte ich jedoch vor einer dichten Wand aus Qualm und Bierdunst zurück; durch das lautstarke Stimmengewirr und Bierseidelknallen drangen allerdings auch Fetzen von vertrauten Klängen nach draußen. Da jazzte Günthers Truppe freiweg und übersprudelnd, und der Saal bebte. Trotz asthmatischer Beklemmungen tauchte ich in die Tiefe des brodelnden Hexenkessels mit tränenden Augen und schweißnasser Haut, ehe ich auch nur einen einzigen Ton gespielt hatte. Nach zwei Nummern dampften Hemd und Hose, der Schweiß brannte in den Augen, und die Luft wurde knapp. Aber der tobende Beifall kitzelte und zwang zum Weitermachen. Die Fans hauten mit ihren Gläsern den Rhythmus in die Tische, trampelten und sprangen auf die Stühle. Helmut, der Kellner, blieb mit seinem Biertablett im Gedränge stecken und Jürgen skandierte lauthals: »Bravo, Herr Liebetreu! Weiter so, Herr Mummmsen!« Ich gab mein letztes und spielte bis zum Umfallen. Völlig geschafft machte ich mich auf den Heimweg – kein Blick mehr für das glitzernde Lichterspiel der Elbe, keiner mehr für die schillernden Damen vom Straßenstrich.

Die SEGLERBÖRSE nach dem großen Brand 1978. Moni und Hans Voss präsentieren den einzigen „Überlebenden": Den Zapfhahn!

Aus meinen verräucherten Klamotten zog der Seglerbörsen-Mief noch tagelang durch meine Wohnung, genauer gesagt, noch gut sieben Jahre, denn an dem quicklebendigen Washboard-Jazz ging für mich kein Weg vorbei. Der außergewöhnliche Freiraum für unbekümmertes Improvisieren hatte die Spielfreude der frühen Jahre wieder geweckt. Besonders schätzte ich die Risikobereitschaft für spontane Premieren. Da summte mir beispielsweise Peter in der Pause eine Melodie vor, ich übernahm sie auf der Posaune, entlockte dem Klavier die passenden Harmonien und Helmuth einen Quittungsblock, schrieb darauf vierfach die Akkorde, und zehn Minuten später spielte die Band *Sweet Jenny Lee*.

Das Ganze hätte übrigens nur halb so gut geklappt, wenn **Rolf Klingelhöfer** mit seiner phänomenalen Musikalität nicht dabeigewesen wäre. Er hörte sich den ersten Chorus an, spielte schon im zweiten Chorus die Melodie – wohlgemerkt: ohne eine Note zu kennen, und konnte im nächsten Chorus bereits die zweite Stimme dazu improvisieren. Das Repertoire entwickelte sich rasant und oftmals live auf der Bühne: eine JAZZ-LIPS-Spezialität!«

Peter Meyer (bj), **JAZZ LIPS**: »Ja, die SEGLERBÖRSE, diese Zeiten werde ich wohl nie vergessen! Die Hütte war jeden Mittwoch voll bis unters Dach. Helmut Göttsche, „unser" Oberkellner, drängelte sich mit seinem vollen Tablett durch die Reihen, die Gäste tanzten auf den Tischen und schlugen mit ihren Biergläsern den Takt mit. Gunther und ich zogen uns wassergläserweise den Rum „rein". Nüchtern bin ich eigentlich nie aus dem Laden gekommen.

Und dann die Mädels: Ganz in der Nähe lag das Othmarscher Krankenhaus mit den hübschesten Krankenschwestern der Welt, die sich rührend um die Bandmitglieder kümmerten. Es konnte einem durchaus passieren, daß man „am Morgen danach", wenn man sich auf leisen Sohlen auf der Flucht vor den gestrengen Augen der Oberschwester aus dem Staub machte, den einen oder anderen Bandkollegen auf den Fluren des Schwesternheimes traf. Eine weitere erste Adresse in Sachen Liebesdienste war das in der Armgartstraße gelegene Studentinnen-Wohnheim der Werkkunstschule, zu deren Bewohnerinnen ein Teil der Band ausgezeichnete Beziehungen pflegte, die in meinem Fall sogar zu einer kurzzeitigen Verlobung führten.

Wir hatten übrigens unter uns „Jazz-Lippen" eine stille Vereinbarung, daß man sich gegenseitig nicht die „Zähne" ausspannte. Das klappte auch soweit ganz gut, man mußte nur ausgesprochen mißtrauisch werden, wenn der eigenen Freundin von einem gewissen Herrn Delbrück in sehr selbstloser Weise kostenlose Klavierstunden angeboten wurden!«

Rudgar Mumssen (tb), **JAZZ LIPS**: »Apropos Mädels! Man denke ja nicht, die Jungs seien nicht mit dem nötigen Rüstzeug ausgestattet gewesen! Als **Günther**

Liebetruth einmal zu einem seiner ausgedehnten Klarinettensoli ansetzte, bekam er sichtlich Probleme. Allerdings, je mehr Mühe ihm das Blasen machte, desto mehr feuerten ihn die Zuhörer an. Krebsrot im Gesicht bemerkte er im Dämmerlicht der SEGLERBÖRSE nicht – und mit geschlossenen Augen natürlich erst recht nicht – daß vorn aus seinem Klarinettentrichter eine milchige Blase quoll und sich nach und nach beträchtlich aufblähte, keine Seifenblase, vielmehr ein anschwellendes Kondom. Das Publikum tobte vor Begeisterung und forderte Zugaben.

Für jene Belebung des Programms hatte übrigens Peter gesorgt, der in der Pause ein Exemplar seiner Kondom-Palette geschickt in die Klarinette hineingebastelt hatte. Mit dieser öffentlichen Safer-Sex-Aktion waren die **JAZZ LIPS** ihrer Zeit glatt um fünfzehn Jahre voraus.«

Und wenn Sie eine neue Melodie nicht erkennen, protestieren Sie nicht: Es könnte eine ganz neue Musik, ein wunderbarer Augenblick oder ein Rhythmus für einen neuen Tanz sein. Gegen den Rost im Kopf, in den Gelenken und im Gehörgang.
Alwin Meyer

KEIN PLATZ FÜR DEN MODERNEN JAZZ

IN HAMBURG WERDEN NUR DIE OLDTIMER GROSS

Schon immer war das Verhältnis zwischen den Musikern und Bands, die sich zu den älteren Jazz-Stilen hingezogen fühlten, und denen, die sehr viel moderner spielen wollten, mehr oder weniger gespalten. So konnte dann auch bei dem großen Erfolg der Oldtime-Formationen in den 70er Jahren eine starke Konfrontation zwischen beiden Lagern nicht ausbleiben. Der nachfolgende Artikel, im Hamburger Abendblatt am 12./13. 4. 1975 erschienen, macht diese gereizte Stimmung, die damals herrschte, sehr deutlich. Heute, 20 Jahre danach, haben sich die Wogen wieder geglättet, und alle Beteiligten leben wieder friedlich nebeneinander.

Wenn man heute das gesamte Jazz-Programm eines Monats in Hamburg vergleicht, stellt man fest, daß die traditionellen und modernen Gruppen durchaus gleichwertig vertreten sind. Im BIRDLAND in der Gärtnerstraße 122, in DENNY'S SWING CLUB in der Papenhuderstraße 25 oder in der FABRIK kann man **Herb Geller**, **Ladi Geisler** und viele andere Größen des modernen Jazz regelmäßig hören. Bei meinen Besuchen in diesen Clubs konnte ich im Publikum die gleiche Begeisterung feststellen wie in allen anderen, in denen mehr die ältere Musik im Vordergrund steht. Ich meine, heute haben alle ihren Platz in der Szene gefunden.

Die stilistische Bandbreite der Modernen hat in den letzten Jahren sogar zugenommen. Waren Bands, die Cool-Jazz, Hardbop, Bebop oder Free-Jazz spielten, damals eher selten, sind sie heute doch in einer recht beachtlichen Zahl vertreten. Hinzugekommen sind Gruppen, die Soul Jazz, Latin Jazz, Fusion/Electric Jazz, Zeitgenössischer/Contemporary Jazz oder Acid Jazz spielen.

Karsten Flohr berichtet: »Denen hat der viele Seewind das Gehirn aus dem Kopf geblasen.« Der Mann, der das sagt, ist **Michael Naura** (41), Jazzpianist und verantwortlicher Jazz-Redakteur beim Norddeutschen Rundfunk. Und die, von denen er so respektlos und verbittert spricht, sind die Musiker der vielgerühmten Hamburger New-Orleans-Jazz- und Dixieland-Szene: Amateure und Halbprofis, die für ihre Auftritte nicht selten vierstellige Gagen kassieren, während die spärlich gesäten modernen Jazzer froh sind, wenn sie überhaupt Gelegenheit bekommen, öffentlich aufzutreten. Die Modernen fristen ein kümmerliches, kaum beachtetes Dasein, vergleicht man sie mit den Oldtimern.

Hamburg gilt seit Anfang der siebziger Jahre als europäische Hochburg des Jazz. Allerdings mit einer Einschränkung: In Hamburg ist der Jazz im Jahre 1930 stehengeblieben. Dutzende von mehr oder (oftmals) weniger guten New Orleans- und Dixiebands bevölkern die Klubs, spielen Abend für Abend vor vollen Häusern. Doch was gespielt wird, erregt den Unmut der modernen Musiker. »Die Oldtimer halten sich für die Größten und merken gar nicht, daß sie außerhalb Hamburgs niemand kennt und hören will«, meint **Claus Berger** (32), Pianist der **BOP CATS**, einer progressiven Formation. »Die meisten Hamburger Jazzer wollen sich einfach nicht weiterbilden, sie werden bequem und verlegen sich aufs ständige Reproduzieren«, ergänzt **Wolfgang Schlüter** (41), Vibraphonist des **MICHAEL NAURA-QUARTETTS**.

Für derartige Vorwürfe haben die Betroffenen jedoch überhaupt keinen Sinn. „Jazz-König" **Dr. Abbi Hübner** (42) kontert: »Ich weiß gar nicht, was diese Leute von uns wollen. Es ist doch mein gutes Recht, mir einen Stil des Jazz, der mir besonders gut gefällt, herauszugreifen und mich darauf zu beschränken, ihn zu pflegen und zu kultivieren. Ich meine nicht, daß ein Musiker erst dann ein guter Musiker ist, wenn er sich unentwegt weiterentwickelt. Die meisten der sogenannten Free-Jazzer sind doch pure Scharlatane.« **Peter Meyer** (31), Banjo-Spieler der **JAZZ LIPS**, schlägt in die gleiche Kerbe: »Warum soll ich schwierige Musik spielen, wenn ich mich auch mit einfacheren Mitteln ausdrücken kann?«

Tatsächlich ist, wie **Peter Meyer** sagt, der alte Jazz eine relativ einfache Musik (wenn auch immer noch weit komplizierter als zum Beispiel die Schlager-Musik). Seine harmonischen Strukturen sind leicht überschaubar, der Rhythmus bietet keine Schwierigkeiten, die Melodien sind eingängig. Anders beim neuen Jazz. **Werner**

Horsmann (34), Saxophonist der modernen Gruppe **SURVIVAL KID**, sagt: »Da bei unserer Musik die harmonischen und rhythmischen Fesseln des Oldtime fortfallen, braucht man eine größere musikalische Reife. Man muß sein Instrument noch perfekter beherrschen und viel mehr über das reflektieren, was man spielen will.« Aber wie dem auch sei – schwieriger ist es auf jeden Fall für das Publikum.

CO & MACS, **BOP CATS**, **SURVIVAL KID**, **MICHAEL NAURA QUARTETT** – damit ist die Reihe der erwähnenswerten Hamburger Gruppen, die sich dem zeitgenössischen Jazz verschrieben haben, schon zu Ende. Ihnen stehen mehrere Dutzend gut verdienender Oldtime-Kapellen gegenüber. Außer **Michael Naura** und **Wolfgang Schlüter** ist auf der modernen Szene keiner der Hamburger Musiker von nationaler, geschweige denn internationaler Bedeutung. Was außer ihnen in Deutschland Rang und Namen hat, stammt aus dem Teil südlich der Main-Linie oder aus Berlin. Wie ist dieses Phänomen zu erklären?

»Die Wirte der Clubs und die Medien sind schuld daran«, meint „Bop Cat" Berger. »Sie geben den Modernen keine Chance.« **Wolfgang Schlüter** klagt: »Was bei uns fehlt, ist ein Konservatorium oder eine Hochschule, an der Jazz gelehrt wird.«

Eine mögliche Erklärung für das Vorherrschen des alten Jazz in Hamburg hat **Marcel Horst** (39), Gitarrist und Sänger der **JAILHOUSE JAZZMEN**: »Vielleicht liegt es an den Besatzungszonen, in die Deutschland nach dem zweiten Weltkrieg aufgeteilt wurde. Bei uns waren es die Engländer, die mit ihrem typischen englischen Revival-Jazz, mit *Chris Barber* und *Ken Colyer* die Entwicklung vorbestimmten. In Süddeutschland und Berlin waren es die Amerikaner, die mit ihrem Be-Bop und Cool-Jazz einen ganz anderen Grundstein legten.«

Tatsache ist: Es steht nicht gut um den modernen Jazz in Hamburg. **Peter Marxen** (35), Wirt von ONKEL PÖ'S CARNEGIE HALL, dem einzigen Club neben dem JAZZHOUSE, der den modernen Jazz pflegt: »Ich habe nur dann ein volles Haus, wenn international bekannte Namen auf dem Programm stehen. Die Hamburger Gruppen müssen manchmal vor 20 bis 30 Zuschauern spielen. Und entsprechend gering fallen auch die Gagen aus.«

HOT SHOTS

STOMP OFF, LET'S GO

Ich habe die **HOT SHOTS** 1982 das erste Mal im COTTON CLUB erlebt. Der kraftvolle Sound und das dichte Kollektivspiel haben mich sofort beeindruckt. Hier war nach langer Zeit endlich wieder eine Band in Hamburg, die – technisch hervorragend und mitreißend arrangiert – klassischen Hot Jazz der 20er Jahre á la *King Oliver* spielte. Die Vielseitigkeit und die große Spielfreude dieser sieben Musiker sind weitere Gründe dafür, daß die **HOT SHOTS** nun schon seit vielen Jahren zu einer festen Einrichtung des Hamburger Musiklebens geworden sind.

Nur noch wenige Bands spielen mit zwei Kornetts. Wenn man sich aber der Musik von *King Oliver* so verschrieben hat, und den vollen Klang von *King Oliver's Creole Jazzband* in den Ohren hat, kann man nicht auf das zweite Kornett verzichten. Trotz der Schwierigkeit,

HOT SHOTS, 1996 (v. l.): Michael Kasche, Heiner Gellersen, Rainer Schmidt, Wolfgang Frehse, Peter Schmidt, Bernd Pawlowski, Hartwig Pöhner

die damit verbunden ist, gelingt den Musikern eine freie, gefühlsbetonte Improvisation. Allen Freunden dieser Musik und natürlich den **HOT SHOTS** selbst, wünsche ich, daß diese Begeisterung noch viele Jahre anhalten wird.

Nachfolgend nun von **Rainer Schmidt** die Geschichte dieser interessanten Band:

Rainer Schmidt, 90er Jahre

»Im Herbst 1971 gründeten sich in Hamburg die **HOT SHOTS**. Die Gründungsmitglieder waren:

1. Kornett: **Rainer Schmidt**, 2. Kornett: **Peter Schmidt**, Klarinette: **Klaus-Günther Winkelmann** (jetzt bei **BLACK JASS**), Posaune: **Gerd Görges** (nicht mehr aktiv), Klavier: **Wolfgang Frehse**, Banjo: **Heiner Gellersen** und Sousaphon: **Reinhard Hundertmark** (nicht mehr aktiv).

Von diesen sieben Gründungsmitgliedern sind heute noch vier bei den **HOT SHOTS** mit dabei. Unser Posaunist **Michael Kasche** spielt seit 1972, unser Klarinettist und Saxophonist **Hartwig Pöhner** seit 1978, und unser Sousaphonist **Bernd Pawlowski** seit 1980 in der heutigen Besetzung.

Damit haben die **HOT SHOTS** über Jahrzehnte eine vergleichsweise stabile Besetzung, die letztlich die Basis für ein Repertoire von mehr als zweihundert anspruchsvollen Stücken ist.

Der Name der Band war zunächst **BLUES SERENADERS**, orientiert an der Besetzung von *Lovie Austin's Blues Serenaders* von 1924/25. Dieser Name war aber nicht eindeutig genug für unsere Musik, so wurde beispielsweise angenommen, daß wir eine reine Blues-Band seien. Als wir eines Tages im Jahr 1972 als „Blue Serenados" in Lüneburg angekündigt wurden, war der Zeitpunkt für einen eindeutigeren, einprägsameren Namen gekommen. Wir benannten uns wiederum nach einer Formation um eine Pianistin, diesmal nach *Lil Armstrong's Hot Shots*. Diesen Namen tragen wir im-

HOT SHOTS

mer noch, auch wenn zwischenzeitlich durch eine holländische Popgruppe dieser Name benutzt wurde, was aber letztlich keine Probleme bereitete, da die Zielgruppen viel zu unterschiedlich waren.

Schon die primäre Besetzung legte die Stilrichtung fest: mit zwei Kornetts und nur einem Reed-Instrument bot sich die Musik von *King Oliver's Creole Jazz Band* an. Bis zum heutigen Tage ist diese Gruppe das unbestrittene Vorbild der **HOT SHOTS**. Im Repertoire finden sich alle von *King Oliver's Creole Jazz Band* und später von *King Oliver's Jazz Band* aufgenommenen Titel. Auch von *King Oliver's Dixie Syncopators* konnten Titel auf unsere Besetzung umarrangiert werden.

Weitere Vorbilder sind Besetzungen von *Louis Armstrong*, *Clarence Williams*, *Jelly Roll Morton*, *Johnny Dodds* und viele andere mehr. Aber auch von späteren Bands wie zum Beispiel *Lu Watters' Yerba Buena Jazz Band* und *Chris Barber's Jazzband* sind Titel eingespielt worden. Wesentlich für die Vielfalt unserer Musik ist auch, daß durch verschiedene instrumentale Umbesetzungen eine erhebliche Klangvariation möglich ist. Viele Bandmitglieder spielen neben den genannten „Hauptinstrumenten" noch weitere Instrumente, die sie mit unterschiedlicher Perfektion beherrschen. Allen voran unser Klarinettist Hartwig, der natürlich auch auf dem Sopran-, Alt-, und Tenorsaxophon heimisch ist. Unser Pianist Wolfgang beweist auf dem Waschbrett, daß er durch und durch Rhythmiker ist, auch wenn er gelegentlich als Altsaxophonist in der Melodiegruppe Platz nimmt. Derweilen geht dann unser zweiter Kornettist Peter ans Klavier. Weitere Instrumente werden in der Melodiegruppe gespielt: Unser Posaunist Michael greift gelegentlich zur Klarinette, unser erster Kornettist Rainer zur Sopranposaune und zum Sopransaxophon.

Ein ganz wesentlicher Part in der Jazzmusik, der Gesang, darf natürlich auch nicht fehlen und wird bei uns in gekonnter, eigener Weise von Heiner vorgetragen, wobei er ganz bewußt auf die oft künstlich und lächerlich wirkende Imitation der heiseren Louis-Armstrong-Stimme vermeidet.

Die **HOT SHOTS** sind eine recht reiselustige Truppe, die neben vielen Auftritten in Deutschland schon in Schweden, Dänemark, Niederlande, Spanien, USA, Hongkong und Macau gespielt hat. Diese Auftritte finden sowohl in Jazzclubs als auch auf internationalen Festivals statt. Hinzu kommen noch die Gelegenheiten, im Fernsehen und im Radio live oder von Tonträgern gesendet zu werden.

Zwangsläufig ergeben sich viele Geschichten, Begebenheiten und Ereignisse, die zu erzählen bei weitem den uns zugestandenen Rahmen sprengen würde.«

Im Laufe ihres Bestehens haben die **HOT SHOTS** sieben LPs aufgenommen, die in nachfolgender Discographie zusammen gestellt sind. Die letzt LP wurde auch, der Entwicklung auf dem Markt der Lust-Elektronik folgend, als CD veröffentlicht.

Kontakt
Bernd Pawlowski, Waldingstraße 44b, 22391 Hamburg, Telefon: 0 40 - 64 94 01 90, Fax: 0 40 - 64 94 01 91

Discographie
1. Hot Jazz, WAM 780.066/ Happy Bird B/90124, 26./27. 5. 1979
2. In Dat Morning, Happy Bird B/90067, 28. / 29. 11. 1981
3. Livin' High, Happy Bird/90123, 1983
4. Live Cotton Club, Summer SL8402, 27. 1. 1984
5. Someday Sweetheart, Magic Music, 30. / 31. 3. 1985
6. Live in den Niederlanden, Palm Records 28003, 8. 9. 1984
7. The Terror, Palm Records 28004, 10. 1987
8. You made me love you, CD-Eigenproduktion, 1996

Weitere Veröffentlichungen:
Nr. 2 und 3 als Doppel LP Stomp Off, Let's Go, Time Wind Collection DB/50088

Nr. 2 als American Jazz & Blues History Vol 102, Tobacco Road B/2602

Nr. 3 als American Jazz & Blues History Vol 82, Tobacco Road b/2582

Auf weiteren Veröffentlichungen sind Aufnahmen der HOT SHOTS zu finden:
1. 14. Oude Stijl Jazz Festival Breda 1984, Jazz Crooner Volume 20, JC 13684
2. Jazz im Zentrum Highlights 111, CMA Music Production 5001

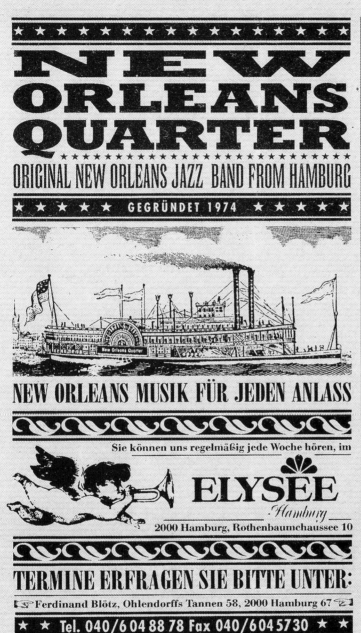

NEW ORLEANS QUARTER

TRUE LOVE

Der Klang dieser unverwechselbaren Musik ist in New Orleans um die Jahrhundertwende zur Welt gekommen. Zu der Zeit glich New Orleans einem Hexenkessel der Völker und Rassen. Spanische, französische, englische und afrikanische Bevölkerungsteile lebten auf engem Raum zusammen. Aus der Mischung ihrer Musik entstand der Jazz, wobei die europäische Harmonik und der afrikanische Rhythmus zusammenflossen, und die seit der Barockmusik verlorengegangene Kunst der Improvisation wurde zu neuem Leben erweckt. Und genau wie damals und heute in New Orleans nichts ohne Musik geschah und geschieht, so versteht sich das **NEW ORLEANS QUARTER** auch nicht als Konzertband. Es sind vielmehr Musiker, die in erster Linie zur Unterhaltung des Publikums spielen, und nicht ausschließlich in Jazzclubs und für Jazzexperten. Ob es ein Ball im vornehmen Rahmen ist, eine kleine private Party, ein Geschäftsjubiläum, ein Straßenfest oder auch eine Beerdigung ...

Das **NEW ORLEANS QUARTER** besteht seit 1974. Die Musiker sind rund um die Uhr einsatzbereit, und es ist ihnen kein Weg zu weit, um zu ihrem Publikum zu kommen.

NEW ORLEANS QUARTER, 1984 (v. l.): Kirsten Blötz, Ferdinand ‚Ferdi' Blötz, Klaus Anders, Norbert Susemihl

Sie spielen nicht nur im Quartett, sondern auch als Trio oder Sieben-Mann-Band, dann verstärkt durch Klavier, Schlagzeug und Posaune.

Im Jahre 1980 war die Band in New Orleans, spielte auf dem Mississippidampfer „Natchez", für den New-Orleans-Jazzclub und während des Mardigras (Karneval) auf dem Jackson Square. Im selben Jahr folgten Engagements in Houston/Texas und New York.

Heute, nach fast 25 Jahren, ist diese Formation aus dem deutschen, insbesondere aber aus dem Hamburger Musikgeschehen nicht mehr wegzudenken. Mit ihrem unverwechselbaren Sound und ihrer Vielseitigkeit, aber auch durch die ehrliche, ganz persönliche Spielweise hat diese Band inzwischen einen Stammplatz in der Szene erobert. Und, was der Band viel wichtiger ist, einen ebensolchen im Herzen ihrer Zuhörer.

Motor und Triebkraft dieser so beliebten Jazzband ist **Ferdinand ‚Ferdi' Blötz**, der schon früh mit der Musik in Kontakt kam. Mutter, Vater und Schwester spielten jeden Tag Klavier – natürlich klassisch. Das auslösende Moment, selbst Musik machen zu wollen, waren die mitreißenden Rhythmen *Bill Haley's*.

Leider war ein Saxophon damals zu teuer, so gab es zu Weihnachten 1958 eine Klarinette. Nach ersten musikalischen „Gehversuchen" mit Freunden in verschiedenen kleinen Gruppen, als Autodidakt auf diesem Instrument, folgten entscheidende Hörerlebnisse durch *George Lewis' New Orleans Band*. Seitdem ist er begeisterter New-Orleans-Jazz-Anhänger. 1970 war er Mitbegründer der **REVIVAL JAZZBAND**. 1974 folgte die Gründung des **NEW ORLEANS QUARTER**.

Kaum ein anderer Klarinettist hat die Spielweise von *George Lewis* so verinnerlicht wie ‚Ferdi'. Anläßlich eines Konzertes hörte ich von einem begeisterten Fan das wohl schönste Kompliment: »Wenn ich die Augen schließe, sehe ich leibhaftig *George Lewis* vor mir!«

Aber auch alle anderen Musiker, die **Ferdinand Blötz** in den Jahren für seine Musik begeistern konnte, haben diese Band zu dem gemacht, was sie heute ist.

Allen voran seine Frau **Kirsten Blötz**, die **Ulli Falk** am Banjo ablöste. Eigentlich hatte sie nie daran gedacht, einmal Banjo zu spielen. Erst als sie ihren Mann kennenlernte, das war 1972, erfuhr sie Näheres über die New-Orleans-Musik. Ein Jahr später kaufte sie sich auf Wunsch ihres Mannes ein Banjo. Das Bestreben, das Instrument zu erlernen, war allerdings gehandicapt durch ihre Rolle als Hausfrau und Mutter. So gelang es ihr erst 1981, sich voll der Musik zu widmen, und sie ist seitdem festes Mitglied des **NEW ORLEANS QUARTER**.

Ein ganz hervorragender Musiker ist **Klaus Anders**. Er hat schon in kurzen Hosen sein Herz an den Jazz verloren. Bereits als Teenager legte er sein Taschengeld in Jazzplatten an. Aber erst 1972 erfüllte er sich den geheimen Wunsch, selbst aktiv Jazzmusik zu machen.

Nach vier Monaten Banjo-Unterricht, bei dem auch etwas Harmonielehre abfiel, entdeckte er „sein" Instrument, den Kontrabaß.

Und nach fünf Jahren Banderfahrung (er war Mitglied des **NEW ORLEANS QUARTER** geworden) machte er seine Liebe zur Musik zu seinem Beruf, um jederzeit frei von anderen Verpflichtungen New-Orleans-Musik machen zu können.

Zwei Trompeter haben in all den Jahren ganz entscheidend dieser Band ihren Stempel aufgedrückt. Der eine ist **Norbert Susemihl**, der in den 70er Jahren gelegentlich und von 1983 bis 1986 fest in der Band spielte. Von Norbert ist an anderer Stelle dieses Buches noch ausführlich die Rede.

Ebenfalls gelegentliches und ab Mitte der 80er Jahre festes Mitglied dieser Band war und ist **Johannes Kunibert Rosolowski**, alias ‚Kuni', alias ‚Kid John'. Ein Trompeter, der nun schon seit den 50er Jahren zur großen Hamburger Jazzfamilie gehört. Ein Urgestein in der musikalischen Landschaft dieser Stadt und ein richtiges Original. Um keinen Hamburger Musiker ranken sich so viele Geschichten und Anekdoten. Kein Trompeter in dieser Stadt hat *Louis Armstrong* so verinnerlicht wie er. Seine humorvolle Art, seine große menschliche Ausstrahlung, sein schöner Ton, der immer an das große Vorbild erinnert, und sein typischer Gesang haben ihm viele Freunde eingebracht. Leider ist er in letzter Zeit nicht ganz auf dem Posten. Hoffen wir aber alle, daß er seinen vielen Freunden mit seiner Musik und seiner unnachahmlichen, liebenswerten Art noch lange Freude bereitet. Vor seiner Zeit beim **NEW ORLEANS QUARTER** spielte ‚Kuni' in verschiedenen Hamburger Formationen. Die bekannteste Band war wohl **KID JOHN'S DEEP SOUTHLAND STOMPERS**. In diesen Jahren verstand er sich auch als Entdecker und Förderer neuer musikalischer Talente.

NEW ORLEANS QUARTER kann man seit über 10 Jahren regelmäßig einige Male in der Woche in der Bar des „Hotel Elysee" hören. Aber auch sonst wird kaum eine Gelegenheit ausgelassen, diese wunderbare Musik zu spielen.

Kontakt:
Ferdinand Blötz, Ohlendorffs Tannen 58, 22359 Hamburg, Telefon: 0 40 - 6 04 88 78

NEW ORLEANS QUARTER, 1984 (v. l.): Klaus Anders, Ulli Falk, Ferdinand ‚Ferdi' Blötz, Kid John

NEW ORLEANS QUARTER

WOOD CRADLE BABIES

BLUES IN MY HEART

Mario Scarperi erzählt die Geschichte der Band: »Die WOOD CRADLE BABIES haben sich 1976 zusammengefunden und spielen seitdem in nahezu unveränderter Besetzung Dixieland Jazz.

Der Bandname hängt mit dem von Baumschulen umgebenen Übungsdomizil im Kreis Pinneberg zusammen: der „Wiege des Waldes". Waldwiegenbabies. Jedoch von Babies keine Spur! Alle Bandmitglieder hatten schon als 15 bis 20jährige in verschiedenen Bands gejazzt, um dann nach langjähriger Pause ihr Hobby wiederaufzunehmen. Die Musiker sind nunmehr alle, wie in der traditionellen Hamburger Jazzszene üblich, im reifen Mannesalter (Jahrgang 1937 bis 1944) und haben neben ihrem, mit Hingabe betriebenen Hobby, alle respektable Berufe: Klarinettist **Emil Böttcher** ist selbständiger Unternehmer, die Posaune bläst der Biologe **Prof. Dr. Manfred ‚Puste' Herbst** und das Kornett **Dr. med. Mario Scarperi**. Am Klavier sitzt der Apotheker **Hans Loges**, den Baß spielt Diplom-Betriebswirt **Frank Wagner**, das Banjo Verwaltungsleiter **Sven Willer** und das Schlagzeug bedient der Urologe **Dr. Klaus Hugo**.

Seit 1986 spielen die WOOD CRADLE BABIES regelmäßig im COTTON CLUB, wo 1989 mit ihnen eine LP der bekannten Serie „Live im Cotton Club Hamburg" aufgenommen wurde. Auch auf zahlreichen privaten und öffentlichen Veranstaltungen im norddeutschen Raum sind die WOOD CRADLE BABIES immer wieder zu hören.«

Kontakt:
Dr. med. Mario Scarperi, Osterholder Allee 40, 25421 Pinneberg, Telefon / Fax: 0 41 01 - 69 15 79

DREAMLAND ORCHESTRA, Jazzband Battle, 1977 in der Musikhalle (v. l.): Claus-Günther Winkelmann, Günther Feige (verdeckt), Wolfram Gliffe, Claus Albert, Klaus Neumeister, Holger Faklam, Henning Cuda

Wolfram Gliffe, 1980

DREAMLAND ORCHESTRA

THERE'LL BE A HOT TIME IN THE OLD TOWN TONIGHT

1973 gründete sich das Orchester aus einer Gruppe von Musikern, die bereits vor dieser Zeit aktiv das Hamburger Jazzgeschehen prägten. Hierunter waren Jazzer wie **Hartwig Pöhner**, **Wolfram Gliffe**, **Michael Steffens**, **Peter Quindel** und **Peter Ruts**. Sie waren dem einschlägigen Publikum längst bekannt aus Kapellen wie den **JAILHOUSE JAZZMEN**, der **CANAL STREET JAZZ BAND** und den **BLACKBIRDS OF PARADISE**.

DREAMLAND ORCHESTRA (Frontline), 1979 in der FABRIK (v. l.): Willy Diekert, Wolfram Gliffe, Henning Cuda

Zu diesen Musikern, alle waren Amateure, gesellte sich der Saxophonist **Werner Haag** (heute tp), **RIVERSIDE JAZZ CONNEXION**, der mit seiner Erfahrung aus Tanzmusik und modernem Jazz hier einen Rahmen vorfand, in dem seine musikalische Komplexität eindrucksvoll zum Tragen kam.

Mit dem **DREAMLAND ORCHESTRA** war in Hamburg eine Jazzband zu Hause, die hier erstmalig die diffizilen Arrangements der Harlemband *Joe King Oliver*s vortrug. Darüber hinaus gehörten Kompositionen von *Clarence Williams*, *Louis Armstrong*, *W. C. Handy*, *Duke Ellington* und anderen zum Repertoire dieser Band, die in Hamburg und Umgebung schnell zum Insider-Begriff wurde.

Auslandsreisen wie 1975 zu Goodwill-Konzerten nach Liberia, Westafrika oder 1977 nach Polen zu den Hamburger Tagen in Danzig sowie die Teilnahme am Jazz-Festival in der Balver Höhle waren die herausragenden Höhepunkte. Eine LP, 1975 in Hamburg mit **Peter Petrel** (voc), aufgenommen, ist ebenso Zeugnis für Akkuratesse, Ausgewogenheit und Vitalität der durch das **DREAMLAND ORCHESTRA** dargebotenen Jazzmusik wie die Rundfunk- und Fernsehauftritte dieser Band.

Nach einer kurzen Pause der Neuorientierung wurde die Band 1977 neu formiert. Klarinette und Sopransaxophon spielte nun **Claus Winkelmann**, heute **BLACK JASS**, Posaune **Henning Cuda**, heute **REVIVAL JAZZBAND**, **RIVERSIDE JAZZ CONNECTION** und **HEINZ JUNGHANS JAZZMEN**, **Günter Feige** spielte Piano, **Claus Albert** Banjo, **Holger Faklam** Baß und **Klaus Neumeister** Waschbrett, heute **APEX JAZZ BAND**. **Wolfram Gliffe** war der einzige Musiker aus der ersten Besetzung. Einige Zeit später gab es noch einmal eine Umbesetzung. **Willy Diekert** (cl) löste **Claus Winkelmann** ab. Als vierter Bläser kam noch **Uwe Lütgen** (cl, sax), heute **LOUISIANA SYNCOPATORS** und **CANAL STREET JAZZ BAND** dazu.

Mit einem neuen Konzept ging es genauso erfolgreich weiter. Viele Gastspiele in ganz Deutschland, erneute Auftritte im Fernsehen, kaum ein Jazz-Club in und um Hamburg, wo das **DREAMLAND ORCHESTRA** nicht zu hören war. Jeden zweiten Freitag konnte man die Band im festen Domizil TRUCK STOP in der Tarpenbekstraße erleben.

Anfang der 80er Jahre wurden noch einmal Umbesetzungen vorgenommen. Posaune spielte nun **Fritz Paulisch**, Banjo **Herbert Nitz**, heute **ALSTER VILLAGE JAZZBAND**. Es gab noch einen Wechsel am Baß, und das Waschbrett wurde durch ein Schlagzeug ersetzt. Nach ein paar Jahren gingen dann leider alle Musiker neue Wege, und es gab eine interessante und erfolgreiche Jazzband weniger in Hamburg.

‚Mr. Blues' Henning Cuda, 1978 im SCHWENDER'S

FREIE UND HANSESTADT HAMBURG
BEZIRKSAMT HAMBURG-MITTE

Bauamt - Verwaltungsabteilung

Bezirksamt Hamburg-Mitte, Postfach 10 22 20, 2000 Hamburg 1

Sitz: Klosterwall 8 (City-Hof D), 2000 Hamburg 1

☎ 2 48 25 **723** (Durchwahl)
BN 9.54
sc-ge

Herrn
Dieter B i n d a
Ostermeyerstr. 23

2000 Hamburg 52

Datum und Zeichen Ihres Schreibens

Aktenzeichen (bei Antwort bitte angeben)
M/BA161

Datum
20. 7. 197

Betreff
Musikalische Darbietung im Musikpavillon Planten un Blomen am 25. 6. 1978

Sehr geehrter Herr Binda,

Sie wurden im Vertrag vom 6. 4. 1978, in dem Anschreiben vom 2. 5. 1977 und auch mehrmals mündlich darauf hingewiesen, daß es unbedingt erforderlich ist, leise zu spielen. Trotzdem haben Sie im ersten Teil der Veranstaltung zu laut gespielt und auf mindestens vier Verwarnungen unserer Parkaufsicht hin die Lautstärke nicht verringert.

Dadurch ist die in Punkt 6.2 des Vertrages vom 6. 4. 1978 festgelegte Vertragsstrafe verwirkt. Wir haben aber berücksichtigt, daß der zweite Teil der Veranstaltung in der von uns gewünschten Lautstärke vorgetragen wurde. Die Vertragsstrafe wird daher auf 120,-- DM reduziert.

Ferner haben wir festgestellt, daß Ihr Konzert mit einer Verspätung von 15 Minuten begonnen hat. Dadurch ist ebenfalls die in Punkt 6.2 auf 60,-- DM festgelegte Vertragsstrafe verwirkt.

Der Betrag von 180,-- DM wird gegen das Entgelt verrechnet. Das Entgelt in Höhe von 1.020,-- DM wird in den nächsten Tagen auf Ihr Konto überwiesen.

Mit freundlichen Grüßen

Schloo

Die „Musikalische Darbietung" war nicht im Sinne der Hansestadt. Das erste und einzige Mal, daß wir eine Vertragsstrafe zahlen mußten.

HAMBURG OLDTIME ALL STARS

DOWN THE MISSISSIPPI TO NEW ORLEANS

Daß in den „Goldenen 70er Jahren" All-Star-Besetzungen zusammengestellt oder auch gewählt wurden, war natürlich das logische Ergebnis einer überaus turbulenten Entwicklung. Mittlerweile gab es wohl in keiner Stadt so viele Bands und Musiker. Angeblich wurde nirgendwo so hervorragender Jazz gespielt wie in Hamburg. Auf der einen Seite waren die nimmersatten Fans, die schlichtweg aus dem Häuschen waren. Auf der anderen Seite die Presse, die diese aus den Fugen geratene Szene noch mehr anheizte.

Es wurden „Jazz Poll's" ausgelobt, von denen ich bis heute nicht so richtig weiß, wer einen bekam. 1974 und 1975 wurden riesige Konzerte veranstaltet, teilweise vor mehr als 3.000 Gästen. Einmal mit einer Dixieland Division, dann mit einer New Orleans Division. Es wurden diverse Schallplatten produziert. Immer wieder wurden die beliebtesten Musiker gewählt und neue Formationen zusammengestellt. Auch hier ist mir bis heute nicht bekannt, wie diese Dinge eigentlich funktionierten.

Natürlich ist so ein Unterfangen reizvoll und im Jazz durchaus eine oft praktizierte Angelegenheit. Sicherlich ist es auch schwierig, immer die richtige Wahl zu treffen. Aber wo waren damals die vielen anderen Musiker, die nicht weniger gut mit ihren Instrumenten umgehen konnten? Hinzu kommt, daß All-Star-Bands nur selten halten, was man sich von ihnen verspricht. Eine für einen Auftritt zusammengestellte Solistengruppe hat es in der Regel schwer, sich als ein stilistisch homogenes Ensemble darzustellen.

Trotz aller Kritik, die sicherlich nicht unbegründet ist, gab es natürlich auch Hörenswertes. Den einen oder anderen Titel habe ich in Hamburg dann auch nie wieder besser gehört. **Ingeborg Thomsen** war ein erfreulicher Aspekt dieser Bemühungen, hatte sie sich bis dahin eher etwas rar gemacht. Für mich ist sie eine der besten deutschen Bluessängerinnen gewesen, und ich habe mich über ihre Einspielungen sehr gefreut. Und die Atmosphäre stimmte! Nie wieder habe ich die Fans lauter jubeln hören. Von daher war es sicherlich wert,

Ingeborg Thomsen, durch das Musical „Hair" berühmt gewordene Sängerin, von 1966 bis 1970 bei ABBI HÜBNER'S LOW DOWN WIZARDS

diesen Versuch zu unternehmen, eine Szene in ihrem absoluten Höhepunkt darzustellen und zu konservieren.

Rolf Klingelhöfer (co), JAZZ LIPS: »Die neue Popularität des Jazz in Hamburg blieb natürlich auch den Medien nicht verborgen. Immer häufiger wurde über Veranstaltungen berichtet, Rezensionen erschienen, und im Februar 1974 rief das „Hamburger Abendblatt" seine Leser auf, ihre Stimme für die Wahl der beliebtesten Hamburger Jazzmusiker abzugeben. Diese sollten unter dem Namen **HAMBURG ALL STARS** beim Abschlußkonzert des „Hot Jazz Meeting" im Mai im CCH auftreten, außerdem war eine Platten-Produktion mit dieser Besetzung geplant.

Das Ergebnis übertraf unsere kühnsten Erwartungen: In fünf von zehn Sparten hatten Musiker der **JAZZ LIPS** die Nase vorn: Klarinette: **Günther Liebetruth**, Posaune: **Rudgar Mumssen**, Banjo/Gitarre: **Peter Meyer**, Baß/Tuba: **Ede Wolff**, Schlagzeug/Waschbrett: **Gunther Andernach**. **Wolf Delbrück** (p) und ich (Kornett) belegten in unseren Abteilungen den zweiten Platz. In der Gruppe „Sänger" reichte es für **Peter Meyer** sogar noch zum dritten Platz hinter **Knut Kiesewetter** und **Marcel Horst**. Nur in zwei Fächern ging die Band leer aus: Unter „Saxophon" und „Sängerin" waren keine Mitglieder der **JAZZ LIPS** vertreten.

Nach diesem überragenden „Sieg" kamen hektische und harte Wochen auf uns zu. Durch die ausgezeichnete Presse nahmen die Engagements noch einmal zu. Am 7. und 8. Mai 1974 gingen die **HAMBURG ALL STARS** für das „Brunswick"-Label ins Studio und nahmen in zwei anstrengenden Nachtsessions eine Doppel-LP auf.«

Peter ‚Banjo' Meyer, JAZZ LIPS: »Wir, die Sieger des „Abendblatt-Jazz-Polls", trafen uns nach Feierabend im TIP-Studio von James Früchtnicht. **Abbi Hübner**, der die Sparte „Kornett" gewonnen hatte, konnte aus vertragsrechtlichen Gründen (er war über die Produzenten Günther Geyer und Jack Martin an die „Teldec" gebunden) an den Aufnahmen für „Brunswick" nicht teilnehmen und wurde durch **Rolf Klingelhöfer** ersetzt. **Gottfried Böttger**, der in der Kategorie „Klavier" an erster Stelle lag, teilte sich die Aufnahmen mit **Wolf Delbrück**; **Gerd Müdde** von den **JAILHOUSE JAZZMEN**, Sieger bei der Sparte „Saxophon", war dabei und für „Gesang" ‚**Marcel' Horst** und **Ingeborg Thomsen**. Produziert wurde diese Platte von James Früchtnicht, der ein großer Jazzfan und ein engagierter und umsichtiger Produzent war. James hatte schon mein erstes Banjo-Solo-Album produziert, und die **JAZZ LIPS** sollten auch in der Zukunft viel und eng mit ihm zusammenarbeiten.

Als wir im Studio ankamen, hatten wir noch keine Vorstellung davon, was wir überhaupt spielen wollten. Immerhin mußten wir genügend Titel aufnehmen, um ein interessantes und abwechslungsreich klingendes Doppel-Album zu füllen. Alle Musiker sollten solistisch gleichrangig bedacht werden, Bandnummern sollten sich mit kleinen Besetzungen abwechseln, ein Saxophon- und Klarinetten-Duett mußte dabei sein, ein Piano-Feature, und auch unsere Sänger durften nicht zu kurz kommen. Alles in allem keine leichte Aufgabe für uns, die Musiker, und den Produzenten.

Wir fingen dann einfach an: Ein Titel wurde ausgesucht, der allen zusagte, ein kurzes Head-Arrangement wurde aufgeschrieben, das Stück wurde durchgespielt und gleich mitgeschnitten. Danach hörten wir diese erste Aufnahme ab, feilten noch ein wenig am Arrangement und machten ein paar weitere „Takes", bis die Nummer im Kasten war. Und das alles gleich live auf das Masterband – ohne Mehrspurtechnik, ohne die Möglichkeit, einen Fehler nachträglich „auszuputzen" oder eine Stimme zu synchronisieren, und ohne die Chance, in der Lautstärke unausgewogen klingende Passagen in einer Endabmischung zu korrigieren.

Knüppelhart war's: in beiden Nächten saßen wir bis morgens um vier im Studio – und wurden schon am Morgen wieder „ausgeschlafen" im Büro, in der Schule oder in der Uni erwartet! Mir persönlich ging es damals so, daß mich solche musikalischen Anstrengungen unheimlich antörnten. Die Genugtuung, mit dabei gewesen zu sein und etwas Besonderes geleistet zu haben, ließ mich ohne weiteres ein paar Nächte ohne Ruhe auskommen, und am nächsten Tag „swingte" sogar noch die Arbeit im Büro trotz Mangel an Schlaf.

Drei Tage nach Beendigung der Aufnahmen in dem kleinen TIP-Studio direkt an der Außenalster war bereits das Konzert im Rahmen des „Hot Jazz Meeting" angesagt. Da traten die ALL STARS zusammen mit dem Altmeister *Lionel Hampton* und seiner Band, mit dem *New Orleans Ragtime Orchestra* und dem Blues-Duo *Sonny Terry & Brownie McGhee* auf und erhielten von der Hamburger Presse hervorragende Kritiken. Noch kurz vor dem Konzert sorgte *Hampton* für einen Eklat. Er wußte angeblich nicht, daß er auf einem Festival-Konzert spielen solle. Er weigerte sich zuerst strikt, mit anderen Bands aufzutreten. Und erst nach langem Zureden von **Karsten Jahnke**, der das „Hot Jazz Meeting" organisiert hatte, erklärte er sich widerstrebend bereit, die zweite Konzerthälfte mit seiner Band allein zu bestreiten. Außerdem ließ er uns durch Karsten eine Liste von Titeln zustellen, die wir nicht spielen durften. Der erste Titel auf diesem Zettel war *When The Saints Go Marching In*.

Am Tag nach diesem Konzert, am Sonntag, dem 12. Mai 1974, standen wir mit den **JAZZ LIPS** morgens um 11.00 Uhr schon wieder auf der Bühne: diesmal in der Hamburger FABRIK, wo wir eine weitere Doppel-LP für die „Teldec" live aufnahmen.

Das war aber noch längst nicht alles für die **HAMBURG ALL STARS**. Das außerordentlich geschäftstüchtige Produzenten-Team Geyer/Martin, bei dem der Kornettist **Abbi Hübner** unter Vertrag war, hatte als Konkurrenz zu den von den Abendblatt-Lesern gewählten **HAMBURG ALL STARS** (die bei der Plattenfirma „Brunswick" eine LP abgeliefert hatten) die **HAMBURG OLD TIME ALL STARS** und die **HAMBURG DIXIELAND ALL STARS** ins Leben gerufen und diese Bands wiederum zu Plattenaufnahmen für die Firma „Teldec" ins Studio geholt. Auch hier hieß es wieder: **JAZZ LIPS**, an die Front! **Günther Liebetruth, Gunther Andernach, Ede Wolff** und ich spielten nun auch noch bei den **HAMBURG OLD TIME ALL STARS**. Und am 13. und 14. Mai 1974, also nur einen Tag nach den Live-Aufnahmen der **JAZZ LIPS** in der FABRIK, standen Wolf, Gunther, Günther, Ede und ich schon wieder im Studio. Diesmal für die Plattenfirma „Metronome" im Hamburger Studio „Windrose".«

HAMBURG ALLSTARS, 1974 (v. l.): Michael ‚Ede' Wolff, Gerhard ‚Marcel' Horst, Peter ‚Banjo' Meyer, Gottfried Böttger, Rolf Klingelhöfer, Ingeborg Thomsen, Gunther Andernach, Günther Liebetruth, Rudgar Mumssen, Gerd Müdde

ABENDBLATT-JAZZ-POLL '74

Das sind die „Hamburg All Stars"! Auf unserem Foto, das während der ersten kurzen Probe in „Onkel Pö's Carnegie Hall" geschossen wurde, posieren diejenigen Hamburger Jazzmusiker, die von den Hamburger-Abendblatt-Lesern zu den besten auf ihrem jeweiligen Instrument gewählt wurden. Und das sind von links nach rechts: Günter Liebetruth (Klarinette), Gottfried Böttger (Klavier), Lutz Jordan (Alt-Saxofon), Peter Meyer (Banjo), Abbi Hübner (Trompete), Rudgar Mummsen (Posaune), Gunter Andernach (Waschbrett), und Michael Wolff (Tuba). Im Vordergrund sitzen die Sänger Elke Hendersen und Marcel Horst.

Daß die Hamburger Jazz-Fans bei ihrer Wahl eine glückliche Hand hatten — wenngleich auch keiner der vielen hundert Einsender genau diese Besetzung wählte — zeigte sich bereits nach den ersten Takten, die die „Hamburg All Stars" von sich gaben: Nach einer kurzen Einleitung von Gottfried Böttger am Klavier gingen sie mit „That's A Plenty" los, daß die Tische und Stühle in der leeren Halle (es war nachmittags) nur so wackelten.

Doch hier zunächst das genaue Ergebnis des Jazz-Polls, wobei wir die Zweit- und Drittplacierten ebenfalls angeben:

Trompete
Abbi Hübner (Low Down Wizzards)
Rolf Klingelhofer (Jazz Lips)
Dieter Bergmann (Old Merry Tale Jazzband)

Klarinette
Günter Liebetruth (Jazz Lips)
Klaus Möller (Low Down Wizzards)
Wolfgang „Bolle" Burmeister (Brunos Salon Band)

Posaune
Rudgar Mummsen (Jazz Lips)
Jost „Addi" Münster (Old Merry Tale)
Gerd Goldenbow (Low Down Wizzards)

Saxofon
Lutz Jordan (Low Down Wizzards)
Gerd Müdde (Jailhouse Jazzmen)
Etlef Jakobsen (Ex-Jailhouse Jazzmen)

Klavier
Gottfried Böttger (Leinemann)

Wolf Delbrück (Jazz Lips)
Peter Cohn (Jailhouse Jazzmen)

Banjo oder Gitarre
Peter Meyer (Jazz Lips)
Andreas v. d. Meden (Old Merry Tale)
Marcel Horst (Jailhouse Jazzmen)

Baß oder Tuba
Michael „Ede". Wolff (Jazz Lips) (Tuba)
Rainer Zaum (Old Merry Tale) (Baß)
Rüdiger Tresselt (Revival Jazzband) (Baß)

Schlagzeug oder Waschbrett
Gunter Andernach (Jazz Lips) (Waschbr.)
Bernd Reimers (Old Merry Tale) (Schlagz.)
Thomas Danneberg (Low Down Wizzards) (Schlagz.)

Sängerin
Elke Hendersen (Subway Jazzmen)
Ingeburg Thomsen

Sänger
Knuth Kiesewetter
Marcel Horst (Jailhouse Jazzmen)
Peter Meyer (Jazz Lips)

Um Knuth Kiesewetter gab's ein wenig Aufregung: Er wurde zum besten Sänger gewählt, doch er wollte nicht. „Erstens bin ich gar kein richtiger Hamburger mehr, und zweitens habe ich kaum noch etwas mit Jazz zu tun", führte er als Begründung an. „Wenn ich zum besten nordfriesischen Folkloresänger gewählt worden wäre, wär's etwas anderes, aber Jazzmusik mache ich ja doch nur noch ganz selten und dann nur zu meinem eigenen Vergnügen." Daß er sich nicht mehr als Hamburger fühlt, muß man akzeptieren, denn er wohnt seit langem in dem 50-Seelen-Dorf Bohmstedt/Feld in Nordfriesland. „Außerdem finde ich, daß der Marcel viel besser in diese Besetzung paßt", fügte er noch hinzu. Nun, wenn er das meint, dann wird es wohl so sein. Wir möchten uns bei Marcel Horst bedanken, daß er sogleich in die Bresche sprang.

Die übrigen Reaktionen der Musiker auf ihre Wahl waren vielfältig. Sie reichten von „Was, das gibt's doch gar nicht!" bis „Na, das ist ja ganz erfreulich." Großes Hallo gab's natürlich beim ersten Treffen bei Onkel Pö, denn alle haben irgendwann schon einmal zusammen gespielt. Mitleidig betrachtet und bedauert wurde Abbi Hübner, der eine geschwollene Oberlippe vorzeigte („Gestern sah ich noch aus wie ein Tapir"). Er konnte nur mit dem äußersten Mundwinkel blasen.

Doch bis zum 11. Mai ist sie sicher wieder abgeschwollen, denn dann wird's ernst für die „Hamburg All Stars", wenn sie beim Schlußkonzert des 7. Hamburger Hot Jazz Meeting in neuem Programm mit der New Orleans Ragtime Band, Sonny Terry & Brownie McGhee und dem Lionel Hampton Orchestra im Congress Centrum auftreten. Die 50 Freikarten zu diesem Konzert, die wir unter den Einsendern ausgelost haben, sind unterwegs, ebenso die 50 Doppelalben „Hamburger Jazz Scene". Auf den beiden LP's mit Aufnahmen der führenden Old-Time-Gruppen in Hamburg sind natürlich auch Mitglieder der All Stars und die Nächstplacierten zu hören. Allen, die interessiert, was sich auf Hamburgs Jazz-Szene tut, sei dieses Album ans Herz gelegt, auch wenn sie nicht unter den Gewinnern sind. Eine Langspielplatte der „Hamburg All Stars" wird demnächst erscheinen.

Wie es nun nach Konzert und Schallplatte mit den All Stars weitergeht, steht noch in den Sternen. Doch bei der Vielzahl an Jazz-Talenten, die auf Hamburgs Boden sprießen, ist es vielleicht nur fair, in entsprechenden Zeitabständen ein solches Poll zu wiederholen.

KARSTEN FLOHR

---

7. INTERNATIONALES HOT-JAZZ-MEETING

Die erste Garde tritt auf

Sonnabend, 4. Mai 1974, 18 bis 23 Uhr
Riverboat-Shuffle auf Dampfer „Bürgermeister Mönckeberg" und „Altona". Abfahrt 18 Uhr St. Pauli-Landungsbrücken, Brücke 5/6, unter anderem mit Papa Bue's Viking Jazzband (Kopenhagen), Hagaw Association (Warschau), Hot Owls, Jazz-O-Maniacs, Revival Jazzband

Sonntag, 5. Mai 1974, 15 bis 18 Uhr
Street-Parade und Jazzer-Fußballspiel auf dem Viktoria-Sportplatz (Hoheluftchaussee), unter anderem mit Abbi Hübner's Low Down Wizards, Old Merry Tale Jazz Band, Papa Bue's Viking Jazzband (Kopenhagen)

Mittwoch, 8. Mai 1974, 20.30 Uhr, Malersaal
Humphrey Littelton & his Band (Englands King of Swing)

Freitag, 10. Mai 1974, 20 bis 4 Uhr
Jazzband-Ball im Winterhuder Fährhaus mit Abbi Hübner's Low Down Wizards, Brunos Salon Band, Dreamland Orchestra, Happy Jazz & Co. (Hannover), Jazz Lips, Jailhouse Jazzmen, Max Collie's Rhythm Aces (London), Mountain Village Jazzmen, Papa Bue's Viking Jazzband (Kopenhagen), Rod Mason-Ian Wheeler Band (London), Red Hot Hottentots (Frankfurt), Traditional Jazz Studio Prag.

Sonnabend, 11. Mai 1974, 20 Uhr, Congress Centrum, Saal 1: Lionel Hampton & his Orchestra,

Sonny Terry & Brownie McGhee, USA; The New Orleans Ragtime Orchestra.

RAGTIME UNITED

DARKNESS ON THE DELTA

Die Band ist aus der Lüneburger *Black Hugo's Ragtime Band* hervorgegangen und spielt seit 1976 ihre fetzige, stimmungsvolle Musik.

In ihrem Domizil Lüneburg ist diese Formation längst zu einer Institution geworden. Durch ihre vielen Auftritte in Hamburg und Umgebung, ihrer regelmäßigen Präsenz im COTTON CLUB und nicht zuletzt durch ihr sympathisches Erscheinungsbild ist die Gruppe aus der Hamburger Jazz-Szene nicht mehr wegzudenken.

Auftritte auf verschiedenen europäischen Jazzfestivals gaben der Band stets neue Impulse.

Ihr scheinbar unerschöpfliches Repertoire besteht aus gefühlvoller New Orleans Music, interessanten Ragtimestücken und fetzigen Dixielandstandards.

Ob in Konzertsälen, Jazzclubs oder Kneipen, bei Geschäftsfeiern, Privatfeten und Stadttesten, **RAGTIME UNITED** findet immer die richtige Einstellung zum Publikum und läßt garantiert den berühmten Funken überspringen.

RAGTIME UNITED hat bisher zwei Schallplatten produziert. Beides sind Live-Aufnahmen und dokumentieren mehr als anschaulich, wie diese Band „ihr" Publikum begeistert.

Besetzung:
Rudolf Kammrath (tp), Werner Gürtler (tb), Hartmut Schmidt (cl), Anke Kammrath (bj), Peter Dettenborn (b), Joachim ‚Charlie' Zöllmer (dr)

Kontakt:
Joachim Zöllmer, Flemingstraße 11, 22299 Hamburg, Telefon: 0 40 - 48 82 18

RAGTIME UNITED, 1988 (v. l.): Anke Kammrath, Werner Gürtler, Hartmuth Schmidt, Wilm Dohse, Peter Dettenborn, Rudolf Kammrath

RAGTIME UNITED, 1993 im COTTON CLUB (v. l.): Hartmuth Schmidt, Rudolf Kammrath, Joachim ‚Charly' Zöllmer, Anke Kammrath, Werner Gürtler, Peter Dettenborn

RAGTIME UNITED

Peter Dettenborn, 90er Jahre

Rudolf Kammrath, 90er Jahre

PETER ‚BANJO' MEYER

BANJO GREETINGS

In der nachfolgenden Biographie dieser außergewöhnlichen und interessanten Musikerpersönlichkeit – von ihm selbst veröffentlicht – erfährt man alles über seinen Werdegang und seine musikalischen Aktivitäten. Die Beurteilung seines musikalischen Könnens und der Mensch selbst kommen bei einer solchen Darstellung natürlich immer zu kurz. Da ich auch in der Presse nicht annähernd das gefunden habe, was ich beim Hören seiner Musik empfinde, möchte ich an dieser Stelle einmal versuchen, eine entsprechende Würdigung vorzunehmen. Über das Thema Presse wird Peter in diesem Buch ja noch ausführlich seine Meinung sagen. Natürlich wird er gelobt und seine Solistik anerkennend herausgehoben, aber ich werde das Gefühl nicht los, daß das Banjo hierzulande als Instrument nicht die Beachtung findet, die es verdient. **Peter Meyer** hat es einmal treffend formuliert: »In Europa hat das Banjo noch einen Hauch von Exotik.«

Sicherlich ist für die von Peter veranstalteten Banjo-Festivals auch mit ein Motiv dafür gewesen, zu zeigen, was auf diesem wunderbaren Instrument technisch und musikalisch alles möglich ist. Geholfen haben ihm dabei die besten Banjo-Solisten der Welt.

Spätestens nach diesen Konzerten dürfte jedem klar sein, daß auch er schon seit langer Zeit zu den Besten gehört. Gleichgültig, ob als Rhythmiker oder als Solist. Auf sehr subtile Art spielt er sein Instrument mit einer Ausstrahlung, die Lebenslust und Humor verbindet. Denn neben aller Originalität der Musik ist ihm immer auch der große Spaß an der Sache anzumerken.

Seine Soli sind außergewöhnlich melodienreich und ausdrucksstark. Seine Improvisationen sind voller Überzeugungskraft. Als Rhythmiker ist er die absolute harmonische Basis und der präzise Impuls in der jeweiligen Band. Geprägt durch seine Erfahrung und durch die musikalische Verwandtschaft zu seinen Musikern, ergibt sich stets eine abgerundete Interpretation der Musik, die er spielen möchte.

Auch in jedem Ton seines Gesangsvortrages, den ich an dieser Stelle auch noch hervorheben möchte, ist seine große Liebe zu dieser Musik erkennbar. Seine humorvolle, informative Moderation, die mir in seinen Konzerten immer viel Spaß gemacht hat, soll genauso erwähnt werden wie seine große Professionalität. Ich hatte das Vergnügen, ihm einige Male persönlich zu begegnen und war von seiner sympathischen, menschlichen Art sehr beeindruckt.

Ich meine, kaum ein Musiker in Hamburg ist so gut geeignet, sich als Botschafter dieser Musik zu betätigen wie **Peter ‚Banjo' Meyer**. Möge er noch lange seine „Banjo-Grüße" in die Welt hinaustragen. Seine musikalische Entwicklung wird auf sehr vielen Schallplatten, die in seiner fast 40jährigen Tätigkeit produziert wurden, aber ganz besonders auf seinen Solo-Alben, sehr gut dokumentiert.

Nachfolgend nun Peters Biographie:

»**Peter ‚Banjo' Meyer**, Banjo, Gitarre, Gesang, wurde am 28. März 1944 geboren.

Meyer kann ja jeder heißen, aber ‚Banjo' Meyer genannt zu werden, das muß man sich erst verdienen, sprich: erspielen. Er kam über Blockflöte und Akkordeon 1957 als Autodidakt zur Gitarre und zum Banjo. Schon bald folgten seine ersten öffentlichen Auftritte in Hamburg und im Internat Marienau, das seine Musikalität selbstlos förderte: So konnte Peter eine „5" in Chemie mit einer „1" in Musik ausgleichen! Nach dem Schulabschluß 1961 kam er wieder nach Hamburg. Er stieg in die **SISTER KATE'S JAZZMEN** ein, war gerngesehener Gast bei Mitternachts-Sessions mit den **JAILHOUSE JAZZMEN** und gründete, zusammen mit dem Posaunisten **Gerd Goldenbow**, zwei Jahre später die **NEW ORLEANS HOT OWLS**. 1964 holte ihn **Abbi Hübner** in seine neugegründeten **LOW DOWN WIZARDS**, und mit dieser Band machte Peter erste Plattenaufnahmen. Nebenbei spielte er mit den **STEAMBOAT STOMPERS** sonntags in den RIVERKASEMATTEN und kurze Zeit mit der **ST. JOHN'S JAZZBAND**.

1967 stieg Peter bei Abbi aus. Seine musikalische Karriere lief vorerst auf Sparflamme: Zwar spielte er Gitarre in **MARCELS BLUES COMPANY**, hauptsächlich jedoch riskierte er Kopf und Kragen in einem Formel V-Rennwagen. 1969 gewann er schließlich die Norddeutsche Rennsport-Meisterschaft.

1970 holte ihn **Günther Liebetruth** zu den **SOUTHSIDE WASHBOARD KINGS**, und somit wurde auch Peter ein Gründungsmitglied der **JAZZ LIPS**. Mit dem einsetzenden Jazz-Boom wechselte er 1974 ins Profilager und machte mit diversen Bands unzählige Plattenaufnahmen (unter anderem mit *Clyde Bernhardt's Harlem Blues & Jazz Band*). Er arbeitete als freier Arrangeur, Studiomusiker und Komponist für diverse Plattenfirmen und Künstler, auch für die Fernsehserie „Sesamstraße" und den NDR-Kinderfunk. Die Hansestadt Hamburg schickte ihn als musikalischen Botschafter zu Festivals nach Marseille und Prag. 1974 gründete er **MEYER'S DAMPFKAPELLE** – von den **JAZZ LIPS** waren **Günther Liebetruth**, **Wolf Delbrück** und **Ede Wolff** mit dabei – und war mit dem „Fließband"-Song mehrere Wochen in den deutschen Charts und in über 50 TV-Shows vertreten. Weitere Platten machte er mit **MEYER'S DAMPFKAPELLE** und als Solist. Es folgten Tourneen durch die USA und Engagements in Acapulco/Mexiko. Mit der amerikanischen Banjo-Firma OME schloß er einen Vertrag ab und spielt seitdem exklusiv deren Instrumente.

Ein ganz besonderes Ereignis prägt seine weitere musikalische Laufbahn: In Chicago lernte Peter 1973 sein großes Vorbild, den Banjo-Altmeister *Ikey Robinson* kennen, trat mit ihm dort auf und organisierte für ihn in Deutschland eine Tournee und Plattenaufnahmen mit den **JAZZ LIPS**.

Im Juli 1979 stieg er bei den **JAZZ LIPS** aus und kurze Zeit später bei der **OLD MERRY TALE JAZZBAND** und bei **REINER REGELS AIRMAIL** ein. 1984 kehrte Peter in seinen Beruf als Verlagskaufmann und ein Jahr später zu den **JAZZ LIPS** zurück. Er organisierte die „International Banjo-Festival Tour" und bekam Engagements bei internationalen Festivals in San Jose und Kansas City. Es folgten weitere Aufnahmen für Banjo-Schallplatten und Auftritte mit internationalen Banjokollegen.

Ab 1990 hatte er regelmäßig Auftritte mit der All Star Band *Top Eight* – mit *Acker Bilk*, *Rod Mason*, *Vic Pitt* und *Huub Janssen* – und zu seinem Bühnenjubiläum gründete er 1994 die *European Jazz Giants*, unter anderem mit *Oscar Klein* (tp), *Charly Antolini* (dr), *Roy Williams* (tb), *Antti Sarpila* (cl) und *Vic Pitt* (b).

Peters Moderation und seine Präsentation der **JAZZ LIPS** sind humorvolles „i"-Tüpfelchen eines jeden Jazzabends. Er lebt mit Sylvia, seiner zweiten Frau, und zwei „Triumph"-Oldtimern im grünen Süden Hamburgs. Besonders stolz ist er auf seine Tochter Hanna, die seit Mitte 1993 Gitarre spielt.«

Peter ‚Banjo' Meyer, 90er Jahre

Hier ist Meyer's Dampfkapelle,
Jazzmusik für schwere Fälle.
Was auch auf der Welt geschieht,
Meyer sorgt für die Musik.
Eifersuchtsermordungsszenen:
Blasmusik soll sie verschönen
Aktiengesellschaftspleiten -
Meyer wird sie nett begleiten.
Frohsinn für Verkehrsunfälle.
Homosexuelle Bälle.
Staatsbegräbnisfreudenklänge.
Herzensbildende Gesänge.
Jubeltänze, Kriegsgeschrei:
Meyer macht Musik dabei.
Denn was sowieso geschieht,
das geschieht auch mit Musik.
Alles, was die Brust aufwühlt:
Meyers Dampfkapelle spielt.
Hans Scheibner

MEYER'S DAMPFKAPELLE

ICH MAG SO GERN AM FLIESSBAND STEHN

Auftaktsong und Programm zugleich. Unterhaltend wollten sie sein, auf lustige Art. Humorvolles sangen sie, aber mit Stacheln und Widerhaken. Das war das Konzept. Zu scheinbar „schönen, guten alten Dixieland-Rhythmen" deutsche Lieder aller Unarten zu singen: vom Geblödel über das *Knödl-Mädl* bis zum bissig-engagierten *Ich mag so gern am Fließband stehn*.

Wenige Wochen nach dem Erscheinen der ersten LP „Herzlose Lieder" war **MEYER'S DAMPFKAPELLE** in Deutschland bekannt für „Satirischen Dixieland". Initiator war **Peter ‚Banjo' Meyer** von den **JAZZ LIPS**. Er hatte die Idee, »man müßte mal endlich was mit guten deutschen Texten machen.« Den richtigen Partner fand er in dem als legitimen Ringelnatz-Nachfolger geltenden und durch seine Bücher und Fernsehauftritte so bekannten **Hans Scheibner**, den er Ende 1973 kennenlernte.

Peter war von seiner „Lästerlyrik" so begeistert, daß er sofort, trotz der anfänglichen Skepsis von **Hans Scheibner**, einige Gedichte vertonte und Demobänder aufnahm. Die „Metronome" war von diesem Projekt sehr angetan, und eine Plattenproduktion wurde verabredet.

Im Mai 1974 wurde die erste LP aufgenommen: „Herzlose Lieder". Zu diesen Aufnahmen holte er ein paar Kollegen von den **JAZZ LIPS** – **Wolf Delbrück**, **Günther Liebetruth**, **Gunther Andernach** und **Ede Wolff** – und dazu die Hamburger Musiker **Chris Herrmann** (co), **BRUNO'S SALON BAND**, **Wolfgang Schleicher** (tb), **Helge Fischer** (dr); die Sängerin **Ingeborg Thomsen** und natürlich **Hans Scheibner** selbst wurden ans Mikrofon gebeten.

Die Platte wurde ein ungeahnter Verkaufserfolg. *Ich mag so gern am Fließband stehn* und *Knödl-Mädl* landeten sofort in den Hit-Paraden. Ganz plötzlich standen die Musiker im Rampenlicht der Medien: Rundfunksendungen, TV-Aufnahmen, Presse-Interviews, Autogrammstunden und natürlich viele Live-Auftritte. Für die Konzerte wurden der Posaunist **Harald Kropp**, der auch Klarinette und Sopransaxophon spielte, der Trompeter **Charly Rittich** und der Schlagzeuger **Bobby Pearce** aus England verpflichtet, weil einige Musiker, die bei den Plattenaufnahmen dabei waren, nicht zur Verfügung standen.

Bis 1978 war die Band mehr als erfolgreich: einige Tourneen mit vielen Auftritten, fünf LP- und zwei Single-Produktionen, TV-Gastspiele usw. usw. Peter hat einmal alles zusammengerechnet: 1975 hatte er 88 Jobs mit den **JAZZ LIPS**, 62 mit der **DAMPFKAPELLE**, an 22 Tagen produzierte er in Funk- und Fernsehstudios, und

59 Tage (oder Nächte) verbrachte er bei Plattenaufnahmen. Im Laufe der Jahre wurde immer wieder einmal die Besetzung verändert. So spielte zum Beispiel auch **Gunther Andernach** (wbd), **JAZZ O'MANIACS** – **Volker Reckeweg** (tp), **EINE KLEINE JAZZMUSIK** – **Reiner Regel** (cl, as, ts), **OLD MERRY TALE JAZZBAND** – **Peter Cohn** (p), **ABBI HÜBNER'S LOW DOWN WIZARDS** – und **Joe Sydow** (b) in dieser Band.

1978 gab es eine schlimme Auseinandersetzung mit der Plattenfirma. Der darauf folgende Rechtsstreit brachte dann das „Aus" für diese beliebte und erfolgreiche Hamburger Jazzband.

MEYER'S DAMPFKAPELLE, 1975 (v. l.): Hans Scheibner (voc), Charly Rittich (tp), Günther Liebetruth (cl), Harald Kropp (tb), Wolf Delbrück (p), Peter Meyer (bj), ‚Ede' Wolff (tu), Bobby Pearce (dr)

FRANCIS' HOT ACES

THAT'S A PLENTY

So bewegt wie das Leben des Gründers **Francois-Regis Garnier** ist auch die Geschichte dieser Hamburger Jazzband, die 1972 ursprünglich mit dem Namen **FRANCIS' ROYAL GARDEN SERENADERS** gegründet wurde, 1974 umbenannt in **FRANCIS' HOT ACES**. Mit dabei waren damals **Peter Räuker** (co), **Sönke Leu** (bj), **Andreas Clement** (p), **Rainer ‚Baby' Kind** (tu), **Albert Tamm** (tb), **Bernd Kruse** (dr) und **Friedrich ‚Fiete' Bleyer** (cl). Regis war für die Saxophone zuständig.

Regis wurde am 4. März 1937 in Abidjan geboren. Er besuchte Schulen in Frankreich, Schottland und Spanien. 1961 gründete er im Quartier Latin den Jazz-Club „Le Haricot Rouge". 1962 übernahm er unter der Assoziation von Maurice „Mowgli" Jospin die Schirmherrschaft des „Hot Club De France". 1964 Trennung vom Club und 1969 Umzug nach Hamburg, wo er dann ab 1970 seine ersten musikalischen Erfahrungen in den Gruppen **SIDEWALK STOMPERS** und **CAKE WALKING BABIES** sammelte.

Mit seinen Hot Aces wollte er die Musik vermitteln, wie sie um 1930 in den großen amerikanischen Ballhäusern gespielt wurde: unkompliziert, aber vielfältig, engagiert, aber entspannt, alles mit neuen Arrangements, ausnahmslos von **Regis Garnier** geschrieben. Anfang der 80er Jahre war wohl die beste Zeit der Gruppe. In dieser Zeit ist auch eine recht beachtenswerte Schallplatte entstanden.

Ab 1984 gab es häufige Musikerwechsel auf Grund von stilistischen Meinungsverschiedenheiten. Trotz aller Schwierigkeiten wird aber bis Anfang der 90er Jahre weitergespielt. Nach einer kurzen schöpferischen Pause geht Regis 1992 mit einem neuen Konzept erneut an die Öffentlichkeit: Jetzt werden nur noch ganz durcharrangierte Stücke gespielt. Diese neue Aufgabe ist sicherlich nicht einfach und erfordert eine gewisse Zeit. Man darf also gespannt sein, mit welcher Musik uns dieser engagierte Musiker in Zukunft überraschen wird. Nebenbei spielt Regis mit der **FRANCIS' FOUR** in kleiner Besetzung.

Besetzung:
Marcus Jahn (tp), Regis Garnier (as, ss), Egon Voss (ts), Dieter Meyser (tp), Heiko Mönke (b), Rolf Depping (wbd)

Kontakt:
Regis Garnier, Erbsenkamp 16, 22175 Hamburg, Telefon: 0 40 - 6 40 31 22

FRANCIS' HOT ACES, 1982 im LÜTT HUUS (v. l.): Albert Tamm, Peter Räuker, Regis Garnier, Friedrich ‚Fiete' Bleyer, stehend: Bernd ‚Kruste' Kruse, Sönke Leu, Rainer ‚Baby' Kind, Dietrich Buchholz

2 Hamburg 50 Barnerstraße 36   38 81 35

FABRIK

P R O G R A M M   F Ü R   F E B R U A R   1 9 7 4
==

Fr.	1.2.	20.30 h	Old Merrytale Jazzband
Sa.	2.2.	20.30 h	Xerxes — Rock
So.	3.2.	11.30 h	Jazz-Frühschoppen mit den Jazz Lips
Di.	5.2.		
Mi.	6.2.	20.30 h	The Mombasa — afrikan. Jazzband

Do. 7.2. 21.00 h FABRIK Filmclub zeigt: "Die Außenseiterbande", Frankr., 1964, Regie: Jean Luc Godard - ein amüsanter und zugleich spannender Film über jugendliche Träumer, die zuviele Krimis gelesen haben - Eintritt DM 2,--

Fr. 8.2. 20.30 h Magma — populäre französische Musikgruppe
Sa. 9.2. 20.30 h Sixty Nine featuring Armin Stoewe, Orgel, Piano und Roland Schupp, Schlagzeug, Percussion
So. 10.2. 11.30 h Jazz-Frühschoppen mit den Jailhouse Jazzmen
         20.30 h Improvisationsgruppe der FABRIK — Eintritt frei
Di. 12.2. 20.30 h Brian Auger
Mi. 13.2. 20.30 h Bust — neue Hamburger Rockformation
Do. 14.2. 21.00 h FABRIK Filmclub zeigt: "If" - Regie: Lindsay Anderson-Farbe - Junge Menschen, mit den Methoden von gestern erzogen, erheben sich mit Waffengewalt gegen die Welt der Alten - Eintritt DM 2,--
Fr. 15.2. 20.30 h Pell Mell — Klassik-Rock
Sa. 16.2. 20.30 h Abbi Hübner's Low Down Wizards
So. 17.2. 11.30 h Jazz-Frühschoppen mit Bjørn Jensen's High Brows
Di. 19.2. 20.30 h Jackie Dae Group — Eintritt frei
Mi. 20.2. 20.30 h Reaction — Hard Rock Trio
Do. 21.2. 20.30 h Vinegar Joe
Fr. 22.2. 20.30 h Agitation free — Rockimprovisationen
Sa. 23.2. 20.30 h Jazz Lips in Concert
So. 24.2. 11.30 h Jazz-Frühschoppen mit den Mountain Village Jazzmen
         20.30 h Improvisationsgruppe der FABRIK — Eintritt frei
Di. 26.2. 21.00 h Filmforum '74 - Kurzfilmschau mit Filmen von Hamburger Filmemachern - Eintritt DM 0,50 zugunsten Aktion Sorgenkind
Mi. 27.2. 20.30 h Jam Session — Eintritt DM 1,--
Do. 28.2. 21.00 h FABRIK Filmclub zeigt: "Der Krieg der Knöpfe" - amüsanter Kinderkrieg zwischen zwei verfeindeten Dörfern bei Paris Eintritt DM 2,--

Öffnungszeiten: Di - So. 11.00 bis 18.00 Uhr
                         19.00 bis ca. 1.00 Uhr
                Montags geschlossen

DIE FABRIK

In diesem einmaligen Kommunikations-Zentrum in der Barnerstraße in Altona war von Anfang an auch der Jazz zu Hause. Hier ist er in all seinen Facetten immer wieder zu Wort gekommen. Ob als Musiker oder als Besucher, immer habe ich innerhalb dieser alten Mauern so etwas wie Geborgenheit, etwas Vertrautes empfunden. Bei meinen vielen Besuchen war es jedes Mal auf eine andere Art spannend, und stets gab es Neues zu entdecken.

Die FABRIK

Als der Maler und Grafiker **Horst Dietrich** und der Architekt **Friedhelm Zeuner** 1971 aus der ehemaligen Maschinen- und Munitionsfabrik, Baujahr 1830, eine ganz neue Begegnungsstätte entwickelten und beschlossen, sämtliche Kunstsparten und Kommunikationsformen unter einem Dach zu vereinen, waren wir Jazz-Musiker sehr geteilter Meinung, wenn nicht sogar skeptisch, ob dieses Experiment Erfolg haben würde. Unsere Musik neben Theater, Popmusik, Grafik, Kunstgewerbe, Kinderladen, Galerie und Werkstatt, das war eine Vorstellung, die einigen von uns starke Magenschmerzen machte. Völlig zu Unrecht, wie wir bald feststellen konnten. Von Anfang an waren die Jazzveranstaltungen, besonders die Frühschoppen am Sonntag, ein großer Erfolg. 800 bis 1.000 Besucher waren an diesen Tagen keine Seltenheit. Das Hamburger Jazz-Festival, ab 1975 regelmäßig veranstaltet, und viele interessante, manchmal sensationelle Abendkonzerte wurden recht schnell zu beliebten Highlights in der kulturellen Szene der Stadt.

Was war nun das Besondere, was machte diesen ganz eigenen Reiz aus, der die jazzbegeisterten Hamburger magnetisch anzog? Für mich als Musiker war neben der schwer zu beschreibenden Atmosphäre der spontane Kontakt zum Publikum der reizvollste Aspekt. Der Funke sprang viel leichter und schneller über als in den Clubs und Kneipen, in denen ich vorher gespielt hatte. Ich habe mich in der FABRIK immer mehr als nur wohlgefühlt, und ich hatte stets das Gefühl, daß es den anderen Besuchern genauso erging. Wo kann man während einer Veranstaltung schon zuschauen, sich hinsetzen, herumlaufen, essen, trinken, sich unterhalten, also alles das tun, wozu man gerade Lust hat, ohne das Gefühl zu haben, die Veranstaltung zu stören?

Heute, nach über 20 Jahren, hat sich die FABRIK als Meilenstein einer neuen Kulturpolitik etabliert. Sie ist trotz aller Stolpersteine zum Mythos geworden, und sie wird allen Unkenrufen zum Trotz überleben. So lange ich Musiker wie *Mikis Theodorakis*, *Chet Baker*, *Dizzy Gillespie*, *B. B. King* und *Miles Davis* dort erleben kann – und nur dort möchte ich sie erleben – mache ich mir um das Fortbestehen dieses „Kult-Tempels" keine Sorgen. Die Liste aller Musiker und Bands, die dort gastierten, könnte man übrigens noch seitenlang weiterführen. Es gibt wohl nur noch wenige, ob unbekannt oder mit großem Namen, die dort noch nicht zu hören waren.

Meine Besuche sind in den letzten Jahren leider immer seltener geworden. Woran liegt das? Diejenigen, die die FABRIK von Anfang an kennen, vermissen sicherlich das spannungsgeladene Chaos der ersten Jahre und die liebenswerte Ausstrahlung, die nicht mehr so stark ist wie früher. Irgendwie ist der alte Charme und das gewisse Etwas verlorengegangen. Die alte Ungezwungenheit will sich nicht mehr so recht einstellen. Auch wir sind mit der FABRIK älter geworden, und sicherlich ist auch eine gewisse Portion Bequemlichkeit hinzugekommen.

Die Hoffnung, sich durch die Einnahmen aus Gastronomie und Großveranstaltungen die existentielle Unabhängigkeit von öffentlichen Mitteln zu sichern, erfüllte sich nicht. Häufig drohten finanzielle Krisen die FABRIK zum Scheitern zu bringen, und ohne die sporadischen Zuschüsse und Kredite der Stadt sowie den unermüdlichen Einsatz und die Risikobereitschaft der Mitarbeiter gäbe es die FABRIK sicher schon lange nicht mehr. Trotzdem erlangte sie eine Bedeutung, die weit über die Grenzen Hamburgs hinausging. Sie war Anregung und Beispiel für viele ähnliche „Fabriken" in ganz Deutschland wie im Ausland und sorgte zudem für die Aufwertung eines bis dahin soziokulturell vernachlässigten Stadtteils.

Daran konnten auch der Brand und die 2½ Jahre Übergangszeit in Notquartieren nichts ändern. Die FABRIK bietet seit der Wiedereröffnung im September 1979 in neuem/altem Stil Bewährtes und Vertrautes, aber nach wie vor auch Experimentelles und Unbekanntes.

Mit immer wieder neuen Ideen und Konzepten versucht man die sozial-kreative Arbeit oder das kulturelle Programm dieser Institution interessant und abwechslungsreich zu gestalten. Ich wünsche mir und allen Freunden der FABRIK, daß **Horst Dietrich** und sein Team noch viele Jahre Erfolg damit haben. Die FABRIK muß leben!

Wer mehr über die FABRIK, ihre Entstehung und Geschichte erfahren möchte, dem sei das Buch „Phantasie und Alltag" (siehe Anhang) empfohlen.

Rudgar Mumssen (tb), **JAZZ LIPS**: »Die Geburtsstätte der Hamburger (Jazz-)Szene war im wesentlichen die alte Munitionsfabrik in Altona. Hier konnte auch die Nachkriegsgeneration relativ unbeschwert wieder an Jazzkonzerten teilnehmen. Gut zehn Jahre lang waren unsere Fans von damals in ihr Familienleben abgetaucht und hatten abends ihren Nachwuchs gehütet. Aber in die FABRIK konnte man die Kinder mitnehmen, denn hier wurde a) sonntäglich und b) zum Frühschoppen gejazzt. Und wie ging es doch zu Herzen, wenn die lieben Kleinen mit offenen Augen und Mündern vor der Bühne standen und sich gleich der swingenden Musiker im Rhythmus wiegten, wenn der Sohn mit einem Kazoo auf die Bühne gelockt wurde und einsteigen durfte, wenn die Tochter eine Country-Nummer mit La-la-la über die Lautsprecher begleitete. Während die Kinderschar in den Pausen gut damit beschäftigt war, das Waschbrett durchzurufeln, das Klavier zwölfhändig zum Piano-Fortissimo umzuarbeiten oder die Tom-Tom zu verhauen, konnte man es sich in der Teestube endlich so richtig gemütlich machen.

Für uns Musiker war die Pause in der FABRIK nicht ganz so entspannen. Wenn die Posaune scheppernd von Ständer gerissen wurde oder wenn Schwärme von Papierschwalben in die Tuba segelten, konnte man schon mal Bemerkungen aufschnappen, wie Ede sie gelegentlich ins Mikrophon knurrte: »Ich hasse Blumen und kleine Kinder!« (Heute besitzt er einen Garten, hat eine Ehefrau und einen Sohn.)«

Frühschoppen in der FABRIK, auf der Bühne: die JAZZ LIPS

Gunther Andernach (wbd), **JAZZ O'MANIACS**: »Die sonntäglichen Frühschoppen in der FABRIK waren einfach unbeschreiblich. Wir spielten mit den „Lips" als eine der ersten Jazzbands in der FABRIK, und sehr schnell sprach es sich herum, daß dort ein ganz heißer Frühschoppen ablief. Schon bald hatten wir am Sonntagmorgen regelmäßig 1500 Gäste, jung und alt, aus allen Schichten, die auf unsere Musik abfuhren. Wir spielten uns bei einer solchen überschäumenden Begeisterung der Leute die Finger wund.

Musik war für uns alles. Wir wurden nicht müde, immer und immer wieder aufzutreten. So spielten wir zum Beispiel am Sonnabend von 20.00 bis 0.30 Uhr in der SEGLERBÖRSE, und anschließend, nach einem kurzen Besuch in einem China-Restaurant, hatten wir von 2.00 bis 5.00 Uhr früh ein Engagement in ONKEL PÖ'S CARNEGIE HALL, obwohl für uns schon am Sonntagvormittag um 11.00 Uhr bereits wieder ein Frühschoppen in der FABRIK angesagt war.«

Wiedereröffnungsfest 28/30. September 1979. Die FABRIK platzt wieder einmal aus allen Nähten.

Abendkonzert in der FABRIK, wieder einmal ausverkauft.

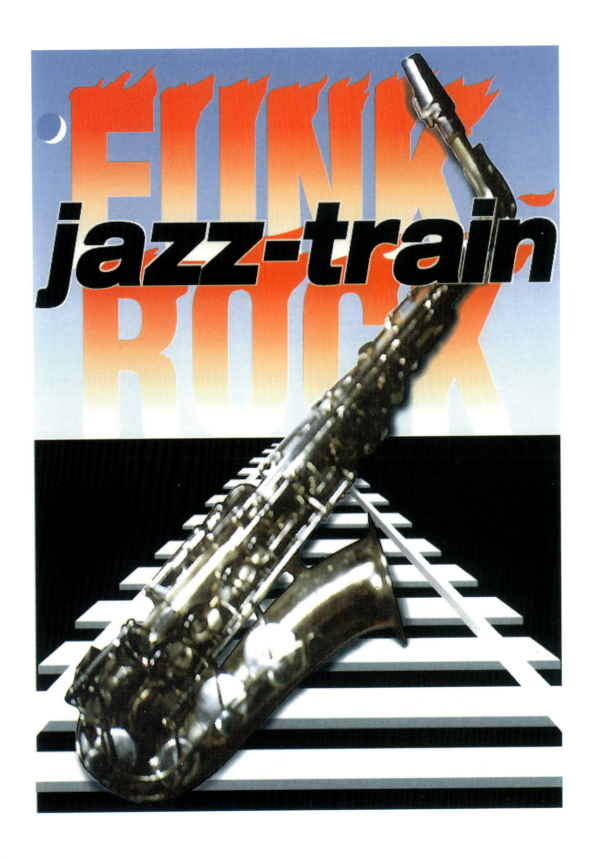

JAZZ TRAIN

A TRAIN IS COMING

Und was für ein Zug daherkommt! **JAZZ TRAIN**, Baujahr 1975, ist ein musikalischer Hochgeschwindigkeitszug, der mit Volldampf durch alle stilistischen Jazzlandschaften braust. Die gesamte Bandbreite des Jazz, vom Blues zum Swing und Bebob, vom Jazzrock bis hin zu Funk und Latin wird von dem spannungsgeladenen Musikzug angefahren.

Siegfried Schaumann, ein Klarinettist der ersten Stunden der Hamburger Jazzszene, ist im reifen Alter zu einem der vielseitigsten Hamburger Jazzmusiker geworden.

Als Mitglied in mehreren Dixie- und Swingbands (**ST. MICHEL'S JAZZBAND, CLAMBAKE SEVEN ALL STARS, JAZZ MATES, FOUR FOR JAZZ & ONE**) ist er auch in vielen Hamburger und auswärtigen Bands als Gastmusiker und Vertretung gern gesehen.

Mit Jazz Train hat ‚**Siggi' Schaumann** sich vor einigen Jahren einen Herzenswunsch erfüllt und hier eine Band geschaffen, die mit Volldampf viele stilistische Richtungen einschlägt. Viele Stationen, Blues und Swing, vor allem aber Souljazz, Latinjazz, Funk und Jazzrock werden von diesem spannungsgeladenen Musikzug angefahren.

Siegfried ‚Siggi' Schaumann, heute Multiinstrumentalist (ts, as, ss, cl, fl, chr) hat hier mit den jungen, hochtalentierten Musikern wie: **Jonas Landaschier** einem Jungpianisten aus Hamburg, **David Heigener**, der sich als Bassist der Bigband **STINTFUNK** seine Sporen verdient hat und **Mathias ‚Matsche' Korb** am Schlagzeug, seiner dynamischen Spielweise wegen „Mr. Power" genannt, eine wirkliche Spitzenband geformt.

Steigen Sie ein in diesen Zug, erleben Sie gemeinsam mit dieser vielseitigen Band die Musikwelt des **JAZZ TRAIN**! Nur vergessen Sie eines nicht: Anschnallen!

Die Band können Sie regelmäßig im COTTON CLUB hören und erleben. Von den musikalischen Möglichkeiten her ist sie aber durchaus in der Lage, ihr Publikum auf jeder anderen Art von Veranstaltung zu unterhalten und zu begeistern.

Kontakt:
Siegfried Schaumann, Reinhardtallee 10, 21365 Wentorf, Telefon: 0 40 - 7 22 65 71 oder Neubertstraße 36, 22087 Hamburg, Telefon: 0 40 - 25 83 39

JAZZ TRAIN 1981, (v. l.): Jörg Trümper, Gerald Bartels, Ulrich Miletschus, Siegfried Schaumann, Theo Rebergen

Siegfried ‚Siggi' Schaumann spielt manchmal zwei Saxophone gleichzeitig

LOG CABIN JAZZ BAND

MANDY MAKE UP YOUR MINDS

Erhard ‚Burte' Neussert (cl, sax), heute **APEX JAZZ BAND**, erzählt die Geschichte dieser interessanten Jazzband: »Das erste Zusammentreffen einzelner Bandmitglieder der **LOG CABIN JAZZ BAND** fand im Herbst 1978 statt. Ich erinnere mich, daß **Klaus-Uwe Dürr** mich anrief und in der ihm eigenen, höflich-verbindlichen Art nach einem „Herrn Burte" fragte. Zunächst waren einige Lehrerkollegen von Klaus-Uwe mit dabei. Später kamen noch **Klaus Wysocki** (tb) und **Klaus Zapf** (bj) dazu.

Anfang 1979 fuhren wir regelmäßig einmal in der Woche nach Buchholz, um dort im Haus der Jugend gemeinsam mit einigen ortsansässigen Musikern zu jazzen. Wir traten dort mit **Hans-Gerd Findeklee** (p), **Ernst Narten** (b) und **Ettore** (dr) auf. Eines Tages kam **Wolfgang Schulz-Coulon** (cl, sax) dazu. Später ersetzte **Gerd Lübbe** (tb) **Klaus Wysocki** und **Heye Villechner** (dr) **Ettore**.

Zur Namensgebung der Band gibt es noch etwas zu erzählen. Der Buchholzer Teil der Band brachte eine Idee mit. Da sie einst in einem alten Holzhaus auf dem Butterberg probten, sollte die Band „Butter Mountain Wood House Stompers" heißen. Diese Übersetzung konnte unser „Englisch-Pauker" Klaus-Uwe nicht durchgehen lassen, so daß wir den Namen in **LOG CABIN JAZZ BAND** korrigierten. Ich erinnerte mich, daß **Kunibert Rosolowski** früher einmal eine Band mit diesem Namen hatte, da er aber keine Einwände hatte, blieb es bei diesem Namen.

LOG CABIN JAZZ BAND, 1984 im COTTON CLUB (v. l.): Ernst Narten, Klaus Zapf, Erhard ‚Burte' Neussert, Wolfgang Schulz-Coulon, Jürgen Böhmert, Klaus-Uwe Dürr, Gerd Lübbe, Hans-Gerd Findeklee

Ab 1979 spielte die **LOG CABIN JAZZ BAND** für einige Jahre in folgender Besetzung: **Klaus-Uwe Dürr** (co), **Gerd Lübbe** (tb), **Wolfgang Schulz-Coulon** (as, cl), **Hans-Gerd Findeklee** (p), **Ernst Narten** (b), **Erhard ‚Burte' Neussert** (cl), **Klaus Zapf** (bj, g), **Jürgen Böhmert** oder **Rainer Marx** (dr).

Ab August 1985 verließ **Klaus-Uwe Dürr** die Band und wurde durch **Peter Räuker** ersetzt.

Die Band hatte sich ganz der traditionellen New-Orleans-Musik verschrieben und spielte regelmäßig im COTTON CLUB, im JAZZ FORUM, auf vielen Straßenfesten und sogar im Fernsehen (NDR Sport 3).

Im Juli 1985 produzierte die Band eine MC im „Lamplight Studio" Hamburg.

Bei einem der regelmäßigen Auftritte im STÖVCHEN in Wentorf, lernten wir 1983 einen netten Herren kennen, der meinte: »Ihr müßt unbedingt bei mir im ‚Sunset Club' (Gambia) auftreten!«

Ehrlich gesagt hielten wir dieses für eine Bierlaune, als er aber bei einem späteren Auftritt fragte, ob wir alle gültige Reisepässe besäßen und wie es um unsere Schutzimpfungen stünde, merkten wir, daß es ernst gemeint war. Unser Bassist konnte leider nicht mitkommen, und so fuhr unser „Reisebassist" **Peter Dettenborn** mit uns nach Afrika. Wir traten dort als Teil des Animationsprogramms im „Sunset Club" auf, außerdem im britischen „Fajara Club" und in Banjul im „Braustüble", das dort von Österreichern betrieben wurde.

Wir hatten auf dieser Reise sehr viel Spaß, aber da es in der **LOG CABIN JAZZ BAND** immer sehr gesittet zuging und immer das oberste Gebot „Keine Zoten in dieser Band" galt, kreierte Gerd den „Grenzwitz".

So brauchte man in kritischen Situationen nur „Indira Ghandi" zu sagen, und jedes Bandmitglied wußte, was gemeint war.

Im Jahre 1985 folgte die zweite große Reise nach Hurghada am Roten Meer. Auch auf dieser Reise hatten wir viel Spaß. Da die Zeiten lockerer wurden, vielleicht auch, weil unsere „Vaterfigur" Klaus-Uwe nicht mehr dabei war – galt jetzt der Grenzwitz „Angeklagter".

Ich möchte diese „Grenzwitze" hier nicht erzählen, biete jedoch den besonders Interessierten an, sie bei einem der Auftritte der **APEX JAZZ BAND** preiszugeben.

Ende der 80er Jahre kam dann leider aus vielen Gründen das Ende für die **LOG CABIN JAZZ BAND**. Die Musiker haben im Laufe der Zeit ihre neue musikalische Heimat in anderen Hamburger Formationen gefunden. So spielt unter anderem **Wolfgang Schulz-Coulon** heute mit **Abbi Hübner** zusammen, und **Klaus-Uwe Dürr** spielte vorübergehend in der **BLUE HEAVEN JAZZ BAND** und jetzt bei den **SCHNELSEN STOMPERS**.«

LOG CABIN JAZZ BAND

Diether Kressel

CHARLY'S SCHIESSBUDE, 1985, Zeichnung und Gouache, 78 × 57cm

*In der Musik gibt es etwas,
das mehr ist als Melodie,
mehr als Harmonie:
die Musik.*
Giuseppe Verdi

DIE 80er JAHRE

Ganz so schlimm, wie wir es alle befürchtet hatten, wurde es für einige dann doch nicht. Der Medienrummel hatte zwar nachgelassen, und die Clubs waren weniger geworden, aber die namhaften Bands blieben weiterhin Idole für die kleine, treue Schar ihrer Anhänger. Diesen Bands ging es nicht unbedingt schlechter als in den Jahren zuvor. Man mußte sich einfach viel intensiver um die Auftritte bemühen. Man mußte schon kreativer werden und sich neue

SAVOY STOMPERS, 1985 im COTTON CLUB (v. l.): Lutz Maier, Werner Haag, Günther Lehnig, Klaus Wysocki, Peter Tietz, Henner Rautmann, Hubert Witt

Betätigungsfelder suchen. Diejenigen, die sich an die zum Teil recht guten Gagen der 70er Jahre gewöhnt hatten, mußten sich nun auf die veränderte Situation neu einstellen. Man konnte zwar von den Club-Gagen in der Vergangenheit auch keine großen Reichtümer anhäufen, aber nun mußte man sich – in einer Band mit sieben oder acht Musikern – doch schon erheblich einschränken. Im Grunde hatte sich alles auf das normale Maß reduziert, und die Situation war für einige Bands, die in der Gunst des Publikums nicht ganz so hoch angesiedelt waren, ähnlich wie Ende der 60er Jahre. **Peter Meyer**, **JAZZ LIPS**, erinnert sich: »Abendgagen von 10,00 bis 20,00 DM für einen vierstündigen Auftritt waren eher die Regel denn eine Ausnahme. Wenn ein Musiker dann noch gern und heftig dem Alkohol zusprach – was auch eher die Regel war – galt

schon der Spruch "außer Spesen nichts gewesen". Unverzagt machten alle jedoch weiter, probten, spielten, hatten trotz allem ihren Spaß – und hofften (wieder einmal) auf bessere Zeiten.«

Trotz dieser Entwicklung wurde wieder eine ganze Anzahl neuer Bands gegründet. Von den etwa 17 Neugründungen der 80er Jahre haben – und das finde ich aus heutiger Sicht ganz besonders erstaunlich – nur sechs nicht überlebt: die **LOG CABIN JAZZ BAND**, **SAVOY STOMPERS**, **STORMARN JAZZIN' KIDS**, **JAZZLAND EXPRESS**, **NEW ORLEANS HOT FIVE** und die **SMOKEHOUSE JAZZ BAND**.

Eine beliebte Band in den 80er Jahren war die HOT JAZZ UNION. (v. l.): Dieter Haupt, Claus Albert, Helmut Rodeck, Wolfgang Becker, Alfred Zeidler

Es tummelten sich also unverzagt weiterhin zahlreiche Kapellen auf der sich immer mehr verändernden Szene. Der COTTON CLUB mußte renoviert werden und zog in einen Container auf dem Großneumarkt um. Um den Großneumarkt herum war schon Ende der 70er Jahre eine „Kneipen-Szene" entstanden, die jeden Abend viele Besucher anzog. Lokalitäten wie UHLENSPIEKER, REBSTÖCK'L und SCHWENDER'S versuchten, an einigen Tagen in der Woche ein Jazzprogramm zu installieren.

Und noch etwas entwickelte sich ganz erfreulich: Die großen Einkaufszentren entdeckten, daß guter Jazz immer noch sein Publikum hatte. Ob in der Hamburger Straße, in Farmsen oder in der Gänsemarktpassage – diese Veranstaltungen übten eine starke Anziehungskraft auf die Hamburger Jazzfreunde aus. Das „Hot Jazz Meeting" wurde mit einem neuen Konzept und mit großem Erfolg im CCH veranstaltet. Jedes Jahr im Januar kann man dort die besten internationalen und nationalen Bands und Musiker erleben. Aus der einst so beschaulichen Begegnung mit den Anhängern dieser Musik ist nun eine Großveranstaltung mit mehreren tausend Besuchern geworden.

1986 wurden die neuen RIVERKASEMATTEN am Rödingsmarkt wieder eröffnet. Trotz des eigentlich recht guten Erfolges mußte dieser neue Jazzclub schon nach kurzer Zeit aus finanziellen Gründen schließen. Und noch ein paar mutige und engagierte Wirte versuchten mit einem Jazzprogramm so etwas wie eine kleine Stadtteil-Kultur zu erschließen: In Volksdorf erfreute sich das LÜTT HUUS einer immer größer werdenden Beliebtheit. Im AUERHAHN in der Walddörfer Straße wurde einige Tage in der Woche gejazzt, und in der Kneipe ZUR ROTBUCHE in Langenhorn hatte die **CANALSTREET JAZZ BAND** ihr neues Domizil gefunden. Sie teilte sich die Freitagabend-Termine mit einigen anderen Hamburger Bands. Zu den mittlerweile so beliebten Jazz-Frühschoppen kamen noch einige gemütliche Dämmerschoppen bei Kerzenlicht und mit gutem Wein hinzu.

Viele Bands und Musiker feierten ihre großen Jubiläen. Auch diese Veranstaltungen entwickelten sich zu einer besonderen Tradition. Einige interessante Konzerte, wie zum Beispiel die „Internationalen Banjo Festivals", von **Peter Meyer**, **JAZZ LIPS**, ins Leben gerufen, belebten in ganz besonderer Weise die Szene wieder. Wer geglaubt hatte, die 80er Jahre würden nun endgültig das „Aus" für den Hamburger Hot Jazz bedeuten, hatte sich erneut geirrt. Ohne daß auch nur die geringste Müdigkeit oder gar „Jazzverdrossenheit" zu spüren war, ging es mit Volldampf in die 90er Jahre, die auch noch ein paar Überraschungen parat halten sollten.

SMOKEHOUSE JAZZ BAND, 1980. Aus dieser Band wurden später die SOUTHLAND SERENADERS. (V. l.): Axel Vallée, Holger Bundel, Sven Voss, Hans Krahnke, Dieter Haupt, Hartmut Entrich, Dietrich Neumann, Bernd Kalmring

Zwei beliebte Musiker, die leider viel zu früh gestorben sind:
oben Caspar Methe, unten Iller Schulz

JAZZ JOKERS

BLUE AND SENTIMENTAL

Harald Postel: »Viele Musiker hatten sich in den Siebzigern von der Szene zurückgezogen. War doch der Betrieb in den Jazzkellern nicht immer nur der Pflege traditioneller Musik gewidmet! Es wurde teilweise auch heftig gefeiert, Alkohol konsumiert und im weitesten Sinn das Leben genossen, was auch immer darunter verstanden wurde. Heirat, berufliche Ausbildung oder der Aufbau einer eigenen Existenz vertrugen sich nicht immer mit dem Jazzerleben, wofür es eine Reihe trauriger Beispiele gibt.

So traf ich etwa 1980, nach Jahren musikalischer Abstinenz **Jürgen Dreffein** im COTTON CLUB. Er spielte früher bei den **HOT OWLS** und hatte zugunsten von Beruf und Familie das Saxophon an den Nagel gehängt. Beide hatten wir Lust, wieder zu jazzen, und kamen bei dieser Idee schnell auf **Ullo Bela**, der beim **BALLROOM OCHESTRA** ausgestiegen war. Gemeinsam mit **Peter Schrum**, dem ehemaligen Pianisten der **SPEAKEASY BLUE BLOWERS**, **Leo George**, ehemals **ST. JOHN'S BAND** und **Heiner Gellersen** (bj) trafen wir uns im St. Georg Krankenhaus zum Üben.

Die Zielsetzung war dabei, ohne jeden Ehrgeiz privat zu jazzen. Das ging aber nur eine begrenzte Zeit, denn ein Teil der Gruppe wollte durchaus öffentlich spielen und demzufolge mehr Zeit aufbringen. So kam es konsequenter Weise zur (harmonischen) Trennung dieser „Interessengemeinschaft". Die eine Gruppe traf sich noch viele Jahre privat im Raum Billstedt. Während Ullo und ich eine neue Gruppe aufbauten.

Gemeinsam mit **Christian Schitteck** (bj, g), der bereits vorher, aus **ST. JOHN'S JAZZBAND** kommend, gelegentlich mitspielte und **Wolfgang Thüsing** (p) suchten wir weiter. ‚Fiete' Bleyer spielte zuerst bei uns Klarinette, gefolgt von **Peter Hoffmann**, **Carsten Ettling** und **Wolfgang Schulz-Coulon**, bis schließlich **Peter Tietz** vor Jahren zu uns kam. **Dieter Teichmann** war einige Zeit der Bassist, wurde aber sehr früh von **Olaf Lamszus** abgelöst, einem Bassisten, der schon während der britischen Besatzungszeit in Hamburg Jazz gemacht hatte und seine „Oma" (so nannte er seinen Baß) noch traditionell mit Darmsaiten spielte. Leider schied Olaf aus gesundheitlichen Gründen aus (seine geliebte **MAGNOLIA JAZZBAND** hatte er bereits vorher verlassen) und wurde durch **Hans Steffens** ersetzt. **Jürgen Gehrt** war der Nachfolger von **Wolfgang Thüsing**, der zur **KLEINEN JAZZMUSIK** wechselte.

In dieser Besetzung, die noch mit **Helmut Bade** (dr) von Beginn an ergänzt wurde, spielten wir sicher 10 Jahre zusammen. Dabei war unser Ziel eine gefällige, swingende Musik, überwiegend in dieser Zeit von **Ullo Bela** arrangiert, der aufgrund seiner langen Jazzer-Laufbahn über entsprechende Fähigkeiten verfügte. Bis heute geblieben ist der Gedanke, nicht überall und allzuviel zu spielen und einen freundschaftlichen Kontakt zu pflegen.

Diese Grundidee kennzeichnet die Band, deren Stil sich nach dem Ausscheiden von Ullo etwas geändert hat. Erstens ist mit **Hauke Strebel** ein technisch und musikalisch hervorragender Nachfolger zu uns gekommen (und etwa zeitgleich mit ihm **Ralf Pohl** als neuer Gitarrist) und zweitens hat **Peter Tietz** die musikalische Federführung übernommen. Mit Titeln von *George Gershwin* und *Count Basie*, gelegentlich auch etwas Dixie, spielen die JAZZ JOKERS regelmäßig im COTTON CLUB, kaum vergleichbar mit anderen Bands swingt es gewaltig. Und so soll es bleiben!«

Kontakt:
Harald Postel, Isestraße 66, 20149 Hamburg,
Telefon: 0 40 - 48 25 36

Jazz Jokers, 1988 im Cotton Club (v. l.): Helmuth Bade, Olaf Lamszus, Christian Schittek, Ullo Bela, Harald Postel, Peter Tietz

Harald Postel, 90er Jahre

EINE KLEINE JAZZMUSIK, 1985 (v. l.): Hans Prinz, Wolfgang Thüsing, Arnold Schön, Jochen Ulmer, ‚Bolle' Burmeister, Kati Grünig, Volker Reckeweg, Cord Boy

Arnold Schön (kurz vor seinem Tod)

EINE KLEINE JAZZMUSIK

SWING UP

Volker Reckeweg schreibt über seine 1980 gegründete Band: »**EINE KLEINE JAZZMUSIK** gehört seit langem zu den profiliertesten Bands der norddeutschen Jazzszene.

Am 30. September fanden sich zu einer ersten Probe folgende Musiker zusammen: **Volker Reckeweg** (tp), **Wolfgang Ahlers** (tb), **Wolfgang ‚Bolle' Burmeister** (cl), **Wolfgang Thüsing** (p), **Dietrich ‚Pit' Niesitka** (g), **Christian Ritter** (b).

Kurze Zeit später kamen der langjährige Schlagzeuger **Hans Prinz** sowie die Sängerin **Kati Grünig** dazu.

Besetzungswechsel sind natürlich nie ausgeschlossen, und so schloß sich 1982 **Arnold Schön** der Band an. Als Posaunist und vor allem als Arrangeur hat er in den folgenden 11 Jahren der **KLEINEN JAZZMUSIK** unendlich viele Impulse gegeben. Immerhin sind fünf der 13 Titel der aktuellen CD von ihm arrangiert.

Viele Reisen in deutsche Lande sind unternommen worden. In unzähligen Jazzclubs im Raum Nordwestdeutschland, von Flensburg bis Köln, ist **EINE KLEINE JAZZMUSIK** aufgetreten.

Im Oktober 1983 war die erste LP fällig. Fernsehauftritte folgten zwangsläufig: Die „NDR-Talkshow", die „Aktuelle Schaubude", „Markt im Dritten", um nur einige zu nennen.

Immer dem Motto des Bandleaders **Volker Reckeweg** folgend, hat die **KLEINE JAZZMUSIK** sich auf die Fahne geschrieben, vor allem gekonnte und erstklassige Arrangements auf die Bühne zu bringen, ohne dabei die individuelle Komponente außer acht zu lassen. Für Solistik ist neben der präzisen Ensemblearbeit allemal Platz.

Seit damals hat sich die Besetzung bis auf den Bandleader völlig geändert. Besonders wichtig ist, daß man nach dem Tod des Posaunisten **Arnold Schön**, der ja als Altmeister in vieler Hinsicht gelten konnte, einen anderen Musiker dieses Kalibers an sich binden konnte, nämlich **Günter Fuhlisch** (Jahrgang 1921!).

Mit ihrer neuen CD (DBU-Records 9501), die folgerichtig Arnold – oder wie er unter Kollegen genannt wurde, ‚Arno' – gewidmet ist, hat die **KLEINE JAZZMUSIK** eine Produktion von internationalem Format vorgelegt, mit der sie in ihrem Jubiläumsjahr einiges vorhat.«

Besetzung:
Volker Reckeweg (tp), Günter Fuhlisch (tb), Hans Spielmann (as, ss), Andreas Hinrichs (p), Frank Lehre (b), Robert Schön (dr)

Kontakt:
Volker Reckeweg, Barmbeker Straße 18, 22303 Hamburg, Telefon und Fax: 0 40 - 2 70 51 59

EINE KLEINE JAZZMUSIK

EINE KLEINE JAZZMUSIK, 1995 (v. l.): Günther Fuhlisch, Hans Spielmann, Frank Lehre, Shaine Dorsey, Volker Reckeweg, Robert Schön, Andreas Hinrichs

Diese Melodie spielt EINE KLEINE JAZZMUSIK vor jeder Konzertpause

BLUE WASHBOARD BLOWERS, 1981 (v. l.): Hubert Witt, Lutz Maier, Klaus Neumeister, Heinz Drews, Henner Rautmann, Fritz Paulisch, Achim Gehrmann

BLUE WASHBOARD BLOWERS, 1983 (v. l.): Carl Onno Klopp, Erhard ‚Burte' Neussert, Thomas Gstader, Achim Gehrmann, Helle Wiese, Klaus Neumeister, Holger Kühl

BLUE WASHBOARD BLOWERS

BLACK AND BLUE

Nach meinem Ausscheiden aus dem **DREAMLAND ORCHESTRA** gründete ich 1981 mit **Achim Gehrmann** (tp), **Fritz Paulisch** (tb), **Heinz Drews** (cl), **Henner Rautmann** (bj), **Lutz Maier** (p) und **Hubert Witt** (tu) eine Band, die sich stilistisch mehr am klassischen New-Orleans-Jazz orientieren sollte. Zwei Jahre war unsere Musik regelmäßig in den Clubs und Kneipen in und um Hamburg zu hören.

Was am Anfang so vielversprechend begann, ging dann recht schnell vorbei. Zu unterschiedlich waren unsere Auffassungen über die Musik, die wir spielen wollten. Und um die Übungsmoral war es auch nicht immer zum Besten bestellt. Aus diesen Gründen habe ich dann mit **Achim Gehrmann** die Band noch einmal völlig neu formiert.

Hubert, Henner und Lutz gingen zu den **SAVOY STOMPERS**. Hier konnten sie mit **Werner Haag** (tp), heute **RIVERSIDE JAZZ CONNEXION**, **Klaus Wysocki** (tb), **Peter Tietz** (cl), heute **JAZZ JOKERS** und **Günther Lehnig** (dr) eher ihre Vorstellungen verwirklichen. Fritz wechselte zum **DREAMLAND ORCHESTRA**, welches sich wieder einmal neu formierte.

Mit **Holger Kühl** (tb), heute **HEDGE HOG STOMPERS**, **Erhard ‚Burte' Neussert** (cl), heute **APEX JAZZ BAND**, **Thomas Gstader** (bj), **Carl Onno Klopp** (p) und **Helle**

Wiese (tu) ging es mit neuem Schwung weiter. Aber alles stand unter einem schlechten Stern. Unser Konzept konnte sich wieder einmal nicht durchsetzen. Im selben Jahr lösten wir dann schweren Herzens die Band auf. Mit Werner, Klaus und ‚Burte' habe ich später in der **APEX JAZZ BAND** wieder zusammengespielt.

Achim Gehrmann, 1982

Klaus Neumeister, 1982

Fritz Paulisch, 1982

JAZZ FOR FUN

... FÜR JEDERMANN

JAZZ FOR FUN – inzwischen ein Begriff bei Mitarbeitern der „Hauni Maschinenbau AG" sowie den Freunden und Fans dieser Jazzband – ist nach der Vorstellung des Gründers und Bandleaders, **Horst Wolf**, ein Konzept, bei dem das Jazzen und anderen Menschen Helfen gleichgewichtig nebeneinander stehen.

Die Band ist aus einer „Hauni"-Freizeitgruppe hervorgegangen. 1984 fanden sich Mitarbeiter zusammen, um miteinander Jazz zu spielen. Um die Band komplett zu machen, erwirkte **Horst Wolf** von der Geschäftsleitung die Einwilligung, auch außerhalb des Unternehmens nach geeigneten Leuten zu suchen, die Talent und Lust hatten, in ihrer Freizeit in der Gruppe mitzuspielen. Auch ein Name wurde für die neue „Hauni"-Freizeitgruppe gefunden: **JAZZ FOR FUN**. Ihr gehörten acht Personen an: **Manfred Burchard** (bj, voc), **Peter Eggers** (tb), **Heinrich Gunther** (g), **Hans-Joachim Meyns** (cl), **Werner Schuldt** (p), **Andreas Tomascewski** (b, voc), **Dieter Wegner** (dr) sowie **Horst Wolf** (tp). Die Schirmherrschaft übernahm Werner Härtel, der damalige Fertigungsleiter in der „Körber AG".

Seit Bestehen der Gruppe findet das wöchentliche Übungstreffen in der Kantine im Neuen Gartenhaus der „Hauni" statt. Die Ansprüche, die die Musiker zuerst an sich stellten, waren hochgesteckt, so daß sie sich erst nach etwa anderthalb Jahren in ihrer Leistung gut genug fühlten, um sich vor Publikum zu produzieren. Das war während der Betriebsweihnachtsfeier 1986 in der Hauptmontage der damaligen „Körber AG".

JAZZ FOR FUN, 1996 (v. l.): Werner Schuldt, Charly Blättermann, Dirk Lorenz, Rolf Schwedholm, Andreas Tomazcewski, Horst Wolf, Martin Grossien

Die Musiker der Band sind Laienmusiker. Von sich sagt **Horst Wolf**: »Ich bin ein lupenreiner Autodidakt.« Der Jazz, dem sie sich verschrieben haben, ist der Dixieland. Und es ist für alle eine besondere Anerkennung ihrer musikalischen Leistungen, daß sie sich zwischenzeitlich auch in den bekannten Hamburger Jazzclubs den ausgesprochenen Jazzkennern stellen können.

Die Idee zu einem Jazz-Frühschoppen in der Werkskantine für die Kollegen und ihre Angehörigen trug **Horst Wolf** schon lange mit sich herum. Als er sie schließlich Werner Härtel vortrug, war der begeistert, vor allen Dingen von dem sozialen Aspekt: Der Eintritt sollte kostenlos sein, so daß jeder, der Lust hatte, hingehen konnte. Auch Getränke, kleine Snacks und dergleichen sollten zu einem erschwinglichen Preis angeboten werden; nichts sollte über 2,00 DM kosten, damit sich jeder eine kleine Stärkung leisten konnte. Das Geld aber, das nach Abzug der Unkosten übrig bleiben würde, sollte einem guten Zweck zufließen.

Am 1. Februar 1987 war es dann soweit. Unter dem Motto „Jazz for Fun für jedermann" wurde der Jazz-Frühschoppen im Neuen Gartenhaus ins Leben gerufen. 500 bis 600 begeisterte Gäste sorgten an diesem ersten Sonntagvormittag dafür, daß sich die Band berechtigte Hoffnungen machen konnte, die Frühschoppen fortsetzen zu können. Doch der Erfolg war nicht nur den Musikern zu verdanken, sondern dem gesamten Frühschoppenteam, das in der Küche und hinterm Tresen stand, um für das leibliche Wohl der Zuhörer zu sorgen. Heute sind es sieben Paare, die sich hinter den Kulissen um die Organisation kümmern. Inzwischen finden die Frühschoppen **JAZZ FOR FUN** am ersten Sonntagvormittag eines jeden Monats während der Wintersaison statt. Die Resonanz ist unverändert groß.

Vor allen Dingen aber wurde die finanzielle Seite des Konzeptes ein voller Erfolg. Das erwirtschaftete Geld kommt unverschuldet in Not geratenen Menschen zugute. In erster Linie werden die Sach- oder Geldspenden Institutionen oder Personengruppen übergeben, die sich mit ihren Aktivitäten für behinderte oder kranke Kinder und Jugendliche einsetzen. Meistens geschieht dies an einem Adventssonntag. Und dieser vorweihnachtliche Frühschoppen ist jedes Jahr der Höhepunkt der Veranstaltungen. An diesem Tag packt der Weihnachtsmann für die Kinder seinen prallgefüllten Sack aus, und es gibt eine Tombola, für die sowohl Mitarbeiter wie Bergedorfer Privat- und Geschäftsleute wertvolle Preise stiften. Auch der Erlös aus dieser Aktion fließt in den allgemeinen Spendentopf, aus dem im darauffolgenden Jahr wieder Menschen geholfen werden kann. Und daß dies immer wieder möglich ist, dafür gilt nicht nur der Fan-Gemeinde und dem Jazz-for-Fun-Team Dank, sondern ganz besonders den verantwortlichen Herren aus der Geschäftsleitung der „Hauni Maschinenbau AG", die in all den Jahren die Räumlichkeiten zur Verfügung gestellt und sich für die humanitären Aktivitäten der Band und ihrer Freunde aufgeschlossen gezeigt haben.

1996 wurde eine CD produziert.

Besetzung:
Rolf Schwedholm (dr), Andreas Tomazcewski (b), Martin Grossien (bj), Werner Schuldt (p), Dirk Lorenz (tb), Charly Blättermann (cl), Horst Wolf (tp)

Kontakt:
Horst Wolf, Billwerderstraße 1, 21033 Hamburg,
Telefon: 0 40 - 7 21 93 70

Einladung zum 10jährigen Jubiläum STEVE MASON'S FRISCO JAZZBAND am 12. November 1995 im COTTON CLUB

STEVE MASON'S FRISCO JAZZBAND

DOWN IN HONKY TONK TOWN

Steve Mason hat langjährige Erfahrung in England mit seiner eigenen Band und in den Bands von *Monty Sunshine*, *Mr. Acker Bilk* und *Alex Welsh*. Seit 1979 ist Steve in Deutschland und spielte zuerst in Lübeck mit der *Dr. Jazz Company*. Die nächste Station war Hamburg. Hier schloß er sich der Band **JAZZLAND EXPRESS** des Schlagzeugers **Wolfgang Brinker** an. Die **RENTNERBAND** holte ihn, und als Gast spielte er mit vielen anderen Hamburger Bands. 1985 gründete Steve dann die **STEVE MASON'S FRISCO JAZZBAND**, über die er wie folgt schreibt:

STEVE MASON'S FRISCO JAZZBAND, 1993 (v. l.): Heiner Diedrichsen, Detlev Staack, Lutz Jordan, Steve Mason, Lutz Kirchner, Hans Schwenkkros

»Die **FRISCO JAZZBAND** wurde im Jahre 1985 von **Steve Mason** gegründet. Seine Idee war, Hamburger Jazzmusiker zusammenzubringen, die Freude an Musik im amerikanischen „West-Coast-Style" hatten. Berühmt wurde diese Stilrichtung durch Musiker aus den 50er und 60er Jahren wie *Lu Watters*, *Turk Murphy*, *Bob Scobey* und viele andere. Dieses wurde noch niemals zuvor in Norddeutschland versucht, und Steve hat bekannte Hamburger Jazzmusiker gefunden – mit jahrelangen Erfahrungen in anderen Bands – die in der Lage waren, sich dem authentischen Konzept dieser Stilrichtung anzupassen. Dieser Sound wurde zuerst in San Francisco entwickelt von *Lu Watters*, zusammen mit *Turk Murphy*. Er basiert auf dem treu nachempfundenen New-Orleans-Jazz der 20er Jahre, der später durch die bandeigene Spielweise als Interpretation des „Frisco Jazz" bekannt wurde. Eine typische, lebendige Art mit kalifornischem Einfluß, gespielt mit viel Spaß und Enthusiasmus.

STEVE MASON'S FRISCO JAZZBAND orientiert sich an der *Turk Murphy San Francisco Jazzband* der Jahre 1959 bis 1975 und spielt diesen immer noch populären West-Coast-Style ohne Schlagzeug. Nach einigen Jahren der Entwicklung ist diese Band jetzt hervorgetreten als anerkannte und akzeptierte Jazzband in Norddeutschland. Durch ihren hohen Standard ist sie in der Lage, nicht nur viele Zuhörer zu fesseln, sondern sich auch einer stetig wachsenden Popularität zu erfreuen, wie die zunehmende Zahl der Freunde und Fans der Band in Deutschland und im Ausland zeigt. Die **FRISCO JAZZBAND** ist die einzige Band in Deutschland, die ein komplettes Repertoire der bekannten und beliebten „Frisco"-Melodien bringt. Dazu gehören auch Hits aus den 20er Jahren. Sie spielt bei vielen Festivals und Konzerten, tritt auf in Clubs, und ist auch auf privaten Veranstaltungen und Festen in Deutschland, Holland, Dänemark, Norwegen und England zu hören. Neben ihren Hamburger Auftritten im CCH (Jazz Marathon), dem Hamburger Straße-Treff, dem Alstervergnügen, im COTTON CLUB, bei gelegentlichen Radio- und TV-Auftritten und nicht zu vergessen bei den monatlichen „Dämmerschoppen" im Stammlokal der **FRISCO JAZZBAND**, spielt die Band in der Gaststätte ZUM AUERHAHN.«

Besetzung:
Steve Mason (co, voc), Detlef Staack (tb), Jan Carstensen (cl), Lutz Kirchner (p, voc), Heiner Diedrichsen (bj), Hans-Henning Möller (tu)

Discographie
LP. = „New Orleans Shuffle" Summer Nr.: SL 8702
CD. = „San Francisco Jazz" Summer Nr.: CD 9114
CD. = „West Coast" (1996)

Kontakt:
Steve Mason, Weddestraße 27, 22111 Hamburg,
Telefon: 0 40 - 6 51 55 48

Steve Mason, 1996

STEVE MASON'S FRISCO JAZZBAND

STEVE MASON'S FRISCO JAZZBAND, 1996 (v. l.): Hans-Henning Möller, Heiner Diedrichsen, Lutz Kirchner, Steve Mason, Jan Carstensen, Detlev Staack

HAPPY JAZZ DADDIES

HAPPY JAZZ

Hermann Herkenrath schreibt über den Werdegang dieser Band: »Ein Gründungsdatum läßt sich eindeutig nicht angeben, weil die heutige Formation, die im Kern schon seit mehr als acht Jahren zusammen spielt, sich aus Vorläufern entwickelt hat. So haben Eddie, Peter und Hermann schon 1979 zusammen musiziert.

Auftritte vor Publikum gab es zunächst nur bei nichtöffentlichen Gelegenheiten. Einen entscheidenden Fortschritt gab es, als 1986 der Trompeter **Horst-Dieter Albrecht** in die Band kam. Er machte den Musikern Mut, das Repertoire über die alten, „abgelatschten" Traditional-Titel hinaus zu erweitern. Das war dann mit der „jungen" Saxophonistin **Natascha Helms** auch gut möglich. Öffentliche Auftritte in Hamburg und auch an vielen Bundeswehrstandorten in Norddeutschland wurden, dank des damaligen Schlagzeugers **Walter Dromm**, häufiger. Neben vielen Mucken bei Werbeveranstaltungen und Frühschoppen, auf Stadtteilfesten, in Vereinen usw. gab es auch bald regelmäßige Auftritte in den bekannten Jazz-Clubs und Musikkneipen.

Die **HAPPY JAZZ DADDIES** sind eine Gruppe von Amateurmusikern, die sich nicht auf einen bestimmten Stil festgelegt haben. Das Repertoire ist weit gestreut: New-Orleans-, Dixieland-, Swing- und Hardbobtitel werden in bunter Folge von den engagiert aufspielenden Musikern vorgetragen, wobei auch der Gesang nicht zu kurz kommt. Den beiden Gesangssolisten Wolfgang und Peter gelingt es immer, schnell einen guten Kontakt zum Publikum herzustellen. **Natascha Helms** beherrscht ihr Saxophon mit hinreißendem Swing und gibt den **HAPPY JAZZ DADDIES** ihren besonderen Charme.

Mitte der 90er Jahre gab es auf Grund vieler Erkrankungen nur unregelmäßige Auftritte. Die Band ist aber bemüht, ihre langjährigen Freunde recht bald wieder mit ihrer Musik zu erfreuen.«

BESETZUNG:
Horst-Dieter Albrecht (tp), Natascha Helms (cl, as), Eddie Gehricke (p), Peter Schmutte (g), Wolfgang Ohlhaver (dr), Hermann Herkenrath (tu)

KONTAKT:
Dr. Peter Schmutte, Teutonenweg 52 f, 22435 Hamburg, Telefon: 0 40 - 5 51 19 44

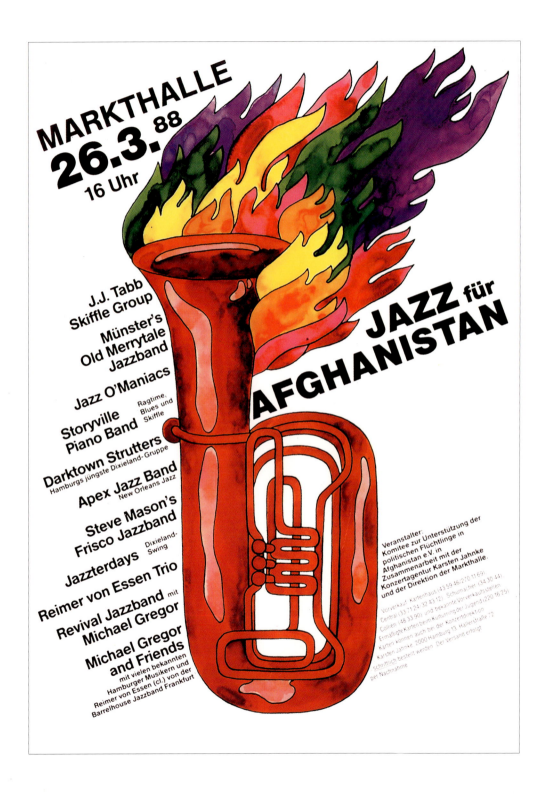

FORUM STOMPERS

WAY DOWN YONDER IN NEW ORLEANS

Rolf Suhr: »Die Heimat der **FORUM STOMPERS** ist einer der ältesten und schönsten Jazz-Clubs Hamburgs: das JAZZ FORUM in Hamburg-Bergedorf. Hier wird regelmäßig gejazzt und selten geprobt, denn die Herren des Orchesters sind seit mehr als 30 Jahren mit der Handhabung jedweder Instrumente (insbesondere auch mit Gläsern und Flaschen) wohl vertraut und den alten Weisen des Jazz in besonderem Maße zugeneigt.

Ihre Jazzgeschichte liest sich wie eine kleine Legende Hamburger Jazzbands seit den 50er Jahren:

Da spielte bereits ‚Fiete' Westendorf von 1956 bis 1960 bei der **OLD MERRY TALE JAZZBAND**, während **Eberhard Nolte** seinen musikalischen Werdegang 1958 bei der **RIVERSIDE JAZZBAND** begann. Vier Herren der **FORUM STOMPERS** waren dann in den 60er Jahren Mitglieder der **MOUNTAIN VILLAGE JAZZMEN**: Rolf ‚Paps' Suhr, ‚Fiete' Westendorf, Walter Putfarcken und Harald Auls. Bevor auch Eberhard Nolte sich dieser Gruppe anschloß, spielte er einige Jahre bei den **HOT OWLS**.

Walter Putfarcken verließ die **MOUNTAIN VILLAGE JAZZMEN** 1967 und war 1971 an der Wiedergründung der alten Bergedorfer Gruppe **GEORGIA BOWLER HATS** beteiligt, der er bis 1984 angehörte. **Harald Auls** spielte Ende der 60er Jahre gemeinsam mit **Peter Ruts** mehrere Jahre bei den **BLACKBIRDS OF PARADISE**. Während **Harald Auls** von 1973 bis heute auch den **LOUISIANA SYNCOPATORS** angehört, spielte **Peter Ruts** von 1974 bis 1979 beim **DREAMLAND ORCHESTRA**, anschließend dann bis 1984 bei den **CHICAGO FEETWARMERS**.

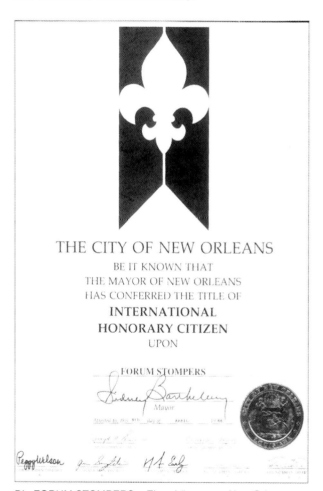

FORUM STOMPERS (v. l.): Harald Auls, Eberhard Nolte, Rolf ‚Paps' Suhr, Peter Ruts, Fiete Westendorf, Walter Putfarcken, Karl-Heinz ‚Duddi' Rohde

Die FORUM STOMPERS – Ehrenbürger von New Orleans

Karl-Heinz ‚Duddi' Rohde hat in jungen Jahren ebenfalls gejazzt, sich dann der Rockmusik zugewandt, bis er endlich in den Armen der **FORUM STOMPERS** erneut den irdischen Jazzfreuden eines Pianisten huldigen konnte.

Auch **Rolf ‚Paps' Suhr** hatte eine musikalische Pause von 1977 bis 1985, nachdem er von 1971 bis 1977 bei **BJÖRN JENSEN'S HIGH BROWS** spielte. **Eberhard Nolte** war während eines 5jährigen Aufenthaltes in der Schweiz Mitglied der *Old School Band* in Genf, um sich dann – nach Hamburg zurückgekehrt – **JIMMY HENDERSEN'S JAZZBAND** anzuschließen.

Alle Herren des Orchesters befinden sich im rechten Alter: der jüngste ist ein Endvierziger, und der älteste hat bereits das sechzigste Lebensjahr vollendet. Da gibt es Beamte und Kaufleute, Meister der Maschinenbaukunst sowie einen Computerfachmann, also Studierte und Nichtstudierte, Kopf-, Hand- und Fußarbeiter mit zunehmenden, altersbedingten Absonderlichkeiten.

1988, im 25. Jahr des JAZZ FORUMS, wurde die Band in das „lnter-Conti-Hotel" nach New Orleans verpflichtet, um einmal am Ort aller Orte das weite Jazzerherz öffnen zu können. Die Medien haben darüber ausführlich berichtet, die Nachrichten aus New Orleans überschlugen sich; denn die Band jazzte, daß sich die Palmen bogen, reihenweise Neger erblaßten und die Zeit von *Buddy Bolden* über dem Mississippi wetterleuchtete!

Mit welcher Begeisterung die Mitglieder der **FORUM STOMPERS** ihrem Hobby nachgehen, mag das geschätzte Publikum Monat für Monat im Bergedorfer JAZZ FORUM freundlichst beobachten.«

Besetzung:
Rolf ‚Paps' Suhr (tp), ‚Fiete' Westendorf (cl), Eberhard Nolte (tb), Peter Ruts (bj), Karl-Heinz ‚Duddi' Rohde (p), Walter Putfarcken (b), Harald Auls (dr)

Kontakt:
JAZZ-FORUM, Weidenbaumsweg 13,
21029 Hamburg,
Telefon: 0 40 - 7 24 36 61, Fax: 0 40 - 7 21 76 36
Rolf Suhr, Weidenbaumsweg 13, 21029 Hamburg,
Telefon: 0 40 - 7 24 05 66

FORUM STOMPERS

ABBI HÜBNER: TOGETHER

„Together", auf deutsch: zusammen, gleichzeitig, miteinander, gemeinsam, ist Beschwörungsformel, Schlüssel- und Zauberwort, Code und „Sesam öffne dich", Ideologie und Weltanschauung des klassischen New-Orleans-Jazz. Der große Lehrmeister dieser Musik, *Joseph King Oliver*, hat die Bedeutung von „Together", der Zusammengehörigkeit, des Miteinander von Musikern in einer Band einmal ganz schlicht in den Anforderungen an ein neues Bandmitglied seines Orchesters formuliert. Er sagte sinngemäß folgendes: »Ich möchte, daß du mit Leib und Seele Bandmitglied bist und sonst gar nichts. Ich möchte, daß du wirklich alles, was du kannst, in den Dienst der Band stellst und dich mit Haut und Haaren für ihr Wohlergehen einsetzt«.

Die Faszination, die Anziehungskraft, die der klassische New-Orleans-Jazz nicht nur in Deutschland auf die Nachkriegsjugend ausübte, die ihn in „einer Welt voll Plagen" als Ausdrucksmöglichkeit erkannte, begriff und nutzte, liegt nicht zuletzt in der Bedeutung dieses „Miteinander" nach dem Zusammenbruch der Welt, der Werte, dem Verfall der Dinge, wird das einende Lied, der zusammenführende Refrain – das Bekenntnis zur Gemeinschaft – neue Hoffnung und Möglichkeit. Ein Gedicht, ein Roman, ein Bild wird jeweils von einem Einzelnen produziert, klassischer Hot Jazz hingegen entsteht immer in dem Zusammenspiel mehrerer, ist Teamwork, Gemeinschaftsarbeit.

Das für diese Art Jazz charakteristische Mit- und Durcheinander der Stimmen, das dichte, ausgewogene Kollektiv entwickelt sich nur aus einem echten musikalischen Zusammengehörigkeitsgefühl. Nur aus einem „blinden" Verständnis heraus, wie es die Mitglieder einer verschworenen Gemeinschaft untereinander aufbringen, erwächst das intensive, aufregende, ständig sich selbst erneuernde Frage- und Antwortspiel, der ununterbrochen neu sich verknüpfende, verwebende Wechselgesang. Das empfindliche und erregende Klangbild des New-Orleans-Jazz, die gebändigte Einheit aus der Vielzahl der Stimmen, die Geschlossenheit des Vortrages erfordert Disziplin, Selbstbegrenzung, Konzentration und Aufmerksamkeit. Nur Kräfte, die sich sinnvoll einordnen, Können, das sich einfügt, wechselseitige musikalische Zuwendung lassen aus den ineinander übergehenden und sich gegenseitig weiterführenden Melodien und Rhythmen Zusammenhalt und Zusammenhang entstehen, jene vibrierende Spannung, in der das Gleichgewicht der musikalischen Kräfte – ausbalanciert – gerade noch erhalten ist, jene schwebende, geballte, fast schon ruhende Bewegung, die den „Swing" kennzeichnet.

Der Egoist, der ewige Selbstbediener, der über den Riffs seiner Bandkollegen endlose Soli bläst, hat das Wesen dieser Musik nicht begriffen, im New-Orleans-Jazz nichts zu suchen. Nur das Aufgehen in der Gemeinschaft, das Sichverlieren der Musiker in der und an die gemeinsame Musik läßt den Jazz zur magischen Beschwörung geraten, zur Zauberkraft, die löst und fügt, zur Aussage und Selbstfindung.

NORBERT SUSEMIHL'S ARLINGTON ANNEX

HIGH HEELS

Im Begleittext der neu erschienenen CD „High Heels" schreibt **Norbert Susemihl**:

»DIE BAND

Norbert Susemihl und **Greta Milochi** gründeten die Band 1986 mit dem Ziel, alle Facetten der New Orleans Musik, von der Jahrhundertwende bis heute, im Repertoire zu haben: Den klassischen Jazz, die Musik der alten Tanzhallen, den Blues, die alten und neuen Brass Bands, Gospel, Rhythm'n Blues, die Straßenmusik und den lateinamerikanischen Einfluß. Alle diese Wurzeln und Zweige sind Teil des Jazzstammbaumes, den **NORBERT SUSEMIHL'S ARLINGTON ANNEX** vorstellt.

Das Quintett spielt regelmäßig in Hamburg und Norddeutschland und auf Festivals und in Konzerten in Süddeutschland, Holland, Belgien, Dänemark, der Schweiz, Schweden und Norwegen. Seit 1989 waren auch mehrmals Gastmusiker aus New Orleans in der Band. So zum Beispiel *Freddy Lonzo* an der Posaune, *Elliot Callier* am Saxophon von der *Fats Domino* Band, der Schlagzeuger *Shannon Powell*, der später mit der *Harry Connick Jr. Big Band* spielte, und *Joseph ‚CoCoMo Joe' Barthelemy*, Jahrgang 1913. Er war einer der letzten New-Orleans-Schlagzeugveteranen im authentischen traditionellen Stil.

DER NAME DER BAND

Die Band hat ihren Namen von einem Etablissement im legendären Storyville, dem Rotlichtbezirk in New Orleans, der um die Jahrhundertwende existierte. Josie Arlington war eine berühmte „Madame", die ein Haus mit dem Namen THE ARLINGTON in der North Basin Street Nr. 225 besaß. 1905 wurde das Interieur dieses Gebäudes durch ein Feuer zerstört und Josie und ihre Mädchen mußten zeitweilig ein paar Häuser weiter ziehen. Sie fanden Zuflucht in Räumen über Tom Anderson's Saloon, in dem eine Band spielte. Seit diesem Zeitpunkt wurde das Haus THE ARLINGTON ANNEX genannt, und

NORBERT SUSEMIHL'S ARLINGTON ANNEX, 1996 (v. l.): Oliver Karstens, Lieven Brunckhorst, Greta Milochi-Susemihl, Norbert Susemihl, Thomas Altmann

ein Schild mit diesem Namen zierte bald das Gebäude, in dessen ersten Stock die Mädchen ihrem Gewerbe nachgingen. Die Band im Saloon war möglicherweise die erste Jazzband, die in einem Bordell gespielt hat. Tom Anderson war eine schillernde Persönlichkeit im Rotlichtbezirk, und ihm gehörten viele Häuser, die er alle nach sich oder seiner Freundin Josie Arlington benannte. Storyville trug aus diesem Grund auch den Name „Anderson County" (Zitate: Al Rose, Storyville).

DIE MUSIKER

NORBERT SUSEMIHL, geboren 1956 in Hamburg, ist Leiter, Trompeter und Lead-Sänger der Band. Er ist seit 1980 professioneller Musiker, der im Alter von 14 Jahren, als Mitbegründer von **PAPA TOM'S LAMENTATION JAZZBAND** zu spielen begann. Zuerst sang er Spirituals und Gospels, inspiriert durch das *Golden Gate Quartet*, und spielte dazu die Gitarre. Als die Band sich 1971 der Jazzmusik zuwandte, begann er, Trompete zu spielen, 1978 kam das Piano dazu und 1983 das Schlagzeug. Auf diesen Instrumenten ist er Autodidakt.

In den späten 70er Jahren begann er, regelmäßig in Norwegen, Dänemark, Holland und Belgien aufzutreten. 1977/78 machte er einige Tourneen mit *Sammy Rimington*, einem der führenden europäischen New-Orleans-Klarinettisten- und Saxophonisten, der an diesem Punkt einen prägenden Einfluß auf **Susemihls** Spielweise hatte. Hierdurch wurde er angeregt, 1978 und 1979 seine ersten Reisen nach New Orleans zu machen.

1980 wurde er Mitglied der „New Orleans Musicians Union" und lebte ein ganzes Jahr dort, um den New-Orleans-Jazz und die Lebensart und Kultur der Stadt, die diese Musik hervorgebracht hat, zu studieren und zu absorbieren. Dieser Besuch wurde zu einem Wendepunkt in seiner Karriere und hatte einen großen Einfluß auf sein Trompetenspiel und sein musikalisches Wissen. Zwischen 1980 und 1990 hat er jedes Jahr 3 bis 4 Monate in New Orleans gelebt. Er lernte die letzten lebenden Väter der Musik kennen und spielte mit ihnen. So zum Beispiel: *Kid Thomas Valentine*, *Percy und Willie Humphrey*, *Louis Nelson*, *Josia ‚Cie' Frazier*, *Thomas Jefferson*, und *Danny Barker*. Er spielte mit vielen lokalen Musikern aller Altersgruppen und lernte dabei die verschiedenen Stile der New Orleans Musik kennen. Außerdem wirkte **Susemihl** in Bühnen-Shows wie „Fats Waller" mit, einer Musik-Revue, die **Greta Milochi** produzierte und leitete, oder in „Farewell to Storyville". Auf der Suche nach den Wurzeln der Musik hatten die Gospel-Chöre der schwarzen Baptisten-Kirchen einen großen Einfluß auf ihn.

Susemihl hat in New Orleans auch Platten eingespielt, unter anderem mit *Willie Humphrey* und *Father Al Lewis* für das GHB-Label und mit ‚CoCoMo Joe' auf seinem eigenen „Sumi-Records" Label, und er hatte dort zeitweilig auch seine eigene Band: Die *ARLINGTON JAZZBAND* mit *Raymond Burke* an der Klarinette.

Nicht zuletzt war er Gast namhafter europäischer Jazzformationen, der *Sammy Rimington Band*, *Lillian Boutté*, *Caledonia Jazzband* (Oslo) oder *Lars Edegran's New Orleans Jazzband* beispielsweise, und er gilt heute als einer der führenden Trompeter im New-Orleans-Stil. Seine Art, zu phrasieren und zu improvisieren baut vorrangig auf Melodie und melodischer Struktur eines Stükkes auf, und erst sekundär auf dessen Akkorden und harmonischem Gerüst. Diese Herangehensweise ist ein wichtiges Merkmal im New-Orleans-Stil.

Lillian Boutté

Greta Milochi-Susemihl (p, organ, backing voc) aus England hat von 1978 bis 1980 in New Orleans gelebt. Dort hatte sie ihren ersten Kontakt mit der lokalen Jazz- und Blues Szene und erfüllte sich ihren Lebenstraum: das Erlernen des Klavierspiels. Sie war beeinflußt durch die Show „One Mo' Time" (ein Musical über die Zeit der klassischen Bluessängerinnen), an der sie mitarbeitete, und in der sie jeden Abend die Pianisten *James Booker* und *Morton Gunnar Larsen* hören konnte. 1980 produzierte und leitete sie dort ein Musical über *Fats Waller*. 1981 zog **Greta Milochi** zusammen mit **Norbert Susemihl** nach Hamburg, der ihr weiterhin Grundlagen des Pianospiels vermittelte. Sie verbrachte aber weiterhin jedes Frühjahr in New Orleans, um ihr Wissen über die Stadt und ihre Musik zu vertiefen. So spielte sie viel Straßenmusik mit *CoCoMo Joe's Jackson Square Trio* und interviewte viele der alten Musiker, um deren Gedanken und musikalische Weisheit für zukünftige Musikergenerationen zu dokumentieren.

Greta Milochi-Susemihl spielt einen Bandpianostil, der beeinflußt ist von Musikern wie *Sing Miller* und *Sweet Emma Barrett*, die sie persönlich kennenlernte und während vieler Konzerte hören konnte, sowie von *Billie Pierce*, *Professor Longhair* und *Fats Domino*.

Lieven Brunckhorst (sax, voc), Jahrgang 1963, wuchs in Belgien und Deutschland auf. Er setzte sich schon früh autodidaktisch mit allem auseinander, was ihm an Instrumenten in die Finger kam. Nach Schlagzeug, Piano und Vibraphon in Schülerbands, kam er über die Klarinette zum Saxophon. Er studierte Illustration und Grafik und arbeitete erfolgreich als Cartoonist und Illustrator, entschied sich jedoch letztlich für die Musik. Er erweiterte seinen musikalischen Horizont durch seine Mitarbeit in Salsa-, Samba-, Soul-, Reggae- und Hardbop-Formationen. Dank seiner intuitiven Herangehensweise konnte er diese verschiedenen Einflüsse zu einer persönlichen musikalischen Sprache von großer Direktheit und Tiefe vereinen.

Als er 1990 in die Band eintrat, hatte er dadurch seinen ersten ernsthaften Kontakt mit der New Orleans Musik. Brunckhorsts musikalisches Ohr machte es ihm leicht, seinen Platz in dieser Musik zu finden, und seine bisherigen musikalischen Erfahrungen machten sich besonders bei den moderneren New-Orleans-Titeln schnell bezahlt, denn einige seiner vorherigen Einflüsse wirken heute in New Orleans auch auf die jüngeren Musiker ein und prägen deren Stil.

Thomas Altmann (dr) aus Hamburg war der erste Schlagzeuger der Band und ist nach einer Pause seit 1993 wieder dabei. Sein Traditionsbewußtsein, seine natürliche, direkte Auffassung vom Trommeln und seine Vielseitigkeit prädestinieren ihn geradezu für die Anforderungen der Band. Er hat auch eine Neigung zum Modern Jazz und ist zur Zeit einer der versiertesten Cuban-Style-Percussionisten Deutschlands. Sein Solo in *My Song* ist ein deutliches Bekenntnis zu einer fast vergessenen Ursprünglichkeit des Schlagzeugspiels.

Altmann hat in der Band sein Wissen um authentische New Orleans Musik vertieft, was seinen Schlagzeugstil stark geprägt und bereichert hat. Er kombiniert die verschiedenen rhythmischen Elemente des New-Orleans-Schlagzeugs und verschmilzt sie mit Zutaten aus der kubanischen Musik. Was ihn besonders auszeichnet, ist sein Feingefühl, in jedem Stück zu jeder Zeit den genau richtigen „Beat" zu spielen und ein Ensemblegefühl zu erzeugen, in dem das Schlagzeug eins ist mit dem Kollektiv der Bläser und der harmonischen Begleitung.

1996 wurde die Rhythmusgruppe der Band durch den ausgezeichneten Bassisten **Oliver Karstens** verstärkt.«

Aktuelle CD

Norbert Susemihls Arlington Annex – High Heels – Sumi Productions – Jazz World CD WW 902-2

Besetzung:

Norbert Susemihl (tp, voc), Lieven Brunckhorst (sax), Greta Milochi-Susemihl (p), Oliver Karstens (b), Thomas Altmann (dr)

Kontakt:

Norbert Susemihl, Stübeheide 4, 22337 Hamburg, Telefon: 0 40 - 59 57 94

HARDY SCHIFFLERS JAZZARCHIV

Fast jeder Konzertbesucher hatte ihn schon einmal vor der Nase, und niemand weiß so recht, wer er ist und was er macht. Der Eintrag „Jazzarchiv Hamburg" im Telefonbuch führt weniger zur Erweiterung eines zahlenden Kundenkreises als zu Gefälligkeitsrecherchen für Jazzfreunde und deren Lebensgefährten. Sein Name ist **Hardy Schiffler**. Bis vor kurzem auch als Kornettist durch die Hamburger Jazzszene tingelnd, brauchte er 1973 für die Restaurierung eines Oldtimers einmal etwas mehr Geld als ihm sein Redakteursjob einbrachte. Er kaufte sich für einen Fünfziger auf dem Fischmarkt eine ostdeutsche WERRA und begann, Jazzfotos für die Presse zu machen.

Da ein Blitz fehlte, leistete er sich zu hochempfindlichen Kunstlichtfilmen eine 500-Watt-Fotoleuchte, was zu diversen Totalzusammenbrüchen bei der mit 10 Ampere abgesicherten Bühnenelektrik des „Pö" führte, aber Peter stand stets in der Nähe der einzigen Sicherung.

Eine Abneigung gegen jegliche Blitzerei blieb bis heute. Das jazzige Pseudonym des Pressefotoarchivs, einst erdacht, um Interessenkollisionen mit dem Hauptberuf zu vermeiden, wirkt sich seit der Ausweitung auf alle Formen musikalischer, kabarettistischer und sonstiger Bühnenaktivitäten inzwischen eher geschäftsschädigend aus. Eine Namensänderung wird dennoch ebenso abgelehnt wie eine Reduzierung der eher kostenträchtigen als gewinnbringenden Jazzfotografie. Den Umsatz bringen die populären Musiker und Gruppen – vom Punk bis zur Volksmusik.

Eigentlich sollte 1979, als das alte Auto nach sieben Jahren Arbeit endlich lief, Schluß sein mit der „Knipserei", aber kurz vor der Fertigstellung war noch ein 200 Jahre altes Fachwerkhaus dazwischengeraten, das bis vor kurzem „gekämmt" und „gebürstet" werden wollte. Hinzu kamen noch private und berufliche Nackenschläge, die den einstigen Nebenjob zur Existenzgrundlage machten.

Aus dem auf mittlerweile fast eine Million Fotos angewachsenen Bildmaterial ist sicherlich für jeden Interessenten das richtige dabei. Nachfragen von Presse und Künstlern werden gern und prompt bearbeitet.

Kontakt:
Gunthard Schiffler, Bildjournalist, JAZZARCHIV HAMBURG, Moorfleeter Deich 97, 22113 Hamburg, Telefon: 0 40 - 7 89 27 35, Fax: 0 40 - 78 59 75

ALSTER VILLAGE JAZZMEN

GO TO NEW ORLEANS

Seit 1985 gibt es nun schon diese Jazzband um den Klarinettisten **Peter Lübbke**. Einmal schwungvoll, einmal lyrisch, spielen diese Musiker ihre Musik, die bisher auf vielen Veranstaltungen das jeweilige Publikum begeistern konnte. Ob auf Bällen, Kongressen, auf Stadtteilfesten, beim Alstervergnügen oder auf privaten Festen, diese Band versteht es immer, vortrefflich zu unterhalten.

Höhepunkte waren bisher ihre Gastspiele in Marielist (Dänemark) 1989 und in Prag 1995. Regelmäßige Auftritte gibt's in allen Jazz-Clubs in und um Hamburg, vor allen Dingen aber in ihrer Stammkneipe SPECTRUM, Lohbrügger Markt 5. Eine CD ist zur Zeit in der Planung.

Besetzung:
Peter Lübbke (cl, as), Dr. Wolf Panknin (tb), Malte O'Swald (tp), Herbert Nitz (bj), Walther Curth (b), Michel Erhardt (dr), Sabine Lübbke (p)

Kontakt:
Peter Lübbke, Carsten-Reimers-Ring 85, 22175 Hamburg, Telefon / Fax: 0 40 - 6 40 57 11

ALSTER VILLAGE JAZZMEN, 1994 auf der „Passat" (v. l.): oben Herbert Nitz, Sabine Lübbke, Wolf Panknin; unten Walther Curth, Anita Dicke, Peter Lübbke, Michel Erhard, Malte O'Swald

RIVERSIDE JAZZ CONNEXION

C'EST SI BON

Werner Haag schreibt über die Band: »Die **RIVERSIDE JAZZ CONNEXION**, eine Hamburger Jazzband mit großer stilistischer Bandbreite, ist seit fast 10 Jahren bei vielen Konzerten in und um Hamburg zu hören und hat in dieser Zeit viele Freunde gewonnen. Ihre Fangemeinde schätzt ganz besonders die mitreißende Spielweise dieser Band, freut sich über die Spontaneität und Spielfreude der Musiker, die auf einem bemerkenswerten musikalischen Niveau spielen können.

Das Repertoire umfaßt Stücke vom Oldtime über Dixieland bis zum modernen Swing. Dazu wird, vor allem bei den gesungenen Blues-Titeln, dem Zuhörer echtes Blues-Feeling vermittelt.

Die Band ist vorwiegend auf Veranstaltungen, Galas und bei Jazzkonzerten zu hören.

Die aktuelle CD der **RIVERSIDE JAZZ CONNEXION** trägt den Titel „C'est si bon". Sie enthält Musik, die einen Bogen schlägt von Traditionals wie *Down by the Riverside* über Blues wie *Stormy Monday*, *Whisky drinkin' woman* und *Sent for you yesterday* bis hin zu Gershwin's *The Man I love*. Die CD ist im Handel erhältlich.«

Besetzung:
Henning Cuda (tb), Werner Haag (tp, cl, ts), Jochen Arp (cl, ss, as, ts), Lalo Titenkov (p), Holger Eggeling (bj, g) Frank Lehre (b), Thomas Greinke (dr)

Kontakt:
Werner Haag, Fahrenkrön 42, 22179 Hamburg,
Telefon: 0 40 - 6 42 61 11, Fax: 0 40 - 6 41 67 61

RIVERSIDE JAZZ CONNEXION, 1995 (v. l.): Thomas Greinke, Jochen Arp, Holger Eggeling, Werner Haag, Henning Cuda, Frank Lehre

HOT JAZZ WEEPERS

WILLIE THE WEEPER

Die Band wurde 1986 von **Rainer Morlak** (tb) und **Hans Werner Schulz** (tp) gegründet. Der Bandname ist von einem ihrer Lieblingstitel, *Willie the Weeper*, abgeleitet. Gespielt wird in der traditionellen Besetzung, eine Mischung aus New-Orleans-Jazz und Dixieland.

Einige Höhepunkte waren Gastspielreisen nach Schwerin und ein Auftritt im Fernsehen. Ansonsten kann man diese Band regelmäßig im COTTON CLUB, auf der BATAVIA und im Alten Dorfkrug in Lütjensee erleben.

Besetzung:
Hans Werner Schulz (tp), Rainer Morlak (tb), Udo Kern (cl), Hartmut Entrich (bj), Hans Krahnke (g), Thomas Fleischer (b), Wolfgang Heinel (p)

Kontakt:
Rainer Morlak, Dorfstraße 13, 21493 Basthorst,
Telefon: 0 41 59 - 4 74

HOT JAZZ WEEPERS (v. l.): Wolfgang Heinel, Rainer Morlak, Hans Krahnke, Hartmut Entrich, Hans Werner Schulz, Hubert Witt, Heinz Drews

APEX JAZZ BAND

SINGIN' AND SWINGIN'

1986 wurde die **APEX JAZZ BAND** von **Harm Sagawe** (cl) und mir, **Klaus Neumeister** (wbd), gegründet. Wir beide hatten eine Zeitlang in den unterschiedlichsten Bands Erfahrungen gesammelt und waren der Meinung, daß es an der Zeit sei, wieder einmal in einer festen Besetzung zu spielen.

Musiker waren recht schnell gefunden. Trompete spielte **Werner Haag**, heute **RIVERSIDE JAZZ CONNEXION**, der auch für die Head-Arrangements verantwortlich war. **Klaus Wysocki** (tb), **Jochen von Kloppmann** (b), **Gerhard Kosakowski** (bj) waren dabei und etwas später kam **Rolf Borsutzki** (p) dazu.

Wir hatten recht schnell ein gutes Repertoire zusammen, und im Frühjahr 1987 starteten die ersten Versuche, vor Publikum zu spielen.

Es folgten recht schnell die unvermeidlichen Musikerwechsel. Als erster war Jochen der Meinung, er könnte seine musikalischen Vorstellungen nicht realisieren. Er wurde von **Friedemann Wulfes** (tu) ersetzt, einem begabten jungen Musiker. Ein Jahr später verließ uns dann Werner. Seinen Platz nahm **Hannes Ebeloe** ein. Nun ging es relativ schnell. Harm ging neue Wege, dafür kam **Erhard ‚Burte' Neussert** in die Band. **Alfred Pelzer** (b) wechselte mit Friedemann. Den Klavierschemel tauschte Rolf mit **Jörg Schedukat**. Es folgte **Gerd Gramberg**, der Klaus ablöste. Ab 1991 hatten wir dann Ruhe und konnten uns ganz auf die Musik konzentrieren, die wir spielen wollten: Hot Jazz der 20er Jahre, der sich an den großen schwarzen Bands dieser Zeit orientiert. Trotz, oder gerade wegen der recht konsequenten, manchmal schon puritanisch strengen Auffassung unserer Musik, entstand ein musikalisches Konzept, dem wir bis heute treu geblieben sind.

1993 kam noch **Friedrich ‚Fiete' Bleyer** als vierter Bläser in die Band. ‚Fiete' ist ein ganz alter Hase, hat er sich doch schon im legendären **BALLROOM ORCHESTRA** seine ersten Sporen verdient. Kurz nach ihm ersetzte **Holger Bundel** den privat und beruflich überstrapazierten **Jörg Schedukat**. Beide Musiker sind ein großer Gewinn für die Band und nicht mehr wegzudenken. Mit ihnen kamen ein frischer Wind und neue Impulse in die Gruppe. Ermöglichen sie uns doch einen größeren Spielraum für neue musikalische Wege. Auf unserer CD „New Orleans And Back" wird das schon recht deutlich dokumentiert.

Ende 1995 haben wir uns dann noch einmal zu einem Musikerwechsel entschlossen. Für Hannes kam **Gerhard ‚Marcel' Horst**, JAILHOUSE JAZZMEN, in die Band. Mit ihm kamen wir den hoch gesteckten Zielen ein ganzes Stück näher. Mit ‚Marcel' war ein weiterer Notist dabei, sehr umsichtig und mit viel Geduld und Ruhe sorgt er jetzt für die Arrangements. Ein hartes Stück Arbeit für uns alle, aber die Mühe lohnt sich. Erste Auftritte in der neuen, erweiterten Besetzung haben gezeigt, daß wir auf dem richtigen Weg sind. Da mit ‚Marcel' auch ein zweiter Sänger in die Band kam – sein Gesang hat nichts von seiner alten Anziehungskraft verloren – können wir nun auch hier noch vieles verbessern. Die von ihm eingebrachten Titel haben unser Repertoire noch abwechslungsreicher und interessanter gemacht.

Seit vielen Jahren macht es jede Menge Spaß, mit diesen talentierten und engagierten Musikern ein musikalisches Team zu bilden, in dem jedes Mitglied bisher auf seine Weise zum Erfolg beigetragen hat.

Was gibt es über diese Jahre noch zu berichten? Viele anstrengende, beschwerliche Reisen, einige Jazz-Festivals, manche Nacht, in der wir uns im wahrsten Sinne des Wortes die Seele aus dem Leib gespielt haben. Hier und da ein Highlight, wo es uns vergönnt war, auch einmal vor einem größeren Publikum zu spielen. Und natürlich die regelmäßigen Auftritte im COTTON CLUB oder im JAZZ FORUM vor oft sehr sachkundigen und interessierten Jazzfreunden. Vieles ist zur Routine geworden, aber die unbändige Freude an dieser Musik hat sich bis heute erhalten. Immer war Zeit und Gelegenheit, Neues zu verwirklichen.

Zweifellos war unsere 5tägige Tournee durch die damalige DDR ein herausragendes Ereignis. Für ein Kon-

APEX JAZZ BAND, 1986 von links: Klaus Neumeister, Gerhard Kosakowski, Klaus Wysocki, Rolf Borsutzki, Werner Haag, Friedemann Wulfes, Harm Sagawe

APEX JAZZ BAND, 1997 in Bude/England (v. l.): Klaus Neumeister, Alfred Pelzer, ‚Marcel' Horst, Gerhard Kosakowski, Erhard ‚Burte' Neussert, Friedrich ‚Fiete' Bleyer, Rudgar Neussert

zert bekamen wir eine Gage von 250 Mark Ost! 1991 folgte ein Auftritt vor 800 Soldaten in einer sowjetischen Garnison – ein starkes emotionales Erlebnis, welches wir wohl nie vergessen werden. Weitere Höhepunkte waren sicherlich unsere zwei New-Orleans-Reisen. Unsere Auftritte auf dem French Quarter Jazz Festival und in einigen Jazz-Clubs dieser Stadt, die Begegnungen mit vielen Musikern und Jazz-Freunden haben uns noch lange bewegt. Interessant und aufregend war die Arbeit an unseren CD-Produktionen.

Ein weiteres Highlight, aber leider nur eine kurze Zusammenarbeit ergab sich 1991/92 mit der hervorragenden Sängerin **Iris Moore**. Zeitliche und finanzielle Vorstellungen ließen sich auf Dauer nicht realisieren. **Iris Moore** lebt und arbeitet schon viele Jahre in Hamburg. Sie hat ihre Ausbildung in Gesang und Steptanz an den NBC-Studios in New York erhalten. Dort ist sie dann auch in Konzerten mit *Duke Ellington*, *Artie Shaw*, *Ella Fitzgerald* unter anderem aufgetreten. In Deutschland hatte sie später zahlreiche Auftritte und Konzerte. So war sie Gast bei Rundfunk und Fernsehen (unter anderem bei Peter Horton). Zuletzt hatte sie großen Erfolg mit einer Hauptrolle im Jazz-Musical „Hot Stuff".

Am 26. April 1996 konnten wir dann unser 10jähriges Band-Jubiläum mit einem großen Konzert in der MUSIKHALLE feiern. Was kaum einer zu hoffen gewagt hatte, ging an diesem Tag in Erfüllung: eine „Bomben-Stimmung" und ein ausverkauftes Haus!

In der Band herrscht gute Stimmung; hochmotiviert und mit großer Zuversicht sehen wir unserem nächsten Jubiläum entgegen. Sicherlich wieder mit vielen begeisterten Freunden.

Viele Engagements, (schon bis in das Jahr 1997) und einige interessante Reisen sind geplant, unter anderem nach Frankreich und England.

Uns ist es immer eine Verpflichtung gewesen, das jeweilige Publikum mitzureißen und zu begeistern, und so soll es auch noch viele Jahre bleiben.

Dank der treuen Zuneigung einer kleinen, aber feinen Fan-Gemeinde und der nie nachlassenden, großen Spielfreude der Musiker dieser Band konnten wir uns über 10 Jahre behaupten. In einer Zeit, in der kaum noch Platz für handgemachte Musik vorhanden ist, ist dieshäufig ein schwieriges Unterfangen. Aber ein schönes.

Discographie
APEX BLUES (Darktown Music)
  Best.-Nr.: MR 90 204 MC
SINGIN' AND SWINGIN' (Darktown Music)
  Best.-Nr.: MR 92 02 24 CD
NEW ORLEANS AND BACK (Darktown Music)
  Best.-Nr.: MR 96 04 26 CD

Kontakt:
Alfred Pelzer, Saseler Straße 47 c, 22145 Hamburg, Telefon und Fax: 0 40 - 6 78 67 86
Klaus Neumeister, Bekassinenau 27, 22147 Hamburg, Telefon: 0 40 - 6 47 03 73

APEX JAZZ BAND

APEX JAZZ BAND, 1991 (v. l.): Erhard ‚Burte' Neussert, Jörg Schedukat, Hannes Ebeloe, Klaus Neumeister, Gerhard Kosakowski, Gerd Gramberg, Alfred Pelzer, im Vordergrund die Sängerin Iris Moore.

APEX JAZZ BAND, 1996 im COTTON CLUB von links: Klaus Neumeister, Alfred Pelzer, Erhard ‚Burte' Neussert, Friedrich ‚Fiete' Bleyer, Gerhard Kosakowski, Hannes Ebeloe, Holger Bundel, Gerd Gramberg

Erhard ‚Burte' Neussert und Klaus Neumeister, 1992

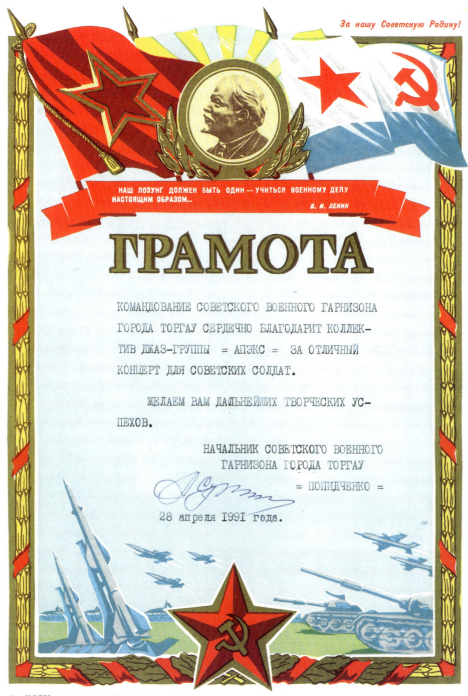

Verleihung einer Urkunde anläßlich eines Konzertes in einer (damals noch) sowjetischen Garnison, im Rahmen der deutsch/sowjetischen Völkerverständigung, Jazz-Festival Torgau, 1991. Übersetzung: Für unsere sowjetische Heimat – Die Leitung der sowjetischen Militär-Garnison der Stadt Torgau dankt dem Kollektiv (!) der Apex Jazz Band herzlich für ein ausgezeichnetes Konzert für sowjetische Soldaten. Wir wünschen Ihnen auch weiterhin schöpferische Erfolge. Der Leiter der sowjetischen Militär-Garnison der Stadt Torgau – Pordidschenkow – Unsere Losung muß eine einzige sein! (Übrigens war dieses angeblich das erste Jazzkonzert in einer sowjetischen Garnison.)

15 Jahre Apex Spedition   Eine Veranstaltung der Firma

JUBILÄUMS-KONZERT
10 JAHRE
APEX JAZZ BAND
„New Orleans And Back"

**Freitag 26. April 1996
20 Uhr Musikhalle
Hamburg, Kl. Saal
Ab 19.00 Uhr und in den
Pausen Sessions im Foyer**

GÄSTE:

NALDO'S JAZZ FAMILY (Köln)
Die beliebteste Band im dortigen Raum.
Traditioneller Jazz, Boogie Woogie und karibische Klänge

FIREHOUSE REVIVAL JAZZ BAND (Bern)
Die fröhlichste Band im Dixie-Land. Vom Original kaum zu unterscheiden

und HAMBURG NEW ORLEANS ALL STARS mit bekannten Hamburger Musikern

Karten: Vorverkauf DM 35,00 · Abendkasse DM 40,00

Theaterkasse Central, Gerhart-Hauptmann-Platz 48, Telefon 040/32 43 12
Theaterkasse Schumacher, Colonnaden 37, Telefon 040/34 30 44
Alsterhaus, Jungfernstieg 16, Telefon 040/35 35 50
oder
Alfred Pelzer, Telefon und Fax: 040/678 678 6

SOUTHLAND SERENADERS

NEW ORLEANS SHOUT

Diese Gruppe wurde 1988 ursprünglich unter dem Namen **NEW ORLEANS SERENADERS** gegründet. Die Vorbilder waren *Armstrong*, *Oliver* und *Williams*. Man versuchte, die Original-Arrangements nachzuspielen.

Erste öffentliche Auftritte gab es ab 1989. Die ehrgeizigen Pläne der Band wurden leider immer wieder durch die sehr häufigen Musikerwechsel gestört. Obwohl man jedesmal neu anfangen mußte, hielt man aber unbeirrt an dem Konzept fest.

Seit 1993 ist die Besetzung stabil. Und ich kann den Musikern nur wünschen, daß sie ihren längst verdienten Platz in der Hamburger Musik-Szene einnehmen.

Die Voraussetzungen dafür sind nach wie vor gut, und erste Erfolge zeigen, daß die **SOUTHLAND SERENADERS** auf dem richtigen Weg sind.

Einige Höhepunkte waren Fernsehauftritte, Einladungen zu den Jazz-Festivals in Dresden und St. Raffael (Südfrankreich), Begegnungen mit der *Carling-Family* (Schweden) und dem Trompeter *Bob Barnard* (Australien). Sicherlich kann man die Band auch bald wieder regelmäßig in allen Jazz-Clubs und Musikkneipen erleben.

Besetzung:
Uwe Heinecke (tp), Bernd Kalmring (cl), Hartmut Entrich (bj), Dieter Sommer (wbd), Axel Vallée (tb), Eddie Gericke (p), Rainer Kind (tu)

Kontakt:
Harmut Entrich, Rothenbaumchaussee 207, 20149 Hamburg, Telefon: 0 40 - 44 58 49

SOUTHLAND SERENADERS, Ende 80er Jahre (v. l.): Hubert Witt, Bernd Kalmring, Rainer Morlak, Hartmut Entrich, Werner Schwarz, liegend Hannes Ebeloe

JOLLY JAZZ FOOLS

FROM NEW ORLEANS TO CHICAGO

Christoph J. Lauff erzählt die Geschichte der **JOLLY JAZZ FOOLS**: »Während meines Studiums in Kiel spielte ich in einer damals recht bekannten, siebenköpfigen Dixie- und Swing-Band, für die ich irgendwann auch das Management übernommen hatte. Daneben lernte ich wie üblich durch Aushilfsjobs eine ganze Reihe weiterer Musiker kennen.

Im Sommer 1989 passierte dann das, wovor es jedem, der es schon mal mitgemacht hat, graust. Für zwei im Ostseebad Eckernförde abgemachte Auftritte, große Freiluftveranstaltungen mit Riesenbühne und Unmengen von Kurgästen, fielen nach und nach aus den verschiedensten Gründen die meisten meiner Bandmitglieder aus. Nun war guter Rat teuer. Absagen kam natürlich nicht in Frage!

Also telefonierte ich diejenigen Musiker zusammen, mit denen ich mich musikalisch am wohlsten fühlte und die verfügbar waren. Wir absolvierten diese Auftritte im August 1989 mit großem Erfolg, auch wenn wir natürlich nur Standards spielten und noch unter dem Namen meiner damaligen Band segelten.

Nachdem wir dort viel Spaß miteinander gehabt hatten, ergab es sich, daß wir in dieser Besetzung immer öfter miteinander spielten, nur einen richtigen Namen hatten wir noch nicht. Irgendwann kam meine Frau aus heiterem Himmel auf den Namen **JOLLY JAZZ FOOLS**, und dabei blieb es dann auch.

Nachdem wir dann weiterhin ganz gut im Geschäft blieben, beschlossen wir, dem Ganzen mit Rücksicht auf unsere Freunde vom Finanzamt eine vernünftige Rechtsform zu geben und gründeten zum 1. Januar 1991 die **JOLLY JAZZ FOOLS GBR**.

Stilistisch bewegen wir uns mit relativ weitem Spektrum zwischen reinem New-Orleans-Jazz über Chicago bis hin zum frühen Swing bzw. Dixieland. Daß wir an dieser Stelle relativ offen sind, liegt auch an den Bands, die uns als große Vorbilder vorschweben. Sie reichen von der *Black Eagle Jazz Band*, *George Lewis* und seinen Formationen über *Eddie Condon* und *Sidney Bechet* bis hin zu *Chris Barber*. Unser Herz gehört allerdings bevorzugt dem New-Orleans-Stil.

Die ersten Jahre beinhalteten vorwiegend die üblichen Auftritte in Autohäusern, bei Geschäftsveranstaltungen und größeren Privatpartys, aber auch Veranstaltungen zu Studentenbällen usw. Daneben spielten wir regelmäßig in den Jazz-Lokalen Schleswig-Holsteins, aber auch in Bremen und Niedersachsen, nahmen schon 1990 am Landeswettbewerb „Schleswig-Holstein jazzt" teil und spielten in den wenigen Clubs, die es hier gibt. Wir bemühten uns von Anfang an, regelmäßig alle zwei bis drei Wochen zu proben und unser Repertoire ständig zu erweitern.

Bereits 1991 spielten wir bei ca. 80 Veranstaltungen pro Jahr, und dieser Trend setzte sich fort. Ein großer Erfolg (der uns allerdings schnell lästig wurde) war unser Weihnachts-Jazz, bei dem wir, stilecht als Weihnachtsmänner kostümiert, amerikanische und deutsche Weihnachtslieder im Jazz-Stil spielten. Lästig wurde er uns deswegen, weil wir uns auf Dauer doch etwas albern dabei vorkamen, aber das Publikum und die Veranstalter standen darauf.

1991 wurde unsere erste CD/MC „From New Orleans To Chicago" produziert. Mit dem Namen und der Titelauswahl wollten wir an die Bedeutung dieser Städte für den Jazz in seinen ersten fünfundzwanzig bis dreißig Jahren erinnern. Der Tonträger wurde ein voller Erfolg, und so kam 1993 unsere zweite CD/MC heraus, die wir „High Society" nannten.

1993 kam dann eine erste große Tour. Sie ging nach Rußland, genauer gesagt Weißrußland. Ich hatte Kontakt zu einem St. Petersburger Konzertmanager bekommen, und dieser hatte uns zum 5. Internationalen Jazz-Festival nach Vitebsk eingeladen. Allein, die Reise dorthin (acht Mann im russischen Zug, eine Tour zweieinhalb Tage!) war ein Abenteuer für sich, aber der Erfolg bei zwei Auftritten dort und die Gelegenheit, das bis vor wenigen Jahren für uns unerreichbare Land und seine Leute kennenzulernen, entschädigten uns voll.

1994 nahmen wir auf Einladung am 21. Jazzfestival von s'Hertogenbosch/NL, auch „Jazz in Duketown" genannt teil, und fühlten uns geehrt, mit Bands wie dem *Classic Jazz Collegium*/Prag, *Papa Bue's Viking Jazz Band*, *Barbara Dennerlein*, der *Dirty Dozen Brass Band* aus New Orleans und vielen anderen bekannten Bands aufzutreten.

1995 wird aus unserer Sicht ein ganz besonderes Jahr. Abgesehen davon, daß wir Einladungen zu einigen Festivals erhalten haben, ist es mir gelungen, mit Unterstützung von *Pete Fountain* einen Kontakt nach New Orleans zu knüpfen, und wir werden im Oktober für eine Woche bei „Fritzel's" auf der Bourbon Street und in „Maxwell's Toulouse Cabaret" spielen. Ich selbst war schon in New Orleans, allerdings nur als Tourist, der Rest der Band kennt die Stadt nur aus Erzählungen, Filmen und Büchern. Wir freuen uns natürlich schon sehr darauf, in der Geburtsstadt des Jazz aufzutreten.

Neben verschieden festen Engagements in Schleswig-Holstein und Bremen treten wir in Hamburg etwa alle zwei Monate im COTTON CLUB, zwei, drei Mal im Jahr im **JAZZ FORUM** Bergedorf und gelegentlich auf dem FEUERSCHIFF auf. Daneben sind wir mit unserer Quartettbesetzung, der **NEW ORLEANS JAZZ CONNECTION**, häufig im TSCHAIKA (ex UHLENSPIEKER) zu finden und spielen auch sonst bei vielen Gelegenheiten."

Besetzung:
Michael Weiß (tp, fl, co), Heinz-Thomas Dohrn (tb), Christoph J. Lauff (cl, ss, as, voc), Carsten Meixner (bj, g), Konrad Gröger (tu, b), Jan Doose (dr)

Discographie
CD/MC From New Orleans To Chicago
CD/MC High Society

Kontakt:
JOLLY JAZZ FOOLS GbR, c/o Christoph J. Lauff, Schillerstraße 2c, 24576 Bad Bramstedt, Telefon: 0 41 92 - 8 57 85

JOLLY JAZZ FOOLS, 1995 (v. l.): Jan Doose, Konrad Gröger, Christoph J. Lauff, Michael Weiß, Heinz-Thomas Dohrn, Carsten Meixner

HARLEM JUMP

HOT SWING

Jürgen Recke: »HARLEM JUMP präsentiert den gleichnamigen Jazzstil, der um 1940 im New Yorker Negerviertel Harlem entstanden ist. Während der damals populär gewordene Swing zunehmend von Big Bands dargeboten wurde und in der Routine kommerzieller Arrangements zu erstarren drohte, entwickelte sich in den Harlemer Jazzkneipen der „Jump" (Sprung). Der Name steht für das durch rhythmische Schwerpunktverlagerungen erzeugte, besondere „Feeling" dieser meist von kleinen Besetzungen gespielten Swingvariante. Im „Jump" ließ man dem Solisten viel Freiraum, spornte ihn durch „Riffs" – kurze, rhythmisch wechselnde Bläserphrasen – an und griff neben Blues- oder Boogie-Woogie-Elementen auch klassische Themen oder karibische Rhythmen auf.

Zu den bekanntesten Combos dieser Stilrichtung zählten das *John-Kirby-Sextet* mit dem exzellenten Trompeter *Charlie Shavers*, die Band der Schlagzeuger *Sid Catlett* und *Cozy Cole* sowie nicht zuletzt *Louis Jordan's Tympany Five*, die als Erfinder des Rhythm & Blues-Stils berühmt wurden.

HARLEM JUMP spielt Titel dieser Besetzungen, hat jedoch auch diverse Klassiker von *Louis Armstrong*, *Benny Carter*, *Duke Ellington*, *Johnny Hodges* oder *Chick Webb* im Repertoire. Die Musiker der 1988 gegründeten Gruppe entstammen bekannten Bands der Hamburger Jazz-Szene wie den **HOT OWLS** oder den **BLACKBIRDS OF PARADISE**.

Eine beachtenswerte CD wurde 1995 produziert.«

Besetzung:
Volker Reckeweg (tp, voc), Günter Fuhlisch (tb), Andreas Brinck (as, bs, cl, voc), Henning Plote (ts, cl, voc), Jürgen Recke (p, lead, arr), Wolf Kraft (g), Michael Däumling (b), Robby Schön (dr)

Kontakt:
Jürgen Recke, Im Kamp 20, 21376 Eyendorf,
Telefon: 0 41 72 - 89 00

CD HARLEM JUMP (1990) Summer Records 9318

HARLEM JUMP, 1991 (v. l.): Peter Burmester, Jürgen Recke, Volker Reckeweg, Ulrich Hermann, Andreas Brinck, Arnold Schön, Henning Plote, Michael Däumling

HARLEM JUMP

Diether Kressel

GRUSS AN JIMMY NOONE, 1984, Zeichnung und Goache, 57 × 78 cm, Landesmuseum Schleswig-Holstein

*Ich habe den Blues so sehr,
daß es mir schwerfällt,
nicht zu weinen.*
John Lee Hooker

*Wenn Ihr mich lachen seht,
lache ich,
um ja nicht zu weinen.*
Trouble in Mind Blues

DIE 90er JAHRE

Die 90er Jahre begannen wie die 80er Jahre aufhörten. Wer kreativ war und sich bemühte, hatte weiterhin seine Auftritte und sein Publikum. Von den etwa drei Dutzend Jazzkapellen, die zur Zeit aktiv sind, sind einige nun schon – ohne Ermüdungserscheinungen – Jahrzehnte „On Tour". Einige davon haben ihre großen „Jubelfeste" kräftig gefeiert:

Die bisher herausragendsten Veranstaltungen waren wohl 1994 **Abbi Hübners** 30jähriges Bandjubiläum und im selben Jahr **Peter ‚Banjo' Meyers** 50jähriger Geburtstag sowie sein 35jähriges Bühnenjubiläum. Peters „Jazzy Birthday"-Feiern mit den *European Jazz Giants* entwickeln sich langsam zur Tradition. 1995 folgte dann „25 Jahre Jazz Lips" und „10 Jahre Steve Mason's Frisco Jazzband", 1996 „25 Jahre Revival Jazzband" und „10 Jahre Apex Jazz Band" usw. usw.

Nebenbei hat sich das „JAZZ MARATHON" als zweite Großveranstaltung durchgesetzt. 1995 sollen dort ca. 10.000 (!) Jazzfreunde gewesen sein. Da sich die großen Konzertveranstalter nur noch auf diese Veranstaltungen konzentrieren – sicherlich scheuen sie das finanzielle Risiko – müssen eben die einzelnen Bands für die „Highlights" sorgen. Der manchmal nur mäßige Erfolg dieser Bemühungen macht aber leider wenig Mut zu weiteren Aktivitäten. So hatte dann auch die von den **JAZZ LIPS** und der **OLD MERRY TALE JAZZBAND** ins Leben gerufene Konzertreihe „Swingin' Hamburg" – trotz guter internationaler Gastsolisten – nicht den gewünschten Erfolg und mußte eingestellt werden.

Aber eine neue Attraktion etablierte sich: „Jazz auf der Automeile", Friedrich-Ebert-Damm. Einmal im Jahr präsentieren sich überwiegend Hamburger Bands in vielen Autohäusern, vor bis zu 2.000 begeisterten Besuchern. Einige große Hotels in Hamburg haben den „Jazz-Brunch" entdeckt, und einige Einkaufszentren – leider viel zu wenige – beleben weiterhin mit Jazz ihr Abendgeschäft.

Ein paar Bandneugründungen gab es natürlich auch. Die **JOLLY JAZZ FOOLS**, die **BLUE HEAVEN JAZZ BAND**, die **ROYAL GARDEN JAZZ BAND**, die **COOLSTREET JAZZBAND** und die **EASTSIDE HOT FIVE** sind mir bekannt geworden. Die 1992 gegründete Band **BLACK JASS** hat mir bisher am besten gefallen. Hier haben sich wieder ein paar ganz hervorragende Musiker zusammengefunden, die – recht erfolgreich – die schwarze Musik der „Chicago Southside" vertreten.

HAMBURG CITY HOT HORNS, 1997 (v. l.): Oben: Kai Stemmler, Ferdinand von Seebach, Thomas Greinke. Unten: Amselm Simon, Markus Voigt, Thomas Niemand. Foto: Paula Frances Moser, 20144 Hamburg

Einige swingorientierte Bands haben sich auch dazugesellt. Da ist BLUE 4 U mit der Sängerin Beate Kynast; ob als Duo oder als Quintett, immer voller Swing und Drive. Die Bands GENTLEMAN'S AGREEMENT und die HAMBURG CITY HOT HORNS spielen dann ebenfalls bekannte und auch weniger bekannte Swing-Raritäten der 20er bis 50er Jahre, teilweise in überraschend neuen Arrangements. In der Swing-Combo JAZZIX habe ich einen alten Bekannten, Achim Gehrmann (tp), wiedergetroffen. In dieser neugegründeten Band wird auch Barmusik gespielt. Außerdem werden die bekannten Jazzballaden – alles mit lateinamerikanischen Elementen – vorgetragen.

Zum Schluß sollen noch drei neue Veranstaltungsorte vorgestellt werden: Freitag bis Montag heißt es „Welcome On Board" des FEUERSCHIFFES im City-Sporthafen Hamburg. Das Kneipen-Restaurant FACTORY HASSELBROOK veranstaltet regelmäßig Jazzfrühschoppen, je nach Jahreszeit im schönen Biergarten oder in der außergewöhnlichen Atmosphäre des alten Hasselbrooker Bahnhofs. Auch das KÖNIGLICHE PROVIANTAMT in der Bahrenfelder Chaussee 49 versucht hier und da, mit Live-Jazz die Szene zu beleben.

Zum Schluß noch ein Hinweis auf das im Dezember 1996 erschienene Buch „MusikkonTakte". Dieses vom Verein Stadtkultur herausgegebene Nachschlagewerk stellt Kontakte zu 500 Bands, Musikerinnen und Musikern her und gibt auf über 130 Seiten nicht nur einen fundierten Einblick in die Musikszene unserer Stadt, sondern leistet vor allem ganz pragmatische Vermittlungsarbeit. Zwar unvollständig, zeigt es jedoch sehr anschaulich, wie sich gerade die Jazzmusik in Hamburg entwickelt hat. Es wurde sogar das Unmögliche versucht, die Bands den verschiedenen Stilen zuzuordnen. Für den 1991 gegründeten Privatsender „JAZZ WELLE PLUS", der sich trotz aller Startschwierigkeiten in der Hamburger Medienlandschaft etablieren konnte, kam 1995 doch noch das „Aus". Leider, denn viele hatten ihre Hörgewohnheiten ganz auf diesen kleinen Sender eingestellt und müssen nun wieder auf die wenigen Programmangebote der großen Rundfunkanstalten zurückgreifen.

So „dümpelt" denn die Hamburger Jazz-Szene weiterhin gemächlich vor sich hin. Hoffentlich noch viele Jahre, und mit vielen „beswingten" Stunden! Vielleicht weht ja auch einmal wieder ein etwas stärkerer Wind durch die Musik-Landschaft „Down by the Riverside".

Reiner Regel, 90er Jahre

Ladi Geisler, 90er Jahre

Henning Cuda, 90er Jahre

SCHNELSEN STOMPERS

DIXIELAND MIT HERZ

In Hamburg gibt es einen Stadtteil mit Namen Schnelsen, und nach diesem Stadtteil hat sich eine Jazzband benannt: SCHNELSEN STOMPERS. Heinrich Otto ‚Poldi' Leopold erzählt die etwas ungewöhnliche Geschichte dieser Formation:

»1991, das Schnelsenfest stand wieder einmal vor der Tür. Frau Nietz, Geschäftsführerin des Freizeitzentrums Schnelsen, fragte mich: »Poldi, du hast doch Beziehungen zu Jazzmusikern. Kannst du mir eine Band besorgen?« Ich gab zur Antwort: »Warum eine Band besorgen? Es gibt in Schnelsen eine Menge Oldtime-Jazzer, laßt uns doch versuchen, extra für das Schnelsenfest eine Gruppe zusammenzustellen!« – »Machst du das?« – »Ja!« So wurde eine Idee geboren und sofort in die Tat umgesetzt. Es war dann aber doch nicht so einfach, denn es gab viele Gründe „Nein" zu sagen: Sei es auch nur der, „das wird ja doch nichts".

SCHNELSEN STOMPERS, 1996 (v. l.): Hans Jürgen Wascher, Hubert Witt, Heinrich Otto Leopold, Jens-Peter Meisel, Harald Postel, Franz Thiessen, Dieter Meyser

Aber mit Hilfe der Presse, es wurde im „Niendorfer Wochenblatt" jede Woche über den aktuellen Stand der Formation berichtet (immer wieder wurde ich angesprochen: »Habt ihr schon einen Trompeter?«), gelang es mir, vier Musiker am 15. September 1991 auf die Bühne des FZ Schnelsen zu bringen: **Hans-Jürgen Wascher** (ts), **Jens-Peter Meise** (bj), **Mario Abel** (dr) und **Heinrich Otto Leopold** (cl). Dieser Stamm ist bis auf **Mario Abel**, der leider 1992 verstarb, bis heute geblieben.

Nach unserem ersten Auftritt kamen weitere Musiker hinzu: **Dieter Meyser** (tb), **Hubert Witt** (tu, b). Auch sie sind immer noch dabei. **Fiete Thiessen** ersetzte Mario an den Drums und lernte noch das Waschbrettspiel. Mit dem Trompeter hatten wir weiterhin noch Probleme. Mein „Wunschtrompeter" **Gert Reinhold** konnte nach einem Schlaganfall nicht mehr mitspielen. Nach langem Suchen fanden wir dann **Harald Postel**.

Während eines größeren Konzertes stellten wir ihn dem Publikum in Schnelsen vor und er wurde begeistert aufgenommen. Nun ist unsere Besetzung stabil, und das wirkt sich natürlich auf unsere Musik aus. Unser Kollektivspiel ist schon recht gut, und die Solistik wird immer besser. Mittlerweile sind wir in unserem Stadtteil voll integriert. Viele Privatfeiern im Großraum Schnelsen, Auftritte auf Stadtteilfesten auch in Niendorf und Stellingen, Jubiläumsveranstaltungen, Geburtstage und vieles mehr bringen Einladungen und Auftritte. Einmal waren wir auch ein Tombola-Gewinn. So sind wir nun zu einer richtigen „Stadtteil-Band" geworden. Bei einem Auftritt im „Hotel Engel" sagte ein Gast aus Schnelsen zum Hausherrn: »Wie kommst du dazu, „unsere" Band zu engagieren?!«

Unser größter Erfolg war wohl bisher die Teilnahme an der Eröffnung der neuen Opernsaison (kein Druckfehler!) in Stralsund und Greifswald. Wir hatten dort im Foyer und in der Kantine einen sehr stimmungsvollen Auftritt.

Auch in der nächsten Zeit haben wir eine Anzahl Verpflichtungen. So spielen wir regelmäßig jeden letzten Sonntag eines Monats im „Freizeitzentrum Wählingsallee" zum Frühschoppen, in einigen Stadtteilvereinen sind wir immer wieder gern gesehene Gäste: Engagement für „Pro Cultura" usw. Ich hoffe, daß meine Musiker und unsere langsam wachsende Fan-Gemeinde noch lange Freude an der Musik der SCHNELSEN STOMPERS haben werden.«

KONTAKT:

Heinrich Otto Leopold, Goldmariekenweg 15, 22457 Hamburg,
Telefon: 0 40 - 5 50 22 20, Fax: 0 40 - 5 59 58 95

FREIE UND BARBERSTADT HAMBURG

REMINISZENZEN AN DIE HAMBURGER JAZZ-SZENE

Heinrich Otto Leopold: »Keine andere Stadt in Deutschland hat so intensiv am Jazz-Revival teilgenommen wie Hamburg. So wurde sie dann auch irgendwann „Freie und Barberstadt Hamburg" genannt. Und auch aus gutem Grunde. Hier tummelten sich die Gruppen, die den traditionellen Jazz pflegten. Die **JAILHOUSE JAZZMEN** hatten bereits Vorläufer, bevor ihr großer Erfolg in der TAVERNE einsetzte. Da gab es die **RIVERSIDE JAZZBAND** oder hießen sie **RIVERSIDE JAZZMEN**?

So geht es jedem, der diese Zeit mitgemacht hat. Auch fallen die Namen der Gruppen nur sehr zögernd ein. Es waren sehr viele. Die ehemaligen Bunker wurden fast alle zu Jazzkellern umfunktioniert und hießen dann VATI'S TUBE oder DIE RÖHRE. Es war Stimmung in diesen Kasematten. Und wenn es schaurig wurde, dann soff buchstäblich so eine Einrichtung ab, und die Band mußte erst Wasser schippen, bevor der Jazz losging. Ganz übel erwischte es die SEGLERBÖRSE und die RIVERKASEMATTEN. Wenn eine hohe Flut bevorstand, mußten diese Räume mit Sandsäcken und Holzbrettern vor allzu großem Schaden bewahrt werden. Manchmal konnte das auch während der Veranstaltung passieren. Aber das machte der Freude und dem Spaß keinen Abbruch. Es wurde ja auch nicht viel mit Technik gemacht. Mit feuchten Füßen wurde eben weiter gejazzt.

Diese Probleme hatte man nicht bei den Hochbunkern wie zum Beispiel am Poelchaukamp und Heußweg. Aber ohne Schalldämmung lief da auch nichts. Man hörte schon im Eingang, welcher Trompeter im vierten Stock die Frontline anführte. Mit einem Stempel auf der Hand und dem Zahlen eines Obolusses wurde man Clubmitglied. Wie lange? Na, bis zur nächsten Veranstaltung! Dann wurde neu gestempelt und neu aufgenommen. Das ersparte dem Veranstalter viele behördliche Schwierigkeiten.

Aber was ist daraus geworden? Eines muß zuerst festgehalten werden: Die Qualität der Musik ist mit dem zunehmenden Alter der Musikanten gestiegen. Waren schon die **OLD MERRY TALE JAZZBAND** und **ABBI HÜBNER'S LOW DOWN WIZARDS** (manchmal zu) routinierte, fast professionelle Bands, so kann man das heute fast für jede real existierende Band in Hamburg in Anspruch nehmen. Leider hat sich die (Un)Sitte breit gemacht, Bands nur nach Bedarf per Telefon zusammenzustellen. Das führt natürlich nicht zu den musikalischen Fortschritten, die sich jeder Künstler wünscht, aber es füllt das Portemonnaie.

Trotzdem, es sind noch eine Reihe gute Gruppen da. **Abbi Hübner** bleibt der „Vater" und, ja, wie soll man die anderen betiteln? Sie sind ja auch schon Väter geworden, nicht nur im musikalischen Sinne.

Hamburg kann sich echt rühmen, aus der „wilden" Zeit noch vieles gerettet zu haben. Zwar gibt es die Bunker als Veranstaltungsorte nicht mehr, aber es gibt noch einen COTTON CLUB. Er befindet sich jetzt in der alten TAVERNE, und dort wird auch noch traditioneller Jazz gepflegt. In Volksdorf existiert ein LÜTT HUUS – es liegt aber so dezentral, daß es nicht zu einem Mittelpunkt für Hamburg werden konnte. Und weiter: Es hat sich eine Tradition herausgeschält, daß man jeden Sonntag irgendwo in Hamburg zum Jazz-Frühschoppen gehen kann. Fast alle Bürgerhäuser haben diese Einrichtung, nachdem sich im Freizeitzentrum Schnelsen der große Erfolg einstellte. Es wäre gut, wenn in dieser Hinsicht noch weiter Initiativen entstehen würden.

Wir müssen uns darüber im Klaren sein, daß die Musiker, die heute auftreten, in zehn Jahren auch musikalisch pensioniert werden. Es fehlt an Nachwuchs.

Das hat auch seinen Grund: Nicht allein die Popszene und Techno haben die Interessen der Jugendlichen verlagert, die Diskriminierung des Dixieland Jazz und des New-Orleans-Jazz zum Beispiel eines *George Lewis* mit Bezeichnungen wie „Micky-Maus-Jazz" hat dazu beigetragen, daß selbst in der Schule nur der intellektuelle, moderne Jazz als niveauvoll angesehen wird. Die Jugendlichen sind aber mehr an Fun und Bewegung interessiert. Es machte eben keinen Unterschied, ob man sich bei *Miles Davis* oder *Hindemith* langweilt. (Damit ich recht verstanden werde: Ich versuche nur, die Entwicklung zu verstehen und kritisiere keine Künstler!)

Deshalb ist es erforderlich, wieder die Botschaft des freundlichen, bewegenden, lockeren Jazzstils weiterzutragen. Seien Sie ehrlich, es macht doch auch den Zuhörern mehr Spaß, wenn alle beim Hören mit den Füßen arbeiten als wenn alle verständnisvoll ihren Kopf in die denkende Hand stützen. Gerade hier hat Hamburg immer noch die führende Stellung in Deutschland – werben wir damit!«

JAZZ IM HAMBURGER RUNDFUNK

Peter ‚Banjo' Meyer schreibt darüber: »Die Medienlandschaft in Hamburg hatte sich im Laufe der vergangenen Jahre drastisch verändert. Der „NDR" als öffentlich-rechtliche Anstalt hatte mit dem Erscheinen des privaten Hörfunks sein Monopol verloren. Die Hamburger Jazz-Szene beobachtete diese Entwicklung sehr genau, hoffte man doch auf bessere Zeiten, auf mehr Jazz im Radio. Seit der Pensionierung von Peter Höhne, Unterhaltungschef beim „NDR" und großer Jazzfan, waren im norddeutschen Hörfunk für die Jazzer die Lichter ausgegangen. **Abbi Hübner** hatte zwar spät nachts ab und an eine kleine Jazz-Sendung, und im vierten Programm des „NDR" gab es morgens um 9.00 Uhr die Sendung „Music Hall". Das war aber schon alles. Außerdem hatten die Moderatoren der „Music Hall" die strikte Anweisung erhalten, keinen deutschen Jazz zu spielen. Diese Bands hätten keinen internationalen Standard!

Wer nun auf die „Privaten" gehofft hatte, wurde bitter enttäuscht. „Radio Hamburg", „Radio FFN", „OK-Radio", „Alster-Radio" und andere neue Stationen kämpften um Einschaltquoten und Werbegelder der Industrie und hatten erst recht keinen Platz für eine „Minderheiten-Musik". Aber dann: Auf leisen Sohlen, fast unbeachtet von der Öffentlichkeit und mitleidig belächelt von der Konkurrenz, etablierte sich ein kleiner Privat-Sender in einem Mini-Studio und mit kleinem Budget in der Hamburger Medienlandschaft: Die „Jazz Welle Plus".

Hans Ruhland, der schon einen ähnlichen Sender in München betrieb, hatte mit einigen Mitgesellschaftern eine der raren Frequenzen im Hamburger Äther erhalten. Das Programm war anfangs noch chaotisch. Keine Nachrichten, kaum Wortbeiträge, keine Programmstruktur. Zur besten Sendezeit wechselten sich traditioneller Jazz von *King Oliver* mit Modern-Jazz von *John Coltrane* ab, und nur am Sonntag zeichnete sich etwas wie ein geplantes Programm ab, mit einem von Amateuren moderierten Frühschoppen. Es war abzusehen, daß ein solches Programm von einer breiten Hörerschaft nicht akzeptiert wurde.

Die „Jazz Welle Plus" stand nach knapp einem halben Jahr schon wieder vor dem „Aus", als **Sabine** und **Hans Nagel-Heyer** den Sender hauptverantwortlich übernahmen und gründlich umstrukturierten. Es wurde ein Programmschema geschaffen, mit festen Magazinen und kompetenten Moderatoren, Weltnachrichten von „BBC", Verkehrsfunk, Wetterbericht, lokalen Beiträgen, Jazz- und Kultur-Specials am Abend. Ein abwechslungsreiches Programm, tagsüber mit einer gelungenen Mischung aus Big-Band-Jazz, Swing, Traditionals und Jazzverwandtem – kurz, ein Programm, daß auch diejenigen einschalteten, die nicht unbedingt Jazzfreaks waren. Ein Sender, der sich von dem so krampfhaft witzigen Stil der übrigen „Privaten" und dem verstaubten Image des „NDR" wohltuend abhob.

Und weiterhin kamen auch die Musiker zu Wort. Regelmäßig präsentierten Jazzfans wie **Arne Hasecker**, **Ahrend Buck**, **Gerhard Klußmeier**, **Hans Nagel-Heyer** oder Musiker wie **Volker Reckeweg**, **Abbi Hübner**, **Jost Münster** und andere ihre Sendungen, die zum Beispiel unter dem Motto „Jazz-Frühschoppen", „Jazz-Matinee" und „My Monday Date" liefen.

Auch ich moderiere nunmehr seit geraumer Zeit drei- bis viermal im Jahr sonntagsvormittags von 11.00 bis 13.00 Uhr die „Jazz Matinee". Zu weiteren Sendungen – die ich gern machen würde – fehlt mir jedoch leider die Zeit. Es ist ja nicht so, daß man nur zwei Stunden im Studio sitzt, ein paar Platten auflegt und einige Worte dazu sagt. Auf meine Auftritte in der „Jazz Welle" bereite ich mich schon sehr sorgfältig vor. Ich unterteile eine Sendung in Themenblöcke, etwa „New-Orleans-Jazz", und versuche dabei die Hörer an meinen Erlebnissen in dieser Stadt teilhaben zu lassen und ihnen Eindrücke von den Musikern zu vermitteln, die ich dort kennengelernt habe. Gern würze ich meine Moderation auch mit speziellen Kochrezepten der Creolischen Küche, die meine Frau und ich aus New Orleans mitgebracht haben. Ganz besonders freut mich, daß dadurch so mancher Hörer der „Jazz Welle" seinen häuslichen Speisenplan mit „Oysters Bienville" und „Red Beans And Rice" erweitert hat. Die Recherchen für eine 2-Stunden-Sendung können schon leicht einmal einen ganzen Sonnabend in Anspruch nehmen, besonders, wenn es sich um ein so umfangreiches Thema wie „Mardi Gras in New Orleans" handelt. Da muß erst einmal Lektüre besorgt werden, müssen Freunde befragt werden, die beim Karneval in New Orleans schon dabei waren. Stichworte werden notiert – ein voll ausgeschriebenes Manuskript erstelle ich nicht – und natürlich darf auch eine Auswahl swingender und rockiger „Mardi Gras Music" nicht fehlen.

Manchmal muß ich allerdings im Studio improvisieren – dann nämlich, wenn einer der beiden Plattenspieler ausgefallen ist, ein CD-Player seinen Dienst verweigert oder am Cassetten-Recorder ein Zettel hängt: „Gerät nicht benutzen – ist defekt". Ein solches Ereignis kann den ganzen Ablauf einer Sendung durcheinander bringen: Die auf Cassetten mitgebrachten Titel können nicht gespielt werden, der Techniker kann zwischen zwei verschiedenen Platten nicht hin- und herschalten. In einem solchen Fall muß natürlich das Konzept der Sendung von einer Minute auf die andere geändert werden, aber wir Musiker haben das Improvisieren ja gelernt.

Besonders freut es mich, wenn während der Sendung Hörer anrufen und mir sagen, wie sehr ihnen die Musik gefallen habe. Allein das ist schon die Mühe der Vorbereitung und den Zeitaufwand für eine Sendung wert.

Die „Jazz Welle" machte einen weiteren Schritt an die Öffentlichkeit, als **Hans Nagel-Heyer** begann, im kleinen Saal der Hamburger MUSIKHALLE eigene Konzerte mit hervorragenden US-Bands zu veranstalten und diese auf seinem neu gegründeten CD-Label „Nagel-Heyer-Records" zu veröffentlichen. Die Konzerte liefen prächtig, die CDs verkauften sich gut. Mittlerweile sind fast zwanzig CDs auf dem „Nagel-Heyer"-Label erschienen, und zwei davon wurden sogar für den Preis der Deutschen Schallplatten-Kritik vorgeschlagen."

P. S.: Kurz nachdem Peter diese Geschichte geschrieben hatte, mußte dieser beliebte Hamburger Jazzsender 1995 den Betrieb einstellen.

SWINGIN' FORTIES

ECHOES OF HARLEM

Hartwig Koch schreibt über diese Band: »Im März 1983 fanden sich sieben Jazzer – einige hatten schon viele Jahre lang in anderen Bands mitgewirkt – zusammen, um ihre Vorstellungen und ihr Können in die neue Formation **SWINGIN' FORTIES** einzubringen. Man wollte sich stilistisch nicht festlegen, und so entstand schon in kurzer Zeit ein Repertoire, das Vielseitigkeit und originelle Arrangements miteinander verband. Beim NDR, im Deutschlandfunk, im Hamburger St. Pauli-Stadion, im COTTON CLUB, auf dem FEUERSCHIFF, in der Kieler Räucherei und auf unzähligen öffentlichen und privaten Veranstaltungen im norddeutschen Raum haben die **SWINGIN' FORTIES** so manche Bühne zum Swingen gebracht. Im Laufe der Jahre hat sich die Besetzung verkleinert und die Stilistik verfeinert: vom Twobeat-Dixieland über Bossa- und Samba-Rhythmen bis hin zum Swing. Heute gesellen sich die fünf swingenden Jahrgangsvierziger um den Sänger, Posaunisten und Saxophonisten **Gregor Wilczek**, der vor Zeiten mit der Band „Love Generation" und heute mit der Gruppe „Nordwind" neben dem Jazz mit den **SWINGIN' FORTIES** große Erfolge feiern konnte.«

Besetzung:
Ulrich Matschulla (tp, flh), Gregor Wilczek (tb, ts, voc), Hartwig Koch (p), Klaus Oertel (b), Peter Werner (dr)

Kontakt:
Hartwig Koch, Raboisenstraße 52, 25336 Elmshorn, Telefon: 0 41 21 / 9 52 48

SWINGIN' FORTIES, 1995 (v. l.): Ulrich Matschulla, Peter Werner, Klaus Oertel, Hartwig Koch, Gregor Wilczek

*Wer den Jazz nicht liebt,
hat keine Liebe zur Musik
und auch nicht zu den Menschen!*
John Osborne, Schriftsteller

AND OUR HEARTS IN NEW ORLEANS

Ich glaube, beinahe alle nichtamerikanischen Musiker, die traditionellen Jazz spielen, tragen die Sehnsucht nach ihrer geistigen Heimat New Orleans im Herzen, und jeder von ihnen hat in seinem Leben einmal daran gedacht, die Stadt zu besuchen, in der alles begann.

Ich habe viele Jahre gezögert, dieses zu tun. Anfangs waren es finanzielle Gründe, später kamen noch Bedenken hinzu, meine emotionellen Erwartungen und meine Vorstellungen von dieser Stadt und ihrer Musik würden allzusehr enttäuscht werden. Die Angst, meine Illusionen würden einen zu großen Schaden nehmen, hat mich dann auch lange Zeit von der Reise abgehalten.

Als der Wunsch dann aber doch immer größer wurde, und sogar alle Musiker der **APEX JAZZ BAND** beschlossen, mitzukommen, gab es kein Zögern mehr. 1991 besuchten wir dann das erste Mal diesen magischen Ort der Jazzgeschichte. Wir wurden nicht enttäuscht. Von dem Erlebten einmal abgesehen, hatten wir, ohne vorher etwas gebucht zu haben, mehrere stimmungsvolle Auftritte, davon drei in einem Club in der Bourbon Street. Natürlich waren wir dieser Stadt sofort verfallen, und allen war klar, daß es eine Fortsetzung geben würde.

1994 war es dann ein zweites Mal soweit. Wieder ging es mit der kompletten Band und 35 Freunden voller Vorfreude für neun Tage erneut auf Reisen. Dieses Mal hatten wir eine Einladung in der Tasche, am FRENCH QUARTER JAZZ FESTIVAL teilzunehmen. Die Agentur, die uns dort betreute, hatte außerdem noch einige Clubauftritte und zur Freude aller, einen Auftritt auf einem Raddampfer organisiert. Auch diese Reise war wieder geprägt von neuen Eindrücken.

Um die gesamten Reise-Erlebnisse wiederzugeben oder von den vielen Begegnungen und Freundschaften zu erzählen, müßte ich erneut ein Buch schreiben. Allein über die Sehenswürdigkeiten dieser Stadt zu schreiben oder über die vielen kulinarischen Genüsse der creolischen und der Cajunküche zu berichten, würde sicherlich schon ein zweites Buch füllen. So habe ich mich auf die nachstehende Kurzform beschränkt.

Eines möchte ich vorher noch sagen: Das Flair und der einmalige Charme dieser Stadt, ihre Musik, die offenen und freundlichen Menschen, denen man dort begegnet, haben mich tief beeindruckt. New Orleans ist immer eine Reise wert, nicht nur für Jazzfreunde.

New Orleans – der Traum Amerikas – mein Traum seit über 30 Jahren: Ich mußte da einfach hin! Sonst hätte ich nie meine Ruhe gefunden. Etwas von der verruchten Vergangenheit dieser Stadt schnuppern, alte Mississippi-Seligkeit erleben, durch die Canalstreet, South Rampart, Burgundy und Bourbon Street pilgern. Vielleicht ist ja noch etwas von dem nachgeblieben, was mich all die Jahre beschäftigt hat. Dort, wo das ganz Große geboren wurde: der Jazz – die Musik, die mich mein ganzes Leben begleitet hat. Ich mußte hin!

Es ist schon dunkel. Leise plätschert das braune Wasser des „Ol' Man River" an das Ufer. Ich bin der feucht-schwülen Atmosphäre des Quarters entflohen, um hier im Gras sitzend etwas Luft zu holen. »Relax your mind!« hatte mir ein leicht angetrunkener Musiker in einer verräucherten Kneipe geraten, nachdem ich hektisch das zweite schaumlose „Dixie" getrunken hatte. Wie soll man in dieser Stadt entspannen? Ein paar Meter weiter sitzt ein schwarzer Musiker auf einer Bank und spielt nur für sich den Blues. Die weichen Klänge des Saxophons vermischen sich mit den Geräuschen des Stromes. Im fahlen Licht erkenne ich die Umrisse eines Raddampfers. „The big Easy" – die große Leichtigkeit – heute habe ich sie nicht gefunden. Morgen ist auch noch ein Tag!

»Du mußt alles von innen heraus erleben. Nimm die Dinge leichter. Es ist viel zu heiß. Das Lebensgefühl dieser Stadt ist unvergleichbar. Die Karibik ist so nah!« Aber wo ist der Jazz? Im „Café Du Monde" packen ein paar Musiker ihre Instrumente aus. Einen „Café au lait" trinken und die köstlichen Beignets probieren! Jetzt regiert diese Musik, alles andere ist unwichtig. Ohne Sorgen – solange der Trompeter noch eine Strophe kennt.

„Back O'Town", so wie Louis es beschrieben hat, gibt es nicht mehr. Das, was übrig geblieben ist, könnte man mehr als Herz der Stadt bezeichnen: der Stadtteil, oder besser das Viertel – das „French Quarter". Obwohl es jedes Jahr von Millionen Besuchern gebeutelt wird, hat es doch seinen Charme behalten, gehegt und gepflegt und doch kein Museum, voller Leben, besonders in der Nacht. Einmal die Bourbon Street erleben! Drei Häuserblocks sündiges Leben, prall, laut und voller Gerüche. Damals so wie heute. Diese Luft gehört zum Viertel wie der Jazz oder das gute Essen. Aber wo ist der Jazz? Ziemlich am Ende bei „Fritzel's". Altes Gemäuer, Luft, die man schneiden kann, blankgescheuerte Tische. Fenster und Türen sind wegen der Hitze weit geöffnet. Auf der Straße tanzen ein paar Menschen. Es gibt also noch den Jazz in New Orleans. Wenn auch nur von einer englischen Band.

St. Peter Street 726. Ein paar Quadratmeter Nostalgie. Heiß und stickig. Hier wird gejazzt, bis die alten Wände der „Preservation Hall" wackeln. Ungeschliffene Musik, aber voller Energie. Sieben Veteranen, die versuchen, das am Leben zu erhalten, was ich erwartet habe. Unvergeßlich die Stimmung, unverwechselbar die Atmosphäre. Eine Band, die ohne professionelles Gehabe versucht, den Leuten alles zu geben. Und es gelingt ihnen, obwohl *George Lewis* und ‚*Sweet Emma*' diese Bühne längst verlassen haben. Nach einer Stunde ist alles vorbei. Rundum glückliche Gesichter. Alle haben doch noch ein kleines Stück des alten „Back O'Town" erlebt.

„Good Lord's Children" – Gottes Kinder findest du in der „Greater St. Stephen Baptist Church". Dort ist der Chor am schönsten! Die Orgel dröhnt, das Schlagzeug hämmert. Klatschen, Tanzen, Schwitzen, yeah – Good Lord's Party – fromm und fröhlich. Yeah – schwarze Finger zeigen mir im Gesangbuch, was gesungen wird. Die Musik swingt, und 800 Menschen swingen mit. Jubel, unendliche Freude, glänzende Augen – 800 ausgeflippte Seelen. Yeah – Let us pray – God bless you – Händeschütteln und Umarmungen. Ein herrlicher Sonntagmorgen ist zu Ende – Hallelujah!

»Thank You for your Music!« Eine schwarze Hand klopft mir auf die Schulter. Ein ehrliches Lächeln – mein schönstes Lob bisher. Selbst einmal im French Quarter zu spielen, ist etwas von dem Traum, der in Erfüllung gegangen ist. Diesen musikalischen Hexenkessel New Orleans so anzuheizen, daß der „Second Line" die Luft wegbleibt. Wir spielen uns die Seele aus dem Leib. Alle fühlen es. Noch ein Pappbecher Bier. Blue Notes and Red Lights. Haben wir den Jazz zurückgebracht? Nein! Der Jazz ist in New Orleans. Im Schatten der Großen hat er immer wieder neue Talente geboren. Er war immer dort. Noch ein Pappbecher Bier – morgen gehen wir nach Hause – vielleicht.

Behäbig und geruhsam trägt uns der Fluß in die Stille. Ein paar Kilometer stromabwärts, und wir sind in einer anderen Welt. Das unendliche grüne Dach der Sümpfe. Mit Moos bewachsene Zypressen. Alligatoren tauchen weg, und Reiher kreischen auf. Göttlicher Frieden in den Bayous. Etwas später Südstaaten-Romantik. Die Wahrzeichen am Mississippi heißen „Magnolia Lane", „Oak Alley" oder „Houmas House". Die Herrenhäuser am Fluß. Tabak, Baumwolle und Zuckerrohr. „The deep Southland" – auch dieser Traum ist schon lange ausgeträumt.

Der Wind trägt mir aus der Ferne Musikfetzen zu. Der tropische Regen trommelt den Rhythmus. Mein letzter Abend. Das Quarter läßt mich nicht schlafen. Dieser Wallfahrtsort einer geschichtslosen Nation, diese Pilgerstätte jazzbegeisterter Freunde aus aller Welt. Grell und schrill. Über die Stränge schlagend. Jede Nacht, nicht nur am „Mardi Gras". Noch ein letztes Bier. »How'ye doin' today?« – »Wie geht's dir heute?« Bevor ich reagieren kann, sitzt er am Tisch. »Let's swing, Boy!« – »O.K., aber wo?« – »Irgendwo spielt immer eine Band. Schlafen kannst du morgen noch!« How'ye doin' today – müde, glücklich und zufrieden.

733 Bourbon St., New Orleans, La. 70116

Zurück in Hamburg. Was ist geblieben? Enttäuschung? Nein! Traurigkeit, vielleicht etwas Wehmut. Das New Orleans, was ich gesucht habe, gibt es nicht mehr. „Storyville" ist schon lange abgerissen. Im „Red Light District" regiert jetzt das Business. Ein paar rote Lichter brennen zwar noch, und nach langem Suchen findest du auch noch ein „Honky Tonk", wo du deinen Bourbon trinken kannst. Du mußt dich mit der Geschichte begnügen. Du konntest wenigstens den heiligen Boden betreten. Und wenn die stimmgewaltige „Kalliope" ihr *Back Home again in Indiana* vom Fluß herüberschickt, weißt du, daß es sich trotzdem gelohnt hat. »New Orleans ist überall!« hat Louis einmal sinngemäß gesagt. – Und unsere Herzen sind in New Orleans!

NEW ORLEANS – HEUTE

Heinrich Otto Leopold erzählt von seiner New-Orleans-Reise: »Mein größter Wunsch war es, einmal New Orleans zu erleben. Sicher dachte ich daran, das Musikalische zu bewundern, die Epigonen von *Buddy Petit*, *Buddy Bolden*, *Bunk Johnson*. Und die Klarinettisten – logisch – *Lorenzo Tio*, *George Lewis* und *Willie Humphries* zu hören.

Abendstimmung auf dem Mississippi

New Orleans sieht heute anders aus. Das Vieux Carré, Storyville oder wie man die Keimzelle des Jazz nennen will, hat auch Staub angesetzt und diesen modern abgewischt. So war ich enttäuscht, daß im „FAMOUS DOOR" nur Rock'n'Roll zu hören war, und das in einer Lautstärke, die einer „Love Parade" zu allen Ehren gereichen würde. Ja, die Lautstärke! *King Oliver* hielt immer sein Kornett zum Fenster hinaus, um mit lauten Tönen „die Kinder heimzuholen". Und das alles nun mit einem Tausend-Watt-Verstärker. Es gibt Lokale, dort kann man kein Bier bestellen, weil die Musik zu laut ist. Dementsprechend sind auch die Plätze besetzt – gar nicht! Aber bringen Sie das einem Bourbon-Street-Wirt bei! Und dann gibt es noch die vielen Getränkestände direkt vor den Clubs. Das sollte man sich einmal in Hamburg vor dem COTTON CLUB vorstellen.

Aber trotzdem gibt es noch gute Musik. So traf ich im „FRITZEL'S" – dort traten schon die **APEX JAZZ BAND** und andere Hamburger Bands auf – eine Gruppe: zwei Klarinetten und ein Piano. Und diese drei machten eine herrliche Musik. Ich kannte nur den älteren Klarinettisten: *Jack Maheu*, ein Veteran der Revival-Welle. Auch andere Gruppen waren hörenswert. Und was besonders imponierte, waren die Straßenmusikanten. Doreen, die drive-starke Klarinettistin, habe ich nicht gesehen, aber ein Vokal-Quartett erster Sahne. Und als sie erfuhren, daß eine der Zuhörerinnen, eine Deutsche, gerade Geburtstag hatte, da gab es kein Halten mehr. Die junge Dame wurde besungen, und das Publikum machte immer mit. Der Knüller: Das Geburtstagskind bekam noch einen roten Kopf.

New Orleans hat schon Atmosphäre. Die Stadt lebt mit den Bewohnern und den Touristen im herrlichen Einklang. Der Zauber des Multikulturellen wurde hier verwirklicht. Das kann man an keinem anderen Ort der Welt wiederholen. Schon das allein in sich einzuatmen, ist eine Reise wert!«

Streetparade in der Bourbonstreet

STELL DIR VOR...

Claus-Günther Winkelmann: »... du gehst an einem lauen Oktoberabend des Jahres 1929 auf dem „lake shore drive", um den nächtlichen Michigan zu genießen. Dein Weg führt dich von der 8. Straße direkt aus der „south side" von Chicago.

Was dich fasziniert, ist nicht nur der hellerleuchtete Raddampfer, der auf den harbour zusteuert, vielmehr sind es die Klänge, die von ihm ausgehen.

Eine Band spielt den legendären *Riverside Blues* von *Thomas A. Dorsey*. Bis das Schiff anlegt, erklingen noch *Mortons Backbottom Stomp* und *Old fashioned Love* in der Fassung von *Clarence Williams Blue Five* aus dem Jahre 1923.

Übermütig lachende Menschen mit lebhafter Gestik verlassen das Schiff.

Trotz der Aufbruchstimmung vernimmst du noch die schwere und sanfte Musik der Band. Du stellst dich auf Zehenspitzen, um über die Köpfe der sich verlaufenden Passagiere die schwarzen Musiker zu erkennen. Die Unruhe auf dem Schiff ebbt ab, das Deck wird verdunkelt, und ein Typ in altmodischem braunen Anzug und gelben Schuhen ersucht dich, das Kaigeländer zu verlassen.

In einer kleinen Pinte in der Walton Street verrät dir zwei Stunden später ein schwarzer Taxifahrer, daß du heute abend eine Band aus dem Jahre 1992 gehört hast, mit Musikern, deren Väter im Jahre 1929 gerade mal zwölf Jahre alt waren.«

Claus-Günther Winkelmann, 90er Jahre

MEET THE PRESS!

... KRITIKER SIND AUCH MENSCHEN

Peter Meiers Betrachtungsweise der Presse bzw. der Kritiker ist folgende: »Laut „Duden" ist ein Kritiker „jemand, der beruflich (wissenschaftliche) Besprechungen von neu herausgebrachten Büchern, Theaterstücken o. ä. verfaßt." Ich bezeichne Kritiker bei Gelegenheit scherzhaft als „Eunuchen: Sie wissen zwar, wie man es macht, sie können es aber nicht." Wie immer, liegt auch hier ein Teil Wahrheit auf beiden Seiten.

In der Jazz-Kritik unterscheide ich heute drei Kategorien: den Jazzspezialisten, den Lokalredakteur und den Volontär.

1. Der Jazzspezialist.

a) Die A-Variante dieses Kritiker-Typs ist – neben anderen Musikrichtungen – in allen Jazz-Stilen zu Hause. Er schreibt unvoreingenommen und sachlich heute über eine traditionelle Band und morgen über eine moderne Gruppe. Diese Spezies ist leider sehr selten geworden. Einer von ihnen ist **Werner Burkhardt**. Er schrieb früher für „Die Welt". Heute arbeitet er als freier Journalist für die „Süddeutsche Zeitung". Leider kommen wir nur gelegentlich in den Genuß, uns seiner Beurteilung zu stellen.

b) Der Kritiker der B-Variante ist – neben anderen Musikrichtungen – mit allen Jazz-Stilen vertraut und verachtet traditionellen Jazz. Wenn seine Redaktion ihn beauftragt, eine Rezension über ein Oldtime-Festival zu schreiben, ergeht er sich gern in Allgemeinplätzen: „schlug die Begeisterung gerade in den Morgenstunden besonders hohe Wellen", „versammelten sich in Foyers, Gängen und zahlreichen Kaffee- und Sekt-Nischen mehr als fünftausend Fans der traditionellen Jazzrichtungen: amüsierfreudige Oldtime-Liebhaber, die quicken Dixieland, satten New-Orleans-Jazz, Ragtime, Boogie-Woogie und Mainstream wohlig einatmeten wie warmen Frühlingswind."

2. Der Lokalredakteur.

a) Es gibt Redakteure, die den Oldtime-Jazz lieben – dann hat die Band Glück: „Der heiße, teils auch sentimentale Jazz wurde von allen auch mit etwas Komik gewürzt, was man freilich nur machen kann, wenn man die Instrumente so virtuos beherrscht wie diese Musiker", „boten die Hamburger **JAZZ LIPS** ihrer treuen Fangemeinde eine Show von überschäumender Vitalität mit Seltenheitswert".

b) Manche Redakteure aber halten nichts vom Oldtime-Jazz – Pech gehabt! „Die Boys von „............" versuchen sich in Modern Jazz; die anderen arrangieren in Richtung Big-Band-Sound – gelegentlich klingt's wie Feuerwehrkapelle."

c) Es gibt auch Redakteure, die nur zu wissen scheinen, wie „Jazz" buchstabiert wird. Dann kann die Band Glück haben – oder auch Pech.

3. Der Volontär.

Der dritte Schreiber-Typ ist Redaktions-Volontär (manchmal auch Praktikant), noch jung an Jahren, hat kaum Ahnung vom Jazz. Er kommt gerade von der Zuchtbullen-Auktion in Ashausen und schaut vor Redaktionsschluß noch schnell beim Jazz-Konzert vorbei. Hat er Glück, schenkt ihm die Band eine LP. Er schreibt den Cover-Text ab. Hat er Pech, ist die Platte schon drei Jahre alt, und der in seinem Artikel hochgelobte Schlagzeuger Fritz Müller („trommelte wie ein Gewittersturm!") ist schon vor zwei Jahren aus dieser Band ausgestiegen. Ganz großes Pech kann er bei einem Konzert haben, in dem mehrere Bands auftreten. Da er noch eine Verabredung mit seiner Freundin hat, geht er während der Pause. Er nimmt aber sicherheitshalber das Programmheft mit und schreibt auf dem Weg über die zweite Konzerthälfte – insbesondere über die *American Jazz All Stars* – ein paar enthusiastische Zeilen. Leider hat aber diese Band kurzfristig abgesagt.

Gibt es am Ort des Geschehens zwei konkurrierende Zeitungen, kann schon einmal der Eindruck entstehen, es hätten am selben Abend zwei Konzerte stattgefunden.

So schreibt **Klaus Berger** im „Hamburger Abendblatt": „Lillians Blues und ihre gelegentlichen Jump-Nummern bewegen sich im seichten Fahrwasser – da helfen keine „Yeah, yeah"- und „Oh, Baby"-Rufe ins Publikum, hilft kein zähneblitzender Frohsinn, der diese Jazz-Songs aus dem Bremserhäuschen locken soll. Zudem besaß die Begleitkapelle einen Standard, wie man ihn vor dreißig Jahren in den RIVERKASEMATTEN gerade noch mit Ach und Krach hingenommen hätte." Dagegen schreibt **Dorrit Riege** in der „Hamburger Morgenpost": »Ihr Auftritt war ein einziger Flirt mit den Zuschauern. Sie versorgte mit ihrer Band die Hamburger mit urwüchsigem Südstaaten-Sound. Sie rockten, jazzten, flogen zu Gospel und Soul ... Glamouröser Höhepunkt und Finale des Fabrik-Festivals«. Wem sollte man nun glauben? Auf alle Fälle dem Publikum. Es war begeistert.

Ich habe einmal bei einem Konzert der **JAZZ LIPS** einen Kritiker getroffen, den ich freundlich, aber bestimmt darauf hinwies, daß er mir noch einen größeren Geldbetrag schulde. Am nächsten Tag stand in der Zeitung über das Konzert geschrieben: „**JAZZ LIPS** waren nicht gerade in Hochform."

Ganz besonders komme ich ins Grübeln, wenn meine *European Jazz Giants* ein vielumjubeltes Konzert in der ausverkauften Hamburger MUSIKHALLE gegeben haben – und am nächsten Tag keine Zeile darüber erscheint. Erklärung des befragten Redakteurs: „Wir haben doch einen Vorbericht über das Konzert geschrieben!"«

CLAUS-GÜNTHER WINKELMANN

SCHWARZ ZU SPIELEN, WIE ES MIR ALS WEISSER MUSIKER GEGEBEN IST

Claus-Günther Winkelmann bin ich 1977 das erste Mal begegnet. Ich glaube, er kam von den **BLACKBIRDS OF PARADISE** zum **DREAMLAND ORCHESTRA**, welches sich gerade neu formierte. Wir spielten dort eine längere Zeit zusammen, und ich verdanke ihm, daß er mich mit seiner Spielweise *Sidney Bechet* näherbrachte. Ich habe die Zeit an seiner Seite sehr genossen. Später konnte ich seinen schönen warmen Ton das eine oder andere Mal bei seinen **CHICAGO FEETWARMERS** hören. Dort war die Frontline nur durch seine Klarinette oder das Sopran-Saxophon vertreten. Zwar unterstützt von guten Musikern wie **Harald Auls** (dr), **Peter Ruts** (bj), **Peter Mischke** (p) und **Holger Faklam** (b), hat er seinen Job allein bestritten.

Wild Cat Blues oder *Dardanella* sind mir in Erinnerung geblieben. Später bei den **JAZZ O'MANIACS** kam meiner Meinung nach seine musikalische Persönlichkeit nur bedingt zur Geltung. Heute bei **BLACK JASS** gefällt er mir persönlich wieder sehr viel besser, und ich wünsche ihm, daß er das verwirklichen kann, was seine Seele bewegt: Schwarze Musik! Die Voraussetzungen dafür sind mehr als optimal.

Claus-Günther Winkelmann: »Seit gut 30 Jahren mache ich Jazzmusik, bin ein mittelmäßig talentierter Klarinettist und ein vielleicht etwas besserer Sopransaxophonist. Es würde sicherlich zu weit führen, den Weg in allen Details zu beschreiben, daher erlaube ich mir, die mir wichtigen Erinnerungen diesem Buch zu widmen.

Die Tatsache, daß wir heute in einer extrem schwierigen Zeit leben und zudem einer Generation angehören, die die volle Verantwortung für die Älteren und Jüngeren übernehmen muß und außerdem im Zenit der eigenen Schaffenskraft steht, bedingt eine rationale und ausgewogene Position bei der Betrachtung des musikalischen Umfeldes. Familie und berufliche Karriere wurden Opfer meiner übertriebenen Musikbegeisterung.

Heute bin ich glücklicherweise in der Lage, die Dinge distanzierter zu sehen, ohne eine stille Begeisterung und Erregung verloren zu haben (zum Beispiel am Grab von *Bix Beiderbecke* in Davenport oder an den Grabstellen der Gebrüder *Dodds*).

Anfang der 60er Jahre begann ich mich für Jazzmusik zu interessieren. Dies geschah mehr aus spätpubertärer Profilierungssucht als aus wahrer Identifizierung. Etwas erleben, im Mittelpunkt stehen, unterwegs sein – das waren die Motive, Musik zu machen.

Ende der 60er Jahre kam Inhalt in die Sache. Wenn ich abends vom Cotton-Club-Besuch nach Hause kam, legte ich mir in aller Ruhe *Jelly Roll Morton* auf, um mich an einem *Sidewalk Blues*, *Smokehouse Blues* oder *Deadman Blues* zu erfreuen. Zwischen der oben erwähnten Zeit und dem Jahr 1969 war ich begeistert von *King Olivers Creole Jazzband* und dem Klarinettisten *Johnny Dodds*. Obwohl unerfahren in der Harmonielehre und technisch unbeholfen auf meinem Instrument, war ich glücklich, wenn mir Läufe gelangen, die denen von *Dodds* im *Canalstreet Blues* ähnelten. Zu jener Zeit lernte ich Musiker wie **Uwe Heineke**, **Rainer Schmidt** und **Claus Möller** kennen, die mich in irgendeiner Weise eine Zeitlang beeinflußten.

Ich spare nun einmal einen ganzen Zeitabschnitt aus – um nicht zu ausholend zu werden. Reisen nach Schweden, Polen und England lagen auf dieser Strecke, die mit Spaß, Übermut und Witz, aber mit wenig Ernst gepflastert war.

Roland Pilz war die nächste für mich entscheidende Persönlichkeit, deren musikalischen Weg ich kreuzte. Roland ist noch heute ein Mensch mit sehr hohen musikalischen Idealen und Ansprüchen, dem die meisten der in Hamburg vertretenen Herren – vornehmlich Dixiländer und ähnliche – nie das Wasser reichen können. Sich auf die Bühne zu stellen und – selbst mit eleganter Technik – den *Royal Garden Blues* zu spielen, ohne zu wissen, unter welchen Umständen *Bix Beiderbecke* starb – das war nie sein Ding. Wenn die **JAZZ O'MANIACS** auftraten, spürte man etwas von der legendären Zeit des Jazz. Eins mag er sich dennoch bitte merken, nämlich, daß *Clarence Williams* ein äußerst subtiler Mensch mit ausgeprägtem Verständnis für seine Musiker war und jegliche Art von Selbstdarstellung verabscheute. Wie dem auch sei – Roland hat mir einen guten Weg gewiesen, auch wenn ich ihm vehement darin widerspreche, daß *Dodds* nur Stakkato spielte. *Dodds* Geheimnis ist unter anderem die geniale Verbindung von Legato und Stakkato.

Den Herren Jazzkritikern sei an dieser Stelle empfohlen sich vergleichend mit den Stücken *Piggly Wiggly* (vornehmlich 2. Chorus, die ersten beiden Reihen) und *Slip Disc* von *Goodman* auseinanderzusetzen, weil sie ja *Dodds* offensichtlich als einen technisch minderbemittelten Klarinettisten bezeichnen. Jeder gute Klarinettist wird ihnen bestätigen, daß das erste und nicht das zweite ein Kunstwerk ist. Aber welcher Jazzkritiker ist schon Klarinettist!

Ich hatte das Glück, *Goodman* vor seinem letzten Konzert in Hamburg zu sprechen. Erstaunlich, daß dieser Mann sagte, *Dodds* wäre einer der ganz Großen gewesen. Es gibt frühe Aufnahmen von *Goodman*, in denen er Blues spielt.

Hier erkennt man den Einfluß desjenigen, der zeitgleich bis 1940 und schon viel früher musizierte.

Schaut man sich *Forty and tight* an, erkennt man in der Auflösung des 7. und 8. b-Taktes den hervorragenden Klarinettisten *Jimmy Noone*, der hier Anleihen für seine spätere Harmoniezerlegungstechniken machte. *Goodman* und *Noone* waren Riesenklarinettisten – *Dodds* war genial. Genial wie *Bechet* – nur *Dodds* war der Wahrheit näher als *Bechet*. Und *Bechet* war ein Kosmopolit.

Während meiner Zeit mit den **FEETWARMERS** konnte ich 14 gemeinsame Konzerte mit dem Franzosen *René Franc* bestreiten. Dieser Mann ist ein hochsensibler Perfektionist und als Mensch vorbildlich. Erschütternd die Aussage eines „Konzert/Fabrikmanagers": »Diesen Mann könne man höchstens alle zwei Jahre nach Hamburg holen, denn wer wolle schon den ganzen Abend nur das Gedudel vom Sopransaxophon hören.« Solche Leute haben hier jahrelang Musikpolitik gemacht. Ein beschämendes Beispiel von Inkompetenz und Arroganz. Ohnehin bieten sich mir nur einige Musiker an, die ich schätze. Es sind nicht die, die mit Uhrketten, Nadelstreifenwesten und Stetson auf die Bühne kommen, um mit ihrem nicht endenwollenden Scatgesängen das Samstagspublikum zu begeistern. Es sind beileibe nicht diejenigen, die sogenannte Profis sind, sich aufgrund ihrer technischen Fertigkeiten in alle Amateurformationen einspielen, bei deren Jobs Geld herausspringt. (Diesen Leuten muß man ob ihrer Überheblichkeit ständig erzählen, daß sie in der Regel achtmal mehr Zeit zum Üben haben als wir, technisch aber höchstens doppelt so gut sind).

Der daraus zu ihren Ungunsten resultierende Mathematikwitz erzeugt meist nur ungläubiges Kopfschütteln. Es sind auch nicht die, mit denen man in einer Band zusammenspielt, die dann beim Job fehlen und drei Häuser weiter mit einer anderen Band auftreten.

Also bleiben jetzt noch einige, die ich gut kenne – bleiben ferner die, die ich schätze, zum Beispiel den Klarinettisten **Hartwig Pöhner**, der trotz riesiger beruflicher und familiärer Anspannungen menschlich und musikalisch ein Juwel in dieser Landschaft ist. Ferner **Claus Möller**, den ich eingangs schon erwähnte. Ein Mensch der sich selbst vor Ort in bescheidener Art mit der Musik auseinandersetzt. Ich würde ihn als Gentleman bezeichnen. Dann gibt es da noch den Klarinettisten **Reiner Regel**, der seiner Stellung als Profi absolut gerecht wird und der zudem menschlich überzeugt. Begleitet haben mich während dieser langen Jahre auch Jazzclub-Besitzer: **Dieter Roloff** und **Rolf ‚Paps' Suhr** sind Menschen, die fair und sauber mit dir umgehen, wobei ‚Paps' zudem ein Kleinod besitzt. Dieser Club ist in seiner Farbigkeit und Atmosphäre, mit seiner Wärme und Individualität nicht wegzudenken.

Da ich sowohl Klarinette, als auch Sopransaxophon spiele, bin ich oft auf die offensichtliche Verschiedenheit dieser Instrumente angesprochen worden. Beide Instrumente sind Medien – wie alle anderen Instrumente auch – die eigene Persönlichkeit im Kollektiv musikalischer Darstellung wirken zu lassen. Bescheidenheit und kollektive Anpassung nach Vorbildern der alten Meister geben dem Sopran Kraft und Wärme. Das Großartige an diesem Instrument ist aber auch seine Fähigkeit, schneidende und kristallklare Leadfunktion zu übernehmen und es somit in die Lage zu versetzen, selbst eine überragende Trompete an die Hand zu nehmen. Diese Funktion kann von Musikern vereinbart werden; sie kann sich aber auch aus dem Spiel durch Geschmack und Einfühlung ergeben (ähnlich wie bei einem großen Fußballer, der 85 Minuten zuverlässig und mannschaftsdienlich spielt, ohne weiter aufzufallen, um dann innerhalb von 5 Minuten zwei tödliche Pässe zu schlagen).

Sidney Bechet, der König dieses Instruments, wurde als schwieriger Charakter definiert, der im Umgang mit seinen Musikern umstritten war. Er war als einziger in der Lage, diese Pässe fast über 90 Minuten zu geben, was dem Zuhörer aber oft das Ohr für die anderen Instrumente verschloß. Im Zusammenspiel mit *Clarence Williams* und im legendären Zusammenspiel mit *Mezz Mezzrow* sowie einige Zeit bei *Duke Ellington*, erfüllt *Bechet* die Voraussetzungen, die ich, wie oben erwähnt, mit Wärme und Harmonie bezeichnete.

Ich habe oft erlebt, daß man zu später Stunde eine Band im Club bat, mit einsteigen zu dürfen. Meist hatten die Klarinettisten Vorbehalte. Dies ist bei subtiler Spielweise des Soprans unbegründet, da gerade diese beiden Instrumente durch Hören und Abtasten ein geradezu warmherziges Verhältnis zueinander bekommen können. – Nur Stümper verletzen den Nebenmann auf der Bühne. – Die durch ihre organische Struktur lebende Klarinette hat Vorzüge, die ein Sopran nie erfüllen kann. Hölzerne Wärme sowohl im tiefen, als auch im hohen Register, bei gleichzeitig messerscharfer Tonalität und kurzem Vibrato, könnten das „schlecht" gespielte Sopran im Dunkel verschwinden lassen.

Komme ich auf den Eingang und die hier erwähnte Rationalität zurück, habe ich nunmehr eine Formation gefunden, deren Musikverständnis sich aus vorheriger Beschreibung ergibt. Ich danke an dieser Stelle noch einmal **Uwe Heineke** für die unvergessenen Abenteuer in Schweden oder auf der Jungfernfahrt der „Prinz Hamlet" bei implodierenden Fernsehern, 12 Meter hohen Wellen, über Parkett flitzenden Saxophonständern und – wie so oft – reichlich Alkohol.

Vielen Dank auch an **Roland Pilz**, dem ich Chicago und eine Biographie von *Jimmy Noone* von ganzem Herzen verdanke. Dank auch dem schwärzesten Posaunisten **Gregor Majer**, der mir Musik vermittelte, die mir bis dahin verborgen war (*Parham*, *Dodds*, *Williams*).

Bewußt habe ich in den oben genannten Negativbeispielen keine Namen genannt. Mag sich dieser oder jener angesprochen fühlen und seinen Gedanken bezüglich meiner Person freien Lauf lassen.

Eigentlich liebe ich sie dennoch alle.«

BLACK JASS

CHICAGO SOUTHSIDE ... JAZZ DU BAS QUARTIER ...

Und noch einmal **Claus-Günther Winkelmann**: »1992 ist das Gründungsjahr einer neuen Jazzformation.

Mit weit über hundertjähriger Spielpraxis stellt diese Band sich der Forderung und dem Anspruch eines kritischen Publikums, schwarze Musik der Jahre 1923 bis 1929 von *Clarence Williams*, *Louis Armstrong*, *Duke Ellington*, *Sidney Bechet*, *Jimmy Noone*, *Joe ‚King' Oliver*, *Johnny Dodds*, schwarz – soweit es weißen Musikern gegeben ist – vorzutragen.

1996 wurde die CD „Black Jass – Chicago Buzz" produziert.«

Referenzen: Semifinale 1994 St. Rafael (Frankreich), COTTON CLUB, FEUERSCHIFF, JAZZ FORUM Bergedorf, Jazzclub Hannover

Besetzung
Walter Dromm (dr), Wolfgang John (bj), Wolfram Gliffe (tp), Peter Schrum (p), Claus Winkelmann (cl, ss), Hans Schwenkkros (tu), Gregor Majer (tb)
Kontakt:
Claus-Günther Winkelmann, Birkenallee 33, 22147 Hamburg, Telefon: 0 40 - 6 47 55 60

BLACK JASS, 1995 im COTTON CLUB (v. l.): Walter Dromm, Wolfgang John, Hans Schwenkkros, Claus Winkelmann, Wolfram Gliffe, Peter Schrum, Gregor Majer

BLUE HEAVEN JAZZ BAND

BLUE AND HAPPY

Reinhardt Schade schreibt über die **BLUE HEAVEN JAZZ BAND**: »Die Band gibt es seit dem September 1993. Zunächst wurde noch unter anderem Namen und in anderer Besetzung geprobt. Der erste Auftritt für die Band war bereits im Oktober 1993. Geprobt wurde zunächst nur das übliche Dixieland/Oldtime-Programm. Bei den Proben stellte sich die Sangesfreude aller Musiker heraus, und so wurden Gesangssätze in die Stücke eingebaut. Zu den im Hamburger Jazz üblichen Stücken wurden teilweise deutsche Texte aus den 20er Jahren gefunden, und, da sie genau so „blöd" sind wie die englischen, auch gesungen. Bei der Gelegenheit wurden auch deutsche Titel wie zum Beispiel *Mein Papagei* mit ins Programm aufgenommen. Das ist insofern von Bedeutung, als neueste Forschungen ergeben haben, daß der Jazz von Hamburger Seeleuten nach New Orleans gebracht wurde. Back to the Roots!

So spielt die **BLUE HEAVEN JAZZ BAND** heute folgende Jazzstile: Jazz & Jux, Jatz & Jucks, Jax & Juzz, Jacks & Juts – Schnaps & Schnups ← das gildet nicht!!

Die **BLUE HEAVEN JAZZ BAND** spielt neben privaten und auswärtigen Auftritten in mehreren Hamburger Jazzclubs. (Aber nie an zwei Orten zur selben Zeit). Mit ihrer Besetzung ist die Band spielend gehfähig und kann (tut es auch) sich unauffällig unters Publikum mischen.«

Besetzung:
Klaus-Uwe Dürr (tp), Jürgen Brembach (cl), Reinhardt Schade (tb), Hans Rittershaus (bj), Frank Willers (tu)

Kontakt:
Hans Rittershaus, Alsterdorfer Straße 177, 22297 Hamburg, Telefon: 0 40 - 51 95 77

BLUE HEAVEN JAZZ BAND, 1996 (v. l.): Klaus-Uwe Dürr, Reinhardt Schade, Jürgen Brembach, Hans Rittershaus, Frank Willers

COOLSTREET JAZZBAND

CREOLE LOVE CALL

Anselm Simon schreibt im Bandinformation: »Das Hamburger Sextett **COOLSTREET JAZZBAND**, dessen Repertoire vom Dixieland bis zum Swingstil reicht, besteht nunmehr seit über fünf Jahren.

Aus Spaß an der Musik machte die Band in der Gründerzeit viel Straßenmusik. Dort entwickelte sich durch den direkten Kontakt mit dem Publikum die offenherzige und selbstironische Präsentation der Band, deren wohl einmaliges Programm neben Solo- und A-Capella-Gesängen auch Show- und Tanzeinlagen enthält.

Die besonderen Highlights im Repertoire sind die Evergreens der Big-Band-Aera der 40er Jahre, zum Beispiel *In The Mood* (*Glenn Miller*) und diverse Duke-Ellington-Kompositionen. Diese Stücke repräsentieren den gelungenen Versuch, alte Big-Band-Hits für die Besetzung der **COOLSTREET JAZZBAND** umzuarrangieren, die auch zum Tanzen bestens geeignet sind.

Das vielseitige Programm sorgt sowohl beim Feiern für eine ausgelassene Stimmung als auch bei einer gepflegten Unterhaltung für die richtige Atmosphäre.«

Besetzung:
Holger Leppin (as), Anselm Simon (cl, ts), Matthias Peters (tb), Heinz Polster (b), Erek Siebel (wbd), Mathias Bahr (bj)

Kontakt:
Anselm Simon, Burbekstraße 42, 22523 Hamburg, Telefon: 0 40 - 5 71 05 20

COOLSTREET JAZZ BAND, 1997 (v. l.): Holger Leppin, Anselm Simon, Mathias Peters, Heinz Polster, Erek Sieber, Mathias Bahr

MAHOGANY JAZZ BAND

NEW ORLEANS SHOUT

Klaus-Uwe Dürr schreibt über diese neue Hamburger Band: »Nachdem sie viele Jahre in verschiedenen Bands und an vielen Orten musizierten, fanden sich die Musiker im Mai 1996 zusammen und gründeten die **MAHOGANY JAZZ BAND**.

Sie entwickelten sich zu einer festen Gruppe mit ständig wachsendem Repertoire.

Die Band fühlt sich dem „klassischen" Jazz – mit Kollektivimprovisationen und Soli verpflichtet, hat aber auch Spaß daran, Volkslieder, Schlager und anderes zu „verjazzen".

Der Kern des Repertoires jedoch besteht aus Kompositionen, die in den zwanziger und dreißiger Jahren entstanden und vorwiegend von schwarzen Bands eingespielt wurden.

Die **MAHOGANY JAZZ BAND** trägt diese in eigenen Arrangements und mit großer Spielfreude vor.

Zur Zeit (1997) ist die Band regelmäßig jeden ersten Sonntag im Monat von 18.00 bis 21.00 Uhr in der TSCHAIKA zu hören.«

Besetzung:
Hans Rittershaus (bj, voc), Wolfgang Heidlindemann (tu), Dr. Gerd Lübbe (tb), Alfred Zeidler (cl, as, Flexaphon, voc), Klaus-Uwe Dürr (co, voc)

Kontakt:
Klaus-Uwe Dürr, Grellkampstieg 13, 22415 Hamburg, Telefon: 040 - 5 32 44 54

MAHOGANY JAZZ BAND, 1997 (v. l.): Wolfgang Heidlindemann, Alfred Zeidler, Klaus-Uwe Dürr, Gerd Lübbe, Hans Rittershaus

AUSBLICK

Alfred Pelzer: »Am 19. 4. 1997 gab es in Hamburg ein besonderes Jazzmeeting. **Jost Münster** von der **OLD MERRY TALE JAZZBAND** hatte Hamburger Jazzbands aufgerufen, ein Benefizkonzert für die von der Schließung bedrohte Bavaria-St. Pauli Brauerei zu veranstalten.

An diesem Treffen nahmen Vertreter von etwa 20 Hamburger Bands teil. In freundlicher Runde war man sich sofort einig, daß etwas unternommen werden muß, wo und in welcher Reihenfolge für die Rettung der Brauerei gespielt wird. Eigenbrötlereien und der Kampf um die bessere Zeit oder den besseren Platz für die eigene Band gab es nicht: eine spontane, kollektive Aktion der Hamburger Jazzer!

Nach Erstellung des Auftrittsplans wurden allgemeine Probleme und Geschichten ausgetauscht. Allen Anwesenden lag es am Herzen: erstens das Wohl der Mitarbeiter der Brauerei und zweitens, etwas Gemeinsames gegen die schwindende Präsenz des Hamburger Jazzes, gerade auch in den Medien, zu tun. Für das erste Anliegen war die Lösung da, die, wie sich im Nachhinein zeigte, recht erfolgreich war. Bei der Erörterung des zweiten Problems fielen Worte wie „Club" und „Verein".

Jazzer und ein Verein? Warum eigentlich nicht? Eine ähnliche Vereinigung gab es in der Vergangenheit schon einmal in Hamburg, zur Zeit aber nicht!

Wie ein gutes Baßsolo setzte es sich in meinem Hirn fest: „Das ist mein Ding!" Eifrig und spontan, wie ich als Jazzmusiker ja nun einmal bin, äußerte ich dies auch und die Idee war geboren: Ein Verein zur Förderung des Hamburger Jazz muß her!

Die Idee wurde begeistert aufgenommen, und sofort Einzelheiten heftig diskutiert, etwa Name des Vereins, zukünftige Aktivitäten, gemeinsame Konzerte aller Hamburger Jazzer und so weiter. Bald darauf erhielt ich von allen Beteiligten Adressen und Adressänderungen sowie Vorschläge für eine Satzung. Ich setzte mich hin und erarbeitete einen Vorschlag für eine Satzung, die dann vom Notar und Steuerberater schon einmal vorab geprüft wurde.

Viele Gespräche mit Musiker-Kollegen zeigten mir, daß wir auf dem richtigen Weg sind. Bisher hat noch niemand, den ich angesprochen habe, gesagt, daß er nicht mitwirken will, eher sich in der einen oder anderen Weise einbringen möchte. Ich denke, daß die geplante Gründungsversammlung Ende August 1997 sehr gut besucht sein wird und der Verein schon in diesem Jahr seine Arbeit aufnehmen kann.

Für die interessierten Leser dieses Buches hier in Kurzform die Ziele des Vereins zur Förderung des traditionellen Jazz in Hamburg:

- Stärkere Berücksichtigung des traditionellen Jazz im kulturellen Leben der Stadt Hamburg
- Verbesserung der Medienpräsenz
- Schaffung von Auftrittsmöglichkeiten und Durchführung von Konzerten unter besonderer Berücksichtigung von Nachwuchsbands
- Unterstützung musikalischer Projekte, die dem Zweck des Vereins dienen.

Dies ist nur der Rahmen, der von den Mitgliedern des Vereins ausgefüllt werden soll. Vielleicht auch von Dir, von Ihnen? Als aktives oder passives Mitglied?

Meldet Euch, melden Sie sich bei:
Alfred Pelzer, Saseler Str. 47c, 22145 Hamburg,
Telefon und Fax: 040 - 6 78 67 86

Gerhard Klußmeier (tp), **UNFINISHED JAZZ C. O.**, einer der Initiatoren, schreibt über die Notwendigkeit dieser Vereinsgründung:

»**Eine 50jährige und höchst lebendige Hamburger Musikkultur ist in Gefahr, zerstört zu werden!**

Wenige Jahre nach dem Zweiten Weltkrieg fanden sich junge Hamburger Musikinteressierte zusammen, um der zuvor auch auf musikalischem Gebiet staatlich verordneten und nachwirkenden Gleichschaltung entgegenzuwirken.

Aus diesem Bemühen heraus bildete sich vor allem in den 50er und 60er Jahren eine Vielzahl unterschiedlicher und bis heute aktiver Jazzbands, aus denen zum Teil Formationen wurden, die schon bald zu den weltbesten gehörten. Es sind Bands, die sich mit ihrem Können eine große musikinteressierte Anhängerschaft erwarben und somit nachhaltiges Interesse an Musik weckten und förderten – auch heute noch.

Hamburger Jazz in seinen vielfältigen, den traditionellen Stilen und dem Swing verbundenen Bands, war und ist Basis für unterschiedliche und weit über die Stadt hinausgehende Künstler-Karrieren und hat einen bedeutenden kulturellen Beitrag für die Stadt geleistet.

Seit einigen Jahren und verstärkt in der letzten Zeit ist vor allem in den Hamburger Medien (Zeitungen, Zeitschriften, Rundfunk und Fernsehen) eine Tendenz zu erkennen, die auf eine massive, offensichtlich gezielte Ausgrenzung und somit Zerstörung dieser überwiegend nichtkommerziellen, auf musikalischem Können beruhenden Musik schließen läßt.

Wie anders ließe es sich sonst erklären, daß selbst große Festivals, wie das Hot Jazz Meeting oder der ebenfalls jährlich stattfindende Jazz-Marathon, bei dem wegen vieler internationaler Künstler Tausende von Musikfreunden in die Hansestadt kommen, in der Presse keine oder nur abwertende Erwähnung finden, im Rundfunk, im Fernsehen nicht beachtet werden?

Mehr noch: beim öffentlich-rechtlichen, d. h. nichtkommerziellen Rundfunk wurden hörerfreundlichswingende Klänge aus dem Tagesprogramm verbannt, Musik dieser Art aus Hamburg ist dort ebenfalls, wie allgemein bekannt, direkt untersagt – herausragende Profi-Musiker werden, sofern überhaupt eingeladen, im Fernsehen gezielt der Lächerlichkeit preisgegeben oder sogar als „Zickenjazzer" herabgesetzt – von einer großen Hamburger Tageszeitung war anläßlich eines ausverkauften Konzerts eines jungen, weltbekannten Hamburger Pianisten in der Musikhalle zu erfahren, daß „prinzipiell nichts über diese Art von Musik geschrieben wird" – der große Jazz-Frühschoppen im Mai diesen Jahres, bei dem ohne Honorar Dutzende von Hamburger Formationen zum Erhalt der Arbeitsplätze der Hamburger Bavaria-Brauerei spielten, wurde von der Hamburger Presse, vom Rundfunk und vom Fernsehen vollständig ignoriert, um nicht zu sagen boykottiert!

Außerdem werden schon seit Jahren Schallplatten- bzw. CD-Neuerscheinungen mit Jazz diesen Genres (nicht nur der von weltweit beachteten Hamburger Musikern) konsequent in keiner einzigen Zeitung vorgestellt, obwohl dafür sogar kostenfreie Mitarbeit angeboten wurde – Auftritte weltbekannter Musiker im COTTON CLUB oder im BIRDLAND bleiben unerwähnt, wo hingegen nahezu jede kommerzielle Pop-Produktion, jeder Auftritt geklonter Kommerz-Entertainer mit umfangreichen Vor- und Nachberichten gefördert wird.

Die Initiatoren dieses Vereins sehen darin einen Medien- und Kulturskandal, der zur Begünstigung einseitig kommerzieller Interessen vor allem der Jugend den Zugang zu einem wichtigen Kulturbeitrag unseres Jahrhunderts und speziell auch unserer Stadt versperrt, ihr die freie Entscheidung, sich unbeeinflußt kulturell zu orientieren, somit verwehrt wird.

Während der Experimentelle Jazz – und das ist durchaus positiv anzuerkennen – ob seiner Publikumsferne mit jährlich DM 50.000 von der Hamburger Kulturbehörde unterstützt wird, ist davon Jazz in traditionellen und den damit verwandten Formen direkt ausgeschlossen, also der Bereich, den man in der Musikpflege als Klassik zuordnen würde.

Der Verein versteht sich als freie Initiative, die sich verpflichtet fühlt, angesichts dieser massiven Bedrohung, dem traditionellen Jazz und Swing, den hier besonders lebendigen Stilarten, ihrer immensen Bedeutung entsprechend wieder Gehör zu verschaffen.

Da diesem Bemühen gegenüber die Medien verschlossen sind und wohl auch bleiben werden, sind eigenständige Aktivitäten geplant, in der keine anderen Belange unsere gemeinnützigen Interessen behindern können. Wir wollen damit vor allem der Jugend Möglichkeiten geben, sich diesen für Hamburg wichtigen musikalisch-kreativen Bereich zu erschließen.

Als bedeutendes Medium dazu sehen wir den Hörfunk an. Doch da der öffentlich-rechtliche Rundfunk von dieser Musik – abgesehen von einer kleinen wahren „Oase" im Abendprogramm – in sämtlichen Programmen rigoros Abstand genommen hat, der Privatrundfunk andere Interessen verfolgt, beabsichtigen wir, in Zusammenarbeit mit dem gemeinnützigen „Hamburger Lokalradio e. V." regelmäßige Rundfunksendungen zu gestalten. Wir werden auch dem NDR, speziell der NDR-Hamburg-Welle, Vorschläge zu einem von uns gestalteten Magazin überreichen.

Darüber hinaus, und dem gilt unser besonderes Bemühen, beabsichtigen wir mit Schulen, den Jazzstätten COTTON CLUB, JAZZ FORUM Bergedorf, und den Hamburger Bands spezielle Veranstaltungen durchzuführen, um jugendlichen Interessenten die Gelegenheit zu geben, aktiv an der Musik teilzuhaben. Es sind Vorträge zur Jazz-Historie geplant, Festivals und anderes.

Finanziert werden unsere Bemühungen durch Mitgliedsbeiträge, Spenden und Erträge von Konzerten, zu denen die Musiker und Jazzer honorarfrei auftreten sowie durch weitere Aktivitäten."

Wenn man nicht das spielt, was das Publikum hören möchte, bekommt man nicht die Gelegenheit, das zu spielen, was einem selbst gefällt!
Eggy Ley

LEBEN UND ÜBERLEBEN – EIN KLEINES NACHWORT

Zum Schluß ein paar Gedanken über die Zukunft der Musik, die in unserem Leben einen so großen Raum eingenommen hat:

Zwischen Kunst und Kommerz zu bestehen, ist oft ein Drahtseilakt für eine Amateur-Jazzband. Mit den Idealen und dem eigenen Anspruch im Kopf die Höhen und Tiefen über all diese Jahre unbeschadet zu überstehen, war und ist nicht immer einfach.

Eine Band, die ihre Musik regelmäßig unter das Volk bringen will, kostet es die größte Anstrengung, gute Auftrittsmöglichkeiten zu finden. Leider ist es in Hamburg zur Zeit doch recht schlecht darum bestellt. Auf der einen Seite nur zwei Jazz-Clubs und zwei bis drei Musikkneipen mit zum Teil nur unregelmäßigem Programm, auf der anderen Seite über dreißig, größtenteils ganz hervorragende Gruppen mit einer Vielzahl an spielfreudigen, talentierten Musikern!

Die Tage, an denen die Clubs auch an den Werktagen gerammelt voll waren, gehören nun wohl endgültig der Vergangenheit an. Wir mussen versuchen, uns mit den geänderten Bedingungen zu arrangieren. Die Gelegenheiten, unsere Musik einem größeren Publikum vorzustellen, werden immer seltener. Bei all diesen Überlegungen stellt sich dann die Frage, wieviel Kommerz dürfen wir zulassen, ohne das Gefühl zu haben, unsere Musik zu verraten?

Die Antwort ist relativ einfach: Wir, die überwiegend Amateure sind, dürfen in unserem Status kein Qualitätskriterium sehen. Wer vor zahlendem Publikum spielt, hat die gleiche solide Leistung abzuliefern wie ein Profi-Musiker! Eine lustlose Einstellung, die man häufig feststellt, wenn nur wenige Gäste anwesend sind, ist auch aus der Sicht der Musikerkollegen eine Zumutung. Zu dieser geforderten Professionalität, die man auch als Amateur draufhaben sollte, gehört neben der locker vorgetragenen Musik, in der man auch Fehler und Verspieler zulassen sollte, eine gute Kommunikation mit dem Publikum, in der immer Platz für Emotionen und freundschaftliche Begegnungen ist. Man muß den Jazzfreunden vor der Bühne zeigen, wie sehr man diese Musik, diesen Job und diese verrückte Musikerwelt liebt, auch wenn man manchmal enttäuscht wird. Unsere Musik ist mehr als eine Ware. Diese Musik als Hobby und mit Leidenschaft in aller Öffentlichkeit zu pflegen, ist ein wunderbares Betätigungsfeld, aus dem alle Beteiligten Kraft schöpfen können.

Und noch etwas ist mir seit langer Zeit bewußt – und für mich wichtig geworden: der menschliche Umgang mit den Mitmusikern, die Pflege der eingegangenen Gemeinschaft. Nicht der „bessere Musiker" zählt, sondern der „bessere Mensch". Die Übereinstimmung ist wichtig. Die festzustellende Profilierungssucht einzelner Musiker hat in dieser Gemeinsamkeit nichts zu suchen. Wenn man aufmerksam in die authentischen Aufnahmen hineinhört, ist dieser menschliche Aspekt direkt herauszuhören. Die Zeiten, in denen man nur „höher, lauter, schneller" im Kopf hatte, sollten nun endgültig der Vergangenheit angehören. Wer das Flair und die Stimmung dieser Musik einfangen und weitergeben will, sollte immer daran denken, daß das Publikum durchaus in der Lage ist, diese feinen Unterschiede festzustellen. Nur wenn die menschliche Seite in einer Band stimmt, kann die musikalische Botschaft vermittelt werden. Nur wer diese, innere und musikalische Zusammengehörigkeit lebt und sich als entsprechende Persönlichkeit in die Gemeinschaft einbringt, hat das wesentliche Merkmal dieser Musik begriffen. Alle anderen sollten ihr fernbleiben.

Ich bin der Meinung, die von den großen Konzerten und CDs verwöhnten Fans sind kritischer geworden. Sie überlegen schon, welche Bands sie in den Clubs hören wollen. Ich sehe unsere Aufgabe in Zukunft darin, mit noch mehr Engagement, Fleiß und Ausdauer das bisher Erreichte zu erhalten und – wenn möglich – noch zu steigern. Wenn wir in Zukunft das Interesse an Live-Jazz noch mehr wecken wollen, müssen wir letztendlich eine Musik machen, die nicht nur uns, sondern in erster Linie das Publikum begeistert und mitreißt.

Hoffen wir, daß der Jazz in Hamburg überlebt. In einem Artikel in der „Welt am Sonntag" anläßlich der Jazz Band Battle 1975 wurde prophezeit, daß nur zwei von den elf Bands, die zu hören waren, den Szenen-Rummel überleben würden. Immerhin haben sich aber acht davon bis heute behaupten können. Wünschen wir uns alle, daß dieser Trend weiter anhält!

Mit den Worten, mit denen ich mich immer von unseren APEX-Freunden verabschiede, möchte ich mich auch von den Lesern dieses Buches verabschieden: »Vielen Dank, daß Sie da waren, vielen Dank, daß Sie Zeit für uns hatten, und vielen Dank, daß wir für Sie spielen durften! Passen Sie gut auf sich auf, bleiben Sie gesund und kommen Sie gut nach Hause. Auf Wiedersehen!«

Die Menschen wollen in Harmonie leben, machen wir also die Musik, die es ermöglicht.
John Lee Hooker

UND NOCH EIN NACHWORT VON ABBI HÜBNER

»In einer Zeit, da mittlerweile Kinder wie Musik mit Hilfe aufwendiger Techniken künstlich hergestellt werden können, in einer Zeit, da sich der Mensch aus seiner ureigensten Schöpfung – der Musik – durch Apparate liquidieren läßt und im Rundfunk und Fernsehen elektronische Schalldruckwellenverarbeitung, der Plastik-, der Junksound – garantiert swingfrei – dominiert, in einer irren, unmenschlichen Welt, da wir schon leben „umdornt im Dickicht verdorrter Tage", hochstaplerische Konsumenten, abgerichtet auf die Befriedigung vermeintlicher Bedürfnisse, Vertreter und Anbeter eines krankhaften Individualismus, im Zuge dessen der einzelne auf Kosten des Kollektivs rücksichtslos eine scheinbare Selbstverwirklichung betreiben darf, kommt dem klassischen Hot Jazz – handverlesen und mundgeblasen – bereits die Bedeutung einer künstlerischen Ökobewegung mit „Zurück-zur-Natur-Charakter" zu.

Ist er deswegen unzeitgemäß? Antiquiert? Er liegt sicherlich nicht im Trend einer Zeit, in der die Absage an auch bewährter Tradition verpflichteten Verhaltensweisen, als ernst zu nehmendes Krankheitssymptom in Erscheinung getreten ist. Im Trend einer Zeit, die Ordnungsprinzipien, Regeln und formale Elemente kategorisch mißachtet und versucht, diese Mißachtung zum Stil zu erheben. Ob das zu einem neuen Inhalt taugt, wage ich zu bezweifeln. Die Verachtung alter Werte und die blinde, vorbehaltlose Hinwendung zum Neuen, wie aberwitzig sich dieses auch immer gebärdet – geisteskrank, aber Grundlage unserer Wirtschaft – hat auch in der Kunst zwangsneurotische Züge angenommen, die ich unter der Bezeichnung „Neomanie" subsummieren möchte.

Ist denn die – wie man so töricht sagt – „Befreiung des Künstlers vom Zwange des Klanges", die Entdeckung des Geräusches als Ausdrucksmittel – und die Entsprechung in den anderen Kunstformen, die Arrangements in Müll, Schutt und Abfall – wirklich von epochaler Bedeutung? Geraten die selbsternannten Neuerer und ihre Anhänger nicht arg ins Strauchen bei den Versuchen, sich Tag für Tag selbst überholen zu müssen, um scheinbar aktuell und zeitgemäß zu bleiben? Und verbirgt sich hinter plumpen Äußerlichkeiten, wallenden Nebeln, farbigen Dünsten, Lichtorgeln, Laserstrahlen, Techno-Gewimmer, geballter Tontechnik mit brüllender Lautstärke jenseits der Schmerzgrenze nicht vielleicht doch nur gähnende Leere?

Wie auch immer. Bleiben wir auch heute getrost dem Hot Jazz treu, dessen Methoden und Prinzipien sich über Jahrzehnte bewährt haben. Und gedenken wir eines Schopenhauer-Wortes, das da so lautet: „Das Neue ist so selten das Gute, weil das Gute immer nur kurze Zeit das Neue ist!"«

DANKE!

Ich möchte Dank sagen all denen, die in ganz entscheidender Weise dazu beigetragen haben, daß dieses Buch entstehen konnte: Mein besonderer Dank gilt **Hans Steffens**, nicht nur einem hervorragendem Musiker, sondern auch einem vorbildlichen Menschen. Bei meinen Recherchen hatte ich immer das Gefühl, unter Gleichgesinnten und Gleichgestimmten zu sein. Wenn es einmal nicht weiterging, kam Zuspruch von allen Seiten. Das hat mir geholfen. Dank dafür!

Für die Textbeiträge der einzelnen Musiker hier noch einmal meinen Dank. Ohne diese Geschichten wäre dieses Buch nicht zu dem geworden, was es ist. Bei **Abbi Hübner**, **Peter Wehrspann**, **Peter Meyer** und **Werner Burkhardt** möchte ich mich für die ganz besondere Unterstützung bedanken. Weiterhin danke ich dem Christians Verlag, Hamburg und dem Dölling und Galitz Verlag, Hamburg. Gern hätte ich **Claus Stave**, **Dietmar J. W. Schott**, **Karsten Flohr** und **Christa Brüske** persönlich gedankt. Leider war mir dies nicht möglich. Mein Dank an dieser Stelle für die wertvollen Beiträge.

Durch den Jazz sind mir im Laufe der Jahre viele Menschen begegnet. Einige sind Freunde geworden. Andere wurden zu Vorbildern. Immer stand die gemeinsame Begeisterung im Vordergrund und sorgte für manche vergnügliche oder besinnliche Stunde. Auch hierfür möchte ich Dank sagen!

Dank an **Cornelia Klintzsch** für ihre hervorragenden Zeichnungen, Dank an **Horst Burghardt** für seine humorvollen Karikaturen und Dank an **Diether Kressel** für seine stimmungsvollen Bilder.

Zum Schluß möchte ich mich bei **Claus-Christian Rohde** für seine jahrelange, aufopfernde Arbeit bedanken. Ohne seine Hilfe hätte das Buch nicht entstehen können.

BILDNACHWEIS

Fast alle Bilder stammen aus den Privatarchiven der einzelnen Bands und Musiker. Ich danke allen Beteiligten, daß ich diese Bilder veröffentlichen durfte. Ganz besonders danke ich **Lutz Jordan**, **Ole Ohlenbostel** und **Hardy Schiffler** für die zur Verfügung gestellten Fotos. Auch die Bilder von *Louis Armstrong*, *Teddy Stauffer* und *Ken Colyer* stammen aus Privatarchiven. Hier wurde mir ebenfalls glaubhaft vermittelt, daß keine weiteren Rechtsinhaber vorhanden sind.

ANHANG

ANGESPROCHENE LITERATUR:

Otto Bender: „Swing unterm Hakenkreuz in Hamburg, 1933 – 1943" – Christians Verlag, Hamburg
ISBN 3-7672-1168-8

Abbi Hübner: „Louis Armstrong" – Sein Leben, seine Musik, seine Schallplatten – Oreos Verlag, Waakirchen, ISBN 3-923657-35-8

Jazz Lips: „The Family Album" – 1970 – 1995 – JAZZ MARKET, Juliane Klingelhöfer, Riep 13, 25573 Beidenfleth

Gunter Lust: „The Flat Foot Floogee ... treudeutsch, treudeutsch" – Erlebnisse eines Hamburger Swingheinis 1936 bis 1966 – Dölling und Galitz Verlag – Eimsbüttler Lebensläufe, ISBN 3-926174-41-2

Bernd Polster: „Swing Heil" – Jazz im Nationalsozialismus – Transit Verlag, Berlin, ISBN 3-88747-050-8

Franz Ritter: „Heinrich Himmler und die Liebe zum Swing" – Erinnerungen und Dokumente – Reclam Verlag Leipzig, ISBN 3-379-01493-1

„Fantasie und Alltag"
 – Die Geschichte der Hamburger Fabrik –
Rasch und Röhring Verlag
ISBN 3-89136-418-0

„MusikkonTakte"
 – 500 Hamburger Bands und SolistInnen –
Stadtkultur e.V. (Hrsg.), Neuer Kamp 25, 20359 Hamburg

ABKÜRZUNGSVERZEICHNIS

as	Altsaxophon	sax	Saxophon
b	Baß	sousa	Sousaphon
bj	Banjo	ss	Sopransaxophon
bs	Baritonsaxophon	tb	Posaune
cl	Klarinette	tp	Trompete
co	Kornett	ts	Tenorsaxophon
dr	Schlagzeug	tu	Tuba
g	Gitarre	voc	Gesang
p	Piano	wbd	Waschbrett

NAMEN

Abel, Mario
Ahlers, Wolfgang
Albert, Claus
Albrecht, Horst-Dieter
Altmann, Thomas
Alvers, Benny
Andernach, Gunther
Anders, Klaus
Auls, Harald
Bade, Helmut
Badekow, Claus
Baker, Rommy
Barfoed, Kristian
Bauermeister, Heiner
Baumann, Rainer
Baumgarten, Ole
Becker, Wolfgang
Beckers, Dieter
Bela, Ullo
Bendel, Gojko
Berger, Claus
Berger, Klaus
Bernhold, Karl Heinz ‚Kalle'
Bernör, Ingo
Bettaque, Jochen
Binda, Dieter
Bleyer, Friedrich ‚Fiete'
Blötz, Ferdinand
Blötz, Kirsten
Bock, ‚Specht' Hans-Jürgen
Bohanke, Ernst
Böhm, Werner
Bohn, Peter
Borgschulte, Dieter
Borsutzki, Rolf
Böttcher, Emil
Böttger, Gottfried
Boy, Cord
Braun, Petze
Breuker, Willi
Brinck, Andreas
Brinker, Wolfgang
Broschek, Niko
Brüchmann, Peter
Brunckhorst, Lieven
Brüske, Christa
Buchholz, Dietrich
Buck, Ahrend
Bundel, Holger

Burchard, Manfred
Burghardt, Horst
Burkhardt, Werner
Burmeister, Wolfgang ‚Bolle'
Burmester, Peter ‚Plauschi'
Chang, Jürgen
Christiansen, Holger
Christmann, Egon
Clemens, Andreas
Cohn, Peter ‚Zinker'
Commes, Hajo
Conrath, Detlef
Crasemann, Bernd
Cuda, Henning
Curth, Walther
Dahle, Karl-Heinz
Dahm, Antje
Daube, Horst
Däumling, Michael
Delbrück, Wolf
Detje, P.
Dettenborn, Peter
Dieckmann, Bernd
Diedrichsen, Heiner
Diekert, Willy
Dietrich, Horst
Dorsey, Shaine
Dose, Wilm
Drees, Broder
Drees, Thoms
Dreffein, Jürgen
Drews, Heinz
Dromm, Walter
Drunk, Walter
Dürr, Klaus-Uwe
Ebeloe, Hannes
Eckermann, Jörn
Eggers, Gerd
Eggers, Gert
Eggers, Peter
Einfeldt, Klaus
Enderlein, Siegfried
Erfmann, Volker
Ertel, Joachim
Ettling, Carsten
Faklam, Holger
Falk, Ulli
Feige, Günter
Feldthusen, Jan

Findeklee, Hans-Gerd
Fischer, Helge
Fleschner, Karl
Fleschner, Lotti
Flohr, Karsten
Fraemke, Peter
Franken, Peter
Frehse, Wolfgang
Freise, Martin
Fuhlisch, Günter
Garnier, Francois Regis
Gehrmann, Achim
Gehrt, Jürgen
Geisler, Ladi
Geldmacher, Klaus
Geller, Herb
Gellersen, Heiner
George, Leo
Gerhard, Klaus
Gerhard, Mathias ‚Matze'
Gertberg, Hans
Gerull, Georg
Giese, Hannes
Gliffe, Wolfram
Goldenbow, Gerd
Görges, Gerd
Gosch, Peter
Gotthardt, Jürgen
Grabau, Hannes
Gramatzki, Thomas
Gramberg, Gerd
Gregor, Michael
Greve, Dert
Grömmer, Rolf
Großmann, Klaus
Grünig, Kati
Grunst, Egon
Gstader, Thomas
Gunther, Heinrich
Günther, Jürgen
Gürtler, Werner
Haag, Werner
Hansen, Owe
Hansen, Thorsten
Harmann, Peter
Hartmann, Hans
Hasecker, Arne
Haß, Peter ‚Jacques'
Haupt, Wolf Dieter

Hauschild, Heinz
Hausmann, ‚Housy'
Hausmann, Manfred
Heide, Günther ‚King'
Heider, Peter
Heigener, David
Heinecke, Uwe
Heinz, Kalli
Helms, Günter
Helms, Natascha
Henderson, Jimmy
Hennigs, Albert
Henningsen, Detlef
Henschel, ‚Papa'
Hensen, Harald
Herbst, Prof. Dr. Manfred ‚Puste'
Herkenrath, Hermann
Hermann, Ulrich
Herrmann, Chris
Herrmann, Christoph
Herrmann, Dieter
Herrmann, Ulrich
Hertling, Heiner
Hertz, Detlef
Hindle, Peter
Hinz, Gerhard
Hinz, Reinhold
Hobrecht, Ingo
Hochhausen, H. P.
Hofmann, Peter
Höhne, Henning
Horn, Peter
Horsmann, Werner
Horst, Gerhard ‚Marcel'
Hübner, Dr. Abbi
Hugo, Dr. Klaus
Hunck, Peter
Hunck, Rainer
Hundertmark, Reinhard
Hüper, Hans Joachim
Ibrahimoglu, Nadir
Jacobsen, Etlef
Jahnke, Karsten
Jahr, Gerhard ‚Mickey'
Jansen, Horst
Jasinski, Werner
Jensen, Björn
Joehnk, ‚Kachi'
John, Wolfgang
Johnson, Barry
Jordan, Lutz
Jordan, Michael

Jung, Volker ‚Botte'
Junghans, Heinz Erhard
Kaiser, Rolf
Kaltschmidt, Wolfgang
Kammrath, Rudolf
Karstens, Oliver
Kasche, Michael
Keuschen, ‚Serbe' Peter
Kiene, Gitta
Kiesewetter, Knut
Kind, Rainer ‚Baby'
Klingelhöfer, Juliane
Klingelhöfer, Rolf
Klintzsch, Cornelia
Klockmann, Gerd
Klopp, Carl Onno
Kloppmann, Jochen von
Klußmeier, Gerhard
Kocsani, Ernö
Kohn, Peter ‚Zinker'
Korb, Mathias ‚Matsche'
Körner, Peter (?)
Koronowski,, Karin,
Kosakowski, Gerhard
Kostowski, Rolf
Kowalewski, Manfred ‚Keese'
Kressel, Diether
Kröncke, Peter
Kropp, Harald
Krüger, Charlie
Krüger, Michael
Krumsiek, Joachim
Kruse, Bernd ‚Kruste'
Kruse, Matthias
Kühl, Holger
Küper, Titus
Kurth, Walter
Kynast, Beate
Lamszus, Helmut ‚Lerche'
Lamszus, Olaf ‚Nuss'
Landaschier, Jonas
Langbein, Helge
Lange, ‚Sputnik' Peter
Lauenstein, Dietrich
Lauff, Christoph J.
Lehfeld, Bruno
Lehnig, Günther
Lehre, Frank
Leonhardt, Thomas
Leopold, Heinrich Otto ‚Poldi'
l'Etienne, Susi
l'Etienne, Thomas

Lettow, Peter
Lettow, Pitt
Leu, Sönke
Liebetruth, Günther
Lindenberg, Udo
Linse, Klaus
Löffler, Harald
Loges, Hans
Lorenz, Bärbel
Lorenz, Peter
Lorenz, Walter
Lotzing, Hermann
Lotzing, Mathias
Lübbe, Gerd
Lübbke, Peter
Lubitz, Horst
Lüders, Shelly
Ludewigs, Joachim
Lungershausen, Helmut
Luschert, Wolfgang ‚Wibbel'
Lust, Gunter
Lütgen, Uwe
Lütjens, Wolfram ‚Lüdel'
Mahler, Jan Rasmus
Maier, Lutz
Majer, Gregor
Mangelsdorf, Albert
Marxen, Peter
Masch, Jochen
Mason, Steve
Matthies, Gerhard ‚Matz'
Matthies, Heinz
Matuschek, Helmar
McCrory, Pete
Meden, Andreas von der
Meden, Tony von der
Mehte, Horst
Meins, Jon
Meise, Jens-Peter
Methe, Caspar
Mettes, Peter
Meyer, ‚Ruddi'
Meyer, Heinz Peter
Meyer, Peter ‚Banjo'
Meyerdircks, Otto
Meyer-Rogge, Jan
Meyns, Hans-Joachim
Meyser, Dieter
Mickel, Klaus
Miletschus, Ulrich ‚Miele'
Milochi-Susemihl, Greta
Mischke, Peter

Möbius, Eberhart
Moerkens, Hendrick
Möller, Claus Jürgen
Möller, Jens
Morgen, ‚Markus' Jörg von
Morlak, Rainer
Moslehner, Volker
Müdde, Gerd
Mumssen, Rudgar
Münster, Jost ‚Addi'
Nagel-Heyer, Hans
Narten, Ernst
Naura, Michael
Neb, Peter
Nettelbeck, Heinz-Walter
Neugebauer, Peter ‚Petchen'
Neumeister, Klaus
Neussert, Erhard ‚Burte'
Niese, Thomas
Niesitka, Dietrich ‚Pit'
Nieswand, Erich
Nitz, Herbert
Nockemann, Christiane
Nockemann, Klaus
Nolte, Eberhard
Nolte, Joachim
Ohlenbostel, Ole
Otto, Hermann
Otzipka, Helmut ‚Zippi'
Paap, Hans-Georg
Paulisch, Fritz
Pawlowski, Bernd
Pearce, Bobby
Peleikis, Walter
Peters, Helmut ‚Helle'
Peters, Joachim
Peters, John
Petersen, Henner
Petersen, Orla
Petrel, Peter
Petroll, Rolf
Pickardt, Walter
Pilz, Roland
Plote, Henning
Pohl, Ralf
Pöhner, Hartwig
Polster, Leo
Postel, Harald
Pries, Clement
Prinz, Hans
Putfarcken, Walter
Quindel, Peter

Räuker, Peter
Rautmann, Henner
Recke, Jürgen
Reckeweg, Volker
Regel, Reiner
Reichert, Horst
Reinhold, Gerhard
Reinhold, Hermann Dieter ‚Dizzi'
Richter, Peter
Richter, Ulf
Rickoff, Dieter
Riege, Dorrit
Rieper, Manfred
Rindermann, Rudi
Rinne, Klaus
Ritter, Christian
Rittich, Charly
Robeck, Rainer
Rockel, Peter
Rodeck, Helmut
Roggenbuck, Rolf
Rohde, Claus-Christian
Rohde, Karl-Heinz ‚Duddi'
Rohlfs, Joachim ‚Aggi'
Roloff, Dieter
Röper, Jürgen
Rose, Steve
Rosenau, Holger
Rosolowski, Johannes Kunibert
 ‚Kuni' ‚KID JOHN'
Rubink, Rainer
Rückert, Peter
Ruhland, Hans
Rump, Heino
Rüte, Henning
Ruts, Peter
Rutzen, Manfred
Sabban, Kai
Sagawe, Harm
Sander, Bodo
Scarperi, Dr. med. Mario
Schade, Reinhardt
Scharnberg, Jürgen
Schaumann, Siegfried ‚Siggi'
Schedukat, Jörg
Scheibner, Hans
Schiffler, Hardy
Schittek, Christian
Schittek, Gerd ‚Pops'
Schleicher, Wolfgang
Schlüter, Wolfgang
Schmidt, Helmut

Schmidt, Michael
Schmidt, Peter
Schmidt, Rainer
Schminke, Dieter
Schmitz, Wolfgang ‚Schleicher'
Schön, Arnold
Schön, Robby
Schöning, Jobb
Schott, Dietmar J. W.
Schröer, M.
Schrum, Peter
Schubert, ‚Schuby' Peter
Schuldt, Werner
Schult, ‚Mac'
Schulz, Erich ‚Iller'
Schulz, Erni
Schulz, Hagen
Schulz, Hans Werner
Schulz-Coulon, Wolfgang
Schumacher, Jürgen
Schümann, Udo
Schumann, Wolfgang
Schwenkkros, Hans
Schwenn, Hans Jürgen
Schymanski, Gerd
Selle, Gerd
Seyer, Reinhard
Spindler, Otto ‚Zotto'
Staack, Detlef
Stark, Klaus ‚Piko'
Stave, Claus
Steen, Hartmut
Steffens, Hans
Steffens, Michael ‚Stichi'
Stettner, Christoph
Strebel, Hauke
Streckebach, Thomas
Striebeck, Jochen
Strieter, Christel ‚Kille'
Strobel, Rolf ‚Peppone'
Strohkorb, Peter
Struve, Jörn
Styjakowski, Henry
Suhr, Rolf ‚Paps'
Suhrbier, Günther
Susemihl, Norbert
Sydow, Joe
Tamm, Albert
Tchilinghiryan, Norman
Teichmann, Dieter
Tenzer, Gerhard
Thiele, Waldemar

Thiessen, Fiete
Thomforde, Klaus
Thomsen, Ingeborg
Thüsing, Wolfgang
Tietz, Peter
Tjeerdsma, Hendrik-Jan
Toedter, Niels
Tomascewski, Andreas
Tomm, Kurt
Töpfer, Gerd
Tresselt, Rüdiger
Tretau, Michael ‚Mike'
Trutenau, Helmuth
Turowski, Peter
Uenzelmann, Ulf
Villechner, Heye
Vogeley, Rainer
Vohwinkel, Eva
Vohwinkel, Gerhard
Voigt, Edgar
Voscherau, Peter
Voß, Egon

Voß, Walter ‚Faller'
Wagner, Frank
Walberg, Klaus
Wallenstein, Abi
Walsdorff, Dietrich
Wantje, Peter ‚Paul'
Wascher, Hans-Jürgen
Weber, Peter
Weber, Vince
Wegner, Dieter
Wehrspann, Peter
Weihrup, Knuth ‚Butch'
Weirup, Kay
Weiser, Peter
Weiß, Reno
Wendt, Heiner
Westendorf, ‚Fiete'
Wicklein, Norbert
Wiedecke, Gunther
Wiese, Helle
Wilczek, Gregor

Willer, Sven
Wind, Uwe
Winkelmann, Claus-Günter
Wirth, Bernd
Witt, Hubert
Wittje, Helga
Wittmann, Hans-Jürgen
Wobith, Klaus-Dieter
Wolf, Horst
Wolff, Michael ‚Ede'
Wulf, Peter
Wulfes, Friedemann
Wulff, Michael ‚Michi'
Wulff, Peter
Wysocki, Klaus
Zapf, Klaus
Zaubitzer, Manfred
Zaum, Reinhard
Zeuner, Friedhelm
Zinselmeyer, Charly
Zöllmer, Charly

INHALTSVERZEICHNIS

VORWORT
ZU DIESEM BUCH 8
DIETHER KRESSEL: LOB DER VERGÄNGLICHKEIT 11
SWING TANZEN VERBOTEN 12
COME ON LIZZY, LET'S DANCE 14
SWINGTIME IN HAMBURG 17
HURRA, WIR LEBEN NOCH 19
DIE 50er JAHRE 20
NEW ORLEANS FUNCTION 25
LOUIS ARMSTRONG 27
VON NEW ORLEANS NACH HAMBURG 28
DOWN BY THE RIVERSIDE 32
MAGNOLIA JAZZBAND: BOURBON STREET PARADE 35
MAGNOLIENBLÜTEN UND TIGER RAG 39
GREGOR MAJER: BLACK TROMBONE 40
RIVERSIDE JAZZ BAND: RIVERSIDE BLUES 43
COLYER STORIES 50
DIE OLD MERRY TALE STORY 56
ABBI HÜBNER: ES BEGANN IM „HANDTUCH" (I COULD'NT GET STARTED) 62
HEINZ JUNGHANS: RIVERSIDE BLUES 65
ST. JOHN'S JAZZBAND: ROLL ON, MISSISSIPPI 68
SOUTH JAZZBAND: SOUTH 73
DIE ENTERTAINER-STORY 76
JAILHOUSE JAZZMEN: ON REVIVAL DAY 78
DIE JAILHOUSE JAZZMEN HEUTE 86
KING OLIVER 88
ST. MICHEL'S JAZZ BAND: GOING TO TOWN 90
DIE RIVERKASEMATTEN 93
GUNTHER WIEDECKE: THE TROMBONE MAN 95
CABINET JAZZMEN: LONG, DEEP AND WIDE 97
FREIHEITSDURST UND COCA COLA 98
DER COTTON CLUB 100
DIE JAILHOUSE TAVERNE 106
JAZZ ODER SO 107
BALLROOM ORCHESTRA: UP TO THE BALL 116
HAMBURGER JAZZBANDS AUF SCHALLPLATTEN 122
LANGSPIELPLATTEN 124
CASSETTEN 124
CDs 124
DIE 60er JAHRE 129
HÜHNERHAUS JASS ORCHESTER: SING ON 135
JETZT MACHE ICH DAS JAZZ-FASS AUF 136
CANAL STREET JAZZ BAND: REAL CREOLE JAZZ 144
BUDDY BOLDEN 147
STEAMBOAT STOMPERS: WORKING MAN BLUES 148
ROMMY BAKER BIG BAND: IN THE MOOD 151
ÜBER DEN UMGANG MIT JAZZERN 153
HOT OWLS: VON HOT JAZZ BIS HARDBOP 155
MARCEL'S TOTAL BLUES COMPANY: EVERY DAY I HAVE THE BLUES 160

JAZZBAND BATTLE	164
SOLO FÜR ABBI	167
ABBI HÜBNER'S LOW DOWN WIZARDS: SWING THAT MUSIC	169
JOHANNES KUNIBERT ‚KUNI' ‚KID JOHN' ROSOLOWSKI: A MONDAY DATE	181
JAZZ-CLUBS IN HAMBURG	185
LOUISIANA SYNCOPATORS: HAPPY FEET	192
MEINE MUSIK IST SCHWARZ	195
DISTRICT JAZZ ORCHESTRA: BLACK BOTTOM STOMP	198
BLACKBIRDS OF PARADISE: RHYTHM IS OUR BUSINESS	202
DIE SCHÖNSTE NEBENSACHE DER WELT	207
VOLKER RECKEWEG: IMMER AUF DER SUCHE	209
MOUNTAIN VILLAGE JAZZMEN: RIVERBOAT SHUFFLE	212
JAZZ FORUM BERGEDORF	215
FREITAG, 20.00 UHR	217
BRUNO'S SALON BAND: SMILES	219
HANS STEFFENS: SWING FOREVER	223
SWING LTD.: FOR UNLIMITED SWING	227
DIE 70er JAHRE	229
LUTZ JORDAN: BACK TO THE SOUTHSIDE	234
JAZZ O'MANIACS: ECHOES OF THE SOUTH SIDE	237
FREDDIE KEPPARD	244
MICHAEL GREGOR: THE ENTERTAINER	247
REVIVAL JAZZBAND: REVIVAL DAYS	255
PAPA TOM'S LAMENTATION JAZZBAND: THIS LOVE OF MINE	256
JAZZ LIPS: THE OLD MUSIC MASTERS	259
WIE DIE JUNGFRAU ZUM KINDE	265
DIE SEGLERBÖRSE	267
KEIN PLATZ FÜR DEN MODERNEN JAZZ	270
HOT SHOTS: STOMP OFF, LET'S GO	272
NEW ORLEANS QUARTER: TRUE LOVE	276
WOOD CRADLE BABIES: BLUES IN MY HEART	280
DREAMLAND ORCHESTRA: THERE'LL BE A HOT TIME IN THE OLD TOWN TONIGHT	283
HAMBURG OLDTIME ALL STARS: DOWN THE MISSISSIPPI TO NEW ORLEANS	287
RAGTIME UNITED: DARKNESS ON THE DELTA	292
PETER ‚BANJO' MEYER: BANJO GREETINGS	296
MEYER'S DAMPFKAPELLE: ICH MAG SO GERN AM FLIESSBAND STEHN	299
FRANCIS' HOT ACES: THAT'S A PLENTY	301
DIE FABRIK	303
JAZZ TRAIN: A TRAIN IS COMING	307
LOG CABIN JAZZ BAND: MANDY MAKE UP YOUR MINDS	309
DIE 80er JAHRE	312
JAZZ JOKERS: BLUE AND SENTIMENTAL	315
EINE KLEINE JAZZMUSIK: SWING UP	318
BLUE WASHBOARD BLOWERS: BLACK AND BLUE	321
JAZZ FOR FUN: … FÜR JEDERMANN	323
STEVE MASON'S FRISCO JAZZBAND: DOWN IN HONKY TONK TOWN	326
HAPPY JAZZ DADDIES: HAPPY JAZZ	329
FORUM STOMPERS: WAY DOWN YONDER IN NEW ORLEANS	331
ABBI HÜBNER: TOGETHER	333
NORBERT SUSEMIHL'S ARLINGTON ANNEX: HIGH HEELS	334
HARDY SCHIFFLERS JAZZARCHIV	337

ALSTER VILLAGE JAZZMEN: GO TO NEW ORLEANS	338
RIVERSIDE JAZZ CONNEXION: C'EST SI BON	339
HOT JAZZ WEEPERS: WILLIE THE WEEPER	340
APEX JAZZ BAND: SINGIN' AND SWINGIN'	341
SOUTHLAND SERENADERS: NEW ORLEANS SHOUT	348
JOLLY JAZZ FOOLS: FROM NEW ORLEANS TO CHICAGO	349
HARLEM JUMP: HOT SWING	351
DIE 90er JAHRE	354
SCHNELSEN STOMPERS: DIXIELAND MIT HERZ	357
FREIE UND BARBERSTADT HAMBURG: REMINISZENZEN AN DIE HAMBURGER JAZZ-SZENE	358
JAZZ IM HAMBURGER RUNDFUNK	359
SWINGIN' FORTIES: ECHOES OF HARLEM	361
AND OUR HEARTS IN NEW ORLEANS	362
NEW ORLEANS – HEUTE	364
STELL DIR VOR…	365
MEET THE PRESS!	366
CLAUS-GÜNTHER WINKELMANN: SCHWARZ ZU SPIELEN, WIE ES MIR ALS WEISSER MUSIKER GEGEBEN IST	368
BLACK JASS: CHICAGO SOUTHSIDE … JAZZ DU BAS QUARTIER	370
BLUE HEAVEN JAZZ BAND: BLUE AND HAPPY	372
COOLSTREET JAZZBAND: CREOLE LOVE CALL	373
MAHOGANY JAZZ BAND: NEW ORLEANS SHOUT	374
AUSBLICK	375
LEBEN UND ÜBERLEBEN – EIN KLEINES NACHWORT	377
UND NOCH EIN NACHWORT VON ABBI HÜBNER	378
DANKE!	379
BILDNACHWEIS	379
ANHANG	380
ANGESPROCHENE LITERATUR	
ABKÜRZUNGSVERZEICHNIS	
NAMEN	381
INHALTSVERZEICHNIS	385